Österreich 2050

2050

FIT für die Zukunft

HOLZHAUSEN
DER VERLAG

IMPRESSUM

Copyright: Holzhausen Verlag GmbH
Herausgeber: Rat für Forschung und Technologieentwicklung
Projektleitung: Ludovit Garzik, Johannes Gadner
Redaktion & Lektorat: Johannes Gadner, Christian Müller
Grafische Gestaltung: Repromedia

Eigentümer und Verleger: Verlag Holzhausen GmbH
1110 Wien, Leberstraße 122
www.verlagholzhausen.at, office@verlagholzahusen.at

Textnachweis: Die Rechte an den einzelnen Artikeln liegen bei den Autoren. Abbildungsnachweise: siehe Bildunterschriften. Die Bildrechte der AutorInnenporträts liegen bei den AutorInnen bzw. bei den jeweiligen Institutionen/Unternehmen. Umschlagsgrafik: „Globe of the World. Europe": iStockphoto
AutorInnen der Beiträge: Karl Aiginger, Hannes Androsch, Brigitte Bach, Othmar Commenda, Johannes Gadner, Ludovit Garzik, Wilhelm Geiger, Andreas Gemes, Thiemo Gropp, Christian Keuschnigg, Christoph Kratky, Hannes Leo, Elke Loichinger, Wolfgang Lutz, Bernd Marin, Konrad Mitschka, Rainer Münz, Theo Öhlinger, Konrad Osterwalder, Anton Pelinka, Stefan Punz, Gerhard Reitschuler, Bettina Ruttensteiner-Poller, Bernd Schilcher, Walter Schneider, Peter Schwab, Peter Skalicky, Christiane Spiel, Klaus Unterberger, Jouni Välijärvi, Marion Weissenberger-Eibl, Gabriele Zuna-Kratky

1. Auflage 2013
ISBN: 978-3-902868-92-3

Verlagsort: Wien – Herstellungsort: Wien – Printed in Austria

Bibliografische Informationen der Österreichischen Nationalbibliothek und der Deutschen Nationalbibliothek: Die ÖNB und die DNB verzeichnen diese Publikation in den Nationalbibliografien; detaillierte bibliografische Daten sind im Internet abrufbar. Für die Österreichische Bibliothek: http://aleph.onb.ac.at, für die Deutsche Bibliothek: http://dnb.ddb.de.

www.verlagholzhausen.at

INHALT

VORWORT

Vorwort oder „Warum Österreich 2050?"

Ludovit Garzik

„Panta Rhei!"
(Heraklit)

Alles fließt. Schon vor rund 2500 Jahren hat der Philosoph Heraklit darauf aufmerksam gemacht, dass sich die Rahmenbedingungen ständig ändern und Maßnahmen am erfolgreichsten sind, wenn man sich selbst auch permanent weiterentwickelt.

Im österreichischen Sprachgebrauch heißt dies heute zumeist „Reform". Und wenn diese nicht die gewünschten Ergebnisse bringt, benötigt man eine „Reform der Reform". Bei vielen ÖsterreicherInnen ist jedoch zunehmend das Gefühl entstanden, dass Richtung und Dynamik der Weiterentwicklung den Ansprüchen, die die Zukunft an uns stellen wird, nicht mehr gerecht wird. Niemand kann aber alle Facetten und Phasen der Entwicklung gleichzeitig überblicken. Daraus entstand der Gedanke, dass der Rat für Forschung und Technologieentwicklung (RFTE) verschiedene ExpertInnen einlädt, ihre Erfahrung zur Verfügung zu stellen und so den Zukunftsraum auszuleuchten, um ihn für einen breiteren Kreis sichtbar zu machen.

Den Wissensbogen in die weitere Zukunft zu spannen ist eine herausfordernde Aufgabe. Damit ist aber keine kurz- bis mittelfristige Ausrichtung einzelner AkteurInnen gemeint, sondern das sogenannte „Big Picture": Wo wollen wir in dreißig Jahren sein? Wie stellen wir uns das Gesellschaftsmodell und darauf beruhend die Rolle verschiedener Einflussgrößen vor?

„Wer sein Ziel kennt, findet den Weg!"
(Laotse)

Die typisch österreichische Antwort auf die Frage nach der Zukunft würde vermutlich wie folgt lauten: „Es schaut nicht gut aus". Wenn man in Österreich Rückblicke und Ausblicke in Summe betrachtet, fallen die Rückblicke meist noch moderat positiv aus, die Ausblicke dagegen zeichnen oft ein Bild der Zukunft, das Österreich einen baldigen Untergang prophezeit.

Es mag teilweise in der österreichischen Kultur begründet sein, dass man der überzogenen Trübung der Zukunftsaussichten nicht entgeht. Erstaunlich ist allerdings, dass die aktuelle Wohlstandslage diese Sichtweise gar nicht provoziert. Laut Internationalem Währungsfonds lag Österreich 2012 gemessen am Pro-Kopf-Einkommen in der EU an dritter Stelle und weltweit auf dem 11. Platz. Die Frage ist aber, ob dieses Niveau in den kommenden Generationen aufrechterhalten werden kann.

Die Datenlage zeigt, dass wesentliche Einflussgrößen der künftigen volkswirtschaftlichen Entwicklung nach unten weisen. Am deutlichsten wird dies im Vergleich mit den gesamten Zukunftsaus-

gaben jener Länder, die wir als „Innovation Leader" bezeichnen. Man kann an einzelnen Rankings diesen Trend auch schon erkennen.

Damit wird klar, dass die derzeit stattfindenden Reformen zu würdigen sind, aber mit dem Tempo des Wettbewerbs mit anderen Nationen nicht mithalten. Wir brauchen also tatsächlich die „Reform der Reform". „Österreich 2050" liefert dazu Hinweise und Anregungen, wo und wie diese aussehen kann. Dabei sind die wesentlichen Einflussgrößen auf das Gesamtsystem bekannt und werden je nach ideologischer Prägung unterschiedlich in ihrem Gewicht bewertet.

„Demokratie ist die Notwendigkeit, sich gelegentlich den Ansichten anderer Leute zu beugen."
(Winston Churchill)

Fest steht, dass das Dreieck Gesellschaft–Politik–Forschung in jenem Maße mit Leben erfüllt wird, wie die einzelnen Eckpfeiler Interesse an den Aktivitäten der jeweils anderen zeigen. Das erfüllt jene Verbindungslinien mit Energie, die einen nachhaltigen Austausch pflegen. Der RFTE zeichnet für die Verbindungsenergie in diesem Dreieck in besonderer Weise verantwortlich, da er erstens Empfehlungen an die Bundesregierung abgibt (Politik), zweitens gesetzlich verpflichtet ist, diese Empfehlungen zu veröffentlichen (Gesellschaft), und drittens als Teil des Forschungssystems die gesamte Systembreite abdeckt (Forschung).

Besondere Aufmerksamkeit in der Zukunftsdiskussion verdient jener Eckpfeiler, den wir selbst am stärksten beeinflussen können: Bildung. Die Frage ist, ob wir in Zukunft ausreichend ausgebildete – und noch viel wichtiger, motivierte – junge Menschen in Österreich haben werden. Die Antwort ist: Nein. Das Erstaunliche ist aber nicht die Klarheit der Antwort, sondern der Umstand, dass dies allen bewusst ist und trotzdem so wenig Bewegung besteht. Betrachten wir deshalb wieder das oben erwähnte Dreieck.

Die Politik: Eine Vielzahl an produktiven und durchdachten Vorschlägen über die Entwicklung des Bildungssystems wird von wissenden Leuten vorgelegt. Und verschwindet unreflektiert in den Tiefen der ideologischen Grabenkämpfe. Die Diskussion darüber bleibt so dünn, dass selbst involvierte Menschen in verantwortlichen Positionen noch immer nicht die Gesamtschule von der Ganztagsschule unterscheiden können (oder wollen). Und so werden die Ideen mit dem Verweis auf ein bremsendes Element der (ideologisch) jeweils anderen Seite mit einem Schulterzucken ad acta gelegt.

Die Gesellschaft: In den meisten Beiträgen wird der beabsichtigte Wohlstandsgewinn („der nächsten Generation soll es besser gehen") als wichtigstes Ziel formuliert. Dabei wird Bildung auf die Voraussetzung dafür reduziert, einen überdimensionalen Fernseher und ein teures Auto in der Garage zu finanzieren. Übersehen wird dabei, dass die Wirkung des Umstandes, dass viele Pflichtschulabgänger (und nicht nur die) große Probleme beim Rechnen und Schreiben haben, sich noch viel stärker auf unser Zusammenleben auswirkt als vielfach angenommen. Die soziale Teilhabe wird massiv erschwert, wenn man sich nicht artikulieren kann. Die Demokratie basiert auf dem Verständnis, dass die Menschen die gesellschaftlichen Modelle der wahlwerbenden Parteien verstehen. Bei den vorhandenen diesbezüglichen Alarmzeichen ist es unverständlich, dass die Elterngeneration nicht täglich auf die Straße geht und bessere Bildungsbedingungen fordert. Warum es nicht passiert, kann man freundlich mit „Bequemlichkeit", provokant mit „Wohlstandsverwahrlosung" erklären.

Die Forschung: Den Bereich Forschung, Technologie und Innovation trifft eine mangelnde Ausbildung besonders heftig, da die Neuheit von Gedanken auch immer darauf aufbaut, die alten Gedanken (anderer) verstanden zu haben. Mehr ist dazu nicht zu sagen.

Das vorliegende Werk ist eine Sammlung von Zukunftsbildern verschiedenster ExpertInnen. Der Titel ist Programm: „Österreich 2050 – FIT für die Zukunft" bringt zum Ausdruck, dass die Beiträge der AutorInnen die Frage behandeln, wie Österreich für die Zukunft „FIT" gemacht werden kann. Gleichzeitig spiegelt er die Überzeugung des RFTE wider, dass vor allem Forschung, Innovation und Technologie (FIT) eine zentrale Rolle bei der Lösung der anstehenden Herausforderungen spielen werden. Das Buch wird dazu beitragen, die Debatte in Österreich weiter zu beleben. Je mehr Menschen sich Gedanken über die langfristige Perspektive machen, desto deutlicher wird der Weg dorthin. ■

Der Autor

Ludovit Garzik, *Jahrgang 1972, studierte Vermessungswesen an der Technischen Universität Wien und promovierte an der Wirtschaftuniversität im Fach Betriebswirtschaftslehre. Zudem erwarb er im Post-Graduate-Studium den MBA an der Donau-Universität Krems und ist Diplomierter Wirtschaftstechniker (DWT).*
Ludovit Garzik ist seit 2005 Geschäftsführer des österreichischen Rates für Forschung und Technologieentwicklung (RFTE). Zuvor war er in der Stabsstelle der Geschäftsführung der Österreichischen Forschungsförderungsgesellschaft (FFG) sowie als Leiter des „GALILEO Contact Point Austria" in der Austrian Space Agency tätig.

EINLEITUNG

Von der Gegenwartsdiagnose zur Gestaltung der Zukunft

Peter Skalicky

Bettina Ruttensteiner-Poller

"It was the best of times, it was the worst of times...
it was the spring of hope, it was the winter of despair...
we were all going direct to Heaven, we were all going
direct the other way..."
(Charles Dickens, 1812–1870, A Tale of Two Cities)

„Die Zukunft, die wir wollen, muss erfunden werden.
Sonst bekommen wir eine, die wir nicht wollen."
(Joseph Beuys, 1921–1986)

"Change isn't something that happens to you.
Change is something you do to make things happen!"
(Ellen J. Kullmann, CEO von DuPont)

Die Welt wird im Jahr 2050 eine radikal andere sein als wir sie heute kennen. Um dies zu verdeutlichen, genügt allein der Blick auf die Tatsache, dass die Menschheit rund 250.000 Jahre benötigte, um etwa um 1800 die magische Zahl von einer Milliarde Menschen zu erreichen, während sie nur mehr 60 Jahre brauchte, um von 2,53 Milliarden im Jahr 1950 auf mittlerweile mehr als 7 Milliarden anzusteigen. Und für das Jahr 2050 reichen die Prognosen von 8 bis 10,5 Milliarden Menschen auf dieser Erde. Die damit verbundenen Probleme, von der Nahrungsmittelproduktion über die notwendige Infrastruktur zur Versorgung mit Wasser und Energie bis zum Rohstoffverbrauch, sind ebenso bekannt wie die Notwendigkeit zu handeln. Gleichzeitig aber zerbrechen alte Gewissheiten, nicht zuletzt nachdem die seit 2008 anhaltende Finanz- und Wirtschaftskrise tiefgehende Strukturprobleme sichtbar werden ließ. So erleben wir derzeit zeitgleich Tendenzen, die vordergründig entgegengesetzt und unvereinbar scheinen. Einerseits steigen die Möglichkeiten, unsere Lebensqualität zu verbessern und Wohlstand zu generieren, andererseits nehmen die globalen Probleme an Umfang und Komplexität immer weiter zu. Im Report „2010 State of the Future" des Millennium Project heißt es dazu prägnant: „Wenn sich die derzeitigen Trends bei Bevölkerungswachstum, Ressourcenverbrauch, Klimawandel, Terrorismus, organisierter Kriminalität und Krankheiten über die nächsten 50 bis 100 Jahre fortsetzen und zusammen wirken, kann man sich das Szenario einer instabilen Welt mit katastrophalen Auswirkungen leicht ausmalen. Wenn sich die derzeitigen Trends bei der Selbstorganisation via Internet, bei internationaler Kooperation, Materialwissenschaften, alternativen Energien, Kognitionsforschung, interreligiösem Dialog, synthetischer Biologie und Nanotechnologie über die nächsten 50 bis 100 Jahre fortsetzen und zusammen wirken, erscheint das Szenario einer Welt, die für jeden lebenswert ist, keine ferne Utopie."[1]

Die Welt des Jahres 2050 muss eine radikal andere sein. Eine unkritische Fortschreibung bisher gültiger Strategien wäre angesichts der oftmals strukturellen Ursachen vieler Probleme die denkbar schlechteste Option. Und dass Errungenschaften und Erschaffenes

auch wieder verloren gehen können, mussten schon frühere Generationen schmerzhaft erfahren. „Vierzig Jahre Frieden hatten den wirtschaftlichen Organismus der Länder gekräftigt, die Technik den Rhythmus des Lebens beschwingt, die wissenschaftlichen Entdeckungen den Geist jener Generation stolz gemacht; ein Aufschwung begann, der in allen Ländern unseres Europas fast gleichzeitig zu fühlen war. (…) Überall ging es vorwärts. Wer wagte, gewann. Wer ein Haus, ein seltenes Buch, ein Bild kaufte, sah es im Werte steigen, je kühner, je großzügiger ein Unternehmen angelegt wurde, um so sicherer lohnte es sich. (…) Aber was uns beglückte, war, ohne dass wir es ahnten, zugleich Gefahr. Der Sturm von Stolz und Zuversicht, der damals Europa überbrauste, trug auch Wolken mit sich. Der Aufstieg war vielleicht zu rasch gekommen, die Staaten, die Städte zu hastig mächtig geworden, und immer verleitet das Gefühl von Kraft Menschen wie Staaten, sie zu gebrauchen oder zu missbrauchen."[2] So schrieb Stefan Zweig im Rückblick auf das Jahr 1913, ein Jahr vor Ausbruch des Ersten Weltkriegs, der „Urkatastrophe des 20. Jahrhunderts". Und ähnlich könnte auch der Rückblick nachfolgender Generationen auf unsere Zeit ausfallen, wenn es uns nicht gelingt, das explosive Gemisch aus Verschuldung, steigender Arbeitslosigkeit, der daraus resultierenden Wiederkehr der „sozialen Frage" und der Bedeutungszunahme politischer und religiöser Extremismen aufzulösen, und die Entwicklung wieder ins Positive zu wenden.

Auf dem Weg dorthin befinden wir uns in einer kritischen Phase, die gekennzeichnet ist durch die globale Neuverteilung von Macht- und Einflusssphären mit noch unklarem Ergebnis sowie durch eine „Gleichzeitigkeit von Erschütterungen"[3], von der ungelösten Energiefrage über die demografische Entwicklung bis hin zum Klimawandel. Das daraus erwachsende permanente Gefühl von Unsicherheit, basierend auf der Tatsache, dass „das Ungeplante zum Normalfall, das Unerwartete zum wiederkehrenden Ereignis geworden"[4] ist, wird uns noch einige Zeit begleiten. Umso wichtiger ist es, sich Orientierung zu verschaffen und Mut zum Handeln zu zeigen.

Wie könnte bzw. sollte Österreich im Jahr 2050 aussehen?

Vor dem Hintergrund dieser Entwicklungen entstand das vorliegende Buch aus der Idee des Rates für Forschung und Technologieentwicklung (RFTE), sich Gedanken über die Zukunft Österreichs in dieser sich verändernden Welt und in einer längerfristigen Perspektive zu machen. Dabei standen folgende Fragen im Vordergrund: Wie könnte bzw. sollte Österreich im Jahr 2050 aussehen? Welchen Einfluss werden die bereits jetzt erkennbaren globalen politischen Trends und Entwicklungen haben? Welche Möglichkeiten und Chancen eröffnen sich dadurch, und welche Risiken und Probleme könnte es geben? Wie könnten oder müssten spezifisch österreichische politische Strukturen an die Veränderungen in

Europa und in der Welt angepasst werden? Welche Rahmenbedingungen für ein zukunftsfähiges Gesellschaftssystem sollten von der österreichischen Politik geschaffen werden? Und schließlich: Welche Rolle spielen hierbei Bildung, Wissenschaft, Forschung und Innovation?

Der RFTE hat das Projekt „Österreich 2050" das erste Mal in seinem „Arbeitsprogramm 2011+" definiert. Ziel war von Beginn an die Visualisierung der möglichen Zukunft Österreichs unter Berücksichtigung globaler Trends, gesellschaftlicher Entwicklungen und struktureller Veränderungen des Innovationssystems, sowie allgemeiner bildungs-, innovations- und wirtschaftspolitischer Fragestellungen. Neben einer fundierten Analyse und Auswertung der derzeitigen Gegebenheiten sowie der Rahmenbedingungen der Entwicklung Österreichs im globalen Kontext war die Erarbeitung von Zukunftsszenarien für 2050 wesentlicher Bestandteil des Projektes. Die vorliegenden Beiträge sind somit Zeitdiagnose und Zukunftsvision zugleich. Diese Reflexion der sich bis zum Jahr 2050 verändernden, die langfristige Entwicklung Österreichs tangierenden Einflussfaktoren soll den unterschiedlichen AkteurInnen die Identifikation von dringlichen Handlungsfeldern in den verschiedenen Politikbereichen, insbesondere dem Bildungs-, Forschungs- und Innovationssystem, ermöglichen.

Um sich diesen komplexen Fragen anzunähern, organisierte der Rat in einem ersten Schritt ab Herbst 2011 eine Veranstaltungsreihe zu den aus seiner Sicht dringlichsten Handlungsbereichen. Den Auftakt bildete eine Podiumsdiskussion zur Frage „Bildung in Österreich: Spielball der Politik?", gefolgt von weiteren Veranstaltungen zu den Themen „Strom aus der Wüste: Wie schaffen wir eine nachhaltige Energieversorgung?" „Wissenschaft und Forschung: Luxus oder Lebensnotwendigkeit?", „Steuerreform in Theorie und Praxis", „Die Zukunft Österreichs in der Welt von morgen: Was kann Foresight für politische Entscheidungsprozesse leisten" und schließlich „Österreichs Zukunft braucht Innovation". Ergänzend hierzu organisierte der Rat im Rahmen der Technologiegespräche in Alpbach 2012 einen Arbeitskreis unter dem Titel „Demografie und Humankapital als Chance für Innovation".

Im zweiten Schritt lud der Rat neben Mitwirkenden an der Veranstaltungsreihe weitere ExpertInnen ein, ihre Expertise und Vorstellungen hinsichtlich der Gestaltung Österreichs bis zum Jahr 2050 einzubringen. Dies gibt den LeserInnen nun die Möglichkeit, unterschiedliche Annäherungen und Lösungsansätze zu den verschiedenen Themenbereichen kennenzulernen und auch vergleichen zu können.

Parallel dazu wurde die interaktive Homepage www.oesterreich2050.at eingerichtet, auf der ein webbasierter Diskussionsprozess zur Zukunft Österreichs stattfand. Ziel dieses partizipativen Prozesses war es, die großen Themenblöcke öffentlich zu diskutieren, und durch gezielte Interaktionen mit einer breiten Community eine Vielzahl von Meinungen und Ideen einzuholen. Besonderer Schwerpunkt war hierbei das Thema „Disruptive Ereignisse".

Ergebnis all dieser Aktivitäten ist die nun vorliegende Publikation. Sie ist entlang einer Kapitelstruktur aufgebaut, die die Inhalte der einzelnen Beiträge thematisch gruppiert.

Wie also kann es uns gelingen, den vielfältigen Herausforderungen erfolgreich zu begegnen?

Das **erste Kapitel** des Buches umreißt die Thematik „Reformstau in Österreich – mit besonderem Schwerpunkt in Bildungs- und Forschungspolitik". Der Chef des Wirtschaftsforschungsinstituts (WIFO), Karl Aiginger, skizziert in seinem Beitrag „Reformmüdigkeit als Gefahr für ein Erfolgsmodell" die grundsätzliche Problematik des Wirtschaftsstandorts Österreich mit seinen vielfältigen Herausforderungen und Reformnotwendigkeiten. Er entwickelt eine 15 Punkte umfassende Reformagenda, die gleichzeitig die wesentlichen Themen des Buches adressiert: die Probleme im Bildungsbereich, die Herausforderungen der Forschungs-, Technologie- und Innovationspolitik, demografische Entwicklungen und deren Konsequenzen für das Pensions- und Gesundheitswesen, Reformansätze für den Föderalismus, die Verwaltung und das Steuersystem sowie die notwendigen Maßnahmen im Umweltbereich sowie im Bereich internationaler Beziehungen.

Kapitel 2 widmet sich dem Thema „Bildung". Das Bildungssystem ist der Engpass für das österreichische Forschungs-, Technologie- und Innovations-System und den Wirtschaftsstandort. Wie Bildungsexperte Bernd Schilcher in seinem Beitrag „Bildung in Österreich: eine Bestandsaufnahme" ausführt, gehen dem Land derzeit viele Talente verloren, weil das Bildungssystem sehr früh nach Alter und zu stark nach sozialer Schichtung selektiert. Die Trennung der Schulwege mit 10 Jahren wird dabei unreflektiert als „europäischer Normalfall" definiert. Tatsächlich aber trennen laut Schilcher von 45 europäischen Staaten lediglich fünf in diesem Alter. Auch die OECD weist immer wieder darauf hin, dass das Bildungssystem hierzulande durch ineffiziente Strukturen und eine hohe soziale Selektion geprägt ist. Gemeinsam mit dem Umstand, dass die Ergebnisse Österreichs bei den Pisa-Studien unter dem OECD-Schnitt liegen, bedeutet dies, dass viel Geld für einen unterdurchschnittlichen Output verwendet wird und sogenannte bildungsferne Schichten nur unzulänglich an Bildung teilhaben (können).

Diese Tatsache arbeitet Bildungspsychologin Christiane Spiel in ihrem Artikel „Bildung 2050: Die Schule der Zukunft" im Detail weiter aus. Sie weist darauf hin, dass die Schule in Österreich keine kompensatorische Wirkung in Bezug auf die soziale Herkunft von Kindern und Jugendlichen hat. Oder drastisch formuliert: Bildung wird in Österreich vererbt. Ein Kind aus einem Akademikerhaushalt wird mit überdurchschnittlich höherer Wahrscheinlichkeit ein Studium absolvieren, als ein Kind aus einer Arbeiterfamilie. Dies führt nicht zuletzt dazu, dass Österreich im OECD-Vergleich eine niedrige Hochschulzugangsquote aufweist und weniger AkademikerInnen als vergleichbare Länder ausbildet. Die von Spiel skizzierte „Schule der Zukunft" soll es bis zum Jahr 2050 schaffen, die angeführten Unzulänglichkeiten des Bildungssystems auszugleichen.

Ein zeitgemäßes und nach allen vorliegenden Vergleichsdaten auch international konkurrenzfähiges Schulsystem wird vom finnischen Bildungsforscher Jouni Välijärvi beschrieben. In seinem Beitrag „Finnish school system – Coherence, flexibility and individual support in curriculum and pedagogical practices" zeigt er auf, wie es Finnland gelungen ist, sein Schulwesen unter Einbeziehung der Interessen aller Beteiligten – SchülerInnen, LehrerInnen und Eltern – zu einem internationalen Erfolgsmodell zu machen. Durch eine Vielzahl an Faktoren wie etwa eine gerechtigkeitsorientierte, fortschrittliche Pädagogik, eine akademische LehrerInnenbildung oder eine Erziehungskultur, die stark auf Vertrauen setzt, ist es gelungen, ein Schulwesen aufzubauen, das nicht nur eindrucksvolle akademische Bildungserfolge aufzuweisen hat, sondern auch die Leistungen der SchülerInnen von ihrer sozialen Herkunft entkoppelt. Aus diesem Modell könnten etliche interessante Anleihen für das österreichische Schulsystem im Jahr 2050 genommen werden.

Mit den Themen „Wissenschaft, Forschung und Innovation" beschäftigt sich **Kapitel 3**. „Wissenschaft und Forschung: Luxus oder Lebensnotwendigkeit?" – mit dieser Frage titulieren der frühere Rektor der ETH Zürich, Konrad Osterwalder, und Walter Schneider von der RFTE-Geschäftsstelle ihren Beitrag. Die Antwort liegt vordergründig auf der Hand, denn um bestehende und künftige Herausforderungen erfolgreich bewältigen zu können, ist eine effektive, leistungsfähige und umfassende Wissenschafts- und Forschungslandschaft notwendig. Am Beispiel eines möglichen Zukunftsszenarios wird aufgezeigt, dass Wissenschaft in gewissem Sinne trotzdem Luxus bleibt, denn es geht ihr immer auch um die Befriedigung der menschlichen Neugier und nicht ausschließlich um die Entwicklung marktfähiger Produkte. Wesentliche Grundvoraussetzung bleibt jedenfalls die entsprechende Unterstützung durch Staat, Wirtschaft und Gesellschaft.

Auch der langjährige Präsident des Wissenschaftsfonds FWF, Christoph Kratky, stellt seinem Text im Titel eine Frage voran: „Wird Österreich im Jahre 2050 in der Grundlagenforschung zur Weltspitze zählen?" Um zu den innovativsten Forschungsnationen aufzuschließen, wie dies von der Bundesregierung als Ziel ausgegeben wurde, muss jedenfalls die ins Stocken geratene Dynamik wieder beschleunigt werden. Allerdings weist Kratky auch darauf hin, dass es in der Grundlagenforschung selbst mit größten Anstrengungen überaus schwierig sein wird, zur Weltspitze aufzuschließen. Denn vergleichbare Länder wie die Schweiz, Schweden oder Finnland

haben bereits heute in etlichen Kennzahlen deutlich „die Nase vorn". Das liegt u.a. auch daran, dass die Universitäten und mit ihnen die Grundlagenforschung in Österreich unterdotiert sind. Dies mag in Hinblick auf die ökonomischen Turbulenzen der letzten Jahre zwar nachvollziehbar argumentiert werden können. Dennoch zeigen die angeführten Beispiele, dass es auch und gerade in ökonomisch schwierigen Zeiten anders geht. Österreich als eines der reichsten Länder Europas muss sich grundlegende Investitionen in die Forschung an der Wissensfront leisten. Hier ist die öffentliche Hand gefordert, und es braucht – so zeigt es etwa das Beispiel Schweiz – einen langen Atem.

Mit der „Zukunft von Wissenschaft und Forschung und den Entstehungsbedingungen von Innovationen" beschäftigt sich der Beitrag von Innovationsforscherin Marion Weissenberger-Eibl. Sie zeigt auf, welche Voraussetzungen notwendig sind, um erfolgreiche Innovationssysteme zu ermöglichen. Als wesentliches Merkmal kristallisiert sich dabei das reibungslose und abgestimmte Zusammenspiel zwischen Wissenschaft, Bildung, Wirtschaft und Politik heraus. In der Wissenschaft selbst ergeben sich Potenziale für Innovationen ebenfalls durch disziplinenübergreifende Kooperationen zwischen verschiedenen Forschungs- und Anwendungsfeldern. Für die Zukunft von Forschung und Innovation spielt vor allem die Aktivierung dieser Potenziale eine Rolle, um einen Beitrag zu den erwarteten großen Transformationen des 21. Jahrhunderts leisten zu können. Um welche Themen es dabei gehen könnte, wird am Beispiel der „Zukunftsfelder neuen Zuschnitts" aus dem Foresight-Prozess des deutschen Ministeriums für Bildung und Forschung dargestellt. Diese „Grand Challenges" stellen auch den Ausgangspunkt für strategische Überlegungen der Forschungsplanung der deutschen Fraunhofer-Gesellschaft dar, in deren Programm „Märkte von Übermorgen" die Überleitung von Forschungsergebnissen in die wirtschaftliche und gesellschaftliche Nutzung im Mittelpunkt steht.

Der Artikel der beiden für Forschung und Innovation verantwortlichen voestalpine-Mitarbeiter Peter Schwab und Stefan Punz schließt an dieser Stelle an, indem er der Frage nachgeht, wie unternehmerische Innovationen in den Märkten des Jahres 2050 aussehen und generiert werden könnten. Unter dem Titel „Innovation 2050 – aus der Sicht eines Industrieunternehmens" legen die beiden Autoren dar, mit welch volatilem Umfeld heute Unternehmen konfrontiert sind, in dem sich die Randbedingungen und Parameter immer schneller ändern. In Zukunft werden Unternehmen noch viel stärker dazu gezwungen sein, neue Trends aufzugreifen, zu innovieren und neue Produkte auf den Markt zu bringen. Ein funktionierender, d.h. effektiver und effizienter Innovationsprozess der Zukunft ist daher ein wesentlicher Erfolgsfaktor für Unternehmen. Wichtig scheinen dabei aus heutiger Sicht vor allem die zunehmende Öffnung des Innovationsprozesses und eine stärkere Kooperation mit Kunden, wissenschaftlichen Partnern, Zulieferern etc. zu sein.

Das Kapitel „Wissenschaft" abschließend geht Museumsdirektorin Gabriele Zuna-Kratky unter dem Titel „Österreich 2050 und das Technische Museum" der Frage von Rolle und Aufgabe des Wiener Technischen Museums in den kommenden Jahrzehnten nach. Als Reflexionsort, wo Vergangenheit dargestellt wird, um in der Gegenwart Möglichkeiten des Lernens für die Zukunft zu schaffen, muss das Museum immer wieder neue Wege der Wissensvermittlung anbieten, um den individuellen Bedürfnissen der MuseumsbesucherInnen gerecht zu werden. In einer Welt, in der das Virtuelle eine immer größere Rolle spielt, werden die dreidimensionalen Objekte des Museums an Bedeutung gewinnen, zeigt sich Zuna-Kratky überzeugt. Dazu wird es jedoch nötig sein, den Konnex zwischen Realem und Virtuellem neu zu bestimmen. Oder anders formuliert: um für die Menschen noch präsent zu sein, muss das Musealgut im Internet zu finden sein. In einer solchen virtuellen Fassung glänzt dann die Perle des Museumsobjekts.

Kapitel 4 zum Thema „Generationen" wird eröffnet von dem Beitrag „Österreichs Bevölkerung 2050". Die beiden Demographen Wolfgang Lutz und Elke Loichinger gehen darin der Frage nach, wie sich die Bevölkerung Österreichs in den kommenden Jahrzehnten verändern und vor allem, welche Bildung sie aufweisen wird. Dazu verwenden sie die am „International Institute for Applied Systems Analysis" (IIASA) in Laxenburg entwickelte „multi-state cohort component method", die es ermöglicht, die Faktoren Fertilität, Mortalität und Migration nicht nur nach Alter und Geschlecht differenziert in die Bevölkerungsprognosen einfließen zu lassen, sondern auch Bildungsmerkmale zu berücksichtigen. Gerade die Bildungsstruktur einer Gesellschaft hat nämlich großen Einfluss auf andere Faktoren, wie zum Beispiel das Arbeitsmarktverhalten und die Produktivität, aber auch Lebenserwartung, Gesundheit und Pflegebedarf. Fazit des Beitrags: Die Tatsache, dass die österreichische Gesellschaft zunehmend älter wird, bedeutet nicht zwangsläufig den Verlust wirtschaftlicher Wettbewerbsfähigkeit. Schon relativ geringfügige Anpassungen der altersspezifischen Erwerbsquoten, verbunden mit intensiven Bildungsanstrengungen, könnten die effektive ökonomische Belastung wettmachen. Klar ist aber auch, dass ernsthafte Gefahr für unseren Wohlstand besteht, falls so weitergemacht wird wie bisher und weder bei der Bildung noch bei den Erwerbsquoten echte Reformen erfolgen.

Im anschließende Beitrag nähert sich Migrationsforscher Rainer Münz unter dem Titel „Migrationspolitik für die alternde Gesellschaft von morgen" der Problematik der alternden österreichischen Bevölkerung von Seite möglicher Zuwanderungsstrategien. Seiner Meinung nach braucht Österreich in der nahen und fernen Zukunft einen höheren Grad an qualifizierter Zuwanderung, die jedoch aufgrund des Umstandes, dass in den benachbarten EU-Staaten eine ähnliche Problemlage besteht, nicht mehr überwiegend aus diesen Regionen erfolgen kann. Aus diesem Grund propagiert Münz eine stärker pro-aktive Migrationspolitik, die – unter Berücksichtigung der Erfahrungen anderer entwickelter Länder – vor allem großzügigere Rahmenbedingungen für Einwanderungswillige bieten muss als derzeit.

Das Kapitel „Generationen" abschließend setzt sich Pensionsexperte Bernd Marin in seinem Beitrag „Österreich 2050: Pensionen der Zukunft" mit der Frage auseinander, welche Maßnahmen gesetzt werden müssen, um das österreichische Pensionssystem in einer sinnvollen Weise erhalten zu können. Dabei kommt seinen Darlegungen zufolge neben der nötigen Reform der Alterspensionen vor allem der Neuerung der Invaliditätspensionen eine entscheidende Rolle für die fiskalische Nachhaltigkeit des gesamten Pensionssystems zu, zählen doch die Invalidisierungsraten im pensionsnahen Alter in Österreich zu den höchsten in der EU und OECD.

Kapitel 5 trägt den Titel „Reform". Verfassungsjurist Theo Öhlinger diskutiert in seinem Artikel „Die Zukunft des Föderalismus" den Einfluss der Organisationsstruktur eines Staates auf dessen Entwicklungsstand und lotet die Möglichkeiten einer Föderalismusreform aus. Der österreichische Föderalismus kann einerseits auf historische Traditionen der Länder zurückgreifen, andererseits lehnt sich die Bundesverfassung von 1920 aber auch stark an die eher zentralistisch orientierte Kompetenzverteilung der Verfassung der Monarchie an. Im Ergebnis besitzen die Länder zwar keine großen abgerundeten Aufgabenfelder, haben aber viele Mitsprache- und damit auch Blockademöglichkeiten, etwa im Bereich Bildung. Diese Unklarheiten in den Verantwortlichkeiten von Bund und Ländern erweisen sich als zunehmend problematisch, wobei die Mitgliedschaft in der EU den Reformbedarf des Systems zusätzlich verschärft. Leitlinien, wie sie im Österreich-Konvent entwickelt wurden, könnten den Weg zu einer klareren und effizienteren Kompetenzverteilung weisen, wie Öhlinger anhand eines „Säulen-Modells" aufzeigt.

Anschließend beschäftigen sich der Chef des Instituts für Höhere Studien (IHS), Christian Keuschnigg, und Gerhard Reitschuler von der RFTE-Geschäftsstelle unter dem Titel „Mit einer Steuerreform in die Zukunft" mit möglichen Steuerreformoptionen, v.a. auf der Einnahmenseite des Staates. Dabei versuchen die Autoren, in groben Zügen das Gesamtkonzept eines Steuersystems speziell für Österreich zu entwickeln, welches zwar einerseits viele Gemeinsamkeiten, aber auch bedeutsame Unterschiede zu anderen grundlegenden und gesamtheitlich orientierten Reformvorschlägen aufweist. Der Beitrag stellt mögliche Grundzüge eines solchen reformierten Steuersystems dar, welches das Wachstum und die Standortattraktivität stark fördert, und gleichzeitig kompensierende Elemente enthält, um Aufkommensneutralität zu sichern und eine Spreizung der Einkommens- und Vermögensverteilung zu verhindern. Dabei betonen Keuschnigg und Reitschuler, dass für die Vision „Österreich 2050" eine lose Abfolge isolierter Teilreformen nicht ausreicht, sondern eine „Steuerreform aus einem Guss" notwendig ist, welche auf die systemische Wirkung aller Steuern abstellt.

„Energie, Umwelt und Klimawandel" sind unbestritten zentrale Zukunftsthemen, bei denen revolutionäre Veränderungen bis 2050 zu erwarten sind. **Kapitel 6** beinhaltet deshalb zwei Beiträge, die sich mit diesen Themen beschäftigen. Energieforscherin Brigitte Bach spannt in ihrem Artikel „Nachhaltige Energieversorgung für die Zukunft" einen Bogen von der umweltpolitischen Diskussion der 1970er Jahre über globale Maßnahmen wie etwa das Kyoto Protokoll bis hin zur europäischen Perspektive in Form der „Energy Roadmap 2050". In verschiedenen Szenarien wird herausgearbeitet, dass nicht nur Effizienz und erneuerbare Energiequellen, sondern insbesondere integrative Ansätze zur Lösung des Dilemmas erforderlich sind. Österreich befindet sich in einer Vorreiterrolle und leistet durch intensive Forschungstätigkeit bei zentralen Infrastrukturthemen wie „Smart Cities" und „Smart Grids" einen wesentlichen Beitrag zu den globalen klimapolitischen Zielen.

In dem Beitrag „Das DESERTEC Konzept – Von der Vision zur Realität" skizziert der Mitbegründer und Vorstand der DESERTEC Foundation, Thiemo Gropp, Möglichkeiten, wie den Herausforderungen des Klimawandels konkret begegnet werden kann. Das im Beitrag präsentierte Modell ist als Teil der Lösung zu den Herausforderungen des Klimawandels zu verstehen. Das gemeinsam von Politik, Wissenschaft und Wirtschaft entwickelte Konzept fokussiert auf die Hebung von Potenzialen im Bereich der erneuerbaren Energie und den großflächigen Ausgleich von Energie zwischen Europa, dem Nahen Osten und Nordafrika. Obgleich DESERTEC grundsätzlich technologieoffen ausgelegt ist, werden hier beispielhaft konkrete Umsetzungsformen und technische Merkmale genannt. Die Rolle Öster-reichs in diesem Projekt ist durch die Speichermöglichkeiten im „Supergrid" vorgezeichnet; gleichzeitig profitieren Wirtschaft und Gesellschaft durch verbesserte Nutzung erneuerbarer Energiequellen.

In **Kapitel 7** wird mit dem Thema „Foresight & allgemeine, globale Entwicklungen" ein sehr weiter Blick auf die Zukunft eröffnet. Für Generalstabschef Othmar Commenda ist in seinem Beitrag „Globale geostrategische Entwicklungen" die Sicherheit der entscheidende Faktor für ein globales soziales und wirtschaftliches System. Die Trends der Demographie im Wechselspiel von Globalisierung, Migration, Verstädterung und der Verfügbarkeit von Ressourcen ergeben wahrscheinliche Szenarien für sicherheitspolitische Herausforderungen. Der Beitrag widmet sich auch den möglichen regionalen und überregionalen Machtverteilungen, Verschiebungen von Kräfteverhältnissen und den globalen Einflussnahmen. Commenda kommt zum Schluss, dass durch unterschiedliche Konflikte und Bedrohungsbilder der Anspruch, die Sicherheit auch künftig aufrecht zu erhalten, zu neuen Strategien und Allianzen führen wird.

Anschließend geht der Politologe Anton Pelinka der Rolle „Österreichs in Europa" bzw. der Bedeutung Europas für Österreich nach. Anhand zweier Szenarien – mit unterschiedlichen, aber beiderseits möglichen Entwicklungsperspektiven der EU – stellt er die wahrscheinlichen Folgen für die Zukunft Österreichs in der Europäischen Union dar. Dabei kommt Pelinka zum Schluss, dass Österreich von „mehr Europa" im Sinne einer zunehmenden Erweiterung und Vertiefung profitieren würde, während „weniger Europa", also die Rückentwicklung der EU auf einen Staatenbund und eine Freihandelszone, von Nachteil wäre. Es liegt somit im Interesse Österreichs, stärker als in der Vergangenheit an der entsprechenden Weichenstellung mitzuwirken, nicht zuletzt durch das Zulassen und Fördern der Europäisierung des eigenen Landes.

Mit Wachstumsmöglichkeiten für Österreich in der langfristigen Perspektive beschäftigt sich der Artikel von IHS-Chef Christian Keuschnigg mit dem Titel „Wachstum und Wohlfahrt durch Wandel". Seinen Darstellungen zufolge sind in Zeiten der Globalisierung und eines rasanten technologischen Fortschritts klassische Ansätze strukturellen Wandels in dem Sinne zu hinterfragen, als dass, um Vollbeschäftigung, hohe Löhne und weiteres Lohnwachstum in Österreich zu sichern, ein permanenter Strukturwandel in Form von „kreativer Zerstörung" zugelassen werden muss. Für ein wirtschaftlich hoch entwickeltes Land wie Österreich stellen vor allem Bildung und Innovation die Quellen des Wohlstands dar. Höchste Leistungsfähigkeit auf Basis von Bildung und Forschung ist somit eine notwendige Voraussetzung für eine erfolgreiche Spezialisierung Österreichs auf wertschöpfungsintensive Technologiebranchen, um in der Folge durch hohe Produktivität auch hohe Löhne verteidigen zu können. Die zentrale Herausforderung für die Gestaltung des Wohlfahrtsstaates ist es somit, Innovation und Strukturwandel zuzulassen und dennoch Sicherheit zu bieten. Die zentrale Vision bzw. Herausforderung für 2050 besteht deshalb in einer Gesellschaft, die diesen Wandel als Chance und nicht als Bedrohung begreift, weil nur so den Herausforderungen der Zukunft erfolgreich begegnet werden kann.

Der Beitrag „Disruptive Ereignisse und wie die Politik damit umgehen kann" von den Innovationsexperten Hannes Leo, Johannes Gadner, Wilhelm Geiger und Andreas Gemes beschreibt den bereits erwähnten, begleitenden Diskussionsprozess auf www.oesterreich2050.at. Mit dem Prozess wurde der Versuch unternommen, die traditionellen thematischen Eingrenzungen, nach denen auch die vorliegende Publikation strukturiert ist, über Bord zu werfen. Stattdessen wurde der Blick auf all jenes gelenkt, was in den anderen Beiträgen zu „Österreich 2050" nicht angedacht oder möglicherweise nur unzureichend wahrgenommen und diskutiert wurde. Da durch die Öffnung der Diskussion der engere Kreis der ExpertInnen verlassen und eine breitere Öffentlichkeit eingebunden wurde, kam es zu einer Vielzahl von Ergebnissen, die eine grundsätzliche Auseinandersetzung mit der Frage nach dem Umgang mit disruptiven Ereignissen erforderlich machten. Entsprechend fokussiert der Beitrag am Beispiel der Diskussionsbeiträge auf mögliche Strategien zur Bewältigung komplexer Ereignisse und die Optimierung von Entscheidungsprozessen.

Mit der Zukunft der Medien setzen sich die Journalisten Konrad Mitschka und Klaus Unterberger in ihrem Beitrag „Medienqualität 2050" auseinander. Sie gehen dabei der Frage nach, ob wir uns angesichts der radikalen Veränderungen im Bereich der Informationsbereitstellung und – damit verbunden – der zunehmenden Möglichkeiten der Informationsmanipulation, aber auch der Umbrüche bei der Mediennutzung in Zukunft noch darauf verlassen können, dass Nachrichten und Bilder authentisch und faktentreu sind. Dabei kommen die Autoren zu dem Schluss, dass die Begriffe „Vertrauen", „Vielfalt" und „Verantwortung" auch künftig die Standards und Qualitätskriterien für Medien darstellen (sollten).

Im letzten Abschnitt des Buches – **Kapitel 8** – wird der Versuch eines Ausblicks gewagt: „Die Zukunft Österreichs in der Welt von morgen" von Hannes Androsch, Vorsitzender des RFTE, und Johannes Gadner von der RFTE-Geschäftsstelle zeigt am Beispiel der globalen Entwicklungen und „Grand Challenges", welche Reformen in Österreich erforderlich sind, um im internationalen Wettbewerb nicht weiter zurückzufallen. Auf Basis der Analyse des österreichischen Status quo wird argumentiert, dass dies nur durch einen grundlegenden Wandel erreicht werden kann. Wenngleich kein einzelner Politikansatz isoliert dazu geeignet ist, so sind die Autoren doch der Ansicht, dass Bildung, Forschung und Innovation die Schlüsselfaktoren für die Bewältigung der anstehenden Herausforderungen sind. Abschließend plädieren die Autoren für eine Strategie 2050, die Perspektiven und Konzepte beinhalten soll, die den Menschen Mut für eigenverantwortliche Leistungen, Orientierung und Halt geben.

Wie am weiten Bogen der Themen erkennbar ist, steht Österreich vor einer Vielzahl von Herausforderungen in einer sich stark verändernden Welt. Eine Grundaussage durchzieht folglich alle Beiträge dieser Publikation – die Annahme nämlich, dass uns wohl noch turbulente Zeiten bevorstehen. Unsere Zukunft ist unsicher, und Unsicherheit ist niemals ein angenehmes Gefühl. Doch der Versuch, um jeden Preis an der Gegenwart festzuhalten, ist zum Scheitern verurteilt. Letztlich braucht es vor allem einen Bewusstseinswandel, um die Zukunft in einer für uns alle positiven Weise gestalten zu können. Unsere Fähigkeit, die Zukunft unseres Landes aktiv zu gestalten, hängt nicht zuletzt davon ab, wann und wie wir beginnen, über diese Zukunft nachzudenken. Auf all die oben skizzierten Entwicklungen und Herausforderungen müssen wir Antworten finden – besser heute als morgen. Hierzu möchte dieses Buch einen Beitrag leisten, denn für den Fall, dass wir weiterhin so gegenwartsversessen bleiben, werden wir eines nicht verhindern können: dass uns eines Tages die Zukunft mit aller Wucht erreicht! ∎

Anmerkungen

[1] Millenium Project (2010); 2010 State of the Future; hg. vom German Node des Millenium Projekts, Berlin, S. 2

[2] Zweig, Stefan (2006); Die Welt von Gestern. Erinnerungen eines Europäers. Frankfurt/Main, S. Fischer Verlag (Sonderausgabe), S. 223–228

[3] Kneissl, Karin (2013); Die zersplitterte Welt. Was von der Globalisierung bleibt. Wien, Braumüller Verlag, S. 11

[4] Schlie, Ulrich (2012); Wohin entwickelt sich die Welt im Jahr 2012? In: Europäische Rundschau 2012/1, S. 3

Die Autoren

Bettina Ruttensteiner-Poller *studierte Politikwissenschaft und Geschichte an der Universität Wien. Danach war sie als wissenschaftliche Mitarbeiterin am Institut für Berufs- und Erwachsenenbildungsforschung (IBE) an der Johannes-Kepler-Universität Linz sowie als freie Mitarbeiterin in der KZ-Gedenkstätte Mauthausen in der Besucherbetreuung tätig.*
Seit April 2006 ist Bettina Ruttensteiner-Poller wissenschaftliche Referentin in der Geschäftsstelle des Rates für Forschung und Technologieentwicklung. Ihre Hauptaktivitäten liegen in den Bereichen Humanressourcen, Geistes-, Sozial- und Kulturwissenschaften, Förderung von Frauen und Gender-Mainstreaming sowie Öffentlichkeitsarbeit.

Peter Skalicky, *geboren in Berlin und aufgewachsen in Wien, studierte Technische Physik an der Technischen Hochschule in Wien. Nach der Promotion 1965 im Bereich Technische Physik folgte 1973 die Habilitation im Fachgebiet Kristallphysik.*
Nach einer Professur in Paris wurde Skalicky 1979 ordentlicher Professor für Angewandte Physik an der TU Wien und Vorstand des gleichnamigen Instituts. Nach einer Gastprofessur in China war er von 1986 bis 1991 Dekan der Technisch-Naturwissenschaftlichen Fakultät der TU Wien und wurde 1991 erstmals zum Rektor der Technischen Universität Wien gewählt – eine Stelle, die er bis Herbst 2011 innehatte.
Seit August 2010 ist Peter Skalicky stellvertretender Vorsitzender im Rat für Forschung und Technologieentwicklung.

—

KAPITEL 1:
REFORMSTAU IN ÖSTERREICH – MIT BESONDEREM SCHWERPUNKT IN BILDUNGS- UND FORSCHUNGSPOLITIK

REFORMMÜDIGKEIT ALS GEFAHR FÜR EIN ERFOLGSMODELL

Karl Aiginger

Einleitung und Aufbau

Österreich ist seit 2000 schwächer gewachsen als in den 1980er und 1990er Jahren, aber deutlich schneller als Westeuropa und Deutschland. Es hat damit eine Top-5-Position im Pro-Kopf-Einkommen in Europa erreicht. Auch die Finanzkrise wurde besser bewältigt als in den meisten anderen europäischen Ländern. Dennoch sind die Herausforderungen der veränderten Rahmenbedingungen für Österreich größer, u. a. weil Österreich nun ein Spitzenland bei den Einkommen ist. Technologie und Bildungssystem haben diesen Veränderungen noch nicht Rechnung getragen. Es werden 15 Reformschwerpunkte genannt – vorwiegend im wirtschaftlichen Bereich, die es ermöglichen würden, dass Österreich auch weiterhin bei steigendem Lebensstandard international wettbewerbsfähig ist und seine Spitzenposition noch ausbauen kann. Die Durchsetzung dieser Reformen bedarf in der bevorstehenden langen Konsolidierungsperiode der öffentlichen Budgets eines mutigen politischen Reformwillens und der konsequenten Durchforstung der bisherigen Ausgaben. Das Projekt „WWWforEurope" (Ein neuer Wachstums- und Entwicklungspfad für Europa)[1], mit dem das Österreichische Institut für Wirtschaftsforschung (WIFO) gemeinsam mit 32 Partnern von der EU-Kommission beauftragt wurde, zeigt wie die österreichischen Reformen in den europäischen Reformprozess eingebettet werden können.

Österreich: ein erfolgreicher Wirtschaftsstandort – Zehnjahresbilanz 2000 bis 2010

Die österreichische Wirtschaft ist im ersten Jahrzehnt dieses Jahrtausends real um 1,5 Prozent p.a. gewachsen. Dies war zwar gegenüber den vorherigen Jahrzehnten eine deutliche Abschwächung (1990/2000 +2,5 Prozent), aber angesichts der schweren Wirtschaftskrise ein beachtliches Resultat. Die europäische Wirtschaft ist nur um 1,1 Prozent gewachsen, jene Deutschland gar nur um 0,9 Prozent. Kumuliert über die zehn Jahre ergibt das einen Wachstumsvorsprung Österreichs von 5 Prozent bzw. 7 Prozent. Das österreichische Wachstum kam damit fast an das US-amerikanische heran und festigte Österreichs Position unter den fünf Ländern mit dem höchsten Pro-Kopf-Einkommen in Europa (siehe Tabelle 1).

Motor der positiven Entwicklung war das hohe Wachstum der Exporte (+3,5 Prozent). Da die Importe schwächer zunahmen, konnte das Leistungsbilanzdefizit, das 2000 noch 1,5 Mrd. Euro betrug, bis 2013 in einen Überschuss von 10,5 Mrd. Euro oder 3 Prozent der Wirtschaftsleistung „umgedreht" werden. Erfolge in den zentral- und osteuropäischen Ländern waren hier wichtig, aber auch Exporte in die USA und in die asiatischen Länder. Die hohen Direktinvestitionen österreichischer Firmen im Ausland haben Exporte nicht ersetzt, sondern verstärkt (siehe Tabelle 2).

Tabelle 1: Wachstumsvorsprung gegenüber EU hält an (BIP-Wachstum p.a.)

	1991/2000	2001/2010
Welt	3,1	3,5
China	10,4	10,3
USA	3,4	1,7
Japan	1,2	0,8
EU 27	2,2	1,3
Neue Mltgliedländer [1]	1,1	3,5
Euro- Raum 16	2,1	1,1
Deutschland	1,9	0,9
Öseterreich	2,5	1,5
Österreich vs. Euro-Raum 16	0,4	0,4
Österreich vs. Deutschland	0,6	0,6

Quelle: WIFO, Dezember 2010.
Anmerkung: [1] Bulgarien, Estland, Lettland, Litauen, Polen, Rumänien, Tschechien, Ungarn.

Der Konsum war ein Stabilisator, mit einem Wachstum von durchschnittlich 1,4 Prozent, allerdings war der Anstieg ein Drittel niedriger als in den 1990er Jahren. Die verfügbaren Einkommen sind stärker gestiegen, die Sparquote wurde durch die höhere Unsicherheit und auch den stärkeren Anstieg der höheren Einkommen angehoben. Die Lohnquote ist von 72 Prozent (2000) auf 70 Prozent (2010) gesunken (siehe Tabelle 2).

Tabelle 2: Export trägt Wachstum

	1991/2000	2001/2010
Bruttoinlandsprodukt	2,5	1,5
Sachgütererzeugung	2,6	2,0
Private Konsumausgaben	1,9	1,3
Private Konsumausgaben	2,7	-0,2
Warenexporte	7,1	3,5
Warenimporte	5,6	3,0
Leistungsbilanzsaldo in % des BIP	-2,3	2,6

Quelle: WIFO, Dezember 2010.

Die Enttäuschung der Bilanz sind die Investitionen. Sie liegen absolut und preisbereinigt 2010 niedriger als 2000, und auch der kleine Anstieg in den letzten drei Jahren ist für eine Erholungsphase zu gering. Steigender Cash-Flow und stabile Eigenkapitalquoten konnten die Stagnation über ein ganzes Jahrzehnt nicht verhindern. Die Investitionen waren in Österreich traditionell höher als in anderen Ländern, besonders die Bauinvestitionen. Ein Teil des Cash-Flows wurde für Internationalisierung verwendet, ein weiterer für Investitionen in Innovation und weiterführende Aus- und Weiterbildung. Auch die Dividenden wurden kräftig erhöht. Für ein höheres Wachstum im nächsten Jahrzehnt ist ein Anstieg der Investitionen erforderlich. Exporte können nicht mehr so stark erhöht werden, da Südeuropa, aber auch Frankreich und Großbritannien Struktur- und Budgetprobleme überwinden müssen und einige osteuropäische Märkte zwar weiter rascher wachsen als westeuropäische, aber nicht so stark wie bisher. Das Marktwachstum im Schwarzmeerraum, in arabischen Ländern und in dynamischen Märkten wie Indien und China muss stärker genutzt werden.

Die Arbeitslosenquote ist 2010 (6,9 Prozent) gegenüber dem Krisenhöhepunkt wieder zurückgegangen, liegt aber noch höher als 2000 (5,8 Prozent), 2012 bei 7 Prozent. Das für 2011 bis 2015 zu erwartende Wachstum wird nicht ausreichen, sie wieder in Richtung 5 Prozent zu senken, eher ist eine Verfestigung in der Gegend von 7 Prozent zu erwarten (nationale Zählung, nach EU-Berechnung liegt sie zwischen 4 Prozent und 5 Prozent). Die Beschäftigung ist zwischen 2000 und 2010 um kumuliert 8 Prozent gewachsen, das sind 230.000 Personen. Der Anstieg bei InländerInnen ist niedriger, der Anstieg der AusländerInnen um rund 40 Prozent ist etwas niedriger als zwischen 1990 und 2000 (1991/2000: +20 Prozent). 2012 sind erstmalig mehr als 520.000 ausländische ArbeitnehmerInnen in Österreich beschäftigt. Das Arbeitskräfteangebot an ausländischen Arbeitskräften erhöhte sich 2011 und 2012 um mehr als 8 Prozent (so stark wie zuletzt im Jahr 1991). Teilzeitbeschäftigung und befristete Arbeitsverhältnisse steigen, in der Mehrzahl wollen die Teilzeitbeschäftigten keine Vollzeitstellen (teilweise bedingt durch fehlende oder unbefriedigende Betreuungsmöglichkeiten). In Österreich ist das inländische Erwerbspotenzial in den Altersgruppen ab 30 Jahren weniger ausgeschöpft als in den skandinavischen Ländern, teils durch längere Berufsunterbrechungen, teils durch frühe Pensionierung, geringe Weiterbildungsneigung mit zunehmenden Alter und fehlende Karriereplanung in den Betrieben (siehe Tabelle 3).

Krisenbewältigung und Belastungen

Österreich hat die Wirtschaftskrise 2009 besser bewältigt als andere europäische Länder, allerdings hat Europa selbst einen tieferen Einbruch als die USA erlitten. Misst man den Rückgang der Wirtschaftsleistung an vier Indikatoren (Rückgang des BIP 2009, größter Quartalsverlust, Dynamik inklusive den Jahren vor und nach der Krise, Trendveränderung), so liegt Österreich an 14. Stelle unter 37 industrialisierten Ländern. Innerhalb der EU befindet sich Österreich damit unter den fünf Ländern mit der besten Krisenbewältigung (Aiginger, 2011). Polen hatte 2009 keinen Rückgang der Wirtschaftsleistung, Frankreich, Belgien und die Niederlande in diesem Zeitabschnitt einen geringeren als Österreich. Noch besser ist die Performance Österreichs am Arbeitsmarkt; die Beschäftigung lag 2011 wieder höher als 2008, Umschulung, Kurzarbeit und die staatlichen Konjunkturprogramme (inkl. Steuersenkung 2008) konnten die Krise auf dem Arbeitsmarkt abmildern.

Die staatlichen Defizite sind durch die Stabilisierungsprogramme stark gestiegen, allerdings waren auch vorher keine Überschüsse erzielt worden. Ohne Gegensteuern wäre die Verschuldung des Gesamtstaates in Richtung 80 Prozent der Wirtschaftsleistung gestiegen. Ein Konsolidierungspaket wurde notwendig und wird das Defizit bis 2014 auf 1,5 Prozent begrenzen und die Schuldenquote nach einem weiteren Anstieg im Jahr 2013 in Richtung 70 Prozent (2016) zurückführen. Es ist zu erwarten, dass heute als „außerbudgetär" bezeichnete Schulden von der Eurostat bald dazu gezählt werden müssten (Krankenanstalten-Betriebsgesellschaften, ASFINAG, ÖBB-Infrastruktur), das würde den Schuldenstand um vier Prozentpunkte erhöhen. Die Ausgaben für Zukunftsinvestitionen (in Abbildung 1 definiert als Ausgaben für Forschung, Bildung, Telekommunikation) sind in Österreich im letzten Jahrzehnt gestiegen und erreichten 2010 14,5 Prozent des BIP. Dies ist ein Wert, der höher liegt als im EU-15-Schnitt, aber deutlich unter dem Wert der vorbildlichen skandinavischen Länder.

Abbildung 1: Ausgaben für Zukunftsinvestitionen (relativ zum BIP)

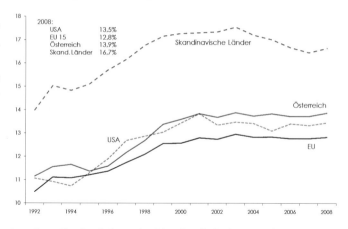

Anmerkung: Skandinavische Länder: Schweden, Finnland, Dänemark.
Zukunftsinvestitionen: Forschung, Bildung, Telekommunikation

Die Ausgangslage für die weitere wirtschaftliche Entwicklung ist somit schwierig, aber eher günstiger als in den meisten anderen Ländern (siehe Tabelle 3).

• Das Budgetdefizit und die Staatsverschuldung sind hoch, aber geringer als im EU-Schnitt.

• Die Arbeitslosenquote ist 2013 höher als 2000 und 2008, aber niedriger als in den meisten anderen Ländern („Top 3"); 2012 die niedrigste innerhalb der gesamten EU-27.

• Die Ausgaben für Forschung sind deutlich entfernt vom in der EU2020-Strategie von Österreich festgeschriebenen nationalen 3,76-Prozent-Ziel für 2020; der Sprung zwischen 2000 und 2013

Tabelle 3: Arbeitslosigkeit, Budgetdefizit, Schuldenstand und Zukunftsinvestitionen 2000 und 2010

	Österreich		EU 15		EU 27	
	2000	2010	2000	2010	2000	2010
Arbeitslosenquote [1]	3,6	4,4	7,7	9,5	8,7	9,6
Beschäftigungsquote	67,9	71,7	63,2	65,9	62,1	64,6
Budgetdefizit in % des BIP	-1,9	-4,3	0,8	-6,8	0,6	-6,8
Schuldenstand in % des BIP	66,5	70,4	63,1	81,6	61,0	79,1
Staatseinnahmenquote	50,3	48,5	45,7	44,4	45,4	43,9
Abgabenquote	43,3	42,4	41,1	39,1	40,7	38,7
Abgaben für F&E in % des BIP [2]	1,94	2,78	1,91	1,99	1,85	1,90
Ausgaben für Bildung in % des BIP [3]	5,74	5,74	4,98	4,83	4,88	4,96

Quelle: WIFO, Dezember 2010; Eurostat (AMECO).
Anmerkung: [1] Lt. Eurostat. – [2] 2008 für die EU bzw. 2009 für Österreich. – [3] 2007.

von 1,9 Prozent auf 2,8 Prozent des BIP ist aber beachtlich. Schlechter schaut es bei den Ausgaben für Grundlagenforschung, Universitäten und für Bildung aus.

• Allerdings überschreitet die Staatsausgabenquote 50 Prozent und liegt somit deutlich über dem europäischen Durchschnitt.

Der Wermutstropfen im derzeitigen Budgetpfad liegt darin, dass die wichtigen Ausgaben für Forschung, Bildung und Umwelt zwar durch „Offensivmittel" immer wieder stabilisiert, aber gegenüber dem bisher geplanten Expansionstempo – das in Richtung einer 4 Prozent Quote geführt hätte – besonders stark gekürzt werden. Da die Konsolidierung wahrscheinlich ein volles Jahrzehnt anhalten wird, ist damit das schon nach unten revidierte Forschungsziel von 3,7 Prozent und auch die Spitzenposition bei den Pro-Kopf-Einkommen Österreichs dadurch gefährdet.

Neue Rahmenbedingungen

Die Rahmenbedingungen aller europäischen Länder haben sich schon vor der Finanzkrise durch technologische Trends, Spezialisierung, Globalisierung, Alterung und den Klimawandel geändert. Österreich ist davon in besonders hohem Maße betroffen. Die Ursachen dafür liegen teilweise in den vergangenen Erfolgen (Österreich ist nun eines der reichsten Länder der Welt), teilweise in der neuen Geografie (der Osten und Südosten ist nun offen und das „erweiterte" Europa inklusive Nachbarländer wächst rascher als die USA). Österreich tendiert weiters zu nationalen Lösungen, die in der neuen Offenheit und Vielfalt Europas und seiner Nachbarn nicht mehr möglich sind. Nicht genug kann betont werden, dass die Chancen, die mit den tiefgreifenden Veränderungen verbunden sind, größer sind als die Risiken. Entscheidend ist allerdings, dass Unternehmen, ArbeitnehmerInnen und die Wirtschaftspolitik richtig reagieren: nicht alte Strukturen bedingungslos verteidigen, sondern die neuen Rahmenbedingungen gestalten.

Vom Technologienehmer zum Front-Runner

Österreich kann auf Grund seiner Einkommensposition keinen Preiswettbewerb bei undifferenzierten Produkten gewinnen. Wir müssen uns auf hochwertige Produkte spezialisieren, deren Erzeugung eine breite und tiefgreifende Wissensbasis erfordert, und dadurch erlauben zumindest in bedeutenden Nischen Weltmarkt- und Technologieführer-schaft herzustellen (vgl. Reinstaller – Hölzl – Kutsam – Schmid 2012).

Österreich war lange ein Technologienehmer: Technologien wurden über Maschinen und Management durch multinationale Unternehmen importiert. Dabei profitierte man davon, dass die Löhne niedriger waren als in der deutschen Wirtschaft. Ein Upgrading der Produktionsstrukturen ist zweifelsohne im Gang. Die Struktur des Unternehmenssektors hat ihren Schwerpunkt im mittleren Technologiesegment und ist dort vornehmlich in höheren Preis- und Qualitätssegmenten aktiv (vgl. Janger 2012, Reinstaller – Sieber 2012). Auch die Bildungsstruktur (hoher Anteil auf Sekundärstufe, geringe AkademikerInnendichte, Defizite im technisch-naturwissenschaftlichen Bereich) spiegelt noch die alten Stärken wider.

Internationale Mitbewerber holen jedoch auf. Mittelfristig ist deshalb eine stärkere Differenzierung der Wirtschaftsstruktur in Hochtechnologiesegmente hinein notwendig. Das technologische und das Marktpotenzial ist in diesen Bereichen ungleich höher. Damit die österreichische Wirtschaft dort jedoch Fuß fassen kann, sind Exzellenz in Forschung und Bildung eine Grundvoraussetzung. Die zukünftige Wettbewerbsfähigkeit eines Landes mit hohem Pro-Kopf-Einkommen wird bestimmt von Innovation, Aus- und Weiterbildung sowie moderner Infrastruktur (Reinstaller – Unterlass, 2011). Trotz aller Anstrengungen der vergangenen zehn Jahre hat Österreich die Umorientierung vom Aufholprozess zur Spitzenposition (Frontier-Position) im Innovationssystem, im Bildungssektor und in der Infrastruktur noch nicht vollzogen.

Änderung in der Unternehmenslandschaft

Österreichs Unternehmen wurden als Weltmeister in bestehenden Strukturen bezeichnet. Gute Umsätze und hohe Qualität gab es vorwiegend in traditionellen, langsam wachsenden Industrien, weniger in technologischen Industrien und in technologie- oder beratungsintensiven Dienstleistungen. Österreich hat wenige technologieintensive Großunternehmen.

Österreichs EU-Beitritt, die Ostöffnung und die Erweiterung der EU, die Privatisierung der Verstaatlichten Industrie, die Liberalisierung etwa von Finanz-, Energie- und Telekom-Märkten haben in der österreichischen Unternehmenslandschaft tiefgreifende Veränderungen gebracht. Es entsteht eine steigende Zahl von industriellen Unternehmen mit einem Netz von Auslandstöchtern. Die früher verstaatlichten Unternehmen wurden zu multinationalen Konzernen mit österreichischem Headquarter. Der Bankensektor, die Versicherungen, der Realitätensektor (Immobilien) internationalisieren sich, großteils auch mit Österreich als Headquarter. Unternehmen im Infrastrukturbereich sehen sich nach Teilprivatisierung verpflichtet und befähigt, außerhalb des Landes zu expandieren und zu investieren. Betriebe in Gemeinde- oder Landeseigentum sehen hingegen oft noch keine Veranlassung, über die Gemeinde- bzw. Stadtgrenze hinaus Dienstleistungen oder Know-how anzubieten, Größenvorteile zu nutzen oder im Fall größerer Städte das vorhandene Wissen im Ausland zu nutzen.

In der Mitte und an der Kante

Österreich ist lange am Rand, teilweise sogar außerhalb des europäischen Integrationsraumes gelegen. Heute liegt das Land geographisch und wirtschaftlich in der Mitte des EU-Raumes, eine Position, die bei der Erweiterung der EU in den Südosten und in die derzeitigen Nachbarländer (z. B. Schwarzmeerraum) noch verstärkt werden wird. Die Position im Zentrum eines dynamischen, im Umbruch befindlichen Wirtschaftsraumes ist mit großen Chancen verbunden, allerdings auch mit stärkster Konkurrenz wenn es darum geht, die Vorteile aus dieser zentralen Lage zu realisieren. Mehrere Regionen und Großstädte wetteifern darum, sich als Standorte für Konzern- und Forschungszentralen zu profilieren.

Dazu kommt für Österreich, dass es an einer „Wohlfahrtskante" liegt. Anders als für das Zentrum einer langsam gewachsenen Großregion typisch, stellt die Mitte für Österreich zugleich eine Kante dar: Die Einkommen fallen in Richtung Osten ungewöhnlich stark ab: In nur 500 Kilometer Entfernung liegen die Einkommen bei einem Fünftel von jenen in Österreich. Auch dies bringt bei optimaler Arbeitsteilung Vorteile (günstige Kombiprodukte, Zulieferungen, leicht erreichbare Produktionsstandorte und niedrige Lohnkosten). Gleichzeitig ist die Gefahr der Konkurrenz groß, wenn in Österreich Waren produziert werden, die auch in Niedriglohnländern erzeugt werden können.

Chancen der weltweiten Globalisierung

Die „weite" Globalisierung ist für Österreich eine besondere Herausforderung, weil Österreich sich export- und importseitig auf nahe Märkte konzentriert hat und dadurch wenige Firmen mit Betriebsansiedlungen in China und Indien (auch Afrika und Südamerika) besitzt. Die dynamischen Länder in Asien sind ein besonderer Hoffnungsmarkt, den Österreich auch für Exporte noch nicht voll nutzt. Allerdings kommen auch billige Produkte aus diesen Ländern und konkurrieren gegen die arbeitsintensive Industrieproduktion, die lange Zeit - und teilweise noch immer - in Österreich überproportional große Anteile an der Wertschöpfung besetzt. Die Handelsbilanz Österreichs gegen China und Indien ist trotz guter Exporterfolge negativ. Die Chancen in diesen Ländern müssen dennoch stärker von österreichischen Firmen genutzt werden.

Steigende Bevölkerung, Migration, Alterung

Die österreichische Bevölkerung wird bis 2050 nach der aktuellen langfristigen Bevölkerungsprognose von 8,4 Millionen (2011) auf 9,3 Millionen anwachsen (laut Hauptvariante, Statistik Austria Bevölkerungsprognose 2012). Das Bevölkerungswachstum ergibt sich ab 2025 ausschließlich aus dem Wanderungssaldo (und hier aus der Nettozuwanderung von AusländerInnen). Der Anteil der im Ausland geborenen Personen an der Wohnbevölkerung liegt bei 16 Prozent (2012) und steigt bis 2025 voraussichtlich auf 18 Prozent. Bevölkerungswachstum durch Zuwanderung mildert, verändert aber nicht die Tendenz zur Alterung der Gesellschaft. Der Anteil der Bevölkerung unter 15 Jahren, der im Jahr 2012 bei 14,4 Prozent lag, sinkt bis 2025 auf 14,3 Prozent, bis 2048 auf 13,6 Prozent. Der Anteil der Personen mit 60 und mehr Jahren, der 2012 bei 23,5 Prozent lag, steigt dagegen kontinuierlich auf 34,3 Prozent (2050). Die Gruppe der 45- bis 60-Jährigen bleibt bis Ende der 2030er Jahre die größte Altersgruppe. Des Weiteren geht die Migration in Österreich mit einem „brain drain" einher. Österreich verliert gut qualifizierte Arbeitskräfte stärker als es imstande ist, solche in das Land zu holen (Bock-Schappelwein et al., 2008).

Generelle Reaktionen auf neue Rahmenbedingungen

Eine Reformagenda ist notwendig. Planung und Umsetzung einer solchen Agenda sollte von folgenden Prinzipien geleitet werden:

Maximierung kurzfristiger Gewinne ist nicht das einzige Ziel erfolgreicher Unternehmen

Erfolgreiche Unternehmen maximieren nicht nur kurzfristige Gewinne, sondern werden auch den Standort entwickeln, die eigenen ArbeitnehmerInnen aus- und weiterbilden, altersgerechte Karrieren planen, Kinderbetreuung bereitstellen oder organisieren, Flexibilitätserwünsche und Sicherheit der ArbeitnehmerInnen berücksichtigen sowie unangenehme Jobs umplanen. Erfolgreiche Unternehmen erkennen, dass durch diese Aktivitäten Doppeldividenden entstehen, die ihre langfristige Wettbewerbsfähigkeit nachhaltig stärken, nicht schwächen (vgl. Porter – Kramer 2011). Strategiepartnerschaften zwischen Unternehmen und Belegschaft sind anzustreben, in denen die Gewinnverwendung der Unternehmen und die Zeitverwendung der ArbeitnehmerInnen zur Verbesserung der Konkurrenzfähigkeit und des Wirtschaftsstandortes gemeinsam diskutiert werden. ArbeitnehmerInnen müssen wissen, dass die Gewinne wichtig sind, aber dass sie auch für ihre langfristige Zukunft am Standort verwendet werden. Unternehmen sollten stärker auf internen Know-how-Aufbau Wert legen und weniger auf kurzfristige Beschäftigung und Leiharbeit setzen. Unternehmen sollten auch dazu animiert werden, zum Umwelt- und Klimaschutz beizutragen, indem sie ihre Aktivitäten stärker dahingehend durchforsten, wo Verbesserungen möglich sind, die sich auch positiv auf ihre Kostenstruktur auswirken. Profitabilität und ein Beitrag zur nachhaltigen Entwicklung schließen einander nicht aus, wenn durch die Verringerung des ökologischen Fußabdrucks eines Unternehmens auch dessen Kosten sinken und damit Doppeldividenden eingefahren werden können. Klimaschutz kann Wachstum kosten, frühes Handeln und Vorreiterposition ist möglich

Die teuerste Strategie im Umweltbereich ist „nichts" zu tun. „We can be green and grow but if we are not green we will stop to grow", sagt der Stern-Report richtig. Aber wir müssen radikale Veränderungen ansetzen. Eine Absenkung des Zuwachses der CO_2-Emissionen oder des Energieverbrauchs genügt nicht. Ein absolutes deutliches Minus („absolute" Entkoppelung) muss erzielt werden. Das gilt nicht nur für den Wohn-, sondern auch für den Bürobau, und auch durch Sanierung. Österreich sollte versuchen, führend zu sein in der Energieeinsparung, im Engpassmanagement des Verkehrs, in der Einführung von Elektroautos und Solartankstellen, bei Passivhäusern und Niedrigenergiebauten. Die globale Erwärmung kostet für die meisten Länder – bei frühem Handeln – einen kleinen Teil des Wachstums. Ein paar Länder können durch eine langfristig geplante, innovationsorientierte Vorreiterposition einen Vorteil daraus ziehen (höheres Wachstum, mehr Beschäftigte).

Gemeinden müssen umdenken

Gemeinden haben nicht nur verfassungsmäßige eigenständige Aufgaben, sie sollen Partner beim Durchsetzen der wirtschaftlichen und gesellschaftlichen Prioritäten sein, so wie in erfolgreichen Firmen alle Abteilungen und die gesamte Belegschaft die Firmenziele kennen und fördern. Sie sind nicht nur zuständig für Straßen, Brücken und Raumordnung, sondern sollen auch initiativ sein bei der Betreuung von Kindern und Älteren sowie bei Weiterbildung und Integration von Zuwandererinnen und Zuwanderern, interessiert an emissionssparendem Bau. Gemeinden sind nicht nur Lobbyisten für die Erhaltung des „eigenen" Spitals, sondern können auch zur Prävention beitragen. Sie sollen überlegen, ob nicht manche Aufgaben effizienter erledigt werden können, wenn mehrere Gemeinden zusammen arbeiten. Einer der kommunalen Kernbereiche, die Bereitstellung von Betreuungseinrichtungen für Kinder, aber auch von dezentralen Betreuungseinheiten für Ältere und Pflegebedürftige, wird mit der abzusehenden demographischen Entwicklung enorm an Bedeutung gewinnen. Durch die raschen Veränderungen kann jede Gemeinde – in stärkerem Ausmaß als bisher – wählen, ob sie wachsen oder schrumpfen will. Jede Gemeinde sollte ein Vision entwickeln, wie sie in der veränderten Gesellschaft 2050 aufgestellt sein will – als Standort von Informationsdienstleistungen und für Unternehmen, als Gesundheits-, Betreuungs- und Pflegezentrum, als Wohn#sitz von Familien und von Älteren, als Urlaubsparadies für Kinder.

Radikaler Wandel in öffentlicher Ausgabenstruktur in Richtung Zukunftsausgaben

Der öffentliche Sektor muss alte, obsolet gewordene Aufgaben radikal abbauen. Die Reform des Haushaltsrechts auf allen gebietskörperschaftlichen Ebenen in Verbindung mit einer umfassenden Verwaltungsstrukturreform ist Voraussetzung für eine nachhaltige Budgetsanierung. Besonders deshalb, weil auch viel Geld nötig ist für Forschung, Bildung und Kinderbetreuung sowie für Gesundheit und Pflege, ist es unbedingt erforderlich, die Ausgaben zu durchforsten und auf ihre Notwendigkeit und Effizienzreserven zu prüfen. Geld für Zukunftsaufgaben kann und darf nicht aus Steuererhöhungen kommen, sondern aus dem Abbau und der effizienteren Wahrnehmung von alten Aufgaben und der Beseitigung ineffizienter Strukturen. Die Höhe von Abgaben und Staatsausgaben ist schon überdurchschnittlich, das ist in dieser sensiblen Lage Österreichs in der Nähe von „flachen" Steuersystemen und niedrigen Löhnen ein gewisses Risiko.

Das Steuersystem muss Arbeit schaffen und Leistungswillen belohnen

Veränderung der Steuerstruktur: Der Faktor Arbeit ist hoch belastet, ab 350 Euro mit 40 Prozent Unterschied zwischen Brutto- und Nettolohn (oder 60 Prozent wenn man brutto durch netto rechnet). Nach Einsetzen der Steuerpflicht (etwas über 1000 Euro) liegen die Kosten für die Firma schon bei einem Einkommen von 1300 Euro um 70 Prozent höher als die Nettolöhne, bei einem Einkommen von 2000 Euro sind es 90 Prozent (brutto/netto). Gibt man die Nettoeinkommen aus, zahlt man noch 20 Prozent Mehrwertsteuer. Vermögen wird nicht oder fast nicht besteuert, nach Wegfall der Erbschaftssteuer ist erben steuerfrei. Energiesteuern sind zu niedrig, um den Verbrauch zu reduzieren, ihr Gewicht ist in den letzten Jahren gesunken. Dabei ist Energie heute relativ billiger als vor 30 Jahren, Straßenverkehr und Transport wachsen rasch.

Die wirksamste Bekämpfung der Armut ist Beschäftigung

Die Armutsgefährdung ist in Österreich - relativ für ein reiches Land - hoch, wenn auch der Anteil der armutsgefährdeten Personen an der Bevölkerung nicht steigt und niedriger ist als in den meisten anderen Ländern. Wichtigster Ansatz für Erwerbsfähige ist nicht eine höhere Transferzahlung, sondern ein niedriger Keil zwischen Brutto- und Nettolohn (Tax Wedge), die Schaffung von Jobs durch höheres Wachstum, die Überführung von Teilzeitjobs in Vollzeitarbeit (u. a. durch Kinderbetreuungsplätze) und kontinuierliche Aus- und Weiterbildung. Nur für Nichterwerbsfähige soll an höhere Transferzahlungen gedacht werden, für Erwerbsfähige ist die Schaffung von Arbeitsplätzen die wirtschaftlich und humanitär beste Form der Armutsbekämpfung.

In die Jugend investieren, für mehr Chancengleichheit und mehr Leistung

Die höchsten gesellschaftlichen Erträge der Ausbildung liegen bei der Grundausbildung bzw. bei den Grundkompetenzen (Kindergarten, Grundschule, Nachholen von Schulabschluss). Hier gibt es nach wie vor große Defizite, ungenügende Integration von MigrantInnen und Kindern aus Familien mit geringem Bildungsgrad. Diese Differenzen halten sich hartnäckig seit Generationen, bei MigrantInnen ist die zweite Generation in Österreich schlechter ausgebildet als die Elterngeneration. Die Vererbung von Bildungsdefiziten ist unakzeptabel hoch. Bezüglich der Beseitigung von Genderdifferenzen ist Österreich ein Entwicklungsland.

Die Zivilgesellschaft stärken und soziale Innovation fördern

In Österreich werden die meisten sozialen Leistungen durch öffentliche Einrichtungen erbracht. Bei vielen der zuvor genannten Problemen fällt es diesen Einrichtungen immer schwerer, adäquate Antworten auf die drängenden Fragen zu finden und Lösungen dafür zu entwickeln. Zu sehr sind ihre Problemsicht und Lösungsansätze in spezifischen institutionalisierten Routinen verankert, die dazu führen, dass Reaktionen oft langsam und die Maßnahmen nicht treffsicher sind. Soziale Innovationen, die durch soziale Unternehmer entwickelt und erbracht werden, können zu rascheren Reaktionszeiten und einer Verbesserung der Treffsicherheit und damit zu einer Verbesserung des allgemeinen subjektiven aber auch materiellen Wohlbefinden führen (vgl. Mulgan u. a. 2007). Damit muss eine Stärkung der Zivilgesellschaft einhergehen, die sicherstellt, dass Menschen mit gesellschaftlichen Anliegen nicht nur gehört werden, sondern auch die Möglichkeit haben, selbst aktiv zu werden und zur Veränderung der Gesellschaft beizutragen. Bei allen Maßnahmen der Reformagenda sollten daher auch Überlegungen angestellt werden, ob soziale Innovation eine Möglichkeit darstellt, diese umzusetzen.

15 Punkte einer Reformagenda für Österreich

Der heutige Reformbedarf in Österreich ergibt sich erstens durch die sich rasch ändernden Rahmenbedingungen, zweitens durch den Aufstieg Österreichs von einem Mittelständler zu einem der Länder mit höchstem Pro-Kopf-Einkommen und drittens aus dem bisher zögerlichen Reformtempo. Die Verzögerung stellt sich durch die Krise als noch verhängnisvoller dar, weil jetzt für wichtige Investitionen weniger Geld vorhanden ist, Steuern und Schuldenstand sind schon krisenbedingt – und durch unkritische Ausdehnung von Ausgaben davor – sehr hoch sind. Es wird ein wirtschaftlicher Fokus gesetzt, weitere gesellschaftliche Tendenzen wurden teilweise im vorangehenden Abschnitt angesprochen.

1. Vorschule, Kinderbetreuung

Der wahrscheinlich wichtigste Reformbereich im Bildungssektor ist der vorschulische Bereich. Internationale Studien zeigen, dass die Investitionen im Vorschulalter gesellschaftlich und individuell den höchsten Ertrag (Rendite) erzielen, in dem Sinn, dass hier mit einem gegebenen Aufwand der größte Erfolg für die Zukunft erzielt werden kann. Österreich verfehlt die EU-Mindestvorgaben für Betreuungsplätze von Kindern im Alter zwischen 0 und 2 Jahren mit einer Quote von weniger als 20 Prozent in vielen Bundesländern deutlich (Betreuungsplätze für ein Drittel der Unter-Dreijährigen sollten verfügbar sein). Die Besuchsrate von Kindergärten für Drei- bis Fünfjährige ist bereits relativ hoch, aber gerade bei Kindern mit Sprachdefizit und weniger gut integrierten Kindern war sie bis zur Einführung der Kindergartenpflicht besonders niedrig. Die Beseitigung von Sprachdefiziten wie auch die zufriedenstellende Vereinbarkeit von Familie und Beruf erfordern mehr Kindergartenplätze mit entsprechenden Öffnungszeiten auch für jüngere Kinder. Die Betreuungsintensität ist relativ gering (Zahl der Kinder pro pädagogisch qualifizierter Betreuungsperson) und die Ausbildung der BetreuerInnen muss entsprechend der Rahmenbedingungen und damit verbundenen Herausforderungen für die BetreuerInnen (z. B. interkulturelle Kompetenzen) verbessert werden. Die Wirkung der Vernachlässigung dieser Altersgruppe zeigt sich in der relativ hohen Bildungsvererbung und in den großen Unterschieden in den Pisa-Ergebnissen zwischen dem besten Drittel und dem schlechtesten Drittel sowie in fehlenden Grundkompetenzen. Geringe Investitionen im vorschulischen Bereich und die Vernachlässigung der frühkindlichen Bildung stehen im Gegensatz zur Priorisierung dieser Altersgruppe in skandinavischen Ländern.[1]

Das Problem wird noch dadurch verschärft, dass Österreich einen hohen Anteil an MigrantInnen unter den Kindern hat und MigrantInnen regional geballt vor allem in den städtischen Regionen wohnen.

2. Schulreformen: Bildungsziele, Leistungskontrolle und Autonomie

Die fehlende Beseitigung von Bildungsnachteilen im vorschulischen Alter wirkt sich in den Volksschulen und in den daran anschließenden Ausbildungswegen aus. Und die Unterschiede in Sprachkenntnis und Lese- sowie Rechenfähigkeit, die noch nach der Volksschule bestehen, machen die Trennung der Bildungsentscheidung mit zehn Jahren in Hauptschulen und Allgemeinbildenden Höheren Schulen noch problematischer und setzen sich in den weiterführenden Ausbildungszweigen im Anschluss an die untere Sekundarstufe fort.

Die wichtigsten Vorbedingungen für eine grundlegende Reform ist erstens die (zentrale) Festlegung von Bildungszielen („Bildungsstandards") und zweitens die Kontrolle der Bildungsergebnisse (beide haben vorwiegend auf der zentralen Ebene zu erfolgen) sowie eine Evaluation aller relevanten AkteurInnen (Schule, Lehrkräfte, SchülerInnen) sowie entsprechende Instrumentarien zur Gegensteuerung bei Nichterreichung der Vorgaben. Die Finanzierung der Schulen sollte nach einem Pro-Kopf-Schlüssel erfolgen, der nach Schultyp abgestuft ist und der auch personenbezogene Merkmale (soziale Schichtung, Behinderungen, Migrationshintergrund) berücksichtigt. Damit wird die bisherige Finanzierungspraxis beendet, dass der Bund für (Pflicht-)Schulen zahlt, das Land aber die Zahl der LehrerInnen bestimmen („nachbestellen") kann. Für das Land besteht nach dem heutigen System wenig Anreiz, den effizienten Einsatz der Mittel, die volle Ausübung der Lehrverpflichtung und die Nutzung der bezahlten „Ferientage" für Weiterbildung zu überprüfen.

Die Zusammensetzung der Schullandschaft (wie viele Schulen, wo, welche Typen) erfolgt auf der regionalen Ebene, bei gegebenen Bundesmitteln. Regionale Bedürfnisse können dadurch berücksichtigt werden, aber im Rahmen der allgemeinen Vorgaben und unter Bedingungen (Weisungsrecht, Zusammensetzung der Gremien), die die Einhaltung der Vorgaben sicherstellt. Wenn ein Bundesland mehr Schulen oder LehrerInnen will, kleinere Schulen erhalten will, teurere Schwerpunkte oder Exzellenz erzielen will, muss es die Bundesmittel aufstocken.

Schulen sollten in aller Regel zu qualitativ hochwertigen Ganztagsschulen werden. Ob Lehrkräfte die Vorbereitungszeit für den Unterricht in der Schule verbringen oder nicht, ist von den technischen und örtlichen Verhältnissen abhängig und unterliegt der Entscheidung der Schule (wie in anderen Firmen, wo die Firmenleitung über das Ausmaß der Anwesenheit und der Möglichkeit der Telearbeit entscheidet). Die Trennung der SchülerInnen soll eher nach Leistungsgruppen erfolgen und nicht nach Schultypen, die Zugehörigkeit eines Schülers/einer Schülerin zu Leistungsstufen soll gegebenenfalls nach Fächern verschieden sein, das erspart eine „Schulentscheidung" mit dem 10. Lebensjahr. Das Exzellenzelement (Abweichung nach oben) zu fördern ist ebenso wichtig wie die Abweichungen nach unten durch Förderung zu verringern, um „Durchschnittlichkeit" zu verringern.

In allen Reformen vielleicht der wichtigste Ansatz, der jedoch immer wieder unterbelichtet bleibt, ist die Stärkung der Schulautonomie. Nur wo in der Schule selbst entschieden wird, wie der Unterricht abgewickelt werden soll, findet sich die optimale Ausgestaltung von Lernen und die höchste Motivation. Die Schule trifft mit gegebenen Mitteln alle Entscheidungen vom Personal- bis zu Investitionen. Die technische Ausstattung der Schulen muss der modernen Informationsgesellschaft entsprechen. Die Führung der Schulen muss unabhängig bestellt werden, sie soll in der Regel aus einer pädagogisch erfahrenen und einer im Management erfahrenen Person bestehen (Doppelführung), wobei nur in Ausnahmefällen einer/eine der beiden SchulleiterInnen auch an zwei kleinen Schulen tätig sein könnte. DirektorInnen und ManagerInnen werden in objektiven Verfahren bestimmt, die Überprüfung und Berufung geht weder an den Bund noch an das Land, sondern zu einem unabhängigen richterlichen Gremium (ev. angegliedert an den Rechnungshof). Die Schuldirektion stellt LehrerInnen ein und kann sie kündigen, wobei alle Schulpartner angehört werden müssen. Das Lehrerdienstrecht ist zu vereinheitlichen. Landes- und Bezirksschulbehörden sind zusammengelegt, sie überprüfen alle Vorgänge (pädagogische, finanzielle, infrastrukturelle) an den Schulen gemeinsam.

In Kollektivverträgen die Stundenanzahl zu definieren, an denen LehrerInnen in der Klasse stehen, ist der falsche Weg. Der Dienstvertrag erstreckt sich auf 38 oder 40 Stunden, an der Schule wird entschieden, wie viel Teleworking (zu Hause) sinnvoll ist und ob es Frontalunterricht oder Projektgruppen gibt.

3. Universitätsreformen: Finanzierung und Effizienz

Die Universitäten und mit ihnen die Grundlagenforschung in Österreich sind unterdotiert. Die Budgetmittel werden großteils nicht kompetitiv und nach Leistung vergeben, sondern nach traditionellen Kriterien. Ohne Grundlagenforschung verliert die angewandte Forschung ihre Dynamik und konzentriert sich zu sehr auf kleine Innovationen. Österreich als eines der reichsten Länder Europas braucht grundlegende Investitionen, eine Forschung an der Wissensfront, und diese können Unternehmen nicht alleine finanzieren. Forschungsgeld für Grundlagenforschung ist knapp, die antragsgebundene Finanzierung sieht keine oder eine zu geringe Finanzierung der notwendigen universitären Infrastruktur vor. Die Forschungsmittel werden auch wenig nach erfolgreichen Clustern vergeben, sodass die Forschung relativ breit, aber nicht auf gesellschaftlich wichtige oder wirtschaftlich erfolgreiche Gebiete konzentriert wird (wie etwa in der Schweiz). Die Exzellenzgebiete sollen nicht top down (mit Ausnahme gesellschaftlicher Prioritäten wie Gesundheit, Umwelt, soziale Innovationen), sondern bottom up ausgewählt werden (wo sich Erfolge zeigen, sollen Forschungsanstrengungen verstärkt werden). Private Mittel sollten verstärkt akquiriert werden. Stiftungen sollten zunächst freiwillig, dann verpflichtend Forschung (oder Sozialvorhaben) finanzieren.

Eine exzellente Forschungsinfrastruktur und gute Universitäten sind auch ein entscheidender Standortvorteil. Technologieintensive Unternehmen orientieren sich in der Standortwahl an der Qualität der Forschungseinrichtungen in einem Land (Janger - Reinstaller, 2009). Das gleiche gilt auch für ForscherInnen, die international mobil sind. Egal ob es sich um HochschulforscherInnen oder ForscherInnen in der Industrie handelt, sie orientieren sich stets an der Attraktivität des Forschungsstandortes in einem Zielland (Huber et al., 2010).

Universitäten müssen effizienter werden (Janger et al., 2012). Eine Studieneingangsphase soll die Studienwahl treffsicherer machen. Studiengebühren in Verbindung mit einem einkommensabhängig rückzahlbaren Bildungskredit sollen die Finanzierung der Universitäten erleichtern und den Ausbildungsvertrag zwischen Gesellschaft und StudentInnen verbindlicher machen. Ein Stipendien- und Studienkreditsystem garantiert, dass Personen aus Familien mit vergleichsweise niedrigem Haushaltseinkommen studieren können. Die Studienwahl soll in voller Kenntnis der Arbeitsmarktchancen erfolgen: Wer ein Studium wählt, in dem er nach fünf Jahren nur mit kleinster Wahrscheinlichkeit einen Vollzeitjob erwarten kann, soll dies wissen und eventuell durch eine geringfügig höhere Studiengebühr „bestätigen".[2]

4. Frontstrategie im Forschungsbereich dotieren und umsetzen

Die Systemevaluierung des Forschungssystems (Aiginger et al., 2009) empfiehlt folgende Teilstrategien:

• Beseitigung der Trennung von Innovation und Ausbildung;

• Umstieg von Imitations- zu Frontstrategie;

• Umstieg von engen Programmen zu breiter Förderung nach Aufgaben und Prioritäten;

• Erstellung einer Forschungsstrategie mit einheitlichem Finanzierungsrahmen;

• Bekräftigung des 4-Prozent-Zieles für Forschungs-, Technologie- und Innovationsausgaben und 2 Prozent für Universitäten (mit größerer privater Finanzierung).

Die Empfehlungen finden sich stark abgeschwächt in der Forschungsstrategie der Bundesregierung. Die Unterschiede zu den Empfehlungen darzustellen, würde diesen Beitrag sprengen, eine Evaluierung der Umsetzung wäre als getrenntes Projekt 2014 oder 2015 sinnvoll. Dann könnte auch schon festgestellt werden, ob die Ziele für 2020 erreichbar scheinen.

Die notwendige Dotierung der Forschungsausgaben ist in einer Zeit der Budgetkonsolidierung keine einfache Aufgabe. Janger et al. (2010) schlagen vor, mit folgenden Schwerpunkten die Reformstrategie in Zeiten knapper Mittel fortzusetzen: (i) Intensivierung der Ausgaben, (ii) Vertiefung (bessere Outputs per Input), (iii) Verbreiterung der Basis (Erhöhung der Zahl der forschenden Unternehmen), (iv) Standortverbesserung (u. a. Anwerbung von Forschungszentralen) und (v) stärkere Missionsorientierung der wissenschaftlichen Forschung. Zentrale Instrumente zur Umsetzung dieser Schwerpunkte sind eine Vereinfachung und Erhöhung der steuerlichen Forschungsförderung, eine Steigerung der Selektivität und der Fokussierung der direkten Forschungsförderung, eine Erhöhung der HochschulabsolventInnen und eine deutliche Verbesserung der Qualität von Hochschullehre und –forschung und eine Verbesserung der privaten Innovations- bzw. Unternehmensfinanzierung, z. B. über die Verbesserung der Rahmenbedingungen für die Investition von Risikokapital.

Wenn Österreich bis 2020 Innovations-Spitzenreiter werden soll, dann hat ein Bereich nicht zuletzt aufgrund der teils längeren Vorlaufzeiten absolute Priorität: In Volkswirtschaften mit hohem Pro-Kopf-Einkommen ist Wissen der wichtigste Wettbewerbsfaktor. Die für die Wissensproduktion und –vermittlung verantwortlichen Institutionen müssen daher von hervorragender Qualität sein, um die Wettbewerbsfähigkeit zu sichern.

5. Vom kurativen zum präventiven Gesundheitssystem

Für Gesundheit gibt Österreich 1 Prozent des BIP mehr aus als der Durchschnitt der Industrieländer. Die Einsparungsmöglichkeiten ohne Qualitätsverlust werden in verschiedenen Studien mit 2 bis 3 Mrd. Euro eingeschätzt (Aiginger et al., 2010). Die Lebenserwartung in Österreich ist ähnlich wie im EU-Schnitt (bei Geburt Österreich 80,4 Jahre, EU-15 80,3 Jahre), die Zahl der zu erwartenden „gesunden" Jahre aber deutlich geringer (Österreich 58,8 Jahre, EU-15 62,4 Jahre). Die geringe Beachtung einer gesunden Lebensführung und fehlende Vorsorge erhöhen tendenziell – gemeinsam mit der steigenden Lebenserwartung und den erweiterten technischen Möglichkeiten der Medizin - die Gesundheitskosten. Zu den klar ersichtlichen Ineffizienzen zählt die deutlich höhere Zahl der Akutbetten in Österreich, ein Spitalsnetz, das oft politische Prioritäten und Grenzen von Ländern widerspiegelt, und ein gleichzeitiger Neubau eines Großspitals auf neuem, teurem Grund (Wien

Nord), wenn in unmittelbarer Nähe des Areals das praktisch nicht mehr genutzte Heeresspital frei steht.

Eine zentrale Finanzierung und Kontrolle des Spitalwesens ist notwendig und wurde in der Gesundheitsreform 2013 begonnen. Prävention senkt Gesundheitskosten nachhaltig, sie spielte aber bisher weder in der Schule, noch in den Medien noch am Arbeitsplatz eine Rolle. Die Sozialversicherung argumentierte bis vor kurzem, sie dürfe Vorsorge nur forcieren, wenn andere kurative Aufgaben erfüllt sind. Statistiken über Dickleibigkeit, Alkohol- und Nikotinkonsum schon von Jugendlichen zeigen die Vernachlässigung von Prävention im weiteren Sinn (Lebensstil). Die Zahl der Jahre, in denen hohe Gesundheitskosten anfallen und Pflege erforderlich ist, sind die stärkste Triebkraft zunehmender Gesundheitsausgaben. Die neu eingeführte Pflegekarenz ist ein beachtlicher Reformschritt.

6. Innovative Vorreiterstrategie im Umweltbereich

Österreich hat in den letzten Jahren seine Vorreiterposition im Umweltbereich weitgehend eingebüßt. Energieverbrauch und CO_2-Ausstoß sind zwar im Verhältnis zur Wirtschaftsleistung noch immer relativ niedrig, aber beide Indikatoren steigen absolut und auch stärker als im EU-Schnitt. Die Begrenzung der Erderwärmung auf 2 Grad Celsius bis 2050 setzt eine deutliche absolute Reduktion von Emissionen voraus. Länder, die das spät machen, werden hohe Ausgaben tätigen müssen (bis zu 5 Prozent des BIP nach Schätzung von Stern, 2006). Länder, die Vorreiter sind, werden sogar profitieren, indem sie selbstentwickelte Technologien exportieren können. Österreich hat eine erfolgreiche Umwelttechnologieindustrie und erfolgversprechende Ansätze zu alternativen Energien, nutzt diese Stärken aber zu wenig und verfehlt die selbstgesteckten Kyoto-Ziele deutlich. Es gibt kein Konzept zur Elektromobilität (etwa als Dienstfahrzeuge zu nutzen und gleichzeitig Solartankstellen an zentralen Stellen aufbauen zu lassen). Vorzeigeregionen für alternative Energien entstehen eher per Zufall und durch lokale Initiative. Benzin und Diesel sind weiter billiger als im Ausland. Wohnbauförderung ist zu wenig an Energiestandards gebunden, im Bürobau werden auch bei Neubau zu geringe Standards verlangt. Teure Projekte wie der Koralm-Tunnel werden vom Staat per Weisung durchgesetzt und behindern die Verlagerung von der Straße auf die Schiene auf Grund von Qualitätsmängeln im Güter- und Personenverkehr auf der bestehenden und für Jahrzehnte weiter dominierenden Südstrecke.

7. Einsatz von Anreizmechanismen zur Erzielung gesellschaftlicher Ziele

Gesellschaftliche Ziele können dann kostengünstig erreicht werden, wenn sie in die Investitions- und Konsumentscheidungen selbst eingehen (und nicht nachträglich nach Verfehlung eines Zieles oder Eintritt eines Problems durch zusätzliche Ausgaben erreicht werden müssen). Sind Arbeitsplätze altersgerecht ausgestattet und gibt es in Betrieben im Altersverlauf eine interne Jobrotation (von schwerer körperlicher Beschäftigung zu organisatorischer Tätigkeit), so sinkt die Arbeitslosigkeit älterer Arbeitskräfte und verschiebt sich der Pensionseintritt. Werden Unfälle und Krankheiten vermieden, sinken die Krankheitstage und die Kosten der Sozialversicherung. Wird das ganze Jahr durchgehend gearbeitet, sinken die Ausgaben für die Arbeitslosenunterstützung. Werden Gesundenuntersuchungen regelmäßig durchgeführt, können Erkrankungen rechtzeitig erkannt werden und die Aufwendungen für Medikamente und Spitalsaufenthalte sinken.

Ausgaben für vorteilhafte Aktivitäten und dezentrale Überlegungen können durch Bonus- und eventuell auch Malus-Zahlungen für Betriebe und Personen verstärkt werden. Die Sozialversicherungsbeiträge können gestaffelt werden („Experience Rating") nach der Zahl der Krankentage, nach der Inanspruchnahme der Arbeitslosenversicherung, nach den Investitionen in Jobplanung, Gesundheitsausgaben in Firmen, ebenso wie auf individueller Ebene. Es sollte einen Bonus für die Teilnahme an Gesundenuntersuchungen geben (vgl. Bonus und individuelle Gesundheitsverträge bei der Sozialversicherungsanstalt der gewerblichen Wirtschaft).

8. Harmonisierung und Anreize im Pensionssystem

Das tatsächliche Eintrittsalter in die Pension ist im Durchschnitt über sechs Jahre entfernt vom gesetzlichen, in einigen Berufsgruppen noch mehr. Pensionsregelungen, entwickelt für Langzeitversicherte in schweren Jobs, werden von Beamten genutzt, die sich mit hohen Gehältern die fehlenden Jahre billig nachkaufen können und dann für 20 bis 30 Jahre eine volle Pension beziehen, die weit über der Medianpension liegt. Das Pensionsrecht ist nach Alter („Parallelberechnungen") und nach Berufsgruppen (ASVG, Gewerbe, Beamte) verschieden. Es ist mittelfristig ein einheitliches Pensionssystem zu entwickeln, bei dem das Antrittsalter mit der Lebenserwartung steigt (für ein Jahr höhere Lebenserwartung wären ein paar Monate mehr aktive Tätigkeit erforderlich). Die Pensionszahlungen und der Bundesbeitrag sind zu vereinheitlichen. Längere Arbeit soll belohnt werden (über den versicherungsmathematischen Faktor hinaus), kürzere individuelle Lebensarbeitszeit soll zu niedrigeren Pensionen führen (allerdings mit geringeren Abschlägen für niedrigere Einkommen). Generell soll die Spanne zwischen niedrigsten und höchsten öffentlichen Pensionen stark verringert werden. Der Bundesbeitrag zu allen Pensionssystemen plus Pflegekosten sollte einen stabilen Anteil an der Wirtschaftsleistung nicht überschreiten.

Das durchschnittliche Pensionsantrittsalter der Männer lag 2012 – aufgrund des hohen Anteils an vorzeitigen (Langzeitversicherung/Korridor/Schwerarbeit) und krankheitsbedingten Pensionierungen

– bei 59,4 Jahre und damit im Schnitt sechs Jahre vor dem Regel-pensionsalter. Frauen gingen im Schnitt mit 57,5 Jahre in Pension. Der Pensionsübertritt erfolgt im Bereich der vorzeitigen Alterspensionen direkt, bei den krankheitsbedingten und normalen Alterspensionen (60/65 Jahre) gibt es eine durchschnittliche Erwerbslücke von einem dreiviertel Jahr d. h. die Erwerbsbeendigung liegt hier deutlich vor dem Pensionsantritt. In wie weit die jüngsten Reformen der Invaliditätspension zur Erhöhung der Beschäftigungsquoten und zur Erhöhung des faktischen Antrittsalters führen wird, wird maßgeblich von der Personalpolitik der Betriebe abhängen. Insgesamt ist zu erwarten, dass mit der Einführung des Pensionskontos (per. 1. 1. 2014 für alle ab 1955 Geborenen), die Pensionssystem-Transparenz für die Versicherten erhöht, durch die Beendigung der Parallelrechnung sollten auch die Anreize (Ab-/Zuschläge für kürzeres/längeres Arbeiten) deutlicher wirken. Mittelfristig sollen die Anreize über den versicherungsmathematischen Faktor hinaus verstärkt werden. Auch auf der betrieblichen Seite braucht es mittelfristig Anreize für Betriebe zur (längeren) Beschäftigung älterer Arbeitskräfte (60+). Im Pensionskonto bleiben die berufsgruppenspezifischen Beitragssysteme allerdings weiterhin aufrecht, auch die Beamtensysteme (Land/Gemeinden) sollten mit kürzeren Übergangsphasen in das einheitliche Pensionssystem überführt werden. Nach der Heranführung des tatsächlichen an das gesetzliche Antrittsalter, kann die Koppelung der Lebenserwartung an das Antrittsalter (für ein Jahr höhere Lebenserwartung wären ein paar Monate mehr aktive Tätigkeit erforderlich) entwickelt werden.

9. Durchforstung der Wirtschaftsförderung und Fokussierung der Infrastrukturinvestitionen auf Qualität

Österreich gibt für Wirtschaftsförderung im weitesten Sinn 15 Mrd. Euro aus (das sind 5,5 Prozent des BIP), der Durchschnitt der EU-15-Länder liegt bei 2,2 Prozent. Ein wesentlicher Teil (rund 5 Mrd. Euro) fließt in den Spitalsektor, als Ausgleich für dort entstehende Verluste und Ineffizienzen im Gesundheitswesen. Ein zweiter Bereich mit hohen Förderungen ist der Verkehrssektor, und hier vorrangig die ÖBB, ein dritter die Landwirtschaft. ÖBB und Landwirtschaft benötigen eine Vision über ein öffentliches Transportsystem bzw. den ländlichen Raum im Jahr 2050 und dann eine Umsetzungsplanung, wie man den wünschenswerten Zustand mit minimalen öffentlichen Mitteln erreichen kann.

Im Verkehrsbereich steht dem geplanten Umstieg von der Straße zur Bahn die Realität der Schließung von Bahnstrecken, Einstellung von Direktverbindungen, Auslassen von Verladestellen gegenüber. Die ÖBB muss ausländische Betriebe auf ihrem Netz fahren lassen, hat aber kein Geld für die notwendigen Anfangsinvestitionen, um selbst Berechtigungen auf ausländischen Bahnen zu erwerben. Es besteht langfristig die Möglichkeit einer Konsolidierung der europäischen Bahnen – etwa in der Form der Fluglinien – mit der Konsequenz, dass Mitteleuropa von 2-3 „Bahnkonzernen" versorgt würde.

In anderen wichtigen Zukunftsbereichen, wie z. B. dem Ausbau der Breitbandinfrastruktur, wird hingegen zu wenig investiert. Hier hat sich in den vergangenen fünf Jahren eine beachtliche Kluft in der Breitbandnutzung (Anschlüsse/Haushalt) zu den Spitzenreiternationen aufgetan (zwischen 5 Prozent und 13 Prozent). Schweden hat in den vergangenen zehn Jahren eine Milliarde Euro in den Breitbandausbau investiert und hat heute eine der modernsten Infrastrukturen in diesem Bereich weltweit. In Österreich wurden im selben Zeitraum vom Bund nicht einmal 30 Mio. Euro investiert. Zählt man die jüngste Breitbandinitiative dazu (BBA_2013), so erreichen die zugesagten Förderungen knapp 50 Mio. Euro. Eine neue Studie der Weltbank lässt den Schluss zu, dass Österreichs Wirtschaft dadurch zwischen 0,5 und einem Prozentpunkt der Wachstumsrate des realen BIP gegenüber Ländern wie Schweden, Finnland oder der Schweiz einbüßt (Reinstaller, 2010).

Im Agrarbereich sind die hohen Förderungen mittelfristig nicht zu halten, besonders die flächengebundenen. Die Reformen im Rahmen der neuen Finanzperiode der EU sind absolut ungenügend, besonders Frankreich und Großbritannien verteidigen die flächengebundenen Förderungen vehement und haben damit einen stärkeren Anstieg der Ausgaben für Forschung verhindert. Gleichzeitig ist der Bedarf an Bionahrungsmitteln ungebrochen. Die Nutzung des ländlichen Raumes für Gesundheit und Dienstleistungen kann und muss neu definiert werden. Die österreichische Bevölkerungszahl steigt und die städtischen Bereiche sind überlastet, sodass Schwerpunktsetzungen im ländlichen Raum je nach geografischen Vorteilen Erfolgschancen haben.

10. Reform des Abgabensystems

Das österreichische Steuer- und Abgabensystem ist nur historisch zu verstehen, es ist in erheblichem Ausmaß wachstums- und beschäftigungsfeindlich. Die Abgabenquote ist höher als in vielen anderen Ländern. Die Steuern auf den Faktor Arbeit sind extrem hoch und deutlich über dem internationalen Durchschnitt. Die Steuern auf Unternehmen sind durchschnittlich, jene auf Umwelt waren im Jahr 2000 höher, sind aber jetzt niedriger als im EU-Schnitt, ebenso jene auf Tabak. Vermögensbezogene Steuern sind gering, besonders die Grundsteuer sinkt jedes Jahr relativ zum realen Grundwert, weil ihre Bemessungsgrundlage fixiert ist, während die Grundstückspreise steigen. Sozialversicherungsbeiträge sind für ArbeiterInnen und Angestellte unterschiedlich. Die Bemessungsgrundlagen für alle Abgaben sind durch Ausnahmen ausgehöhlt, die Verwaltung kompliziert.

Die Belastung des Faktors Arbeit ist u. a. deswegen hoch, weil durch diese ein großer Teil des Sozialsystems finanziert wird. Da in diesem System der Versicherungsgedanke mitspielt, ist die Abgabenbelastung auch bei niedrigen Einkommen schon sehr hoch (ab Geringfügigkeitsgrenze), bei hohen Einkommen aber relativ niedriger

(Höchstbeitragsgrundlage). Das Ergebnis ist eine Belastung der Einkommen, die sofort sehr hoch ist (durch die Sozialversicherung) und dann noch einmal deutlich steigt, wenn die Einkommensteuer mit ihrem sehr hohen Eingangssteuersatz einsetzt. Österreich hat damit eine „Flat Tax" mit zwei Stufen, auf hohem Niveau und mit unsystematischen Brüchen und Zacken. Wann immer eine neue Sozialleistung diskutiert wird, wird wieder eine „kleine" Anhebung der Belastung des Faktors Arbeit diskutiert, wie etwa für Pflege, für das Stopfen von Pensionsdefiziten etc.

Ein rationales Steuersystem würde eine Vereinheitlichung von Sozialversicherungsbeiträgen und Einkommenssteuer im Rahmen eines integrierten Tarifs erfordern und dann eine Kurve, die bei geringem Einkommen niedriger ist als heute (diese würde der zunehmenden Spreizung der Marktlöhne entgegenwirken). Die Begünstigung des 13. und 14. Gehalts sollte in dieses neue Schema eingearbeitet sein (da es eine geringere Gesamtbelastung des Faktors Arbeit geben sollte, wirkt dies nicht als Erhöhung, sondern als Senkung der Einkommensbesteuerung). Die Grundsteuer würde jährlich angepasst, und wenn hier die Inflation der letzten zehn Jahre eingerechnet wird, bringt das auch einen Basiseffekt. Umweltsteuern und Besteuerung von Tabak und anderen gesellschaftlich unerwünschten Aktivitäten sowie von Erbschaften können erhöht, Schlupflöcher und Ausnahmen (etwa für energieintensive Firmen) gestrichen werden, Vereinfachungen sollen administrative Kosten senken. Alle diese Vorschläge liegen schon lange auf dem Tisch, die jeweiligen Partikularinteressen (einer bestimmten Sozialversicherung, einer Berufsgruppe) haben eine Reform verhindert.

11. Bund-Länder-Kompetenzen

Die Regelung der Aufgabenteilung zwischen den Gebietskörperschaften ist durch eine Vielzahl von Transfers, oft schwer verständliche Verhandlungen innerhalb und außerhalb des Finanzausgleichs sowie einer unnötigen und ineffizienten/kostenintensiven Komplexität gekennzeichnet. Auffälligste Ineffizienz ist die Trennung von Bestellern und Bezahlern im Schulsystem (Pflichtschulen), die Zersplitterung der Finanzierung im Gesundheitsbereich sowie die weitgehende Nicht-Einhebung von Steuern durch Länder und Gemeinden (und die korrespondierende Transferabhängigkeit der Länder innerhalb eines intransparenten Transfergeflechts).

Generell gibt es (i) eine „prinzipielle" Arbeitsteilung durch die Verfassung (Bundes- und Landeskompetenz, teilweise getrennt in Gesetzgebung und Vollziehung), (ii) eine Verschiebung der Arbeitsteilung zwischen nationalem und internationalem Recht durch die Entwicklung der Europäischen Gemeinschaft, (iii) eine periodenweise fixierte Finanzierung durch den Finanzausgleich, aber auch (iv) viele partikulare Verhandlungen und Festlegungen innerhalb und außerhalb der Finanzausgleichsregelungen im engeren Sinn (Pflege, verpflichtendes Kindergartenjahr, Mindestsicherung, Teilung

der Einnahmen aus den zur Konsolidierung neu eingeführten Steuern). Es fehlen vertragliche Leistungsbeziehungen zwischen Bund und Landesverwaltungen, ergänzt durch „Blockgrants" des Bundes, die an die Länder unter bestimmten Auflagen und mit unterschiedlicher Höhe je nach Erfüllung der Auflagen getätigt werden, ein System, mit dem die USA z. B. den Arbeitsmarkt in ihren „Staaten" regelt. Der Bund überlässt den Ländern Anteile an den Bundessteuern, eventuell kombiniert mit einer groben Aufgabenverantwortung, aber ohne Möglichkeit, die richtige und effiziente Aufgabenerfüllung zu kontrollieren. Die Länder haben keinen Anreiz zu einer sparsamen Mittelverwendung, weil sie sich für die Finanzierung ihrer Ausgaben nicht verantworten müssen.

Länder betrachten es als unzulässige Einmischung, wenn der Bund Ziele formuliert, ein einheitliches Tierschutz- und Jugendschutzgesetz erlässt oder Grundprinzipien der Bauordnung festlegt. Rahmengesetze dieser Art bedürfen einer Sondervereinbarung mit einem de facto Vetorecht der Länder. Länder dürfen und wollen keine Steuern einheben (mit wenigen Ausnahmen). Bei der Grundsteuer gibt es unterschiedliche „Hebesätze" (bis zu maximal 500 Prozent), die von den Ländern festgesetzt werden können. Da fast alle Gemeinden den maximalen Satz ausnutzen, gibt es de facto keine Variation von Kommunalsteuern im Gegenzug zu einem dokumentierten und argumentierten Bedarf an lokalen Investitionen. Gemeinden geben ihre Ausgaben oft nicht dafür aus, was am wichtigsten wäre (etwa Anpassung des Schulangebotes an Nachfrage, Gewerbeparks), sondern dafür, wo (zusätzliche) Landesmittel eingeholt werden können. Bei verringerter Kinderzahl stehen Schulräume leer, werden nicht vermietet oder für Sport- oder Service-Zentren verwendet. Gemeindekooperationen sind selten. Bauhöfe und Freiwillige Feuerwehren haben die attraktivste Ausstattung und Lokalität, Firmengründungs- oder Jungunternehmerbüros fehlen häufig. Haushaltsrechtsreformen, wie sie im Bereich des Bundes vorbildhaft begonnen wurden, sollten auf Landes- und Gemeindeebene stärker forciert werden. Ehrenamtliche Tätigkeiten von Personen im Pensionsalter sind möglich und sollten stärker genutzt werden.

12. Strategie für längeres Arbeiten

Das vorzeitige Ausscheiden aus dem Berufsleben entspricht einerseits Präferenzen von Beschäftigten, die mit ihrer Arbeit nicht zufrieden sind oder für die Freizeit einen hohen Stellenwert besitzt. Andererseits sind Frühpensionierungen arbeitsmarktbedingt (z. B. nach Kündigung) bzw. werden von den Unternehmen gerne genutzt, um teure ältere ArbeitnehmerInnen durch billigere jüngere zu ersetzen. Sie wird weiters durch Anreize im Pensionssystem unterstützt und ist zudem durch das frühere gesetzliche Pensionsalter von Frauen bedingt. Es ist ökonomisch notwendig, dass die Berufstätigkeit verlängert wird, da sonst eine immer größere Pensionslast von einer verringerten Zahl der Erwerbstätigen finanziert werden muss.

In Österreich steigt die Bevölkerungszahl bis 2050 auf rund 9,3 Millionen, die Zahl der Personen im heute als erwerbsfähig betrachteten Alter sinkt etwa ab 2020 (und dies bei relativ hoher Nettozuwanderung von 30.000 pro Jahr). Allerdings steigt auch schon die Zahl jener, die bereit wären länger zu arbeiten, aber vom Dienstgeber mit Eintritt des Pensionsalters gekündigt werden, weil dies ein gesetzlich erlaubter Kündigungstermin für ältere ArbeitnehmerInnen ist, oder schon vorher in die Frühpension gedrängt werden. Aus Firmensicht ist die Kündigung „sinnvoll", weil die Gehälter für ältere Personen sehr viel höher liegen (oft mehr als das Doppelte) als für Neueinsteiger. Generell verlangt die Alterung der Bevölkerung eine längere Erwerbsdauer, für diese Gruppe muss es aber auch Arbeitsplätze geben und Arbeiten, die der Altersgruppe entsprechen (altersgerechte Arbeitsplätze). Neben der Anhebung des Pensionsantrittsalters sind eine Abflachung der Einkommenskurve und eine Flexibilisierung sinnvoll. Jene, die arbeiten wollen, sollen es tun können, andere sollen Abschläge in Kauf nehmen, Teilzeitarbeit (und Teilzeitpension) soll in höherem Ausmaß möglich sein in allen Varianten (Tagesarbeitszeit, Tage pro Woche, jahreszeitliche Blöcke). Eine Teilzeitpension wäre eine alternative Flexibilisierung.

13. Arbeitslosigkeit und Einkommensverteilung

Die Arbeitslosigkeit ist in zunehmendem Ausmaß auf Unterschiede zwischen den angebotenen und nachgefragten formalen Qualifikationen zurückzuführen (Mismatch), und sie ist in einem extremen Ausmaß bildungsabhängig. Die Arbeitslosigkeit bei Personen ohne Schulabschluss liegt bei knapp 20 Prozent, bei Personen mit Matura bei 5 Prozent, bei AkademikerInnen bei rund 3 Prozent. Ein Teil der Beschäftigungsprobleme ergibt sich daraus, dass Lehrlinge Berufe ergreifen, in denen sie später nicht berufstätig sein können oder wollen (z. B. Friseure) und weil StudentInnen Studien wählen (z. B. Geschichte etc.) mit nur einer geringen Chance auf einen Vollarbeitsplatz nach 5 Jahren.

Ein Anheben der formalen Qualifikation, gekoppelt mit entsprechenden berufsübergreifenden und sozialen Kompetenzen, und eine gleichzeitige bessere Anpassung an die Nachfrage von Wirtschaft und Gesellschaft würde die Arbeitslosenquote senken. Besonders wirkungsvoll wären Maßnahmen im unteren Qualifikationsbereich, besonders effizient frühe Maßnahmen (Vorschule, Volksschule, Lernbegleitung, Jugendcoaching), damit Kinder mit entsprechenden Grundkompetenzen ausgestattet werden, die die Grundlage für weitere Ausbildungsschienen bilden. Aus der Sicht der gesamtwirtschaftlichen Nachfrage wäre es auch sinnvoll, den Rückgang der Lohnquote und die zunehmende Spreizung der Gehälter zu stoppen. Die Löhne der niedrigen Gehaltsgruppen steigen seit Jahren unterdurchschnittlich, erstens durch die Technologie (die zu Gehaltssteigerungen für Hochqualifizierte führt), zweitens durch die Globalisierung (die hochwertige Arbeitsplätze in

Industrieländern forciert), und drittens durch fehlenden Ausgleich von Bildungsvererbung im Inland. Die wichtigste Voraussetzung einer Erhöhung der niedrigen Löhne ist die Höherqualifikation in dieser Gruppe. Dann kann es eine „Parallelerhöhung" der Qualifikation und der Löhne im Niedriglohnsegment geben. Ein Anstieg der Löhne im bisherigen „Niedriglohnsegment", der höher ist als bei Durchschnittslöhnen (kombiniert mit einem Anstieg der Produktivität durch Weiterbildung), korrigiert die Einkommensverteilung und stärkt die Konsumnachfrage. Letzteres ist in einer Phase, in der Investitionen unterproportional steigen, besonders wichtig. Auch die Rückkehr zu einer produktivitätsorientierten Lohnpolitik würde zu höherem und stabilerem Wachstum führen.

14. Integration von MigrantInnen

Österreich ist ein Zuwanderungsland in dem Sinn, dass erstens ein größerer Teil der Bevölkerung heute schon Migrationshintergrund hat als in anderen Ländern und zweitens insofern als Österreich Zuwanderung braucht, um die sinkende Zahl der Erwerbsbevölkerung auszugleichen. Es wäre ökonomisch vorteilhaft, die Qualifikation der Arbeitsmigration zu erhöhen, aber es ist jedenfalls auch notwendig, die weniger qualifizierten MigrantInnen höher zu qualifizieren. Insbesondere ist es notwendig, ihre Kinder in das Schulsystem zu integrieren und nicht in die Sonderschule oder in die schlechtesten Schulen zu schicken.

Dies bedarf einer spezifischen Integrationspolitik von MigrantInnen, beginnend mit der Nutzung bzw. Anerkennung schon gegebener Qualifikation, der Freude an kultureller Vielfalt (und Nutzung der Muttersprache) und der Weiterbildung. MigrantInnen selbst müssen als LehrerInnen angestellt werden. Die FacharbeiterInnen von morgen müssen auch aus MigrantInnen der zweiten Generation bestehen.

15. Strategie der aktiven Erweiterung: Nachbarschaftspolitik

Österreich hat von der EU-Integration, der Ostöffnung und Osterweiterung extrem profitiert. Länder, die sich öffnen, haben einen rascheren technischen Fortschritt, konzentrieren sich auf höherwertige Produkte und produzieren günstiger. Allerdings muss es begleitende Wirtschaftspolitik und Abfederung der Kosten der Veränderung geben (Qualifikation, Sozialsystem, Forschungsförderung). Der Vorteil der Ostöffnung wird in Zukunft geringer, das Einkommensgefälle sinkt, die Exportmärkte werden auch von anderen Ländern bearbeitet. Gleichzeitig werden neue Ländergruppen – vom Balkan bis zur Schwarzmeerregion und nun auch der arabische Raum – „Nachbarn" der EU, aber auch Österreichs. Österreich kann und muss diese Chance nutzen, auf diesen neuen dynamischen Märkten eine ähnliche Vorreiterrolle zu spielen wie bei der Ostöffnung. Das wird nicht in allen Ländern möglich sein und nicht in allen Politikbereichen. Sicher möglich ist es im Bereich der Umwelttechnologie, dem Finanzwesen und der Energiezusammenarbeit. Es sollte auch möglich sein, die besten Köpfe dieser Regionen wenigstens zeitweise zur Ausbildung nach Österreich zu holen, beginnend vom Lehrlingssektor bis zu den Universitäten. „Hayek-Stipendien" sollten – nach Vorbild der US-Fulbright-Grants nach dem Zweiten Weltkrieg – exzellente StudentInnen aus den neuen EU-Ländern, dem Balkan, der Schwarzmeerregion und Nordafrika befristet nach Österreich bringen. Bleibt ein Teil der Eingeladenen nach dem Studium in Österreich, so steigt die Zahl der besonders Qualifizierten, bleiben sie nicht, sind sie unschätzbare Botschafter und Vermittler von Kontakten. Diese aktive Nachbarschaftspolitik kann und soll nicht Exporte und Investitionen in China und Indien verhindern, im „Nachbarschaftsgürtel" (vom Schwarzmeer über den Balkan bis in die arabischen Länder) hat Österreich jedoch einen größeren Startvorteil. Abschottung und Angst vor Konkurrenz oder anderen Kulturen wäre hier auch ein wirtschaftlicher Fehler.

Europa inklusive seiner Nachbarregionen (Schwarzmeerraum, Naher Osten, Nordafrika) wäre auch 2050 noch (etwa gleichrangig mit China, aber größer als die USA plus Kanada und Mexiko) der größte Wirtschaftsraum der Welt. Andererseits würde Europa ohne Südeuropa und ohne Großbritannien weniger als 10 Prozent der Weltwirtschaft ausmachen und könnte die Regeln der Globalisierung nicht mitgestalten.

Einbettung in den Europäischen Reformprozess (WWWforEurope-Projekt)

Für Europa sind die Jahre 2012 und 2013 eine große Enttäuschung. Die Wirtschaftsleistung liegt 2013 in Europa noch niedriger als vor der Krise. Im Gegensatz zu den USA (die die Krise primär verursacht hatten), deren Wirtschaftsleistung um 5 Prozent höher liegt als 2008 und im Gegensatz zu China, das 50 Prozent mehr produziert. Die Arbeitslosigkeit in Europa liegt bei 12 Prozent und sie steigt, während sie in den USA fällt.

Dennoch ist Europa langfristig ein Erfolgsmodell. Als nach dem Zweiten Weltkrieg sechs Länder beschlossen, ihre Stahlindustrie gemeinsam zu verwalten, glaubte niemand, dass es fünfzig Jahre später 27 Länder sein werden, mit zehn weiteren Staaten, die an die Türe klopfen. Niemand hätte geglaubt, dass man ohne Grenzkontrollen durch weite Teile Europas fahren kann, oder dass es eine gemeinsame Währung geben würde. Oder dass es 60 Jahre Frieden in diesem ewig zerstrittenen Kontinent geben würde.

Europa braucht einen neuen wirtschaftspolitischen und gesellschaftlichen Kurs. Es darf nicht der Illusion erliegen, ein kleineres Europa (ohne „Sünder" im Süden und abgeschottet von den Nachbarn im Osten) könne die Lösung sein. Kerneuropa (als „Germany plus friends" definiert) ist die am langsamsten wachsende Region

der Welt. Europa darf nicht durch Lohnsenkungen und Verringerung der Kosten für sozialen Zusammenhalt versuchen mehr zu exportieren, sondern primär durch Investitionen in Ausbildung und Innovation. Zudem sollte Europa seine bisherigen Stärken nutzen (z. B. die bessere Balance zwischen Einkommen und sozialen Zielen, die stärkere Priorität für Umwelt, den höheren Stellenwert für Freizeit und Work-Life-Balance und die höhere Lebenserwartung), um eine Vision eines anspruchsvollen Gesellschaftsmodells zu entwickeln, das sich vom US-amerikanischen und vom aufstrebenden asiatischen unterscheidet.

Die Europäische Kommission hat ein Forschungsprojekt initiiert, in dem die Transformation Europas zu einem neuen Entwicklungs- und Wachstumspfad wissenschaftlich untersucht und begleitet wird. Das Forschungsprojekt „WWWforEurope" soll dazu dienen, die europäischen Ziele klarer zu definieren. Instrumente vorzuschlagen (darunter werden Bildungs- und Forschungspolitik wie in Österreich eine zentrale Rolle spielen), mit denen die Ziele erreicht werden können. Die Hindernisse für Reformen und Reformpartnerschaften auf europäischer, nationaler und regionaler Ebene sollen empirisch analysiert werden. Das WIFO ist von der EU-Kommission beauftragt, mit 32 Partnern vier Jahre die Entscheidungsträger in Europa dabei zu unterstützen, die notwendigen und gewünschten Veränderungen umzusetzen.

Als erste Ergebnisse liegen Empfehlungen vor, wie die wirtschaftspolitischen Strukturen verbessert werden könnten („Governance Policy Brief", Aiginger et al., 2012) und wie die Probleme der südlichen Peripherie Europas besser gelöst werden können („Periphery Policy Brief", Aiginger – Huber – Firgo, 2012). Eine bessere Steuerung Europas und die Lösung der Probleme in Südeuropa sind Voraussetzungen für eine offensive, strategiegeleitete Transformation. Ohne Verringerung der Diskrepanzen in der Entwicklung der europäischen Staaten und ohne stärkere Koordinierung der Wirtschaftspolitik wird Europa der am schwächsten wachsende Wirtschaftsraum bleiben. Ohne Erholung Südeuropas entsteht ein Vakuum zwischen Europa und den stark wachsenden Ländern im Schwarzmeerraum und in Nordafrika. Nachbarn, die sich potenziell am europäischen Modell orientieren wollen und die Kooperation suchen, werden gezwungen, nach Alternativen zu suchen, etwa einer Wirtschaftsgemeinschaft mit Russland oder dem Iran.

Ein Reformkonzept ist notwendig

Österreich ist bisher wirtschaftlich sehr erfolgreich. Die Pro-Kopf-Einkommen liegen unter den Top 5 in Europa, es ist nicht ausgeschlossen, dass Österreich in den nächsten Jahren – abgesehen von dem nicht vollkommen vergleichbaren Finanzzentrum Luxemburg – die erste Stelle innerhalb der EU-Länder erreicht. Die Leistungsbilanz ist positiv, die Arbeitslosigkeit die niedrigste Europas, wenn auch höher als zuvor. Die wirtschaftlichen Strukturen verbessern sich stetig, dies schlägt sich auch in den Exporterfolgen nieder. Dennoch entsprechen die Produktionsstruktur und noch mehr die Budgets der öffentlichen Hand, die Abgabenstruktur, die Organisation von Forschung, Bildung und Gesundheit nicht den Anforderungen der Zukunft.

Bis 2050 wird es gewaltige Strukturverschiebungen geben, China wird größte Wirtschaftsmacht, die neuen Mitgliedsländer werden einen großen Teil ihres Produktivitätsrückstandes aufgeholt haben und neue Nachbarn vom Schwarzmeerraum bis Nordafrika werden entweder Partner Europas werden oder sich anderen Wirtschaftsräumen zuwenden.

Vor diesem Hintergrund und angesichts der Tatsache, dass Österreich eine der höchsten Ausgaben- und Abgabenquoten in Europa hat und die Konsolidierung der Budgets zwar begonnen hat, aber der Schuldenabbau sich noch über eine lange Periode erstrecken wird, sind strukturelle Reformen in Österreich besonders wichtig. Für Bildung, Kinderbetreuung und Integration der MigrantInnen wird nur Geld verfügbar sein, wenn es in anderen Bereichen eingespart wird. Die Jugend wird nur beschäftigt sein, wenn sie höchstqualifiziert ist und die Rate der innovativen Unternehmensgründungen steigt. Österreich wird die Umweltprobleme nur bewältigen, wenn es neuen Energiequellen, der Energieeffizienz und der Umwelttechnologie einen höheren Stellenwert gibt. Der heute erfolgreiche industrielle Sektor soll durch eine technologieorientierte Industriepolitik und ein gezielt verbessertes Angebot von Fachkräften unterstützt und enger mit gesellschaftlichen Zielen (z. B. Gesundheitstechnologie, Produkte für alternde Gesellschaft, Ressourcensparen) verbunden werden.

Auf europäischer Ebene sind schon kurzfristig stabilere und beschäftigungsschaffende neue „Governancestrukturen" gefragt. Letztlich ist aber auch die Frage, ob ein europäisches Wirtschafts- und Sozialmodell so gestaltet werden kann, dass die Einkommen in Europa steigen, die Arbeitslosigkeit sowie die Kluft zwischen hohen und niedrigen Einkommen sinkt, und eine Vorreiterrolle in der Umwelt- und Energiepolitik gleichzeitig Klimaziele erreichen und als Exportgut genutzt werden kann. Sparen ohne Konzept und ohne Vision hat nur zu noch höheren Schulden geführt, und Europa ist damit heute die Region mit dem geringsten Wachstum. Das Projekt WWWforEurope hat die Aufgabe, einen neuen, dynamischen, sozial inklusiveren und ökologisch nachhaltigen Wirtschaftskurs für Europa wissenschaftlich zu unterstützen.

Für Österreich formulieren wir 15 Bereiche, in denen Reformschübe notwendig sind, dabei sind der Bildungs- und Innovationsbereich zentral, ebenso Reformen im Verwaltungs- und Gesundheitsbereich. Die Reformen betreffen alle Teile des öffentlichen Sektors, aber auch die Schnittstelle zum privaten Sektor wie auch die Relation

von Finanzwirtschaft und Realwirtschaft. Reformansätze gibt es, aber zu wenig und zu spät. Arbeitslosigkeit, Budgetdefizite und die hohe Abgabenbelastung zu senken und gleichzeitig noch genügend Geld für Kinderbetreuung, Bildung und Forschung zu haben, bedarf einer ausgefeilten Strategie. Ein neues „Reformbuch" wäre fällig, das in Erweiterung des vor sieben Jahren geschriebenen Weißbuches für Wachstum und Beschäftigung 2006 die europäische und globale Dimension und die langfristigen Herausforderungen analysiert und Reformen ausarbeitet. Eine Vision wäre, dass Österreich ein Musterbeispiel für ein neues europäisches Wachstumsmodell mit hohen Einkommen, moderner Absicherung und offen in der globalisierten Weltwirtschaft ist. ∎

Danksagung: *Der Autor dankt Dagmar Guttmann für die wissenschaftliche Assistenz, Julia Bock-Schappelwein, Jürgen Janger und Andreas Reinstaller für Kritik und Anregungen.*

Anmerkungen

[1] Das Bildungssystem in seiner Gesamtheit − vom Kindergarten bis zur Universität − soll leistungsorientiert sein und darf nicht soziale Unterschiede zementieren, wie dies derzeit geschieht. Leistungsorientiert heißt in dem Fall, dass es die Leistungsfähigkeit individuell fördert und nach dieser individuellen Leistungsfähigkeit auch den schulischen Werdegang ausrichtet. In den USA wurde dies durch den „no child left behind" act in Gesetz gegossen. In Finnland ist es gelebte Praxis.

[2] Es könnte auch für erwiesene Mangelberufe die Studiengebühr reduziert bzw. von den interessierten Nachfragern übernommen werden. In den vier Ferienmonaten werden die Universitätsräume für Kurse zur Studienbeschleunigung genutzt, für Diplomarbeiten und Dissertationen sowie für ausländische „Schnupperstudenten" bzw. für Veranstaltungen (inkl. Universitätssportzentrum).

Literaturhinweise

Aiginger, K., „Why Growth Performance Differed across Countries in the Recent Crisis: the Impact of Pre-crisis Conditions", Review of Economics and Finance, 2011, (4), S. 35–52.

Aiginger, K., Sind gerechte Gesellschaften gesünder? Die Bedeutung von Wachstum, Bildung, Verteilung für die Gesundheit, Vortrag 4. Sozialstaatsenquete des Hauptverbandes der Österreichischen Sozialversicherungsträger, Wien, 5. 11. 2010, WIFO-Vortrag 110/2010.

Aiginger, K. (2010A), The Great Recession versus the Great Depression: Stylized Facts on Siblings That Were Given Different Foster Parents. Economics: The Open-Access, Open-Assessment E-Journal, Vol. 4, 2010-18.

Aiginger, K. (2010C), Post Crisis Policy: Some Reflections of a Keynesian Economist, in Dullien, S., Hein, E., Truger, A., van Treeck, T. (eds.), The World Economy in Crisis – the Return of Keynesianism?, „Series of studies of the Research Network Macroeconomics and Macroeconomic Policies (FMM)", Vol. 13, Metropolis, 2010.

Aiginger, K., „Strengthening the resilience of an economy, enlarging the menu of stabilization policy as to prevent another crisis", Intereconomics, October 2009, S. 309, 316.

Aiginger, K., „Industrial policy: a dying breed or a re-emerging phoenix. Special issue on the Future of Industrial Policy", Journal of Industry, Competition and Trade, 2007, 7(3 4), S. 297–323.

Aiginger, K., Böheim, M., Budimir, K., Gruber, N., Pitlik, H., Schratzenstaller, M., Walterskirchen, E., Optionen zur Konsolidierung der öffentlichen Haushalte in Österreich, WIFO-Monographien, 2/2010.

Aiginger, K., Cramme, O., Ederer, S., Liddle, R., Thillaye, R., Reconciling the short and the long run: governance reforms to solve the crisis and beyond, WWWforEurope, September 2012 („Governance Policy Brief").

Aiginger, K., Ederer, St., Handler, H., Huber, P., Mayerhofer, P., Rünstler, G., Funktionsfähigkeit und Stabilität des Euro-Raumes, Kurzstudie des WIFO im Auftrag der Europäischen Kommission, GD Regionalpolitik, Wien, 2010.

Aiginger, K., Ederer, St., Schratzenstaller, M., Welfare, Wealth and Work for Europe – WWWforEurope: Eine neue Entwicklungsstrategie für Europa. Zielsetzung des Projektes, Konzeption und Konsortium, WIFO-Monatsberichte, 9/2012, S. 699–705.

Aiginger, K., Ederer, St., Prammer, J., Sieber, S., Österreichs außenwirtschaftliche Beziehungen zur Schwarzmeerregion und deren wirtschaftliche Perspektiven , WIFO-Monographien, 6/2010.

Aiginger, K., Falk, R., Reinstaller, A., Evaluation of Government Funding in RTDI from a Systems Perspective in Austria. Synthesis Report, WIFO-Monographien, 8/2009.

Aiginger, K., Huber, P., Firgo, M., Policy options for the development of peripheral regions and countries of Europe, WWWfor Europe, December 2012 („Periphery Policy Brief").

Aiginger, K., Tichy, G., Walterskirchen, E., Mehr Beschäftigung durch Wachstum auf Basis von Innovation und Qualifikation, WIFO Weißbuch, 2006.

Bock-Schappelwein, J., Bremberger, C., Huber, P., Zuwanderung von Hochqualifizierten nach Österreich. Studie des WIFO im Auftrag des Bundesministeriums für Wissenschaft und Forschung im Rahmen des Österreichischen Forschungsdialogs, Wien, 2008.

Eppel, R., Leoni, T., New social risk affecting children, Momentum, WIFO, 2010.

Gruber, N., Pitlik, H., Walterskirchen, E., „Erfolgsfaktoren der Budgetkonsolidierung im internationalen Vergleich", WIFO-Monatsberichte, 2010, 83(3.

Guger, A. (Projektleitung), Agwi, M., Buxbaum, A., Festl, E., Knittler, K., Halsmayer, V., Pitlik, H., Sturn, S., Wüger, M., Umverteilung durch den Staat in Österreich, WIFO-Monographien, 23. 9. 2009 9:00

Heckman, J., Schools, Skills, Synapses. Economic Inquiry 46, 2008, S. 289–324.

Janger, J. (Koord.), Böheim, M., Falk, M., Falk, R., Hölzl, W., Kletzan-Slamanig, D., Peneder, M., Reinstaller, A., Unterlass, F., Forschungs- und Innovationspolitik nach der Krise. WIFO-Positionspapier zur FTI-Strategie 2020, WIFO-Monographien, 8/2010.

Janger, J., Pechar, H., Organisatorische Rahmenbedingungen für die Entstehung und Nachhaltigkeit wissenschaftlicher Qualität an Österreichs Universitäten. Studie des WIFO im Auftrag des Bundesministeriums für Wissenschaft und Forschung im Rahmen des Österreichischen Forschungsdialogs, Wien, 2010.

Janger, J., Reinstaller, A., Innovation: Anreize, Inputfaktoren und Output im Spiegel der österreichischen Wirtschaftsstruktur. WIFO Monatsberichte 8/2009, S. 603–617.

Pitlik, H., Budimir, K., Gruber, N., Optionen einer ausgabenseitigen Budgetkonsolidierung, WIFO-Monatsberichte, 3/2010 , pp. 247–267.

Reinstaller, A., Die volkswirtschaftliche Bedeutung von Breitbandnetzwerken. Die Situation in Österreich und ein Vergleich wirtschaftspolitischer Handlungsoptionen. WIFO-Vorträge, 109/2010, http://www.wifo.ac.at/wwa/downloadController/displayDbDoc.htm?item=VT_2010_109$.PDF

Reinstaller, A., Unterlass, F., Sectoral Innovation Modes and the State of Economic Development: Implications for Innovation Policy in the New Member States. In: Radosevic S., Kaderabkova, A. (eds.). The Challenge for European Innovation Policy: Cohesion and Excellence viewed from a Schumpeterian Perspective. Aldershot: Edward Elgar Publ., 2011.

Der Autor

Karl Aiginger *wurde am 23. Oktober 1948 in Wien geboren. Das Studium der Volkswirtschaftslehre absolvierte er an der Universität Wien und an der Purdue University in Indiana, USA. In seiner Dissertation befasste er sich mit dem Thema „Unternehmerverhalten bei Investitionsentscheidungen". Seine Habilitation erwarb er 1984 mit einer Arbeit über „Production Theory under Uncertainty". Prof. Aiginger trat 1970 als Wirtschaftsforscher in das WIFO ein. Seine wissenschaftlichen Schwerpunkte sind Industrieökonomie und Wettbewerbsfähigkeit. Prof. Aiginger absolvierte mehrmals Gastprofessuren bzw Forschungssemester in den USA (Stanford University, MIT, UCLA), ist Gastprofessor an der Wirtschaftsuniversität Wien und Honorarprofessor an der Universität Linz. Er ist (gemeinsam mit Marcel Canoy) Herausgeber des JICT (Journal of Industry, Competition and Trade). Seit 2012 ist er Koordinator des vierjährigen Forschungsprojektes „WWWforEurope – Ein neuer Wachstumspfad für Europa", das das WIFO mit 32 Partner im Rahmen des 7. Rahmenprogrammes der EU durchführt.*

KAPITEL 2:
BILDUNG

BILDUNG

Bernd Schlicher

„Menschen", sagt Erasmus von Rotterdam, „werden nicht geboren, sondern gebildet." Das berühmte Diktum (homines non nascuntur sed fingungtur) ist beinahe 500 Jahre alt. „Menschen" – das galt damals für alle gleich. Dagegen erzählt ein Wiener Bildungsforscher heute folgende Anekdote:

Ein Polizist hält einen Autofahrer am Kahlenberg auf und fragt in barschem Ton: „Wie heißen sie ?" Nach kurzem Zögern antwortet der Gestoppte: „Hans Krankl." „Pflanzen's an andern", giftet der Ordnungshüter, sie san net der Krankl, den kenn' ich. Also, ihren Namen bitte." „Albert Einstein", verkündet der Autofahrer. „Na, sehens", daraufhin der Polizist, „es geht ja".

Die kleine Geschichte ist in Vorträgen über Bildung ein Selbstläufer. Das Publikum lacht jedes Mal laut und herzlich, der Einstieg ist geschafft. Aber warum eigentlich? Offenbar gehört es zur Allgemeinbildung, Herrn Einstein zumindest namentlich zu kennen und zu unseren Dünkel, den auszulachen, der das nicht kann. Vor allem, wenn er ein (kleiner) Polizeibeamter ist, der, wie nicht anders zu erwarten, nur Fußballer kennt.

Allgemeinbildung – was ist das?

Damit verrät diese Episode freilich mehr als der Erfinder wollte. Einmal über unsere Vorstellung von Allgemeinbildung, aber dann auch über unser unverwüstliches Standesdenken. Sogenannte BildungsbürgerInnen und solche, die sich dafür halten, sehen im „Wer ist bzw. wer war und wer hat wann/wo/was/ Bedeutendes von sich gegeben" oder wenigstens eine Schlacht gewonnen, den Inbegriff von Bildung. Solchen „Stoff" haben wir in der Schule ja hauptsächlich „vermittelt" bekommen. Allerdings mit deutlicher Gewichtung: Einstein muss man natürlich kennen, seine Relativitätstheorie hingegen schon nicht mehr. Denn wer in Gesellschaft gesteht, dass er sich in Physik, wie in den übrigen Naturwissenschaften und auch in der Mathematik nie wirklich ausgekannt hat, erntet bei uns immer noch verständnisvolles Nicken. Wozu auch – so etwas gehört ja nicht zur Allgemeinbildung.

Im berühmten „Schwanitz" über „Bildung. Alles, was man wissen muss", findet man auf 697 Seiten zwar jede Menge über die alten Griechen und Römer und über ihre Bedeutung für die heutige Philosophie, die Religionen und die Staatslehre, die wissenschaftlichen Theorien, Weltbilder und Ideologien, weiters sämtliche Heroen der antiken Literatur, des Theaters und der Kunst – aber so gut wie nichts über die Natur, die Physik und Chemie, die Biologie oder gar die Astrophysik und die Nanotechnologie. Kein Wort jedenfalls über Johannes Kepler, nichts über Alexander von Humboldt. Die gesamte Atomforschung wird mit einem „name-dropping" von 18 Namen auf einer einzigen Seite abgehandelt. Die „Quantenphysik" existiert ebenso wenig wie ihr Entdecker Max Planck; Heisenbergs Unschärferelation und ihre heutige Bedeutung ist dem

Verfasser nicht erwähnenswert. So wenig wie Stephen Hawking, Kurt Gödel, Edwin P. Hubble, Karl Popper, Teilhard de Chardin oder Alfred N. Whitehead. Und obwohl die letzte Ausgabe 2002 erschienen ist, zwei Jahre vor Schwanitz´ frühem Tod, und darin immerhin zwei Seiten (!) der modernen „Kommunikation" gewidmet sind, schafft es der Autor, in keinem einzigen Satz auf digitale Kommunikation, den Computer oder das Internet zu verweisen.

Diese borniert Einseitigkeit ist freilich kein persönliches Versagen des streitbaren Bestseller-Autors. Es ist vielmehr das nun schon bald 250 Jahre andauernde Selbstverständnis deutscher Studienräte und österreichischer Gymnasial-Professoren sowie einiger Philosophen. Entstanden durch mehrere historische Bewegungen.

Da gab es zunächst die wachsende deutsche Grecophilie ab dem 18. Jahrhundert, die durch die Ausgrabungen Winckelmanns kräftig angeheizt wurde; dazu gesellte sich der deutsche Idealismus – in Gestalt von Fichte, Schelling und Hegel, denen, neben anderen Bedenken, vor allem die starken Nützlichkeitsüberlegungen der Aufklärung ein Dorn im Auge waren; und schließlich kam noch der Neuhumanismus dazu, der in erster Linie mit dem Namen Wilhelm von Humboldt verbunden ist.

Theorie und Praxis der humanistischen Bildung

Das Berliner Gymnasium „zum Grauen Kloster" funktionierte als eines der ersten nach dem Schema der neuhumanistischen Persönlichkeitserziehung. Die hatte sich das Ziel gesetzt, „die Geistes- und Gemütskräfte der Schüler zu einer schönen Harmonie des inneren und des äußeren Menschen zu befördern" (Friedrich A. Wolf, Darstellung der Altertumswissenschaften 1835, 45).

Zeuge Bismarck

So überzeugend die individuelle Persönlichkeitserziehung konzipiert war, so wenig blieb von ihr in der Praxis der zahlreichen neuen humanistischen Gymnasien übrig. Wie einer der Schüler der Plamannschen Anstalt (Gründer: Pestalozzi) und des „Grauen Klosters", Otto v. Bismarck, spöttisch vermerkte, verließ er beide Schulen „als normales Produkt unseres staatlichen Unterrichts, mit oberflächlichen Einsichten, ohne feste Lebenspläne oder gar Studienziele". Die ursprünglich geplanten, hehren Inhalte „erstarrten dort... im Formalen, in Drill und hohlem, deutschtümelndem Pathos, in einem künstlichen Spartanertum." Es habe „viel Zwang und widernatürliche Dressur" geherrscht und eine „treibhausartige Entwicklung des Verstandes, die der Ausbildung des Herzens und der der Bewahrung der jugendlichen Frische" alles andere als günstig gewesen sind. Entscheidend für das Aufsteigen in höhere Klassen war das möglichst fehlerlose Auswendiglernen von Texten, die freilich im Fall Bismarcks völlig jenseits seiner schon früh entwickelten Interessen und Begabungen lagen, um die sich zudem nie jemand gekümmert hatte.

Das alles fand der nachmalige Reichskanzler bei seinem Jura-Studium an der damals in ganz Mitteleuropa besonders gerühmten Universität Göttingen dann wieder vor. Der akademische Unterricht war eine nahtlose Fortsetzung der voran gegangenen Schulen: „Vermittlung memorierfähigen Wissensstoffes... in viel stündigen Vorlesungen aus einem Lehrbuch... mit anschließender Repitor-ähnlicher Examensvorbereitung".

Praxis: Fad und lebensfremd

Was den weltweiten Ruf der deutschen Gymnasien und Universitäten begründete und aufrecht erhielt, „waren die Ausnahmen" und das Gewicht ihrer Namen, vermerkt Lothar Gall, der bekannte Biograf Bismarcks. Zu diesen Ausnahmen mit internationaler Strahlkraft zählt er vor allem die Philosophen Fichte, Schelling und Hegel, Theologen wie Schleiermacher, Philologen wie die Gebrüder Grimm, Juristen wie Thibaut und Savigny, Historiker wie Heeren, Rotteck oder Dahlmann und den Literaturhistoriker Gervinus. „Sie machten die deutschen Universitäten zu jenem Ort geistiger, moralischer und nicht selten auch politischer Auseinandersetzungen, der in dem aufnahmefähigen, geistig beweglichen Teil der Studierenden Kräfte der Selbstreflexion und den Drang nach selbständiger Welterkenntnis, kurz, ein Persönlichkeitsideal freisetzte, das die innere Dynamik des Jahrhunderts vielleicht stärker bestimmt hat als vieles andere". (Lothar Gall, „Bismarck. Der weiße Revolutionär" 1980,32). Der 99-prozentige „Rest" der Studienräte und Professoren der Gymnasien und Universitäten versah hingegen Unterricht und Lehrtätigkeit ganz überwiegend so, wie Bismarck das erlebt hatte. Fad und lebensfremd, Texte dozierend und ständig auf Gehorsam pochend. Bismarcks Resümee, dass ihm die verschiedenen Schulen für sein Leben und dort vor allem für seinen Beruf so gut wie nichts mitgegeben hätten, wird nur noch von seinem Urteil übertroffen, wonach ihm insbesondere die Plamannsche Anstalt seine „Kindheit verdorben" habe, weil sie ihm Jahre hindurch „wie ein Zuchthaus" erschienen sei.

Bismarck steht mit diesen Eindrücken nicht allein. Schon Jahre zuvor hatten Friedrich Schlegel und Adalbert v. Chamisso der Jugend den dringenden Rat gegeben, lieber ein Jahr um die Welt zu reisen als in die Schule zu gehen. Da würde man ungleich tiefere und echtere Einsichten vom Leben gewinnen als im theoretisch-abstrakten Unterricht, der einem in der Regel undifferenziert und herzlos „eingetrichtert" wurde.

Die lange Liste der prominenten Ankläger:
Von Emil Strauß über Rainer-Maria Rilke,
Marie v. Ebner-Eschenbach, Thomas Mann, Stefan Zweig,
Hermann Hesse, Robert Musil bis Friedrich Torberg

Einige Jahre später erscheinen zwei Bücher, die gleich eine ganze Reihe von schwerwiegenden Fehlern des deutschen Gymnasiums

aufgedeckt haben. Im „Freund Hein" (1902) von Emil Strauß, darf der Schüler Heiner seiner großen Begabung für Musik nicht nachgehen. Sie zählt nicht, weder daheim, noch im Gymnasium. Statt dessen muss er tagtäglich büffeln, was er weder kann noch mag, nämlich Mathematik. Keiner seiner Lehrer interessiert sich für ihn; er ist zudem ein „schlechter Schüler", weil er einen „Hauptgegenstand" nicht beherrscht. Also ist es ihm unmöglich, zu irgendeinem Lehrer eine Beziehung aufzubauen oder auch nur mit ihm zu reden. Selbst mit seinem Vater gelingt das nicht mehr. Daran zerbricht Heiner schließlich und begeht Selbstmord.

Auch in Hermann Hesses Roman „Unterm Rad"(1906), der einige autobiografische Züge aufweist, steht der Schüler Hans unter wachsendem Druck. Er muss immer einer der „Besten" sein, weil sonst sein vom Vater geplanter sozialer Aufstieg ins Bürgertum nicht klappt. Obwohl es so gar nicht seinen Begabungen entspricht, kämpft Hans zuerst beim Rektor seines Dorfes, der die Vorbereitung übernimmt und dann im entfernten Kloster Maulbronn tapfer um gute Noten in Griechisch, Deutsch, Latein und Mathematik. Als der gescheite und selbstbewusste Schüler Heilner in die Klasse kommt, der sich um Lehrer und Noten wenig schert, wird er Hans rasch zum Vorbild. Nach Heilners Hinausschmiss aus der Schule, sitzt Hans zwischen allen Stühlen. Verzweifelt kehrt er in seine Heimat zurück und macht eine Schlosserlehre. Jetzt ist er im Gymnasium und bei seinen Mitschülern gänzlich unten durch. Wer sein Brot durch Handarbeit verdient, ist von wahrer Bildung ein für allemal ausgeschlossen. Bald darauf wird Hans tot aufgefunden. Es ist ungewiss, ob es ein Unfall war oder Selbstmord. Für seine Dorfbewohner, wie für das Gymnasium ist er schlicht und einfach „unters Rad gekommen". Selbst verschuldet natürlich.

In Österreich waren viele Erfahrungen mit den „humanistischen" Gymnasien mindestens so schlimm wie in Preußen bzw. in Deutschland. Am Ende des 19. und zu Beginn des 20. Jahrhunderts schildert eine Reihe von berühmten SchriftstellerInnen in bekannten Werken ihre meist verheerenden Eindrücke des österreichischen Gymnasiums.

Stefan Zweig zum Beispiel sprach von seiner Schule als „einer Folterkammer, grausamer als der Kerker" und Rainer-Maria Rilke beschrieb in seinem gleichfalls autobiografische Werk „Die Turnstunde" (1899), was ein zynisch-machtverliebter Turnunterricht in einer autoritär militärischen Schule mit einem zart besaiteten Buben anrichten kann. Rilke hat unter dieser Erfahrung sein Leben lang gelitten.

„Der Vorzugsschüler" von Marie v. Ebner-Eschenbach, 8 Jahre vor Hesses „Unterm Rad" erschienen, beschreibt dasselbe Sujet. Der junge Georg, Sohn eines Eisenbahn-Offizials, steht unter dem gewaltigen Druck, entgegen allen seinen Begabungen Klassen-Primus sein zu müssen. Denn nur durch enorme Leistungen für die „höhere Bildung" kann Georg in eine bürgerliche Position aufrücken. Der

Terror des Vaters, dessen ganzes Streben diesem Aufstieg gilt, die Opferrolle der Mutter und die verständnis-und empfindungslosen Professoren des Gymnasiums liefern wiederum die bekannten Zutaten zum logischen Selbstmord des Schülers „Schorsch".

Ganz anders die Sicht aus der Perspektive von Robert Musils „Verwirrungen des Zöglings Törleß" (1906). Der kommt aus einer großbürgerlichen Familie und besucht eine Eliteschule, an der „militärische Zucht und Ordnung" herrschen; der Unterricht ist wie bei Bismarck fad und nichtssagend. Wenn Törleß nachfragt und zum Kern einer Darstellung kommen möchte, wird er von den Professoren mit der immer gleichen Behauptung zurückgewiesen: „Für so etwas bist noch nicht reif genug". Da somit „wirkliches Wissen" weder erwünscht, noch zu erreichen ist, verlegen sich Törleß und seine zwei Freunde Beineberg und Raitling darauf, die – vor allem sozial – schwächeren Schüler sadistisch zu quälen und sexuell zu missbrauchen. Sie behandeln sie wie Sklaven und bestätigen damit nach Musils Auffassung die Parallele zwischen der ständisch-hierarchischen Gesellschaft der sterbenden Monarchie und dem krassen Oben und Unten in den Eliteschulen.

Ebenfalls um die Parallelwelt einer autoritären Schule in einem autoritären Staat geht es bei Friedrich Torbergs „Schüler Gerber" (1926). Der ist selbstbewusst und rebellisch, also genau der Typ, der dem berüchtigten Professor Kupfer, den alle nur „Gott Kupfer" nennen, ein Dorn im Auge ist. Der verspricht feierlich, dem Schüler Gerber das Rückgrat zu brechen. Es kommt zum intellektuellen Zweikampf, bei dem der Herr Studienrat naturgemäß am längeren Ast sitzt. Im letzten „Showdown", der Matura, glaubt Gerber nach aufreibenden Einzelprüfungen, dass er nicht für reif erklärt wird. Sein Nervenkostüm reißt und er stürzt sich aus dem Fenster. Da kommt die Meldung, dass Gerber bestanden hat. Zu spät. Gott Kupfer hat wieder einmal gewonnen.

Die Schule als „Staat im Staate"

Eine Variation zu diesem Thema findet sich schließlich auch schon in Thomas Mann's „Buddenbrooks" viele Jahre zuvor (1901). „Da waren nun die Begriffe Autorität, Pflicht, Macht, Dienst, Carriére zu höchster Würde gelangt", schrieb der Nobelpreisträger über sein Gymnasium in Lübeck, einer typischen deutschen Pflicht- und Gehorsamsschule, „und der kategorische Imperativ unseres Philosophen Kant war das Banner, das Direktor Wulicke in jeder Festrede bedrohlich entfaltete. Die Schule war ein Staat im Staate geworden ..."

Tatsächlich hatten die humanistischen Gymnasien mit dem Staat nur noch die autoritäre Struktur und die strikte ständische Gliederung gemein. Die Inhalte hingegen waren völlig verschieden. So wurde das wirkliche Leben in den humanistischen Gymnasien ganz bewusst ausgeblendet – um die Schüler von der künstlich erzeugten Scheinwelt griechisch-römischer Herkunft nicht abzulenken. Denn

alles „da draußen" war ja nur übel, die Wirtschaft („schnöder Mammon"), die Gesellschaft („verkommen") und die Politik („Politisch Lied, garstig Lied"). Edel und rein war ausschließlich die Antike – jedenfalls im humanistischen Gymnasium.

Dazu kam, dass eine gymnasiale „Ausbildung" für einen Beruf undenkbar war: Wie schon für Aristoteles, war der „banausos", also der Handwerker, für einen Studienrat oder Bildungsbürger eine Art Sklave mit niedriger Tätigkeit, die ihn von jeder „echten Bildung" ausschloss. Aristoteles wollte solchen „Banausen" sogar das Bürgerrecht aberkennen und war überzeugt, dass kein griechischer Bürger einem Handwerker seine Tochter zur Frau geben würde.

Und heute noch wenden sich die „wahrhaft Gebildeten", also viele AHS-Professoren und einige Philosophen an den Unis gemeinsam mit links-grünen FunktionärInnen der Österreichischen HochschülerInnenschaft – wenn auch aus unterschiedlichen Motiven – mit Grausen gegen jede „akademische Abrichtung zum Beruf". Kein Wunder, dass in diesen Kreisen das all zu praktische Medizinstudium eigentlich von den Unis verbannt gehörte (Liessmann) und ein Altphilologe dort immer noch als weitaus gebildeter gilt als z. B. der Quantenphysiker Anton Zeillinger.

Das Erfahrungslernen wurde abgeschafft

Es dürfte daher höchst an der Zeit sein, die gekappten Verbindungen der Schulen zur Erfahrung und zur Praxis wieder herzustellen. „Alle Erkenntnis", wusste Kant, „beginnt mit der Erfahrung." Tatsächlich wurde das Erfahrungslernen in den AHS und danach in allen anderen Schulen abgeschafft.

Ja, mehr noch, es wurde im Laufe der Zeit auch immer mehr abgewertet. So heißt es bei Hubert Markl, dem ehemaligen Präsidenten der deutschen Max-Planck-Gesellschaft: „Ich bezeichne Kenntnisse und Fertigkeiten als Wissen und unterscheide sie damit von bloßer Erfahrung... Es ist richtig, dass Menschen vieles auch durch Vormachen lernen können... Nur: Erfahrungen macht auch der Elefant, lebenserfahren sind auch alte Affen." Diese Meinung ist für unsere Zeit typisch und repräsentativ. Nach ihr ist theoretisches Wissen dem Erfahrungswissen turmhoch überlegen. Denn letzteres ist ja nichts anderes als ein „Nachmachen", und das können auch die Affen.

Freilich stimmt das alles nicht. Zwar beginnt der kindliche Lernprozess auch mit Nachahmen und Nachplappern. Doch beginnt gleichzeitig auch das Begreifen der Welt durch Angreifen und Formen. Dadurch macht man seine ersten, vielleicht wichtigsten Erfahrungen. Dieser Wunsch nach tätiger Praxis bleibt in aller Regel auch noch später aufrecht – wenn er nicht durch einen erfahrungslosen Unterricht abgewürgt wird. Die meisten jungen Erwachsenen möchten gestalten. Das wird in Österreich durch die Schulwahl nach dem 14. bzw. 15 Lebensjahr ganz besonders deutlich.

Die Flucht in die Berufsbildung

Wahrend in anderen Landern maximal 50 Prozent eines Jahrgangs berufsbildende Schulen besuchen, sind es bei uns 83 Prozent. Das sieht ganz nach Flucht aus. Die Jungen haben offenbar genug von den „humanistischen Bildungsphilistern und notorischen Wertebewahrern" an den Gymnasien und Unis, schreibt der Philosoph Rudolf Burger, „die seit Jahrzehnten jede Schul-und Hochschulreform ideologisch vergiften." Und: „Die wahren Eliteeinrichtungen sind heute die HTL und Fachhochschulen." Und tatsächlich sind sie auch samt allen anderen Formen der berufsbildenden Schulen diejenigen, die in Österreich am besten funktionieren und große Beliebtheit bei SchülerInnen und StudentInnen erreichen.

Das hängt natürlich auch mit den LehrerInnen zusammen. Während die PflichtschullehrerInnen und die GymnasialprofessorInnen wie auch sehr viele HochschullehrerInnen in der Regel keine Ahnung vom Leben außerhalb ihrer Schulen und Unis haben, weil sie traditionsgemäß regelmäßig nur den Platz vor dem Katheder (als SchülerIn) mit dem hinter dem Katheder (als Lehrende) wechseln, üben LehrerInnen der berufsbildenden Schulen wie der Fachhochschulen meist einen bürgerlichen Beruf aus und wissen daher nicht nur aus den Büchern und aus dem Internet, sondern auch aus eigener Erfahrung, worum es geht. Und genau dafür sind ihnen die SchülerInnen und Studierenden dankbar.

Wobei die LehrerInnen selbst schuldlos an dieser Entwicklung sind. Das System der Halbtagsschulen, das 1919 durch einen Deal des Sozialdemokraten Otto Glöckel mit den Bildungsbürgern eingeführt wurde, hat – nach 145 Jahren Ganztagschule – alle praktischen, musischen, sportlichen und nicht intellektuell-kognitiven Fächer über Bord geworfen – nur um die SchülerInnen schon zu Mittag nach Hause schicken zu können.

Die Bildungsbürger diktieren – die anderen kuschen

Diese abrupte Reduktion entsprach einem alten, dringenden Wunsch der BildungsbürgerInnen, die damals kaum mehr als 5 Prozent der Bevölkerung ausmachten. Da sie ihre Kinder nicht „von liberalen oder gar sozialdemokratischen LehrerInnen" erziehen lassen wollten, die vor allem in Wien die große Mehrheit der PädagogInnen stellten, musste Schule auf bloße Wissensvermittlung reduziert werden. Da konnte nicht viel passieren. Alles andere übernahmen die Eltern: den Schwimm-, Fecht- und Reitunterricht, das Erlernen von Musikinstrumenten, die Unterweisung in Kunst und Kultur, die Vorbereitung auf den Beruf und alles das, was wir heute als „soziale Kompetenzen" bezeichnen.

Dazu kam in den tonangebenden humanistischen Gymnasien noch der Einfluss des Neuhumanismus. Er legte das Schwergewicht auf Deutsch, Griechisch und Latein, sowie auf Geschichte und Philosophie. Gerade die Mathematik durfte noch in den Kanon der „Hauptfächer" einbezogen werden. Alles andere sank, wenn es nicht überhaupt beseitigt wurde, auf das Niveau von „Lerngegenständen", „Nebengegenständen" und „Freigegenständen" herab.

Die Folgen waren äußerst verhängnisvoll. Wer in den „Hauptfächern" gut war, galt insgesamt als „guter Schüler", weil seine Kenntnisse in Naturkunde, Physik, Chemie, Geometrie, Sport, Musik oder Religion vollkommen unerheblich blieben. Unser gewaltiges Defizit im Bereich Mathematik, Informatik, Naturwissenschaften und Technologie (MINT) hat hier ebenso seinen Ursprung wie unsere wachsende Bewegungsarmut der Jugend und der schwache Nachwuchs an MusikerInnen, SängerInnen und TänzerInnen. Gar nicht zu reden von der totalen Ahnungslosigkeit der PflichtschulabsolventInnen und der meisten humanistischen MaturantInnen in Sachen Wirtschaft, insbesondere Finanzwirtschaft, Handwerk, Politik, Medien und Management. Da das spätere berufliche Leben der SchülerInnen völlig unerheblich war und ist, zählten und zählen auch die meisten Berufs-Begabungen außerhalb der Hauptfächer nichts. Also: SchauspielerInnen, MusikerInnen, SportlerInnen, ÖkonomInnen, PolitikerInnen, NaturwissenschafterInnen, HandwerkerInnen, DesignerInnen usw. Dafür gibt es in den Schulen weder Angebote, noch Förderungen. Es gibt daher auch keinerlei Rückmeldungen. („Feedbacks").

Die „oben" sind die „besseren"

Hier beginnt aber auch das unsinnige Gerede vom „Gesamt-Niveau" einer Klasse oder einer Schule, vom „level" der Kinder und ähnliches mehr. Im Griechen-Taumel des Neuhumanismus, der die aristotelische Geringschätzung der Handarbeit (Banausen) dankbar übernommen hat und zu einer ständischen Abkapselung der gebildeten „besseren Leute" von den apriori „ungebildeten Handarbeitern" verwendete, wurde – bewusst – auf die uralte Tatsache „vergessen", dass jeder Mensch besondere Talente und Fähigkeiten besitzt. Und dass es nicht den geringsten Grund für eine „unverrückbare Hierarchie" dieser unterschiedlichen Begabungen gibt. HandwerkerInnen haben kein „niedrigeres" Talent als AltphilologInnen, sondern ein „anderes". ProfessorInnen sind keine „besseren Leute" mit „höherer Begabung" als Haupt- oder VolksschullehrerInnen, sondern dieselben PädagogInnen mit einem etwas anderen Aufgabenfeld. Wie im Übrigen auch die KindergärtnerInnen.

Das alles wusste schon der Apostel Paulus, der von den sehr verschiedenen „Gnadengaben" der Menschen spricht, von unterschiedlichen „Charismen". Kardinal Christoph Schönborn übersetzt sie ins tägliche Leben: „Der eine hat begabte Hände, der andere einen klugen Kopf. Nicht alle sind musikalisch talentiert, nicht alle haben technische Fähigkeiten. Die Vielfalt der Gaben macht erst den Reichtum der Gesellschaft aus." Die jüngsten Kreativitäts-und Innovationsstudien bestätigen diesen Befund. Dort, wo KünstlerInnen, WissenschafterInnen, HandwerkerInnen, ManagerInnen und Finanzleute im Team zusammenarbeiten, möglichst aus allen sozialen Schichten kommend und aus den verschiedensten Kulturen, entsteht das machbare und dauerhafte Neue. Fragt man sich, weshalb andere Länder längst schon diese wichtigen individuellen Talente sehr früh erkunden und fördern, während wir immer noch zu 75 bis 80 Prozent undifferenzierten Frontalunterricht pflegen, der an die ganze Klasse gerichtet ist, sowie „Stoff" vermitteln, den man auswendig lernt und bei Prüfungen wiederkäut, finden wir, wie immer in Österreich, die Antwort in der Geschichte.

Das Exerzieren als Ursprung der österreichischen Schule

Da war zunächst die theresianische Einführung der Unterrichtspflicht 1774. Sie führte bei knappen Kassen dazu, dass 120 bis 130 Kinder in einer Klasse saßen. Das war etwa eine Kompanie. Was lag daher näher, als Unteroffiziere in Pension, die deshalb keine weitere Bezahlung beanspruchen konnten und zudem gewohnt waren, mit einer Kompanie zu exerzieren, auf die Kinder los zu lassen. Von einer Individualisierung des Unterrichts konnte bei diesen Massen natürlich keine Rede sein. Es wurde vielmehr „zusammenunterrichtet", wie das die Monarchin selber bezeichnete. Dem lag die unausgesprochene Annahme zugrunde, dass alle Kinder gleich begabt und gleich entwickelt sind und dass sie von zu Hause die gleiche Unterstützung erhielten. Das stimmte natürlich nicht.

Doch wurde diese „Homogenitätsthese" sehr bald auf ständische Art und Weise verwirklicht. Die besseren Leute, also der Adel und die gehobene Bürgerschicht, wählten den Unterricht durch Hauslehrer oder schickten ihre Kinder in die „besseren", städtischen Volksschulen und „auf" die Gymnasien; der Rest der Bevölkerung kam in die ländlichen Volksschulen und danach in die Haupt- und Berufsschulen (Sonntagsschulen).

Das „differenzierte Schulsystem" als ständisches Erbe

Diese ausschließlich ständische Zweiteilung ist bis heute geblieben. Sie nennt sich jetzt ganz harmlos „differenziertes Schulsystem". Die ÖVP hat es erst vor wenigen Jahren in die Bundesverfassung schreiben lassen. (Art. 14 Abs. 6a B-VG). Dass derartiges heute noch möglich ist, überrascht bei uns nicht. Ein Land, das auch den parteipolitischen Proporz verfassungsrechtlich verankert hat (Art. 81a Abs. 3 B-VG), weil bei uns das gesamte Schulwesen seit undenklichen Zeiten ständisch, parteipolitisch und somit ideologisch dominiert ist, scheut vor nichts zurück. Auch nicht vor der Petrifizierung uralter, vollkommen überholter Versatzstücke eines vordemokratischen, pluralismusfreien Bildungswesens.

Diese Entwicklung ging ausschließlich zulasten der kleinen Leute und der Unterschicht. Also damals zulasten von 85 bis 90 Prozent der Bevölkerung. Bei den Handwerkern und kleinen Kaufleuten, den Arbeitern, Bauern und Knechten, den Fuhrleuten, Messnern,

Schulmeistern, Köchinnen und Dienstboten gab es keine Eltern, die ihre Kinder an den Nachmittagen an Stelle der Schulen „erziehen" oder schulisch unterstützen konnten.

Otto Glöckels „Rohrkrepierer": Keiner kümmert sich um die Bildungsreform

Die an sich hervorragende Idee Glöckels, die nunmehr freien Nachmittage an den Schulen einerseits für die Förderung besonders begabter Kinder aus den unteren Schichten zu verwenden, sowie andererseits auch zum Ausgleich der Schwächen bei besonders benachteiligten Kindern, war zunächst einmal nur auf Wien beschränkt, half also allen anderen Kindern nicht; außerdem wurde das ganze Konzept nach dem Wahlsieg der Christlich-Sozialen selbst in Wien nur noch eingeschränkt umsetzbar. Somit entpuppte sich die Einführung der Halbtagsschule in Österreich letztlich als ein einziger, sozialer Rohrkrepierer. Seit diesem Zeitpunkt bestimmte nämlich der kleine, aussterbende „Stand" der Bildungsbürger gemeinsam mit den meist rückwärts gewandten katholischen Familienvertretern das gesamte Schulgeschehen. Was gut für sie war, hatte gut für alle anderen zu sein.

Und so ist es heute noch. Um die bildungsfernen Schichten, oder wie es neuerdings heißt, die Personen mit „latenter Bildungsmotivation" schert sich hierzulande überhaupt niemand. Sie gehören nicht zur Klientel der ÖVP und die SPÖ ist – wie auch die Opposition – weder entschlossen genug, noch imstande, die wirkungsvollen, international erprobten Reformen hierzulande durchzuführen. Gemeint sind: Weitest gehende Schulautonomie, bundeseinheitliche Frühförderung ab dem ersten Lebensjahr und möglichst langes gemeinsames Lernen aller SchülerInnen in echten, verschränkten Ganztagsschulen.

Das Ende der Bildungsgerechtigkeit und der falsche Unterricht

Die Folgen dieser Untätigkeit sind schlimm. Das beginnt schon bei der Bildungsgerechtigkeit. Heute sind die Chancen eines Kindes, dessen Vater Absolvent einer tertiären Bildung ist, sechszehn (!) mal größer, eine Hochschule abzuschließen als die Chancen eines Kindes, dessen Vater keinen oder nur einen Pflichtschulabschluss besitzt. Das ist rekordverdächtig.

Noch in den 1970er lag dieses Verhältnis bei 4:1. Damals hat man das große Begabungs-Reservoir der unteren Schichten noch ungleich besser ausgeschöpft als heute.

Dann ist da der alte, falsche Unterricht. Er kennt weder eine durchgehende Förderung von Begabungen, noch eine solche zur Verbesserung der Schwächen in einzelnen Fächern. Also sind wir in der Gruppe der besten SchülerInnen im PISA-Test weit hinten und bei den RisikoschülerInnen weit vorne.

Und weil sich niemand um die Feststellung der Talente einzelner SchülerInnen und ihre Förderung kümmert, wählen die meist ahnungslosen OberstufenschülerInnen bei uns besonders häufig die falschen weiterführenden Bildungswege. Also wechseln 33 Prozent dieser SchülerInnen mindestens einmal die Schule. Das ist teuer und frustrierend. Dasselbe gilt in der dualen Ausbildung. Auch hier sattelt ein gutes Drittel wenigstens einmal beruflich um. Selbst an den Unis und Fachhochschulen schlägt die Unkenntnis der eigenen Stärken und Potenziale noch durch. Viele wissen nicht, was sie studieren sollen und surfen quer durch die Studienrichtungen.

Die Zahl der Arbeitslosen steigt – gleichzeitig fehlen Fachkräfte

Ein ganz besonderer Skandal ist, dass bei uns 28 Prozent der Fünfzehnjährigen nicht mit Verständnis lesen können – Tendenz steigend. Wer aber nicht lesen kann, ist auch überall dort schlecht, wo es schriftliche Prüfungsangaben gibt. Das heißt, solche SchülerInnen sind eigentlich nur begrenzt bildungsfähig. Und tatsächlich steigt die Anzahl derer, die keinen oder nur einen sehr schlechten Pflichtschulabschluss haben, ständig an. Dazu kommen noch jene 15- bis 24-Jährigen, die in keiner weiteren Ausbildung stehen und meist auch keinen Job haben. Insgesamt sind das bereits knapp 80.000 junge Menschen. Da viele von ihnen ihre Abschlüsse mit großem Aufwand der öffentlichen Hand nachmachen müssen, etliche umgeschult und andere wieder frühe Sozialfälle werden, kostet dieses Versagen des Systems bereits einige hunderte Millionen Euro.

Dazu kommt, dass ArbeitgeberInnen angehenden Lehrlingen mit miserablem Pflichtschulabschluss immer häufiger Jahre hindurch teure Nachhilfe in Lesen, Schreiben und Rechnen bezahlen müssen, weil sie andernfalls für die duale Ausbildung unbrauchbar sind. Vielen UnternehmerInnen reicht das bereits und sie gehen mit ihren Betrieben ins Ausland, wo sie häufig besser ausgebildete Fachkräfte vorfinden.

Migranten: Nach 50 Jahren beginnen wir mit der Integration

Eine besondere Rolle spielen die MigrantInnen. Bereits 1960 hat Österreich mit Spanien, der Türkei und Jugoslawien „Anwerbungsverträge" abgeschlossen, denen zufolge bis zu 40.000 AusländerInnen jährlich zu uns gekommen sind. Wir haben sie lange Zeit als „GastarbeiterInnen" bezeichnet und hartnäckig behauptet, sie würden alle wieder in ihre Heimat zurückkehren. Heute beträgt ihr Anteil an der Gesamtbevölkerung 18 Prozent! Jetzt, nach mehr als 50 Jahren beginnen wir mit den ersten, ernst zunehmenden Maßnahmen der frühen sprachlichen und kulturellen Integration. Und das aus reiner Feigheit gegenüber ein bis zwei ausländerfeindlichen Rechtsparteien. Das heißt, wieder einmal haben Ideologie und Parteipolitik über sachliche Lösungen im Interesse der Jugend triumphiert.

Nur noch drei von 45 europäischen Ländern trennen die Schüler mit 10 Jahren

Das Sündenregister der österreichischen Versäumnisse in der Bildungspolitik ist lang. Und immer wieder stecken Standesdünkel dahinter. So wird hauptsächlich von der VP-nahen AHS-Lehrervertretung so getan als sei die Trennung der Schulwege mit 10 Jahren der „europäische Normalfall". Tatsächlich trennen von 45 europäischen Staaten nur noch drei in diesem Alter, nämlich Deutschland, Österreich und Ungarn. Wobei bereits die große Mehrheit der deutschen Bundesländer erst mit 12 Jahren trennt, Sachsen sogar mit 13.

Noch weiter geht die Schweiz. In drei Kantonen gibt es schon die gemeinsame Schule bis zum Ende der Schulpflicht. In 17 Kantonen wird mit 12 Jahren getrennt; lediglich in 3 Kantonen erfolgt die Trennung mit 10 Jahren.

Südtirol schließlich hat die gemeinsame Schule bis zum 14. Lebensjahr schon 1953 eingeführt und ist seither mit voller Überzeugung dabei geblieben. Als Nordtirol unlängst eine Sonderauswertung der PISA-Ergebnisse im Verhältnis zu Südtirol verlangte, gab es in Innsbruck lange Gesichter. Das Bruderland jenseits des Brenners war denen im Norden in sämtlichen Belangen überlegen. Das war für Landeshauptmann Günther Platter (ÖVP) der Grund, auch in seinem Land die gemeinsame Schule auszuprobieren. Vorarlberg und Salzburg sind bereits gefolgt.

Auch wenn Ganztagsschule draufsteht, muss Ganztagsschule nicht drinnen sein

Österreich fördert die Ganztagsschulen, sagt die Regierung. Das würde tatsächlich Sinn machen. Denn immerhin haben wir in den letzten Jahren immer mehr Schulzeit der Kinder vergeudet. Das hat mit der Einführung der Fünf-Tage-Woche begonnen – ein Wunsch der Eltern, die mehrheitlich am Samstag nicht mehr arbeiten mussten; dann kamen die „Energiewoche", die dem Fremdenverkehr dient und schließlich die „schulautonomen Tage", die man durch „günstige" Platzierung auch noch zu einer schulfreien Woche aufblasen kann. Ergebnis: Nochmals siebeneinhalb Wochen weniger Schule. Das heißt, in Österreich wird nur noch an 181 Tagen des Jahres unterrichtet, an 184 Tagen hingegen passiert nichts mehr.

Gleichzeitig aber vermehren sich die Aufgaben der Schule. Wie soll das zusammen gehen? Offenbar so wie in zwei Drittel der EU-Staaten: Mit Ganztagsschulen als Regelschulen. Die meinen freilich echte, „verschränkte" Ganztagsschulen. Da wird der herkömmliche Unterricht mit selbständigem, kreativen Arbeiten der SchülerInnen allein oder im Team verschränkt, durch Kooperationen mit Betrieben und gesellschaftlichen Einrichtungen ergänzt, um Projekte erweitert (Theater, Umwelt und Klima, Alten- und Sozialbetreuung) durch intensiven Musik-, Sport- und Handwerksunterricht bereichert –

aber auch durch Wirtschaft, Recht und Naturwissenschaften auf einen aktuellen Stand gebracht. Dazwischen: gemeinsame Freizeit mit den LehrerInnen, die zumindest 30 Stunden an der Schule sind, und gemeinsames Essen. Das verstärkt die persönlichen Beziehungen, die ihrerseits wichtige Voraussetzungen für geglücktes Lernen sind. Wer eine solche Schule nicht will, kann sich gemeinsam mit den Schulpartnern auch weiterhin für eine Halbtagsschule entscheiden.

Was aber macht die Regierung? Ganztags-„Betreuung". Am Vormittag wird der „Lernstoff" weiterhin, wie vor 200 Jahren komprimiert und portioniert verfüttert („spoon-feeding"), am Nachmittag finden sich „Betreuer" ein. Wo die Gemeinden wenig Geld haben, sind das 6-Euro-Jobs, bei denen bestenfalls darauf geschaut wird, dass niemand vorzeitig die Schule verlässt. Ein reiner Etiketten-Schwindel. „Auf halben Wegen zu halber Tat mit halben Mitteln zauderhaft zu streben", hat Grillparzer die hervorstechendste Eigenschaft des Hauses Habsburg genannt. In Wahrheit ist es eine österreichische, bei Politikern stets auch Angst-besetzte: Womöglich verliert man bei den nächsten Wahlen ein paar seiner ewig-gestrigen Familien-Ideologen, die auch bei 72 Prozent berufstätigen Mütter immer noch glauben, ihren Bildungsterror gegenüber der großen Mehrheit zugunsten von Halbtagsschulen ausüben zu können.

Um nichts besser: Der linke Terror an den Unis

Was für die „Schwarzen" die standesbewussten Bildungsbürger sind, nämlich ein gewaltiger Hemmschuh für die Bildungsentwicklung, sind bei den Roten die letzten Reste der „Linken". Sie verhindern seit vielen Jahrzehnten jede sachliche Hochschuldebatte. So darf es keine Studienplatzbewirtschaftung geben, weil so etwas nach „Zugangsbeschränkung" riecht. Dass der „offene" Zugang bei uns dazu führt, dass rund 100.000 der 290.000 Studierenden so gut wie überhaupt nicht studieren und keinen Abschluss machen, sondern nur Kosten produzieren, wird ausgeblendet. Weil nicht sein kann, was nicht sein darf.

Dasselbe passiert bei den Studiengebühren. Hier setzt, wie Peter Glotz, der ehemalige Bundesgeschäftsführer der SPD, gesagt hat, „das Denken meiner Genossen aus." Sie können nicht begreifen, dass es keinen Grund dafür gibt, das Studium für die Tochter eines Bankdirektors genauso kostenlos zu gestalten wie für den Sohn der berühmten „Billa"-Verkäuferin. Noch dazu, wenn dann tertiäre AbsolventInnen um 60 Prozent mehr verdienten als FacharbeiterInnen, ein ungleich geringeres Arbeitsplatzrisiko hatten, erheblich weniger krank sind und statistisch um einige Jahre länger leben.

Kein Wunder, dass diese linke „Standespolitik" der Uni-Privilegierten auch nicht durch Vergleiche mit den Verhältnissen in unteren Schichten zu erschüttern ist. Warum sich ein Lehrling bzw. ein Geselle vor der Meisterprüfung Kosten bis zu 40.000 Euro selber zahlen muss, während ein Student alles gratis erhält, beeindruckt

dort niemanden. Das Totschlagargument der roten „Neugebauers" lautet seit ewigen Zeiten: „Das hat doch miteinander nichts zu tun."

Dümmlich, antiquiert und kontraproduktiv: Unsere Fehlerkultur

Wer in der Schule oder auch im Leben einen Fehler macht, begeht damit einen Verstoß gegen die Moral. So haben das unsere deutsch-romantischen Alt-Griechen-Fans direkt von den Stoikern übernommen. Nach einer Vermählung dieser Vorstellung mit der katholischen Lehre ist ein dauerhaftes und folgenschweres Ritual entstanden, das unsere Fehlerkultur beherrscht. Es beginnt mit dem „Pranger". Macht ein Schüler einen Fehler, wird der vom Lehrer tiefrot angestrichen und meist auch noch vor den SchülerInnen entsprechend kommentiert: „Du hast wieder einmal nichts kapiert." Jetzt folgen dann Buße, Reue und Absolution. Der Delinquent muss vor der ganzen Klasse an die Tafel zum Prüfungs-Showdown. Hat er den halbwegs überstanden und zeigt er Reue, dann wird ihm vergeben – aus dem Fleck wird ein Vierer. Wenn nicht, folgt die moralische Sanktion: die SchülerInnen werden zu VersagerInnen gestempelt. Kommt ein zweites „Versagen" dazu, bleiben die Schuldigen sitzen. Das bringt zwar für die Entwicklung der einzelnen SchülerInnen gar nichts, meist sogar das Gegenteil – aber es erfüllt ein gewisses Rachebedürfnis und dient der „Generalprävention": Wir sind eine „strenge" Schule, bei uns wird nichts geschenkt.

Völlig anders dagegen die pragmatischen Anglo-Amerikaner und die europäischen Nordländer. Dort gilt seit altersher der Grundsatz von „Versuch und Irrtum" (Trial and Error). Fehler sind in diesem System Chancen, etwas weiter zu bringen. „Viele große Forscher", schreibt Graf Dürckheim, „haben sich geirrt und damit die Wissenschaft vorangetrieben." Wer dagegen Fehler und Irrtümer stigmatisiert oder gar bestraft, enttäuscht die neugierigen und forschungsbereiten Kinder, behindert die Forschung, macht sich persönlich zum Narren („Gott Kupfer") und schadet dem Bildungssystem.

Das Guttenberg-Syndrom

Und das ist noch nicht alles. Wenn jeder Fehler ein moralisches Versagen bedeutet, hütet man sich ganz besonders davor, einen zu machen. Also gibt es nicht wenige WissenschafterInnen, die große Teile ihres akademischen Lebens damit zubringen, Fehler in alten Arbeiten zu vertuschen. Geraten sie dennoch an die Öffentlichkeit, kommt es zum stets gleichen Theater der „scheibchenweisen" Zugeständnisse. Zuerst ist gar nichts wahr an den Vorwürfen, dann gesteht man immer nur soviel als gerade unwiderlegbar bewiesen wurde und steht schließlich als begossener Pudel da. Eine solche „Salamitaktik" nagt an der Glaubwürdigkeit der ganzen wissenschaftlichen Gemeinde, schadet dem einzelnen Forscher und natürlich auch den Doktor- und Habilitationsvätern bzw. -Müttern. Wie das Schicksal des deutschen Ministers zu Guttenberg zeigt, trifft das alles auch auf Politiker zu.

Und auch auf SchullehrerInnen. Sie müssen, wenn sie so rigoros alle Fehler der SchülerInnen verfolgen, selbst fehlerlos und allwissend sein. Um nicht aufgedeckt zu werden, umgeben sich solche LehrerInnen mit der Aura der Unnahbarkeit und Abgehobenheit, wie das von Bismarck, Strauß, Hesse und Ebner-Eschenbach eindringlich geschildert wurde. Eine Begegnung mit SchülerInnen auf Augenhöhe ist dann nicht mehr möglich; persönliche Beziehungen, die eine wesentliche Voraussetzung des Lernens sind, fallen weg. Wird diese Unfehlbarkeit schließlich aber dennoch enttarnt, ist das Hallo der Ge-und Enttäuschten riesengroß und schadet letztlich allen.

Doch gehen die Auswirkungen dieser völlig falschen Fehlerkultur noch viel weiter. So beschäftigen sich unsere PädagogInnen heute noch zu mehr als 80 Prozent mit dem, was SchülerInnen nicht können.

Daraus hat sich hierzulande die bis heute geltende Sherlock-Holmes-Methode beim Prüfen entwickelt. Sie gilt von der Sekundarstufe bis zur Universität. Erkennt der Prüfer, dass der Prüfling eine Frage beantworten kann, bricht er sehr bald mit den Worten ab: „Ich sehe schon, das können sie, gehen wir weiter". Weiter – wohin? Offenbar dorthin, wo das Opfer etwas nicht weiß. Das ist dann der Lieblingsaufenthalt der Prüfer. Jetzt haben sie ihn endlich überführt, etwas nicht gelernt zu haben. Diese Vorgangsweise ist natürlich unsinnig und kontraproduktiv.

Statt Probleme lösen – Prüfungen wie in der Millionen-Show

Prüfungen dieser Art lassen zudem eine Feststellung dessen, was jemand kann, überhaupt nicht zu. Es ist ein reines Frage-Antwort-Spiel nach Vorbild der „Millionen-Show". Wer sich was gemerkt hat und wiedergeben kann, gewinnt – bzw. steigt auf. Wozu das Wissen gut sein soll, woher es kommt und was man damit praktisch anfangen kann, das alles ist egal. „Das Leben und die Wissenschaft bestehen aus Probleme lösen", sagt stattdessen Karl Popper. In den Schulen ist von Problemen aber kaum die Rede. Vielmehr erhält man abstrakte Lösungen aller Art aus Lehrbüchern, sozusagen auf Vorrat, in der Hoffnung, dass einmal entsprechende Probleme dazu auftreten. Vor einiger Zeit hat ein Maturant seine Schulzeit so umschrieben: „Wir haben jetzt acht Jahre lang Antworten auf Fragen bekommen, die keiner von uns gestellt hat."

Was folgt daraus ? Zunächst einmal, dass die bloße „Stoffvermittlung" kein primäres Bildungsziel sein kann. Vielmehr muss schon in den Schulen das geübt werden, was man später immer und überall braucht: Das Erkennen von Problemen, den Nachweis ihrer Bedeutung, die adäquate Herangehensweise und die richtige Auswahl von Methoden einer Lösung. Dabei können Vergleiche mit anderen Ländern aber auch historische „Benchmarks" durchaus wichtig sein.

Bildungsziel: Kreative Entrepreneurs

In jeder Phase dieses Prozesses ist heute Kreativität gefordert. Und das wird vermutlich auch dann noch zutreffen, wenn diejenigen, die jetzt mit der Schule beginnen, so um 2076 in den Ruhestand treten werden. Was dagegen zu dieser Zeit an Inhalten wichtig sein wird, davon haben wir heute nicht die geringste Ahnung. „Alles, was wir wissen", meint denn auch Sir Ken Robinson, der bekannte englische Kreativitätsforscher, „ist: Kreative Menschen, also solche mit Ideen und dem Mut zum Risiko und zur Beharrlichkeit bei der praktischen Umsetzung, werden erfolgreich sein. Jedenfalls dann, wenn sie unternehmerisch denken die Fähigkeit zur gemeinsamen Arbeit mit andern haben, offen auf alle Menschen zugehen, egal aus welcher sozialen Schicht und Kultur sie kommen und Fehlschläge wegstecken können. Alle anderen werden wenig bis keinen Erfolg haben."

Das Gegenteil davon: Egomane Ellbogentechnik

Es ist offensichtlich, dass es hier primär um Haltungen und Einstellungen geht, auch um Fertigkeiten und Tugenden. Wir nennen das heute, pauschalierend „soziale Kompetenzen". Dazu gehören auch Einfühlungsvermögen, Selbständigkeit, ein ausgeprägter Sinn für Solidarität und Gemeinwohl, aber auch Disziplin und Verlässlichkeit. Das alles kann man lernen oder doch zumindest üben, wie Kant sagt. Und dafür gibt es bessere und schlechtere Bedingungen. Je länger Kinder in sozialer und kultureller Vielfalt und mit unterschiedlichen Begabungen miteinander leben und lernen, auch und vor allem mit behinderten Kindern gemeinsam, desto verlässlicher lernen sie soziale Offenheit, gegenseitige Hilfe und Empathie. In homogenen „Sonderschulen für Schwerstbegabte", wie z. B. der Karl-Popper-Schule in Wien, lernt man eher egomane Ellenbogentechnik.

Das Modell der Zukunft findet sich bei den PISA-Siegern. Große Breite am Anfang, also vom ersten bis zum 15. Lebensjahr; dann immer strengere Selektion. In der Phase der Forschung spricht es Josef Penninger aus, der Chef des Instituts für Mokkulare Biotechnologie: „Fortschritte in der Forschung sind nur möglich, wenn man die besten Köpfe arbeiten lässt und Geld in die Hand nimmt." Das haben auch der Quantenphysiker Anton Zeillinger bewiesen, die Mikrobiologin Renée-Schroeder, der Genetiker Markus Hengstschläger, die Oberflächen-Chemikerin Ulrike Diebold und eine Reihe anderer ForscherInnen von internationalem Ruf.

Wo, werden manche fragen, bleibt bei dieser Entwicklung die Persönlichkeitserziehung? Vor allem, wenn sie so ungewohnte Begriffe wie „Unternehmer", „Selektion" und „Erfolg" hören. Nun, das alles, was soeben gesagt wurde, gehört natürlich zur Persönlichkeitsentwicklung. Rückgriffe auf geschichtliche Vorbilder sind dabei nicht nur erlaubt, sondern geboten. Nur nicht im ideologisch verordneten „Einheitsblick" auf das Griechisch-Römische. Diese geistige Monokultur haben schon Herder und Goethe ausdrücklich abgelehnt. Ihnen war das sumerische, akkadische, ägyptische, persische, afrikanische und amerikanische Erbe mindestens ebenso wichtig. Herder rühmte ausdrücklich die „Diversität" der Völker und Kulturen und forderte eine „globale Bildung".

In unserer Gegenwart haben wir die Chance, konkrete Vertreter vieler dieser Kulturen in unsere Schulen einzuladen, mit ihnen zu sprechen, zu spielen und zu feiern. Das wird auch genützt, gilt aber als „Ausnahme" wie ein native speaker in Englisch oder Spanisch.

Künftig werden jedoch die pädagogischen Wiesen ganz allgemein bunter werden. Die 1.000 Blumen, von denen so oft die Rede ist, sollen schon in den Schulen die Vielfalt des künftigen Lebens abbilden; inhaltlich, methodisch, sozial, kulturell und religiös; ohne Stände, ohne Ideologien und ohne Parteipolitik.

Ob diese Ziele bloße ideale Hoffnungen bleiben, oder je eine Chance auf Realisierung haben, hängt vom Durchblick unseres Führungspersonals ab und vor allem von seinem Mut und seiner Entschlossenheit. Aber natürlich auch vom Langmut der BürgerInnen und der Zivilgesellschaft. Aktionen wie das Bildungsvolksbegehren und sein gewaltiges Echo in den Medien üben zweifellos einen segensreichen Druck auf die politischen, wirtschaftlichen und sozialen Eliten aus. Nehmen wir also an, dass die Hoffnung selbst bei der österreichischen Bildungsreform zuletzt stirbt. ■

Der Autor

Bernd Schilcher *war von 1989 bis 1996 amtsführender Präsident des Landesschulrats für Steiermark. Bildungsministerin Claudia Schmied hat ihn 2007 zum Vorsitzenden ihres Expertenrats zur Reform der österreichischen Schule bestellt. 2011 und 2012 betrieb Schilcher unter der Leitung von Dr. Hannes Androsch das Bildungsvolksbegehren, das von 384.000 Österreichern unterschrieben wurde. Schilcher ist Autor mehrerer Bücher, darunter „Bildung nervt" (2012), lehrte über 40 Jahre Zivilrecht an der Universität Graz, war 17 Jahre Mitglied des Steiermärkischen Landtags, zuletzt als Klubobmann der ÖVP und ebenso lange Vertreter der Steiermark im ORF-Kuratorium, der Vorgängereinrichtung des heutigen Stiftungsrates.*

BILDUNG 2050
DIE SCHULE DER ZUKUNFT

Christiane Spiel

Wodurch sich ein „gebildeter" Mensch auszeichnet, unterliegt nicht nur einem historischen Wandel, sondern wird auch von verschiedenen sozialen Milieus unterschiedlich bewertet. Die historisch am meisten wahrgenommenen Schwankungen liegen zwischen dem humanistischen (ganzheitlichen) Bildungsideal und einem Verständnis, das sich an gesellschaftlichen und arbeitsmarktpolitischen Anforderungen orientiert. Zweifellos geht es jedoch nicht um ein „Entweder-oder", sondern um ein „Sowohl-als-auch" (Spiel, Reimann, Wagner, & Schober, 2010). Denn auf der einen Seite soll Bildung zu einer ganzheitlichen Persönlichkeitsentwicklung und Sinnfindung beitragen, was soziale und kulturelle Kompetenzen sowie Werthaltungen inkludiert. Auf der anderen Seite sind Wissen und Bildung zentrale Produktionsfaktoren und Motoren der Wirtschaft, die den Grundstein für Innovation liefern. Länder, die erfolgreich Wissen und Bildung ihrer BürgerInnen fördern, sichern damit sowohl für jede einzelne/jeden einzelnen Persönlichkeitsentwicklung, Lebensqualität, Arbeitsplatz und Zukunftsperspektiven als auch für die Bevölkerung als Ganzes.

Österreich ist ein kleines Land ohne nennenswerte Bodenschätze. Es wird 2050 noch mehr als heute auf die Bildung, das Wissen, die Innovationskraft seiner BürgerInnen angewiesen sein. Österreich braucht daher BürgerInnen, die offen sind für Neues, die Lernen und Bildung wertschätzen. Vor diesem Hintergrund muss die Schule der Zukunft nicht nur Wissen und Kompetenzen in Sprachen, Mathematik etc. vermitteln, sondern vor allem Bildungsmotivation und das Interesse an Neuem fördern. Zusätzlich muss sie jene Kompetenzen vermitteln und fördern, die notwendig sind, Bildungs- und Lernmotivation erfolgreich über die ganze Lebensspanne zu realisieren, und damit letztlich Lifelong Learning vorbereiten und ermöglichen. Das bedeutet insbesondere die Fähigkeit zum selbstregulierten, selbstverantwortlichen Lernen und Arbeiten. Wie vielfach belegt, gilt es dabei möglichst frühzeitig anzusetzen und die angeborene Neugierde von Kindern zu einer nachhaltigen Bildungsmotivation zu entwickeln.

Ausgehend von einer Kurzbeschreibung des Status quo zeichnet der folgende Text ein Bild der erwünschten Schule der Zukunft anhand von Leitlinien und benennt zentrale Maßnahmen, die zur Zielerreichung notwendig sind.

Ausgangslage – Schule in Österreich 2013

Die aktuelle Situation in Österreich liefert keinen Anlass für Zukunftsoptimismus. Der 1978 von Travers formulierte Ausspruch „The school is more likely to be a killer of interest than the developer" gilt für Österreich noch heute. Interesse und Lernzielorientierung der SchülerInnen nimmt über die Schulzeit hinweg ab, sie stufen ihre Kompetenzen, selbstreguliert zu lernen, als niedrig ein, und die Lehrpersonen haben nur wenig Selbstvertrauen, diese Kompetenzen

vermitteln zu können (Spiel, Schober, Wagner, Reimann & Atria, 2006). Das zum Teil trotzdem sehr hohe zeitliche Investment der SchülerInnen für die Schule ist durch Prüfungsangst und niedriges Vertrauen in die eigenen Fähigkeiten mitbedingt (Spiel, Wagner & Fellner, 2002). Nicht wenige Schüler und insbesondere Schülerinnen unterschätzen ihr Leistungspotenzial und erachten schon nach wenigen Schuljahren die eigenen Fähigkeiten als weitgehend stabil und nicht beeinflussbar (z. B. „Ich bin eben zu dumm für Mathe"), was nach aktuellen Theorien der Motivationspsychologie fatale Konsequenzen für das Engagement in Lern- und Leistungskontexten sowie für die Bewältigung von Misserfolgen hat (Schober, Finsterwald, Wagner & Spiel, 2009).

Die Konsequenzen sind bekannt. In internationalen Schulleistungsstudien wie z. B. PISA (Schreiner, 2007; Schwantner & Schreiner, 2010) und PIRLS (Suchan, Wallner-Paschon & Schreiner, 2009) schneidet Österreich im Vergleich zu anderen Ländern mittelmäßig bis schlecht ab (siehe auch www.bifie.at), wobei insbesondere die Defizite im sinnverstehenden Lesen, das die zentrale Basis für jegliche weitere Bildung darstellt, und der negative Trend über die Jahre hinweg alarmierend sind (siehe Abbildung 1). Auch der vergleichsweise hohe Anteil an Volksschulkindern, denen es in der vierten Schulstufe an grundlegenden Lesefähigkeiten mangelt, sowie der vergleichsweise geringe Anteil an leistungsstarken SchülerInnen geben Anlass zu großer Besorgnis. Denn wie soll eine Fort- und Weiterbildung ohne Leseverständnis realisiert werden?

Abbildung 1: Lesekompetenzentwicklung in PISA-Studien (Naumann, Artelt, Schneider, & Stanat, 2010, S. 61, Abb. 2.13)

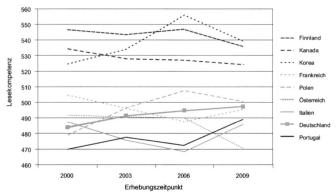

Zusätzlich belegen die im Rahmen von PISA erhobenen Daten sowie Analysen der Schulstatistik auch Disparitäten bzgl. sozialer Herkunft und Migrationshintergrund. Aktuelle Befunde dazu, auf die im Folgenden Bezug genommen wird, liefert der zweite Nationale Bildungsbericht (Bruneforth & Lassnigg, 2012) respektive die OECD (2012). So zeigt z. B. die Analyse der Bildungsströme, dass Entscheidungen an den Schnittstellen im österreichischen Schulsystem Bildungsverläufe und Berufschancen im späteren Leben entscheidend mitdeterminieren. In Österreich kann beinahe von einer Bildungsvererbung gesprochen werden. Nahezu zwei Drittel der 17-Jährigen, deren Eltern einen Hochschulabschluss haben, besuchen die AHS. Verfügen die Eltern jedoch nur über Pflichtschulabschluss, beträgt die Aussicht auf eine AHS-Matura nur 8 Prozent. Diese Unterschiede lassen sich jedoch nur z.T. durch Schulleistungen erklären. So sind z. B. die sozialen Ungleichheiten hinsichtlich des Besuchs der AHS-Unterstufe nur zu 30 Prozent auf Leistungsunterschiede rückführbar. Die restlichen 70 Prozent sind durch die Wahlentscheidung der Eltern bedingt – Höhergebildete wählen für ihre Kinder viel häufiger die AHS. Frühere Entscheidungen wirken sich jedoch auf später folgende aus: Von den AHS-SchülerInnen wählen beim Übertritt in die Sekundarstufe II rund 95 Prozent eine maturaführende Schule (63 Prozent bleiben in der AHS, 32 Prozent wechseln in eine BHS). Aus der Hauptschule wechseln dagegen nur 37 Prozent in eine maturaführende Schule (7 Prozent in die AHS-Oberstufe).

Ingesamt schafft es die Schule nicht, kompensatorisch zu wirken und ungleiche Ausgangsbedingungen abzumildern. So können in Österreich 29 Prozent der Leistungsunterschiede im Lesen bei 15-/16-jährigen Jugendlichen durch deren Herkunft erklärt werden, wie PISA 2009 zeigte. Es hat diesbezüglich den zweithöchsten Wert im internationalen Vergleich. Auch die Leseleistungsunterschiede zwischen Kindern mit Migrationshintergrund und einheimischen Kindern sind im internationalen Vergleich extrem hoch (siehe Abbildung 2). Kinder mit Migrationshintergrund sind nach 9 Jahren Schule im Durchschnitt um zwei Schuljahre hinter die einheimischen Kinder zurückgefallen. Auch nach Berücksichtigung des sozioökonomischen Hintergrunds liegt Österreich hinsichtlich der Differenz zwischen MigrantInnen und einheimischen Kindern im oberen Drittel der Vergleichsländer. Dies betrifft insbesondere türkischstämmige Kinder, die in Österreich im Vergleich mit anderen Aufnahmeländern die schlechteste Lesekompetenz zeigen.

Abbildung 2: Lesekompetenz und Migrationsstatus in PISA 2009 (Schwantner & Schreiner, 2010, S. 42, Abb. 5.2 B)

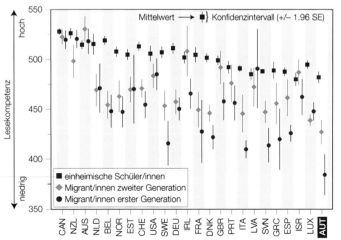

Bezogen auf Wirtschaftsleistung und Innovation ist in Österreich insbesondere das hohe Desinteresse der 15-/16-Jährigen an Naturwissenschaften im Vergleich mit anderen Ländern bedrohlich (siehe Abbildung 3). Die österreichischen Jugendlichen haben hier im Mittel die negativsten Werte, wobei die Angaben der Mädchen noch dramatisch schlechter sind als die der Knaben. Diese Geschlechtsstereotype finden auch in den entsprechenden PISA-Ergebnissen ihren Niederschlag.

Gleichzeitig investiert Österreich im Vergleich zu den anderen OECD-Staaten besonders viel Geld in sein Bildungssystem. Auch hier stammen die aktuellsten Daten aus dem Nationalen Bildungsbericht (Bruneforth & Lassnigg, 2012). Im Durchschnitt werden über alle Bildungsbereiche hinweg 9.000 Euro pro SchülerIn bzw. StudentIn pro Jahr ausgegeben, was insbesondere auf die hohen Ausgaben im Sekundarschulbereich zurückzuführen ist, der im europäischen Vergleich am höchsten ist. Diese hohen Ausgaben lassen sich u. a. durch den verhältnismäßig hohen Betreuungsaufwand (Zahl der SchülerInnen pro Lehrperson) in Österreich erklären, der jedoch mit relativ niedrigen Leistungen der 15-Jährigen verbunden ist. Damit erreicht Österreich mit hohem Betreuungsaufwand eine im Vergleich mit anderen Ländern (z. B. Kanada, Neuseeland, Estland und Deutschland) ineffiziente Leistungserbringung.

Das Bildungsvolksbegehren 2012 hat belegt, dass zumindest einem Teil der ÖsterreicherInnen diese Problematik sehr wohl bewusst ist. Nachhaltige und flächendeckende Konsequenzen daraus sind jedoch erst ansatzweise auf dem Weg.

Bildung 2050 – die Schule der Zukunft

Im Jahre 2050 ist die Schule ein Ort, an dem die SchülerInnen sich wohl fühlen, und der gleichzeitig ihr Lernen unterstützt. Es gibt die Möglichkeit, sich zurückzuziehen für stilles Arbeiten allein, die Möglichkeit, in einer Gruppe zu arbeiten, die Möglichkeit, Wände beiseite zu schieben um SchülerInnenversammlungen abzuhalten oder gemeinsam Feste zu feiern. Es gibt keinen fixen Stundenplan mehr, sondern man arbeitet an Themen und Fragestellungen, einen Tag, eine Woche, oder auch länger. Die Themen werden nicht nur von einem Fach bearbeitet, sondern aus allen Perspektiven, die dafür wichtig sind.

Die Schule der Zukunft sieht die Förderung von Bildungsmotivation und Selbstwert, des Interesses an Neuem sowie die Vermittlung der Kompetenzen, diese Motivation erfolgreich realisieren zu können, als zentrale Ziele. Um diese Ziele zu erreichen, muss die Schule der Zukunft gemäß internationalen und eigenen Forschungsbefunden folgende Merkmale aufweisen (siehe auch Schober et al., 2009):

Abbildung 3: Persönlicher Nutzen und instrumentelle Motivation in Naturwissenschaften in PISA 2006 (Schreiner, 2007, S. 30. und S. 34., Abb. 16 und 21)

Persönlicher Nutzen der Naturwissenschaft

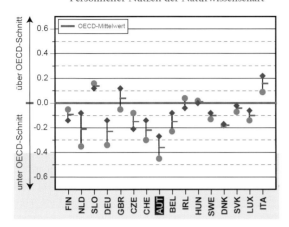

Instrumentelle Motivation in Naturwissenschaft

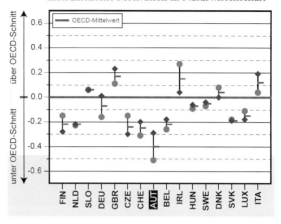

Die positive motivationale Ausgangssituation wird gefördert und gezielt gestützt

SchülerInnen wissen, dass Schule und Lernen wichtig sind. Zu Beginn ihrer Schulkarriere macht ihnen Lernen auch noch viel Freude; sie erleben sich als erfolgreich. Der Schule der Zukunft gelingt es, diese positive Ausgangssituation zu erhalten und weiter auszubauen. Dazu gehört nicht nur die individuelle Diagnose von Stärken und Schwächen, sondern auch eine Unterrichtsgestaltung, die nicht auf soziale Vergleiche ausgerichtet ist, sondern den positiven Wert des Lernens und Vorankommens für alle betont und sichtbar macht. SchülerInnen werden bereits früh mit jenen Kompetenzen ausgestattet, die es ihnen ermöglichen, spätere schwierigere Lernsituationen zu bewältigen.

Interessen der SchülerInnen werden berücksichtigt

Wenn Lernen aus eigenem Interesse heraus passiert und das anspricht, was einem wichtig ist, macht es Freude, auch wenn es anstrengend ist. In der Schule der Zukunft haben die Interessen der SchülerInnen einen hohen Stellenwert. Sie werden z. B. zu Beginn des Schuljahres erfragt, und danach durch entsprechende Anwendungsbeispiele in den verschiedenen Unterrichtsthemen berücksichtigt. Dadurch wird auch der Sinn und Zweck des schulischen Lernens evidenter, was eine wichtige Voraussetzung für die Entwicklung von Bildungsmotivation darstellt.

Die Schule als Lernort öffnet sich

SchülerInnen lernen nicht immer gerne in der Schule. Das, was ihnen aber anderswo Freude am Lernen bringt, kann auch die Schule aufnehmen, um als Lernort attraktiv zu sein, wie z. B. Gemütlichkeit und Sich-wohl-fühlen. Die Schule der Zukunft bezieht gezielt andere Lernorte sowie die mit ihnen verbundenen positiven Aspekte in den Unterricht ein.

Selbstgesteuertes Lernen, bei dem man lernt, Verantwortung für das eigene Lernen zu übernehmen, ist ein zentrales Ziel

Die Fähigkeit, sich Lernziele zu setzen, deren Realisierung zu planen und die notwendigen Schritte eigenständig erfolgreich durchzuführen, ist unabdingbar, wenn Individuen kompetent sein sollen lebenslang zu lernen. Die Schule der Zukunft setzt systematisch Maßnahmen, die darauf abzielen, das Lernen zu lernen (und zwar nicht nur in freiwilligen Nachmittagskursen). So stellt sie sicher, dass SchülerInnen jene Lernformen und -ziele, die für sie bedeutsam sind, auch erfolgreich realisieren können, was für den Aufbau von Lern- und Bildungsmotivation basal ist.

Lernen in Gruppen und an Projekten, und damit ein Lernen, das vielfältige Fähigkeiten braucht, wird gelernt und realisiert

Die Schule der Zukunft schafft Möglichkeiten, gemeinsam an Projekten zu arbeiten, kooperativ zu lernen und sich mit Peers auszutauschen. Sie leistet damit einen wichtigen Beitrag dazu, dass Lernen und Bildung als attraktiv bewertet werden. Gleichzeitig fördert sie soziale Kompetenzen und die Fähigkeit zur Teamarbeit. Die Arbeit an Projekten bedeutet auch, „divergentes Lernen" zuzulassen und zu fördern, denn für Vieles gibt es nicht nur eine einzige „richtige" Lösung, sondern vielfältige Lösungsmöglichkeiten mit unterschiedlichen Vor- und Nachteilen. Damit gibt die Schule der Zukunft auch Raum für die positive Bewertung unterschiedlicher Fähigkeiten. Speziell (aber nicht nur) bei Projektarbeit ist der Unterricht in der Schule der Zukunft fächerübergreifend und hat keine fixen Schulstundengrenzen.

Kompetenzerweiterung ist Ziel des Lernens

Lernen, bei dem eigene Kompetenzen erfahrbar sind, macht SchülerInnen nicht nur Freude, sondern stärkt auch ihren Selbstwert. Dies ist langfristig nur zu sichern, wenn es nicht nur um Noten geht, sondern wenn der individuelle Fortschritt mehr Stellenwert für Erfolge bekommt. In der Schule der Zukunft ist Feedback über Erfolge und Misserfolge im Unterricht daher nicht nur gekoppelt an Noten. Leistungsbewertungen und Noten sind für die SchülerInnen transparent und werden anhand klarer Kriterien vergeben, verbunden mit vielfältigen Möglichkeiten, den Lerngewinn zu erkennen bzw. umzusetzen.

Leistungsrückmeldungen sind nutzbar für das Lernen und keine Selbstwertbedrohung

Der konstruktive Umgang mit Misserfolgen sowie die funktionale Erklärung für das Zustandekommen von Leistungen sind explizites Lernziel in der Schule der Zukunft. Feedback über Leistungen werden als Hilfe und Information wahrgenommen, und nicht als Bedrohung. Die Lehrkräfte sind sich über die Wirkungen ihrer Rückmeldungen und die Implikationen ihrer Erklärungsmuster für Erfolg und Versagen von SchülerInnen bewusst. In der Schule der Zukunft ist eine Fehlerkultur etabliert, die Fehler zu Lernchancen macht.

An der Realisierung gleicher Bildungschancen für alle SchülerInnen wird bewusst gearbeitet

Der Schule der Zukunft gelingt es, die Chancen, die sich durch die Vielfalt der Lernenden ergeben, zu nutzen und jeden Schüler/jede Schülerin gemäß seiner/ihrer Möglichkeiten angemessen zu fördern. Die Realisierung gleicher motivationaler Lernbedingungen für alle SchülerInnen ist ihr ein explizites Anliegen. Sie sieht daher jegliche Kompetenzen als Ressource und Potenzial an, und nicht nur wenige ausgewählte (z. B. weil sie zum Fächerkanon gehören oder zentral über Standards geprüft werden). Die Individualisierung des Lehrens und Lernens ist eine Selbstverständlichkeit. Das bedeutet z. B., dass bei gleichem Thema für die einzelnen SchülerInnen durchaus unterschiedliche Ziele angesteuert respektive unterschiedliche Wege zur Zielerreichung gewählt werden. Die Lehrpersonen haben eine inklusive Grundhaltung und nehmen ihre Verantwortung für Kinder mit besonderen Bedürfnissen wahr. Sie sind sich auch der Gefahr von Stereotypen bezüglich unterschiedlicher Schüler- respektive Schülerinnengruppen bewusst (z. B. Geschlechtsstereotype) und gestalten ihren Unterricht entsprechend reflektiert.

In einer solchen Schule der Zukunft gibt es auch das Wort „Streber" nicht mehr. Alle arbeiten und lernen gerne und freuen sich über eigene Erfolge, aber auch über Erfolge der MitschülerInnen. Es ist „cool", sich anzustrengen und etwas zu schaffen.

Zweifellos benötigt die Schule der Zukunft auch Rahmenbedingungen, die all dies unterstützen und ermöglichen. Aus Platzgründen können nur einige davon exemplarisch aufgelistet werden. Erforderlich sind eine hohe Autonomie der Einzelschule, was die Unabhängigkeit von der Parteipolitik inkludiert, mit entsprechend qualifizierten Schulleitungen, die flächendeckende Etablierung von Ganztagsschulen mit möglichst verschränktem Unterricht, eine möglichst gute Organisation von Bildungsgängen, die zu frühe und zu viele Schnittstellenentscheidungen und Unterbrechungen vermeidet, bei gleichzeitiger nicht nur rechtlicher, sondern auch faktischer Ermöglichung von Durchlässigkeit, sowie – zentral – eine entsprechende Aus-, Fort- und Weiterbildung von PädagogInnen, die Öffnung der Schule für andere Professionen und der Einbezug des lokalen Umfelds. Damit Schule ein Ort ist, der Lernen und Wohlfühlen gezielt unterstützt – sowohl für SchülerInnen als auch für Lehrpersonen, bedarf es auch der Umsetzung entsprechender Raumkonzepte (Spiel, Schabmann, Popper, Kühn, & Pitro, 2010). Letztlich ist die Schule in eine Gesamtkonzeption der staatlichen Bildungs- und Kulturvermittlung integriert (die selbstverständlich mit hohem Stellenwert auch die vorschulische Bildung inkludiert), mit systematischer Qualitätssicherung auf allen Ebenen.

Von der Schule 2013 zur Schule 2050 – der Weg bestimmt das Ziel

Siebenunddreißig Jahre erscheinen lang. Doch mit Blick auf die hier skizzierte Schule der Zukunft und die Zeitspannen, die es benötigt, bis Änderungen im Bildungssystem greifen, sind sie sehr kurz. Vieles ist auch zu tun. Aus Platzgründen können nur drei zentrale Handlungsbereiche herausgegriffen werden.

Der Erfolg einer Schule steht und fällt mit den Lehrenden. Damit ist der wichtigste Ansatzpunkt für den Weg zur Schule der Zukunft die Aus-, Fort- und Weiterbildung der Lehrpersonen. In den letzten Jahren wurden bereits gezielt Vorarbeiten für eine flächendeckende forschungsbasierte Ausbildung der PädagogInnen auf Masterniveau geleistet und auch entsprechende Qualitätssicherungssysteme konzipiert (siehe Entwicklungsrat für PädagogInnenbildung NEU). Ebenso wurde im Diskurs ein Kompetenzprofil als Zielperspektive erarbeitet, das als Professionsverständnis kontinuierliche Fort- und Weiterbildung inkludiert. Was jedoch noch aussteht und eine beachtliche Herausforderung darstellt, ist die Umsetzung dieser Rahmenvorgaben. Dafür sind viele Anstrengungen speziell bei den anbietenden Institutionen erforderlich, wobei Entwicklungsverbünde zwischen Universitäten und Pädagogischen Hochschulen die besten Voraussetzungen haben, forschungsbasierte Lehre, institutionalisierte Praxisanbindung und eigenständige, international konkurrenzfähige Forschung zu vereinen. Für eine entsprechend qualitätsvolle Umsetzung bedarf es der Aufarbeitung der vorhandenen (inter)nationalen Arbeiten zu Kompetenzen von

PädagogInnen sowie die Sichtung bereits vorliegender (Aus)bildungsmodule. Für eine Reihe von Teilbereichen gilt es, Kompetenzmodelle zu entwickeln und zu prüfen, und darauf aufbauend Module für Aus-, Fort- und Weiterbildung zu konzipieren, zu implementieren und zu evaluieren.

Dies erfordert als zweites Handlungsfeld die Förderung und den Ausbau einer systematischen empirischen Bildungsforschung, die international und interdisziplinär orientiert ist. Empirische Bildungsforschung analysiert die Bildungswirklichkeit, entwickelt Konzepte und Maßnahmen zur Verbesserung und prüft diese auf Wirksamkeit (Prenzel, 2005). Eine besonders wichtige Aufgabe der Bildungsforschung mit Blick auf die Schule der Zukunft ist die Entwicklung von Transferkonzepten in die Praxis und die wissenschaftliche Begleitung dieses Transfers, damit fundierte Erkenntnisse auch wirklich an die Orte kommen, wo sie benötigt werden. Während z. B. in Deutschland, das bei den ersten PISA-Studien ebenfalls nur relativ schwach abgeschnitten hatte, die empirische Bildungsforschung systematisch ausgebaut wurde, gab es in Österreich keine entsprechenden Konsequenzen. Die Nationalen Bildungsberichte zeigen dementsprechend massive Forschungsdefizite auf (so gibt es z. B. keine fundierten Studien über schulischen Unterricht in Österreich). Jedoch können Befunde aus anderen Ländern bzw. Kulturen nicht eins zu eins übernommen und mit denselben Ergebnissen umgesetzt werden. In Österreich gibt es auch nur sehr wenige international sichtbare Forschungsgruppen im Bereich der empirischen Bildungsforschung und dementsprechend einen Mangel an qualifiziertem wissenschaftlichem Nachwuchs. Um diesen Mangel zu beheben, gilt es DoktorandInnenprogramme zu konzipieren sowie Professuren für empirische Bildungsforschung (in Erziehungswissenschaften, Psychologie, Ökonomie, Soziologie etc.) zu schaffen, und diese in Zentren zu bündeln. Schließlich müssen auch entsprechende Fördertöpfe geschaffen werden. Denn im Gegensatz zur Medizin oder zur Technik gibt es keinen „Bildungsmarkt", der Geldmittel bereitstellt für Forschung wie z. B. die Pharmaindustrie.

Letztlich brauchen wir auch für die Realisierung der skizzierten Schule der Zukunft Veränderungen von Einstellungen und Haltungen unserer Gesellschaft zum Thema Bildung und Wissenschaft. Dies betrifft (1) eine Entideologisierung von Bildung und Bildungsprozessen. Welche Merkmale effektive Schulen und zielführenden Unterricht kennzeichnen, dazu gibt es wissenschaftliche Evidenzen. Diese sollten systematisch berücksichtigt werden – unabhängig von parteipolitischer Ideologie und dem damit verbundenen ständigen Wechsel respektive Stillstand in der Bildungspolitik. Zum anderen geht es (2) um die Bekämpfung von Wissenschaftsabwertung und um Stärkung der gelebten Wertschätzung von Bildung. Laut Eurobarometer (http://ec.europa.eu/public_opinion/archives/ebs/ebs_340_fact_at_de.pdf) glauben nur 25 Prozent der ÖsterreicherInnen, dass wissenschaftliche Erkenntnisse für ihren Alltag wichtig sind; in den EU27-Ländern insgesamt sind es 48 Prozent. An der Bekämpfung dieser Wissenschaftsignoranz und der vermehrten Wertschätzung von Wissen und Lernen müssen wir gemeinsam arbeiten. Damit die Schule der Zukunft ihrer Aufgabe der Förderung bei Lern- und Entwicklungsproblemen und dem Ausgleich von Benachteiligungen nachhaltig und systematisch nachkommen kann, bedarf es (3) auch einer entsprechenden Solidarität in der österreichischen Gesellschaft. Eine faktische Chancengerechtigkeit ist nur dann gegeben, wenn auf allen Bildungsniveaus menschenwürdige Lebensläufe und geglückte Formen der Lebensbewältigung möglich sind (Fend, 2009). Hier besteht noch erheblicher Handlungsbedarf. ∎

Bruneforth, M., & Lassnigg, L. (Hrsg.). (2012). *Nationaler Bildungsbericht Österreich 2012, Band 1: Das Schulsystem im Spiegel von Daten und Indikatoren.* Graz: Leykam.

Fend, H. (2009). *Entwicklungslinien des Bildungswesens im 21. Jahrhundert.* In D. Bosse & P. Posch (Hrsg.), *Schule 2020 aus Expertensicht* (S. 19–24). Wiesbaden: VS Verlag für Sozialwissenschaften.

Naumann, J., Artelt, C., Schneider, W., & Stanat, P. (2010). *Lesekompetenz von PISA 2000 bis PISA 2009.* In E. Klieme et al. (Hrsg.), *PISA 2009: Bilanz nach einem Jahrzehnt* (S. 23–72). Münster: Waxmann Verlag.

OECD (2012). *Education at a Glance 2012: OECD Indicators.* OECD Publishing.

Prenzel, M. (2005). *Zur Situation der Empirischen Bildungsforschung.* In Deutsche Forschungsgemeinschaft (Hrsg.), *Impulse für die Bildungsforschung: Stand und Perspektiven* (S. 7–21). Berlin: Akademie Verlag GmbH.

Schober, B., Finsterwald, M., Wagner, P., & Spiel, C. (2009). *Lebenslanges Lernen als Herausforderung der Wissensgesellschaft: Die Schule als Ort der Förderung von Bildungsmotivation und selbstreguliertem Lernen.* In W. Specht (Hrg.), *Nationaler Bildungsbericht Österreich 2009, Band 2* (S. 121–140). Graz: Leykam.

Schreiner, C. (Hrg.). (2007). *PISA 2006 Internationaler Vergleich von Schülerleistungen: Erste Ergebnisse.* Graz: Leykam.

Schreiner, C., & Schwantner, U. (Hrsg.). (2009). *PISA 2006: Österreichischer Expertenbericht zum Naturwissenschafts-Schwerpunkt.* Graz: Leykam.

Schwantner, U., & Schreiner, C. (Hrsg.). (2010). *PISA 2009: Erste Ergebnisse.* Graz: Leykam.

Spiel, C., Schober, B., Wagner, P., Reimann, R., & Atria, M. (2006). *Grundkompetenzen für Lebenslanges Lernen – eine Herausforderung für Schule und Hochschule?* In R. Fatke & H. Merkens (Hrsg.), *Bildung über die Lebenszeit* (S. 85–96). Wiesbaden: VS Verlag für Sozialwissenschaften.

Spiel, C., Schabmann, A., Popper, V., Kühn, C., & Pitro, U. (2010). *Lebensraum Schule: Innovationspotentiale in der österreichischen Schullandschaft.* Projektabschlussbericht, Dezember 2010. http://www.bmukk.gv.at/schulen/sb/lebensraumschule.xml

Spiel, C., Reimann, R., Wagner, P., & Schober, B. (2010). *Bildungspsychologie – eine Einführung.* In C. Spiel, B. Schober, P. Wagner, & R. Reimann (Hrsg.), *Bildungspsychologie* (S. 11–22). Göttingen: Hogrefe.

Spiel, C., Wagner, P., & Fellner, G. (2002). *Wie lange arbeiten Kinder zu Hause für die Schule? Eine Analyse in Gymnasium und Grundstufe.* Zeitschrift für Entwicklungspsychologie und Pädagogische Psychologie, 34, 125–135.

Suchan, B., Wallner-Paschon, Ch., & Schreiner, C. (Hrsg.). (2009). *PIRLS 2006: Die Lesekompetenz am Ende der Volksschule – Österreichischer Expertenbericht.* Graz: Leykam.

Die Autorin

Christiane Spiel *studierte Mathematik, Geschichte und Psychologie. Seit 2000 leitet sie als Gründungsprofessorin den neu eingerichteten Arbeitsbereich Bildungspsychologie und Evaluation an der Universität Wien. Von 2004 bis 2006 hat sie als Gründungsdekanin die Fakultät für Psychologie an der Universität Wien aufgebaut. Seit 2010 ist sie Präsidentin der Österreichischen Gesellschaft für Psychologie, von 2007 bis 2009 war sie Präsidentin der European Society for Developmental Psycholog, von 2003 bis 2011 Vorstandsvorsitzende der DeGEval-Gesellschaft für Evaluation; sie ist Mitglied in zwei Hochschulräten deutscher Universitäten. Darüber hinaus hat sie eine Vielzahl an weiteren Funktionen im Wissenschaftsbereich und an der Schnittstelle zwischen Wissenschaft und Gesellschaft inne (u. a. Mitglied in International Advisory Boards, Herausgeberin internationaler wissenschaftlicher Journale). Ihre Forschungen, für welche sie mehr als 40 Drittmittelprojekte eingeworben hat, liegen in den Bereichen Bildungspsychologie (Lebenslanges Lernen, Geschlechtsstereotype, Aggression in Schulen, Multikulturalität) und Evaluation im Bildungsbereich. Die Forschungen sind in über 200 internationalen Artikeln und Buchbeiträgen publiziert. Die Leistungen von Christiane Spiel wurden durch eine Reihe von Preisen gewürdigt.*

Finnish school system – Coherence, flexibility and individual support in curriculum and pedagogical practices

Jouni Välijärvi

Introduction

In the light of international assessments, the Finnish school system has succeeded in providing most students with a solid foundation for further studies. Obviously, there is no single reason for the success. Rather, it is the sum of several interrelated factors, such as students' own interests and attitudes, equity-oriented pedagogy, academic teacher education, and an educational culture of trust drawing strongly on school and teacher autonomy (Linnakylä et al 2011).

In the light of various international assessments, the Finnish school system seems to be successful in providing the majority of its students with a solid foundation for further and higher studies, working life, and active citizenship. The results of the OECD (Organisation for Economic Co-operation and Development) PISA (Programme for International Student Assessment) studies in particular have shown that the Finnish education system has succeeded not only academically but also in promoting relatively high equity among 15-year-olds. For example, in reading literacy Finnish students performed highest in PISA 2000 and 2003 second highest in PISA 2006 and third in PISA 2009. In mathematics they scored fourth in PISA 2000, second in PISA 2003 and 2006 and sixth 2009; in science their performance was third highest in PISA 2000, highest in PISA 2003 and 2006 and second 2009. At the same time, when compared to other countries, the number of weak-performing students in Finland has been remarkably low in all three domains and the gap between low and high achievement relatively narrow (OECD, 2001, 2004, 2007, 2010).

The Finnish comprehensive school

In the 1970 Comprehensive School Curriculum, the ideas of pluralism, pragmatism, and equity were stressed. At the early stages of the comprehensive school, the implementation of equity was assessed as equal access to education. More recently it has been seen also as equal opportunities for good learning within the school. Nowadays, all students work together in heterogeneous groups, and support for students with special needs is closely integrated in regular classes (Sarjala, 2002; Linnakylä & Välijärvi, 2005). Heterogeneous grouping seems to favour lower achieving students, in particular, but at the same time the Finnish system has managed to keep the level of the most talented students as one of highest among the high performing countries (OECD 2007, 49.)

In Finland student's family background affects the selection of school in basic education much less than in most other countries. All children go to similar comprehensive school and in most cases to the nearest one, although since the 1990s parents have been granted a free choice of the school (Basic Education Act, 1998).

Even at the lower secondary level 80 per cent of the students go to the school nearest to their residence (OECD, 2004; Välijärvi, 2005). In the light of PISA results, the influence of family background on the outcomes of the students is less marked in Finland than in other countries on average (OECD 2004, 2007).

The between school variation in Finland is smaller than in any other country. Even the lowest performing schools in Finland reach the international average in mathematics, science, and reading literacy. (OECD 2007) At the same a school's economic, social and cultural status has only a very little effect on the outcomes, second smallest among the 54 countries in PISA 2006 (OECD 2007, 194; Välijärvi & Malin 2002). E.g. in Japan, Germany, Italy, Korea the status of a school is a crucial factor explaining the variation between schools.

The Finnish education system doesn't consider competition as an important driving force for raising the quality and developing the system. That's why there are no nation wide tests comparing individual schools and students during or at the end of comprehensive school. The results in core subjects are monitored on regular basis with national surveys where schools and students (6–8 per cent of an age cohort) are selected randomly.

Instead of competition the Finnish way to organize compulsory basic education and assure the quality are based on trust on teachers and schools, and investments in teacher education. Because of the small differences between schools and the low level of competition the Finnish parents are not so much interested in selecting a school for their children as parents in many other countries. They can be quite convinced that the quality of teaching is high in any school.

The structure and investments

There are two official languages in Finland: Finnish is spoken by 91,2 and Swedish by 5,5 per cent of the population. Both language groups have a right to education and training in their own mother tongue. In addition, the indigenous Saami language has a similar official status in the northern part of the country.

Efforts have been made to provide all population groups and regions of the country with equal opportunities to learn. The school network covers the whole country: for 5,3 million inhabitants (the age cohort has been lately 56000–59000) there are 3100 comprehensive schools, more than 400 (academic) upper secondary schools, and a multitude of vocational and adult education institutes. Ministry of Education and Culture is responsible for primary and secondary education in Finland. National Board of Education (NBE), a national agency on the sector of education, is responsible for implementation of the education policy e.g. by providing the National core curriculum.

At local level the municipalities are responsible for running the schools. The municipalities as well as private education providers receive state subsidies for running the schools. Municipalities are obliged to provide a local curriculum within the framework decided in the core curriculum.

Decision-making power within a municipality rests with the elected municipal council. The Council appoints the municipal executive board and several advisory boards. Each municipality has at least one board looking after education. Each school can and usually does have a managing board where teachers, non-teaching staff, students and parents are represented. The main tasks of the managing board are developing the work of the school and promoting cooperation inside the school and between the school, parents and the local community.

Each comprehensive school has a director of its own. In some cases same person may act as a director for two or even more schools. This usually takes place because of economical reasons, and is not considered desirable from pedagogical point of view. Only a qualified teacher can be recruited for a director. He or she is typically an experienced teacher who knows the school acts and the governance of schools well. However, no specific training is demanded as compulsory for the job. In a regular primary school the director usually acts also as a teacher for his or her own class.

Regular education system is financed almost entirely by public funds. Nearly all primary and secondary educational institutions, and polytechnics too, are owned by municipalities. Only 1,5 per cent of the primary and lower secondary students go to private schools. The funding of the private sector is almost totally dependent on public funding. The comprehensive school and education leading to a qualification has traditionally been free of charge to students. Free education covers also the instruction in higher education. The responsibility for financing education is transferred via the tax system. Students receive free tuition, free instructional materials, warm school meals, health and dental care and, if necessary, transport and accommodation at the primary and lower secondary level (Andere, 2008).

12,7 per cent of the state budget is allocated to the sector of the Ministry of Education and Culture. The annual expenditure in 2010 per student in primary education is 7624 USD and in lower secondary education 11 705 USD (OECD 2013). Funding consists of the government transfer (45,3 per cent) and of the funding that comes from the municipality itself (54,7 per cent). Also private schools get this government transfer but it is 90 per cent of what municipal schools get.

The Finnish education system

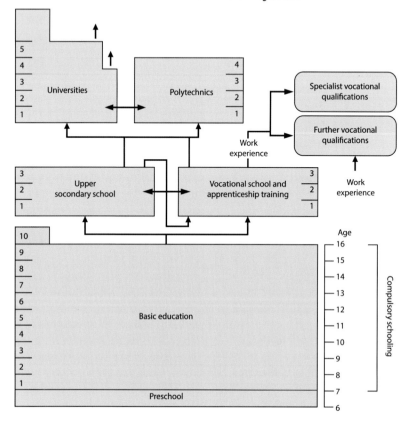

The Finnish education system

Children generally start school in the year they turn seven. Before the comprehensive school, children may participate in one-year pre-school education. It is not compulsory but nowadays almost 100 per cent of children take part in the programme.

Nowadays the Finnish education system consists of comprehensive school (primary and lower-secondary), post-comprehensive general and vocational education (upper secondary level), higher education and adult education (tertiary level). The officially expressed goal for the future is to streamline the system and develop it in accordance with the principle of lifelong learning and to make it internationally compatible.

Usually, for the first six years of comprehensive school the children are taught by a class teacher (elementary schools), during the last three years by specialised subject teachers (lower secondary schools). However, there is a growing number of so called unified schools where elementary and lower secondary levels have been merged into one unified school. All comprehensive school students have the same core subjects and similar syllabuses within these subjects. However, about 10 per cent of the classroom hours are reserved in most schools for elective optional studies freely chosen by the student and his/her parents on grades 7 to 9.

Lessons in total

Subjects and time allocation in comprehensive school

Subject	Hours
Mother tongue and literature	1596
A-language (typically English)	608
B-language (typically Swedish/ Finnish)	228
Mathematics	1216
Enviroments studies (integrated from 1 to 4)	342
Biology and geography	380
Physics and chemistry	342
Health education	114
Religion or ethics	418
History and social studies	380
Arts, crafts, and physical education	2128
Home economics	114
Guidance	76
Optional subjects	494
Minimum amount for a pupil	**8436**

In Finland students' time investments in education are lower that in most other countries. The length of a school year is 38 weeks. On grades one and two they have 19 lessons per week, on grade 3 to 4 23 lessons, grades 5–6 24 lessons, and grades 7–9 30 lesson respectively. In addition to their homework, Finnish students use very little time for education outside the compulsory classroom hours. Private tutoring or any other kind of private based support systems are almost unknown in Finland. Students and their parents want clearly separate students' school time and their free time. This also means that they want to own their holidays totally for themselves, not for school. According to students' self reports in PISA 9th-graders spend around 30 (sixty-minutes) hours per week for classroom hours, homework and other school related activities. With other Nordic countries this is the smallest amount of time among the OECD countries. Correspondingly, the OECD average is around 35 hours, and in Korea students report that on average they spend around 50 hours per week for different kind of school activities (OECD 2004, 2007).

After comprehensive school, students can choose between general and vocational upper secondary education. Traditionally 55-60per cent of students have opted for general (academic) upper secondary education. However, nowadays the popularity of vocational studies is increasing, and the proportion continuing at academic track has declined to 50 per cent. Like few comprehensive schools, some of the upper secondary schools also specialise in a particular subject; currently there are 50 specialised schools, mainly in sports and arts. General upper secondary education comprises a minimum of 75 courses (each comprising 38 class hours), 45–49 of which are compulsory. The curriculum has been designed to extend over three years, but because there are no specific year classes pupils may graduate in a longer or shorter time than this.

Upper secondary school ends in a national matriculation examination. The examination consists of at least four tests; one of them, the test in the candidate´s mother tongue, is compulsory for all candidates. The candidate then chooses three other compulsory tests from among the following four tests: the test in the second national language, a foreign language test, the mathematics test, and one test in the general studies battery of tests (sciences and humanities). As part of his or her examination, the candidate may additionally include one or more optional tests.

In Finland initial vocational education and training is mainly institution-based. Measures are being taken to add to the share of work-based learning in vocational education. Young people increasingly study for qualifications in apprenticeship training. In addition, longer periods of on-the-job learning will be included in institutional training programmes. All secondary level vocational programmes take three years to complete; of this time a minimum of six months is devoted to practical on-the job training.

Traditionally, academically oriented (general) and vocational upper secondary studies have been totally separated from each other.

Nowadays it is accepted to select courses from both sides, and have a combined upper secondary qualification. Earlier there was a clear distinction between students continuing in vocational and academic upper secondary schools: the best performing students went to the academic track, and the rest to vocational schools. Nowadays the distinction is not anymore so clear, and more and more talented students go first to vocational school and after qualifying from there move to higher education.

Heterogeneous grouping of students

The philosophy of the comprehensive school stresses equality of all students. In practice this means that all students, including students with learning problems and the most talented students, work together in heterogeneous groups. By the age 16, practically all students (99,7 per cent) have completed the comprehensive school, which gives them eligibility for further studies at the secondary level. Around 98 per cent of students pass the comprehensive school in nine years. Nowadays, only 1,5 per cent of students are studying in the special schools for disabled children (Framework curriculum for the comprehensive school, 1994; 2004; Opetushallitus 2008).

The pedagogy of the comprehensive school differs considerably from the pedagogy applied in systems characterised by explicit tracking and streaming. Heterogeneous groups necessitate highly educated teachers, genuine experts in pedagogy. Heterogeneous grouping, as shown by studies conducted in the 1970s and 1980s, when the comprehensive school was still under construction, and confirmed more recently by the PISA data, appears to be of the greatest benefit to the weakest students. The performance of the best students, in contrast, seems to remain virtually the same irrespective of how the groups are formed (Välijärvi et al., 2007, 40–41; OECD 2007).

In heeding the heterogeneity of students also the size of the teaching groups is a critical issue. On the lower secondary (grades 7 to 9) the average size of the group in core subjects (mathematics, science, mother tongue, foreign languages) is small, typically 18–20 students. In primary schools it is slightly bigger, 20–22 students, and in academic upper secondary school considerably higher.

Special education has always played an important role in catering for students who have problems with following regular teaching. Special needs education is usually closely integrated into mainstream teaching, which is highly inclusive by nature. At the primary level (forms/grades 1 to 6), where class teachers have the main responsibility for instruction, special education mostly centres on reading and writing skills along with mathematics skills. At the lower secondary level a student with problems in a particular subject, or subjects, typically has the opportunity of studying once or twice a week in a small group of 2–5 students or even individually with a special teacher. The special teacher may, alternatively, also attend regular classes working together with class teachers. A student's right to special needs education is stipulated in the Finnish school laws (Linnakylä, 2004).

Every student also has a right to student counselling. Schools are to provide students with guidance in study skills, choice of options (e.g. elective courses) and planning of post- compulsory studies. At grade levels 7 to 9, every school has a student counsellor, who provides individual guidance to those who need or want it. Student counsellors are usually subject teachers who have taken extra studies (half a year in minimum) in guidance and counselling. The common initial teacher education helps student counsellors to work efficiently together with other teachers even in cases where a student has severe social or pedagogical problems in her/his studies.

Teachers and teacher education

Teachers' professional status has stayed high in Finland. Although the salaries of Finnish teachers are internationally only average (OECD, 2008), young people find teacher's occupation a quite attractive option. Thus the students seeking to teacher training usually make up an outstanding, highly motivated and selected group; for instance, in classroom teacher programmes only about 15 % of the candidates are admitted (Luukkainen, 2000). Teacher training attracts especially multi-talented students who are good not only in academic subjects but also in arts, music and physical education. Concerning secondary education (grades 7 to 9) that is run mostly by subject teachers the overall situation is not as good, however: there is a some shortage of teachers in mathematics, science and English, for example.

Historically, teacher education in Finland has taken shape gradually and separately for each school type and even for each individual type of teaching assignment. However, the idea about academic training for all teachers has a long tradition. The new Decree was issued in 1978 and led to the creation of degree programmes for class teachers, comprehensive and upper secondary school subject teachers, as well as programmes for special needs teachers and student counsellors, which could be characterised as postgraduate studies. Nowadays, students in kindergarten teacher programmes complete the Bachelor of Education degree consisting of 120 credits. The degree may be completed in three academic years (Jakku-Sihvonen & Niemi, 2006).

Teaching duties

Minimum amount of lessons to be taught by a teacher in a week:

Class teacher (primary school)	24

Subject teacher (secondary schools)

Mother tongue and literature	18
• Foreign languages	20
• Mathematics, physics, chemistry, art, music	21
• Biology, geography, religion, ethics, history and social studies, health educ., home economics	23
• Physical education, guidance	24
• Special education teacher	22–24

The training of class teachers emphasises the theoretical and methodological contents of multidisciplinary educational science and the subjects taught at school and their practical applications. The objective is to link teaching and study to scientific research so that students would become capable of independently analysing and solving educational problems and of developing their work through research (Niemi, 2002). The main subject in class teacher training is education. It will provide the theoretical foundation for dealing with teaching duties. The scope of the Master's degree in education is 300 credits[1] (usually 4–5 years of studies at the minimum) and students with the degree are eligible for postgraduate studies in education.

Subject teacher training includes studies in one or two teaching subjects and teacher's pedagogical studies as part of the Master's degree. A teaching subject means a school subject included in the curriculum of basic education, upper secondary school or some other educational institution. Studies in a teaching subject mean studies that promote the command of the subject as required by teaching work. Teaching subject studies consist of advanced studies in one subject, with a minimum scope of 85 credits, and subject studies in a possible second subject, with a minimum scope of 60 credits. The training is divided into two tracks; the faculties of education are responsible for some training, while another part of the training is carried out in co-operation between teacher education departments and different subject departments. Students apply directly for subject teacher training (such as training for subject teachers in mathematics, physics and chemistry, or history, religion etc.). In addition, it is also possible to graduate as a subject teacher by taking teacher's pedagogical studies separately upon completion of a university degree.

However, nowadays subject teachers may get qualification to teach also grades 1-6, but this presupposes about 6 months of extra studies in pedagogy. Correspondingly, class teachers can earn subject teacher's qualification in a subject by taking approximately 6 months extra studies in that subject.

When teacher's professional development is defined as a process continuing throughout the work career, integration between pre-service and in-service education becomes a crucial issue. Today, the responsibility for teacher's pre-service education rests with the universities, whereas their role regarding in-service training is but a small one. In-service training for teachers is provided by many private as well as publicly funded organisations. Also teachers' own associations provide plenty of such training services. In general, the provision for in-service training is poorly coordinated and the quality of services varies to a great extent.

In Finland teaching staff are obliged to participate in in-service training with a minimum scope of three workdays outside school hours per school year. This type of continuing education is free of charge for teachers. The responsibility for funding such education rests with the teachers' employers, i.e. mainly with the municipalities. The contents and implementation practices are decided by individual employers. In addition, many teachers participate in voluntary in-service training either during the school year or when being on vacation. This is usually funded by the local authorities and/or the teachers themselves. Teachers may also apply for some grants for these purposes.

A survey made a few years ago (Luukkainen 2000) indicates that there are considerable differences in the amounts of continuing education and training received both in regional terms and between different teacher groups. During the period studied (years 1996–1998), some teachers (3,5 per cent) were not provided with any education. One fifth of teachers (22 per cent) received five days of education during that time frame. The average number of days of participation in continuing education or in-service training was 32,5 days during the three-year period under investigation.

One of the key questions for Finnish teacher education in the future is how to integrate pre-service and in-service training more effectively so as to support teacher's professional development throughout their work careers. Another important point relates to support for newly graduated teachers entering the working life. Research has shown that this induction phase, as it is called, includes many problems. In the future, universities will quite likely take greater responsibility for teachers' in-service training as well. In-service training should advance the development process commenced in the university. To be effective, in-service training should be based on longer-term planning than what it is today. A teacher's personal study plan should fit together the needs of the individual teacher, the school and the education provider (municipality). In practice these needs are partly different and sometimes even contradictory.

In-service training should support, in a balanced way, the development of expertise for both the teacher and the whole school community, taking also the local educational needs into account (Jokinen & Välijärvi 2004).

In recent years teachers' in-service training has become an important policy issue. Since 2010 the Finnish Ministry of Education and Culture has allocated annually 8 million Euros for projects to develop new innovative models for teachers' in-service training (the OSAAVA programme). This means around 60 per cent growht in the yearly investments for teachers' career development. By these funds the Ministry has supported especially such new forms of training that promote longer-term programmes, educational effectiveness and linking with teachers' pre-service training. Other key areas for this new funding include both mutual collaboration between schools and networking with the local community. School management has become a topical issue along with increasing content-wise challenges in rectors' work. While the average age of teachers is rising rapidly, other highlighted topics include support for younger teachers at the initial stage of their career development and, on the other hand, reinforcing the motivation and competencies of their senior colleagues approaching the retirement age.

The following groups have been seen as the most important target groups for the OSAAVA-programme:

- newly qualified teachers who have just entered to teaching profession;
- school leaders (rectors, potential rectors, heads of municipal education administrations);
- teaching staff, over 55 years of age, and;
- the persons who have not participated at all or infrequently in professional development in recent years. (Hämäläinen et al. 2011).

At the University of Jyväskylä the OSAAVA programme has made it possible to develop new forms of support for newly qualified teachers. The university is coordinating the activities in the network of seven other universities and five vocational teacher education units so as to develop mentor training for the field of education. In this type of training, experienced teachers are introduced into mentoring, familiarising them with recent research knowledge and preparing them for various forms of mentoring. Each mentor trainee should have a group of mentees, with whom they can test things they have learnt in training and develop their own personal practices. Collecting new research knowledge and applying it in the development of training make up an integral part of the network's activities. Persons in charge from the universities and vocational teacher education units meet in joint seminars with one or two month intervals so as to share their experiences and find new forms of operation. The network also produces materials to support mentors' work (Heikkinen 2012, in press).

Standards and evaluation

In the Finnish model of evaluation the main idea is to develop and support schools, not to control them. Interaction between the bottom-up and top-down evaluation has been emphasised. On the other hand, it is equally important to monitor, at the national level, the development in terms of between-school differences so as to enable timely intervention to prevent possible deterioration of equal educational opportunities. In 1999 uniform evaluation criteria were prepared for each compulsory subject. These criteria serve basically as recommendations defining the skill and knowledge levels that the student should master at the end of the comprehensive school (i.e. 9th grade, at the age of 16) so as to get the mark 8 (good) on the school grading scale 4–10.

Under the new educational legislation educational institutions are obligated to evaluate their own operations and their effects. The aim of self-evaluation is to help individuals at institutions to form an integrated idea of the operations and to make the activities transparent to external interest groups. Knowledge of one's own situation helps in facing the challenges coming from the surrounding environment. Even though the dimensions and criteria for self-evaluation have been defined, their significance in practice has been questionable. They surely have functioned in making school work visible and served as a development tool, but self-evaluations, as such, have not yielded an adequate basis of reliable and valid data for educational indicators (Linnakylä, 2004).

It is not overstated to say that quality assurance in Finnish education system is largely based on trust. We believe that academically educated teachers are the best experts to design their teaching in practice, within the fairly loose frame of national curricula. We also trust that they do their best in the classroom to promote learning. This may sound quite idealistic, but in view of the results of the recent international studies, at least, the teachers have deserved this trust. It is also important to keep in mind that in terms of educational investment Finland has clearly made a choice different from most other European countries, including the Nordic countries. Instead of external valuation, Finland has invested heavily on teacher education. It seems that these investments have yielded good results and kept up the high esteem and popularity of the profession.

Rigorous standards have often been seen in Finland as restricting teachers' innovative thinking and pedagogical freedom. To set standards for educational practices and student outcomes is a task quite different from, say, setting standards for industrial products or services. To educational goals there are always many parallel routes which can be equally effective, and the effectiveness depends largely on the context in which teachers and schools do their work. The role and significance of standards in Finnish education is determined largely in relation to teacher's work and pedagogical development. There are nationally set subject-specific standards for good mastery. Their purpose is, above all, to help schools and teachers in planning their own work. These standards are not binding in the sense that their realisation would be specifically controlled or evaluated. As it was mentioned earlier, the learning outcomes of nine-year comprehensive school are monitored by sample-based surveys. Yet, also these results are published on the system level only, while the results of individual schools are delivered only to the schools in question.

The standards are seen as aids and tools that schools and teachers may use at their discretion. For many parts these standards have also been phrased in such manner that their assessment by any specific measures or indicators would not even be possible. Teachers' academic education prepares them quite well for applying the standards creatively in adjusting their own teaching. Teacher education provided by different universities is also consistent to such extent that teachers' conceptions about good learning and teaching would be highly coherent even without any set standards, although then textbooks would easily form the guiding standard for many teachers.

The current standards describe good learning. they are expected to provide a kind of "outlook" both for teachers and students as to what is considered good mastery at the end of compulsory education. In fall 2007 the Minister of Education set up an expert group who defined quality standards for basic education. These standards define requirements to be set for schools as learning environments as well as to describe good practices of learning at school. The standards cover the following 10 topics

- Governance
- Personnel
- Economic resources
- Evaluation
- Implementation of the curriculum
- Instruction and teaching arrangement
- Support to learning, growth and well-being
- Inclusion and influence of students
- School-home cooperation
- Safety of the learning environment

Again, these will not actually be criteria for evaluating the quality of teachers' work but rather depictions of teaching arrangements that are most likely to yield good results.

Research and school development in Finland

In Finland the dialogue between research, administration and schools is basically frank and open. This is promoted by organising joint seminars and expert groups, for example. Under the Finnish National Board of Education there is a council for administration and research. The University of Jyväskylä arranges an annual forum where especially researchers, school principals and administrative staff can meet.

Particularly in the 1980s and still in the early 1990s all major national development projects included research activities. The progress of development projects was evaluated on a regular basis in joint workshops, where the researchers presented their results. The economic recession in the mid-1990s cut off the resources for this kind of systematic interaction between research and school development. In the 1990s the responsibility for development work for curricula and teaching was shifted increasingly to the schools and local authorities. Hence, also the linkage between research and school development projects had to be negotiated primarily at the local level.

In the biggest cities, such as Helsinki, Turku, Tampere, Oulu, and Jyväskylä, research expertise is still used widely in practical school development activities and results assessment. This work takes place mostly in collaboration with local universities. Particular themes include, for instance, promoting the pedagogical use of ICT at schools, accounting for students' individual needs in teaching, and designing teaching arrangements that activate the students. However, the projects are often rather small in scale and poorly resourced. A challenge here is how to disseminate the experiences. For this purpose there are electronic data banks available, in which the development results can be recorded and displayed to everybody interested.

Also some larger-scale projects, which often involve international cooperation, have become possible mainly owing to EU funding. This kind of research-based development schemes have been used particularly actively in the field of vocational education and training, focusing on a range of themes such as learning-on-the-job, recognition of prior learning, and revision of assessment practices. Research has traditionally played an important role in the design of national curricula in Finland. In the 1960s and 1970s curricula were designed and teacher education reformed under the direct supervision of professors. Although researchers' role has later become less pivotal in this respect, their expertise has been used in many ways. For example, university researchers and teacher educators specialised in learning and teaching of specific school subjects are always represented in the ministerial working groups responsible for curricular revisions.

Although school development belongs now largely to the local level, the Ministry of Education and Culture is still financing also national development projects in fields considered important for education policy. In these projects universities usually play a central role. In recent years the themes have included, for example, prevention of bullying, enhancing the pedagogical use of ICT, the use of mentoring in the induction training for newly qualified teachers, and promoting student involvement in the work of school communities.

Of course, also in Finland a considerable part of school research is of a critical nature, and may criticise politicians' and school authorities' decisions quite plainly. Critical research is important for the development of the education system and it generates innovative thinking for systemic reforms. Different research paradigms and alternative ways to produce research-based knowledge complement each other.

The policy programme of the new Finnish Government (appointed in June 2011) recognizes the essential role of research as instrumental in school development. The Government is committed to strengthen educational research to serve the development of education and education policies. It depends largely on the researchers themselves what kind of concrete meaning this statement will get in the next four years.

Conclusions: Equality and equity as the main goals

In the 1990s the Finnish educational policy geared more strongly towards decentralisation, individuality and freedom of choice. Since 1992 textbooks are no longer examined and approved by the national authorities. Consequently, schools started to write their own syllabi that were based on the national framework curriculum but constructed in collaboration with teachers, students and parents of the school. The school-based curricula were often published on the school's website, as well, open not only to the school staff and students but also to parents and other interested parties (Aho et al., 2006).

The legislation relative to the state subsidies was amended and the new provisions took effect at the beginning of 1993. State education subsidies, which up till then had been based on expenditure and educational tasks, were replaced with state subsidies that no longer are earmarked in advance, i.e., designated to a particular field of municipal duties. The municipalities can thus freely decide how to allocate the appropriations received. At the same time the collection of data for inspection was reduced even though the government was required to monitor and to report on the implementation of the reform in 1995 (Laukkanen, 2008; Norris et al., 1996).

In sum, the most important specific features of the Finnish educational system are:

- comprehensive school; no tracking or streaming, heterogeneous grouping
- role of private schools is limited
- qualified teachers with Master's degree and high professional motivation
- special education inclusive in nature
- student counselling and support; available for all students
- relatively small teaching groups (lower secondary)
- high academic demands/expectations present in primary classroom
- equality and equity in learning opportunities and outcomes
- high significance of education in society
- teacher's profession highly valued
- political consensus about the main goals of the education system
- impact of socio-economic background low at all levels of the education system
- regional equality is high; a dense network of educational institutions
- warm school meals, free health and dental care, free school transports, well-developed school libraries ■

Notes

[1] In the new curriculum "a credit" corresponds to about 25–28 hours of student work

References

Aho, E., Pitkänen, K., & Sahlberg, P. (2006) Policy development and reform principles of basic and secondary education in Finland since 1968. Washington: The World Bank.

Andere, E. (2008). The lending power of PISA. League tables and best practices in international education. The University of Hong Kong. Comparative Education Research Centre. CERC Monograph Series in Comparative and International Education and Development 6. Hong Kong.

Basic Education Act 1998. Valtioneuvosto. Helsinki.
Framework curriculum for the comprehensive school (1994). National Board of Education. Helsinki.

Jakku-Sihvonen, R., & Niemi, H. (Eds.) (2006) Research-based teacher education in Finland – Reflections by Finnish teacher educators. Turku: Finnish Educational Research Association.

Laukkanen, R. (2008) Finnish strategy for high-level education for all, in N. C. Soguel & P. Jaccard (eds.) Governance and performance of education systems, 305–324. Netherlands: Springer.

Linnakylä, P. (2004) Finland. In H. Döbert, E. Klieme & W. Stroka (eds.) Conditions of school performance in seven countries. A quest for understanding the international variation of PISA results (pp. 150–218). Munster: Waxmann.

Linnakylä, P. & Välijärvi, J. 2005 Secrets to literacy success: the Finnish story. Education Canada Canadian Education Association 45, 34–37

Linnakylä, P., Välijärvi, J. & Arffman, I. 2011. Finnish Basic Education – When Equity and Excellence Meet. In K. van den Branden

P. Van Avermaet & M. Van Houtte (Eds.) Equity and Excellence in Education: Towards Maximal Learning Opportunities for All Studets. Routledge: New York, 190–214.

Luukkainen, O. (2000). Teachers in 2010. Final Report. Anticipatory project to investigate teachers' initial and continuing training needs (OPEPRO). Report 15. National Board of Education. Helsinki.

Niemi, H. (2002). Active learning – a cultural change needed in teacher education and school. Teaching and Teacher Education, 18, 763–780.

Norris N., Aspland, R., MacDonald, Schostak, J. & Zamorski, B. (1996) An independent evaluation of comprehensive curriculum reform in Finland. National Board of Education. Helsinki.

OECD (2004). Learning for tomorrow's world. First results from PISA 2003. Paris: OECD.

OECD (2007). PISA 2006 Science Competencies for Tomorrow's World. Volume 1 – Analysis. Paris: OECD.

OECD (2008). Education at a Glance. OECD indicators 2008. Paris: OECD.

OECD (2010). PISA 2009 results: What students know and can do. Paris: OECD

OECD (2013). Education at a Glance. OECD indicators 2013. Paris: OECD.

Opetushallitus. [National Board of Education] (2008). Koulutuksen määrälliset indikaattorit 2008. [Quantative indicators of education 2008]. Helsinki: Opetushallitus.

Sahlberg, P. 2011. Finnish Lessons. What can the world learn from educational change in Finland? New York: Teachers College, Columbia university.

Sarjala (2002) Peruskoulun yhteiskunnallinen merkitys tiedostettava [Societal meaning of the comprehensive school]. Spektri 6. 11. 2002.

Tuovinen, J. E. (2008). Learning the craft of teaching and learning from world's best practice. The Case of Finland. In D. M. McInerney & A. D. Liem (Eds.), Teaching and Learning: International Best Practice (pp. 51–77). Charlotte, NC: Information Age Publishing.

Välijärvi, J. (2005). Oppimisen ympäristöt ja opiskeluolosuhteet. [Learning environments and conditions for learning] In P. Kupari & J. Välijärvi (eds.) Osaaminen kestävällä pohjalla. [Learning on the solid basis]. Jyväskylä: Institute for Educational Research (pp. 182–222).

Välijärvi, J. & Malin, A. (2002). The effects of socio-economic background on the school-level performances. In S. Lie, P. Linnakylä & A. Roe (eds.) Nordic Lights: PISA in Nordic Countries.

Välijärvi, J., Kupari, P., Linnakylä, P., Reinikainen, P., Sulkunen, S., Törnroos, J. & Arffman, I. (2007). The Finnish success in PISA – and some reasons behind it 2. Institute for Educational Research. Available http://ktl.jyu.fi/img/portal/8302/PISA_2003_screen.pdf

The Author

Jouni Välijärvi *is Professor in educational research and development at the Finnish Institute for Educational Research, University of Finland. He represents Finland in the IEA (International Association for the Evaluation of Educational Achievement) and is the National Project Manager of the OECD PISA study in Finland. He has headed a series of national research projects on curriculum, school assessment, teacher education and wellbeing of students, served in a number of national and international expert groups e.g. for OECD and EU and published widely in his field.*

Kapitel 3:
Wissenschaft, Forschung, Innovation

WISSENSCHAFT UND FORSCHUNG: LUXUS ODER LEBENSNOTWENDIGKEIT?

Konrad Osterwalder

Walter Schneider

Dem als Frage formulierten Titel wird zunächst in einer Analyse begegnet, bevor in einem fiktionalen Beispiel eine mögliche Zukunft dargestellt wird. Eine nicht vollständige, aber doch umfassende Zusammenfassung möglicher Maßnahmen steht am Ende dieses Beitrags.

Wissenschaft und Forschung als Luxus

Man ist heute geneigt, alles was nicht der materiellen Sicherheit und dem Wohlstand dient, als Luxus und damit als überflüssig zu bezeichnen. Jedoch hat das Nachdenken über die Natur und den Menschen in der Natur, als Einzelwesen und als Mitglied der Gesellschaft, einen großen Teil der Menschheit, wie sie heute ist, wesentlich geprägt. Man mag das nun Luxus nennen oder auch nicht; darauf verzichten wollen und sollen wir nicht. Wir wollen auch in Zukunft versuchen, uns Antworten zu geben auf die Fragen „Was kann ich wissen? Was ist der Mensch? Was soll ich tun und was darf ich hoffen? Was ist meine Umwelt und wie lebe ich in ihr?" Wir wollen Dantes „Göttliche Komödie" und Mozarts „Don Giovanni" nicht nur passiv genießen, wir wollen auch versuchen, wissenschaftlich zu verstehen, was die überwältigende Wirkung dieser Werke auf uns ausmacht. In der gleichen Art sollte man auch viele Bereiche der Grundlagenwissenschaften verstehen. Es ist zu billig, wenn wir argumentieren, die Experimente am Teilchenbeschleuniger in Genf seien darum unterstützungswürdig, weil beim Bau der Maschine viele wichtige technische Einsichten gefunden werden, die wirtschaftlich relevant sein könnten. Das kann schon Teil der Rechtfertigung sein, aber hinzu kommt auch die menschliche Neugier, die uns motiviert, größte Anstrengungen zu machen und enorme Ausgaben nicht zu scheuen, um herauszufinden, wie die Materie und der Kosmos aufgebaut sind. Ein Teil der Wissenschaft und Forschung ist Luxus im guten Sinn und soll es auch bleiben.

Wissenschaft und Forschung als Notwendigkeit

Die Notwendigkeit von Wissenschaft und Forschung nachzuweisen ist einfach. Der Nachweis erfolgt auf zwei Ebenen, die aber stark miteinander verknüpft sind. Erstens ist es klar, dass die Menschheit vor einer überwältigend großen Liste von globalen Problemen steht, die sie irgendwie bewältigen muss, wenn sie nicht den Bedrohungen zum Opfer fallen will. Es genügt, die prioritären Themen der Rio+20 Konferenz anzuschauen, wie sie von der UNO zusammengestellt wurden. Dazu zählen: Energie, Wasser, Klimawechsel, Erhalt der Biodiversität, Schutz der Ozeane, Reduktion des Katastrophenrisikos, globale Gesundheit, nachhaltige Entwicklung, Jobsicherheit, Ausbildung – um nur einige zu nennen.

Die zweite Ebene ist die Wirtschaft: Wir wollen eine produktive, wettbewerbsfähige Wirtschaft, einschließlich eines funktionierenden Finanzwesens. Und wir wollen sie nicht nur, wir brauchen sie auch, wenn wir die vorhin erwähnten Probleme bewältigen wollen. Aber es ist auch wahr, dass eine wettbewerbsfähige Wirtschaft und ein gut funktionierendes Finanzwesen ohne innovative Forschung und Entwicklung und ohne ein hochstehendes Bildungswesen nicht denkbar sind.

Eine kleine fiktionale Geschichte soll illustrieren, dass die Notwendigkeit von Wissenschaft und Forschung sehr wohl auf die positive Entwicklung des gesellschaftlichen Wohlstandes Einfluss nimmt.

Das Futuriat

Als ich vor einigen Wochen in Wien war, unternahm ich einen Spaziergang auf der Suche nach schönen Buchgeschäften, insbesondere nach Antiquariaten. Plötzlich stehe ich vor einem etwas exotisch ausschauenden Geschäft, das den Namen „FUTURIAT" trägt. Natürlich gehe ich sofort hinein und realisiere, dass da Bücher verkauft werden, die erst geschrieben werden müssen, Bücher mit Erscheinungsdaten, die in der Zukunft liegen. Besonders fällt mein Augenmerk auf ein Buch mit dem Titel: „Die Rolle von Wissenschaft und Forschung im 21. Jahrhundert, ein Rückblick". Ich blättere im Buch und bleibe an einer Stelle hängen, die aus dem Gedächtnis zitiert wie folgt lautet:

Die erstaunlichen Erfolge von Wissenschaft und Forschung im 20. Jahrhundert – man denke beispielsweise an das Gesundheits-, das Transport-, oder das Kommunikationswesen – konnten im 21. Jahrhundert nicht fortgeführt werden. Das Vertrauen in die Wissenschaft war gestört, viele Erwartungen wie den Sieg über Krebs oder HIV, oder die Sicherheit von Atomenergie, waren zu Beginn des Jahrhunderts nicht erfüllt, und für viele Leute war die Wissenschaft mehr ein Fluch als ein Segen, weil sie einerseits schon so viele Probleme erzeugt und so vieles zerstört hatte, andererseits aber oftmals machtlos schien: Die demographische Entwicklung schien aus dem Ruder zu laufen, die Zahl der Armen und der Hungernden war auf einem nie dagewesenen Niveau, Klimaveränderungen kündigten sich mit unübersehbaren neuen Bedrohungen an, usw. Die Liste ist lang. Das führte dazu – so mein Buch – dass in den USA jemand zum Präsidenten gemacht wurde, der offen erklärte, Wissenschaft und Forschung seien nebensächlich, und Mr. Perry, der Governor von New Hampshire, erklärte: „There is no global warming". In vielen Ländern ging die öffentliche Unterstützung für Forschungs- und Lehranstalten zurück und die Wirtschaft gab sich damit zufrieden, nur noch kurzfristige und stark fokussierte Projekte zu unterstützen, alles andere schien nicht mehr relevant. Das Vertrauen in die Wissenschaft und vor allem in die WissenschaftlerInnen war gebrochen, man argwöhnte überall Versagen, Inkompetenz und Faulheit, was man durch ein immer enger werdendes Netz von Kontrollen, Evaluierungen, Statistiken und Rechenschaftsberichten mit immer größeren Stäben in den Regierungsstellen und in den Universitäten in den Griff zu bekommen versuchte. Natürlich mit dem gegenteiligen Effekt: Statt zu forschen, schrieben die Leute Berichte und verfassten unzählige Publikationen. Man hätte aber ein interessantes Resultat in einem einzigen Artikel erklären können. Die wirklich guten und kreativen Leute wurden von denen, die als WissenschaftlerInnen wenig Erfolg gehabt hatten, im Namen der Geldgeber unter Kontrolle gehalten und man versuchte in zunehmendem Maß, Vertrauen durch Überwachung zu ersetzen. So verloren die Universitäten zunehmend an Attraktivität und mussten sich mehr und mehr mit zweitrangigen MitarbeiterInnen abfinden. Der Autor des Buches versucht zu argumentieren, dass die Öffentlichkeit in der Folge die Wissenschaft in zunehmendem Maße nur noch als Luxus sehen konnte, und dass die besten Köpfe unter der jungen Generation sich nicht mehr für eine Laufbahn als WissenschaftlerInnen begeistern ließen. Das wiederum hatte zur Folge – so schreibt er –, dass vieles, was am Anfang des Jahrhunderts als zentrale Bedrohung für die Menschheit gesehen wurde, nicht unter Kontrolle gebracht werden konnte: Die Klimaerwärmung wurde eine Tatsache mit vielen verheerenden Folgen, Atomenergie wurde in vielen Ländern nicht mehr produziert, dafür stieg die CO_2-Produktion, erneuerbare Energien waren nur in bescheidenem Maß verfügbar, Mangel an Nahrung und Trinkwasser bewirkte Massensterben einerseits und unkontrollierbare Wanderbewegungen von großen Menschenmassen andererseits. Globale Seuchen brachen aus, die Verstädterung der Weltbevölkerung nahm rasant zu, ohne dass man wusste, wie man die verarmten Zuzügler versorgen konnte. Eine Wende setzte erst ein, als in der Mitte des 21. Jahrhunderts ein grundsätzliches Neuüberdenken der Aufgaben von Staat, Wirtschaft und Wissenschaft und deren Zusammenarbeit und gegenseitiger Abhängigkeit einsetzte, schrieb der Autor...

Auf Basis der Analyse und der fiktionalen Geschichte soll im Folgenden der Versuch gewagt werden, evolutionäre und revolutionäre Maßnahmen zu beschreiben. Diese werden nötig sein, um das Wissenschaftssystem auf die Anforderungen der nächsten Jahrzehnte vorzubereiten und der österreichischen Bevölkerung den Wertzuwachs durch Wissenschaft und Forschung klar zu machen. Es sind einige Prinzipien anzusprechen, die einen wesentlichen Beitrag zur besseren Ausnutzung der wissenschaftlichen, wirtschaftlichen und kulturellen Möglichkeiten liefern können. Die Prinzipien lauten wie folgt:

- Mit den Talenten wuchern
- Fokus auf konkrete Probleme
- Förderung der Exzellenz der Universitäten
- Innovatives Zusammenwirken von Wissenschaft, Wirtschaft und Politik
- Mehr Vertrauen, mehr Verantwortung, weniger Kontrolle

Mit den Talenten wuchern

In der Forschung ist das oberste Gebot Qualität. Diese Qualität muss durch eine entsprechende Förderung der Besten sichergestellt werden, wobei eine Differenzierung erfolgen muss. Das bedeutet, dass eine Förderung auch einen möglichst großen Erfolg mit sich bringen sollte. Nicht für alle Menschen ist eine universitäre Ausbildung das Beste, und nicht dieselbe universitäre Ausbildung kann im Einzelfall den größten Erfolg erzielen. Die Schwierigkeit liegt darin, die individuellen Talente zu erkennen und das ideale Förderkonzept zur Anwendung zu bringen.

Um Benachteiligungen schon am Beginn einer Bildungskarriere zu minimieren, muss die gleiche Chance für alle jedenfalls auf Grund der Zulassungsbedingungen gegeben sein. Personen müssen unabhängig ihrer Herkunft, des sozialen Status der Familie und des Geschlechts gleichwertige Möglichkeiten haben. Das bedingt auch die Förderung der Kinder aus einfachen Verhältnissen ab der Stufe des Kindergartens und der Primärstufe. Bereits ab diesem Alter ist die Förderung der intrinsischen Motivation ein zentrales Element. Dies gilt jedoch nicht nur für die Förderung der Kinder, sondern gleichermaßen für die PädagogInnen, die hier ebenfalls einen Ansporn benötigen, die eigenen Interessen und Schwerpunkte besonders in den Vordergrund zu setzen. Unzählig sind die Beispiele, wo Kinder mit speziellen Interessen in die Konformität gedrängt werden und ihre natürliche Neugier erstickt wird. Leider viel zu wenige Gegenbeispiele beweisen, dass eine gezielte Förderung der intrinsischen Motivation besondere Lebensgeschichten hervorbringen und zu besonderen Leistungen – oft in einem sehr spezialisierten Bereich – fähig sind.

Die Auswahl an Möglichkeiten ist ein Vorteil der heutigen Zeit. Augenscheinlich ist für jedes Interessensfeld ein maßgeschneidertes Angebot an Bildung verfügbar, und der persönlichen Verwirklichung sollte eigentlich nichts im Wege stehen. In der Praxis erkennen wir aber im krassen Gegensatz zum breiten Angebot eine massive Häufung bei Massenstudienfächern. Dies mag einerseits durch sozialen Druck entstehen, bei dem unattraktiv klingende Studienrichtungen mangels ausreichender Information bei der Studienwahl ausgeschlossen werden. Andererseits ist die räumliche Verteilung auf Grund der limitierten Ressourcen in der nationalen Hochschullandschaft oft unvorteilhaft. Die Alpenregion hat sicherlich einige spezielle Anforderungen, jedoch ist die Bereitschaft zur Mobilität im Studium erst in den letzten Dekaden langsam von den Studierenden entdeckt worden. Eine systemische Unterstützung oder auch eine Verpflichtung innerhalb einzelner Studien hat diese Entwicklung vorangetrieben.

Neben der räumlichen Wahlmöglichkeit ist auch in der inhaltlichen Mobilität kurioserweise eine Beschränkung erkennbar. Mit dem Bolognaprozess wurde ein formaler Rahmen geschaffen, in dem Studierende vergleichsweise einfach zwischen einzelnen Studienrichtungen, aber auch unterschiedlichen Hochschulstandorten wechseln können. Die harmonisierte Gliederung in Bachelor, Master und PhD ist ein wesentliches Merkmal. Es ist paradox, aber obwohl die Möglichkeiten so vielfältig sind wie nie zuvor, können zusätzliche Lernmöglichkeiten – unter Nutzung dieses Modells – nur mühevoll in Anspruch genommen werden. Wenn vielerorts der Bolognaprozess als durchlässiges Modell für die Studien als gescheitert erklärt wurde, so war in den Grundzügen doch ein sehr hohes und erstrebenswertes Ziel beabsichtigt. Für die bestmögliche Entfaltung von Talenten müssen die Ausbildung an verschiedenen Orten und der inhaltliche Richtungswechsel ohne bürokratische Hürden, wie etwa fehlende Anerkennung von zum Teil erreichten Zielen, möglich sein. Nur so ist die Entwicklung der Fähigkeit zum globalen Denken und zur globalen Verantwortung beim Individuum, aber auch beim Kollektiv möglich. Wer ein spezielles Talent besitzt, sollte dieses auch zur Entfaltung bringen – eine Gesellschaft darf, nein, soll damit wuchern!

Fokus auf konkrete Probleme

In den zuvor genannten Herausforderungen wurde die gesamtheitliche Sichtweise schon erwähnt. Die zentrale Fragestellung ist, wie man ein Systemdenken fördern kann? Einzelne Personen können bis zu einem gewissen Grad eine holistische Sicht auf Probleme entwickeln, den wirklich bahnbrechenden Erfolg wird man jedoch zumeist nur in der idealen Teamaufstellung erreichen. Bis auf wenige Ausnahmen hat man es in der heutigen Zeit mit globalen Themen zu tun. Dementsprechend sind auch in nahezu allen Teilen der Welt ForscherInnengruppen mit ähnlichen Inhalten beschäftigt. Die Zusammenführung von internationalen ForscherInnenteams hat sich bewährt. Die Konzentration der besten Köpfe auf ein Thema, gepaart mit der Überwindung kultureller und historisch gewachsener Barrieren in den Denkmustern, eröffnet völlig neue Wege und Lösungsansätze. In einer wissenschaftlichen Ausbildung muss daher die Grundlage für mehr als die fachliche Kompetenz gelegt werden. Personen, die in Forschung und Wissenschaft tätig sind, übernehmen Verantwortung als BürgerInnen, in der Politik und natürlich auch in der Forschung. Mündige BürgerInnen können Themen entwickeln, vorantreiben und kritische Sichtweisen auf etablierte Rahmenbedingungen generieren. Die Wissenschaft und Forschung ist das vertrauenswürdige, komplementäre Instrument, das diesen Themen und Rahmenbedingungen ein Gegengewicht zur politischen Agenda gibt, aber auch der Politik eine evidenzbasierte Entscheidungsgrundlage liefern kann. Die Gratwanderung zwischen Entscheidungsfindung und Einflussnahme ist problematisch, aber genau deswegen ist eine internationale Vernetzung der Wissenschaft so substanziell wichtig, da die einzelnen Partikularinteressen weniger Gewicht bekommen können. Das führt zum Thema „Verantwortung" in Wissenschaft und Forschung, denn jede Expertise muss auch nach ethischen Grundsätzen zur Anwendung gebracht werden. Die Gefahr der Manipulation und des Missbrauchs von Forschungsergebnissen hat in der Vergangenheit, aber auch in der Gegenwart, wiederholt zu einem Vertrauensbruch im Zusammen-

wirken von Gesellschaft, Politik und Forschung geführt. Ein kritisch geführter, öffentlicher Diskurs kann Polemisierung und Polarisierung von Themen vermeiden und hilft den Fokus auf die notwendigen – eingangs erwähnten – Schwerpunktthemen zu richten.

Förderung der Exzellenz der Universitäten

Die Forderung, mit den Talenten zu wuchern, und eine Fokussierung auf konkrete Themen vorzunehmen, wirft die Frage auf, wie denn das in der Praxis umgesetzt werden soll. Die Politik in Europa hat darauf mit diversen Exzellenzinitiativen geantwortet, und mit finanziellen Mitteln die gezielte Förderung von exzellenten, tertiären Einrichtungen unterstützt. Das ist grundsätzlich zu begrüßen, auch wenn man bemerken muss, dass eine Ausrichtung auf Exzellenz nicht über Nacht per politischen Willen erfolgen kann und der Prozess längerfristig gesehen werden muss. Weit wichtiger erscheint die Verbesserung der großen Anzahl von Einrichtungen, die hier nicht in die Initiativen einbezogen sind, aber wertvolle Arbeit leisten. Die voranschreitende Diversifizierung des tertiären Sektors ist eine

globale Herausforderung, die in der Frage mündet, wodurch sich einzelne Hochschulen schlussendlich unterscheiden? Offensichtlich ist eine Profilbildung innerhalb des Sektors unabdingbar. Eine Unterscheidung zwischen den Fachhochschulen und den Universitäten ist gleichermaßen notwendig, wie die Profilbildung einzelner Einrichtungen innerhalb eines Sektors. Jedenfalls ist ein „more of the same" zu vermeiden, die teilweise zu beobachtende Nivellierung nach unten ist unbedingt zu verhindern. Der Abstand zwischen den als exzellent deklarierten Institutionen und jenen Masseneinrichtungen, die allen und jedem einen akademischen Abschluss anbieten, ist als bedenklich einzustufen. Eine weit verbreitete antielitäre Grundeinstellung muss überwunden werden, Erfolg muss wieder sozial respektiert und akzeptiert sein. Diese Forderung knüpft an die an früherer Stelle genannte Notwendigkeit an, dass bereits ab dem Kindergartenalter die individuellen Neigungen und Fähigkeiten nicht zu Gunsten einer Konformität unterdrückt, sondern gezielt unterstützt werden müssen. Man darf aber auch nicht den Fehler begehen, dass den auf Breite ausgerichteten Institutionen gar keine Exzellenz zugestanden wird. Durch globale Partnerschaften kann ein komplementäres Angebot zu einem sehr attraktiven Gesamtportfolio gesteigert und somit auch in Nischen eine hervorragende Bildung, aber auch Forschung und Wissenschaft angeboten werden.

Innovatives Zusammenwirken von Wissenschaft, Wirtschaft und Politik

Exzellente Wissenschaft und Forschung wird in der Regel niemand ablehnen, die Qualität von Universitäten ist außer Streit, und die Freiheit wie auch die Aufrichtigkeit in der Forschung stellen die Grundfesten des Wissenschaftssystems dar. Ist es daher zulässig, dass die Politik, und in zunehmendem Maße auf Grund der finanziellen Verflechtungen auch die Wirtschaft, einen deutlichen Einfluss nehmen? In der Praxis ist dies eine gleichermaßen sensible, wie schier unlösbare Frage. Die Wissenschaft ist teuer und bedingt daher eine effiziente Organisation. In Österreich wurde die Einflussnahme der Politik durch die Autonomie der Universitäten reduziert, wobei die indirekte Steuerung durch finanzielle Dotierungen nach wie vor besteht. Andere Vorgehensweisen in Europa zeigen allerdings auch auf, dass die Tätigkeit des tertiären Sektors in erster Linie auf Grund des gesellschaftlichen Interesses auch mit der öffentlichen Hand finanziert werden soll. Die Einflussnahme der Wirtschaft und die zunehmend starke Abhängigkeit von Forschungsförderung bringen die Universitäten in eine unbefriedigende Situation. Kurzfristige wirtschaftliche Erfolge werden über wissenschaftlichen Erkenntnisgewinn gestellt, und die eigentlich unabhängige Ratgeberfunktion für Politik und Wirtschaft lässt sich mit wohlwollenden Zuwendungen manipulieren. Die Grenzen zwischen einem inhaltlich breit aufgestellten Think Tank, der beratend zur Seite steht, und einem de facto gekauften wissenschaftlichen Feigenblatt, das die eigenen Interessen schützt, sind sehr fließend und müssen mit aller gebotenen Sensibilität behandelt werden. In der Finanzkrise wurde sichtbar, wie hoch die

Fragilität dieser Entwicklung ist. Der Staat muss die Verantwortung übernehmen und antizyklisch handeln. Letztlich muss der tertiäre Sektor so alimentiert werden, dass die Förderung der Besten auch wirklich machbar ist. Die Balance von öffentlichen und privaten Finanzierungsformen soll eine Schwerpunktsetzung gleichermaßen ermöglichen wie die Freiheit in der Forschung.

Mehr Vertrauen, mehr Verantwortung, weniger Kontrolle

Wissenschaft soll Neues schaffen. Um das zu erreichen, müssen innovative Rahmenbedingungen angeboten werden. Die Entwicklung der letzten Dekaden weist drastisch in die andere Richtung. Ein Übermaß an Verwaltung und Nachweiserbringung hemmt die Kreativität, die Wissenschaft wird zur Verwaltungsaufgabe, und die Chancen etwas revolutionär Neues zu entwickeln, versinken im Sumpf der Richtlinien und Risikoabsicherungen. Forschungsförderung ist im Wesen eigentlich als Risikoabdeckung gedacht, aber kein Projekt wird eine Förderung erfahren, wenn der Erfolg nicht von Anfang an garantiert ist. Der Mut, einen Gedanken zu verfolgen, der sich später als falsch herausstellt, wird durch Existenzängste unterdrückt. Die Dokumentation der wissenschaftlichen Arbeit muss mittlerweile so lückenlos sein, damit im Versagensfall kein Fehlverhalten unterstellt werden kann. Eine reale Autonomie der Universitäten auf einer breiten Vertrauensbasis könnte der Nährboden für innovative Ideen, kreative Ansätze und revolutionäre Entdeckungen sein. Das traurige Gegenbeispiel, das derzeit häufig zu beobachten ist, setzt sich aus einem hohen Maß an Qualitätskontrollen, Reports, Monitoring und Rechtfertigungen innerhalb der von den verwaltenden Stellen vorgegebenen Fristen zusammen. Ein Zeit und Energie fressender Moloch, der im krassen Widerspruch zur idealtypischen Wissenschaft steht. Personen, die aus dem System kommen, sind auf Grund der Innensicht wahrscheinlich der bessere Weg, eine Reflexion zu erhalten. Die Befragung von Alumni gibt meist mehr Aufschluss über die Leistungen als ein zyklisch abgefragtes Reporting, das als Beleg für die verbrauchten Ressourcen dient.

Zusammenfassend bleibt die Überzeugung, dass unsere Hochschulen die erforderliche Innovationskraft besitzen. Es braucht die faire Unterstützung durch den Staat, die Wirtschaft und die Gesellschaft. Dann wird der tertiäre Sektor jene Innovationskraft aufbringen, damit die Bücher in dem fiktionalen Beispiel in der Realität ganz anders geschrieben werden! Wissenschaft muss insofern Luxus bleiben, als es auch um die Befriedigung der menschlichen Neugier geht und nicht nur um die Entwicklung marktfähiger Produkte. ∎

Danksagung: *Dieser Textbeitrag wurde zunächst als Vortragsmanuskript abgefasst. Die Um- und Ausarbeitung in die hier vorliegende Version verdanke ich der freundlichen Unterstützung von Walter Schneider, dem ich hiermit herzlich danke. Die Verantwortung für den Inhalt des Beitrags liegt voll bei Konrad Osterwalder.*

Die Autoren

Konrad Osterwalder *war von 2007 bis Februar 2013 Rektor der Universität der Vereinten Nationen mit Hauptsitz in Tokyo bestehend aus 15 Instituten in 13 verschiedenen Ländern. Zuvor war er zwölf Jahre lang Rektor der Eidgenössischen Technischen Hochschule (ETH) in Zürich. Osterwalder studierte Theoretische Physik an der ETH in Zürich. Nach dem Doktorat wanderte er in die USA aus, wo er nach einem Jahr als Postdoc an der New York University an der Harvard University erst als Postdoc, dann als Assistant Professor und schließlich als Associate Professor für Mathematische Physik arbeitete. 1977 folgte er einem Ruf als ordentlicher Professor an die ETH in Zürich.*

Walter Schneider *arbeitet seit Februar 2010 in der Geschäftsstelle des Rates für Forschung und Technologieentwicklung. In seine Zuständigkeit fallen unter anderem Themen der Universitätsfinanzierung, die Europäischen Programme und die Regionalpolitik. Weiters hat er in den letzten Jahren als Projektleiter der „Langen Nacht der Forschung" einen Beitrag zur Verbreitung von wissenschaftlichen Themen in die Bevölkerung geleistet. Nach seiner nachrichtentechnischen Ausbildung und einem anschließenden Studium an der Universität für Bodenkultur (BOKU) war Walter Schneider selbst zehn Jahre aktiv in der Forschung tätig, bevor er die Funktion des Forschungskoordinators am BOKU-Standort Tulln übernommen hat. Schneider hat darüber hinaus Erfahrungen als Vortragender an verschiedenen Fachhochschulen sowie in diversen Gremien und Beiräten gesammelt. Als weitere Stationen seiner Karriere sind Tätigkeiten in einer Entwicklungsabteilung und als freier Mitarbeiter des ORF zu nennen.*

WIRD ÖSTERREICH IM JAHRE 2050 IN DER GRUNDLAGENFORSCHUNG ZUR WELTSPITZE ZÄHLEN?

Christoph Kratky

Der Blick in die Zukunft ist naturgemäß mit einer gewissen Unsicherheit behaftet, die umso größer wird, je weiter dieser Blick in die Zukunft schweift. Um abzuschätzen wie groß diese Ungewissheit für einen Blick bis zum Jahr 2050 sein mag ist es nützlich, uns um die gleiche Zeitspanne von ca. 35 Jahren in die Vergangenheit zu versetzen, also in die späten 1970er Jahre. Die meisten der seither erfolgten dramatischen technologischen Neuerungen (Handy, Internet, Informationstechnologie …) sowie der Durchbrüche in der Grundlagenforschung (insbesondere in den life sciences und den Materialwissenschaften) hätte kein Mensch Ende der 1970er Jahre vorhersehen können. Andere Erwartungen, die man in den 1960er und 1970er Jahren eingeplant hatte, wie die Lösung des Energieproblems durch Atomkraft oder der Sieg über den Krebs, blieben Verheißungen.

Es wäre also unrealistische Spekulation, wenn wir heute versuchen würden, die Innovationen und bahnbrechenden Entdeckungen der nächsten 35 Jahre vorauszusehen und vorherzusagen. Was man allenfalls prognostizieren kann, sind langfristige Trends auf ausreichend hohem gesellschaftlichen Aggregationsniveau, die sich durch eine Vielzahl von Einflussfaktoren nur langsam und daher vorhersehbarer entwickeln. Es wäre Ende der 1970er Jahre beispielsweise nicht vollkommen hoffnungslos gewesen, für das Jahr 2012 die

Zahl der in Österreich lebenden Menschen vorauszusagen, das Bruttoinlandsprodukt Österreichs oder eben die gesamte wissenschaftliche Produktivität unseres Landes.

Weltspitze, Weltklasse, Innovation Leader sind Zielvorgaben, welche sich die Wissenschaftspolitik unseres Landes gerne und regelmäßig verschreibt. Mit Blick auf den weltweiten Wettbewerb zwischen Ländern sowie auf die ökologischen, ökonomischen und demographischen Herausforderungen wird die Stärkung von Forschung, technologischer Entwicklung und Innovation als einzig mögliche Antwort für ein kleines Hochlohn-Land wie Österreich gesehen. Ziel ist es daher, dass Österreich von der Gruppe der Innovation Follower in die Gruppe der Innovation Leader, also der innovativsten Länder der EU vorstößt.

Dieses Ziel ist erst kürzlich im Rahmen der Strategie der Bundesregierung für Forschung, Technologie und Innovation (FTI)[1] neuerlich bekräftigt worden. Als Maß für die Zielerreichung gilt das Innovation Union Scoreboard, ein von der Europäischen Kommission jährlich veröffentlichtes Ranking der europäischen Länder im Hinblick auf deren Innovationspotenzial.[2] Österreich scheint in diesem Ranking – das auf einer komplexen Mischung innovationsrelevanter Parameter basiert – für das Jahr 2013 an neunter Stelle unter den

Abbildung 1: Ranking der forschungsstärksten Länder auf der Basis der Pro-Kopf-Zitationsleistung

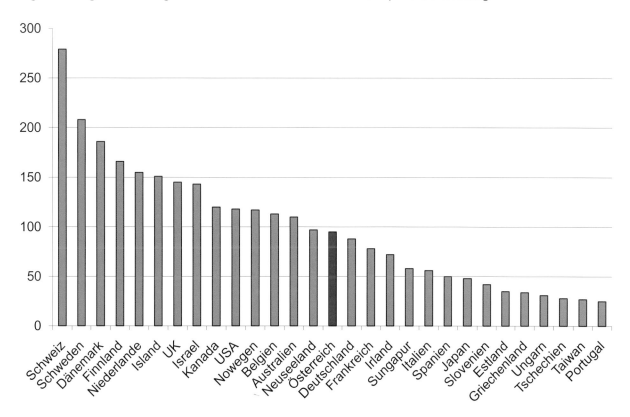

Abbildung 2: Wachstum der Pro-Kopf-Zitationsleistung von Österreich im Vergleich zu den fünf forschungsstärksten Ländern während der letzten drei Jahrzehnte.

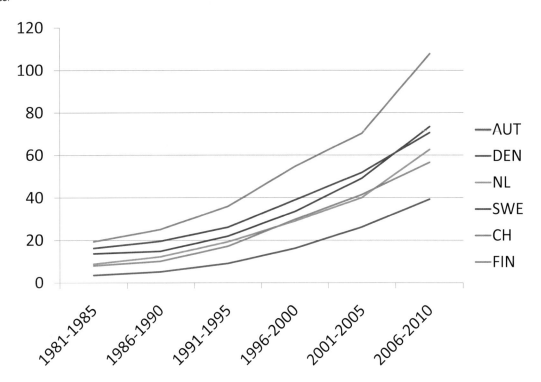

Ländern der Europäischen Union auf. Ein Spitzenplatz in diesem Ranking scheint für die absehbare Zukunft erreichbar.

Wir wollen uns an dieser Stelle mit einem Teilbereich dieses Innovationsrankings befassen, der für die Innovationsfähigkeit eines Landes immens wichtig wiewohl nicht allein ausschlaggebend ist: der Grundlagenforschung. Wo steht Österreichs Grundlagenforschung heute im Vergleich zu anderen Ländern, und wo wird sie voraussichtlich im Jahre 2050 stehen? Um die Frage noch schärfer zu fassen: Ist es wahrscheinlich, möglich, denkbar oder undenkbar, dass Österreich im Jahre 2050 in der Grundlagenforschung zu den weltweit führenden Ländern zählen wird?

Grundlagenforschung hat für die Gesellschaft einen doppelten Nutzen: Einerseits liefert sie wissenschaftliche Erkenntnisse, die allenfalls in der Folge zu Innovationen weiterentwickelt werden können. Andererseits werden im Zuge der Forschungstätigkeit junge Menschen an den neuesten Erkenntnissen und Techniken ausgebildet, die sie dann in der Folge selbst wissenschaftlich weiterentwickeln oder in Wirtschaft und Gesellschaft für innovative Problemlösungen praktisch anwenden können. Es ist dieser doppelte Nutzen, durch den die Grundlagenforschung eine so herausragende Rolle für die Innovationsfähigkeit eines Landes spielt.

Wissenschaftliche Erkenntnisse haben nur dann einen signifikanten gesellschaftlichen Nutzen, wenn sie durch Veröffentlichung bekannt gemacht werden. Zahl und Qualität der wissenschaftlichen Veröffentlichungen eines Landes können daher auch als Parameter für die Produktivität eines Landes in der Grundlagenforschung herangezogen werden. Dabei ist die Gesamtzahl der Veröffentlichungen alleine nicht besonders aussagekräftig, da nicht alle Publikationen gleich wichtig sind. Als Maß für die Qualität einer Publikation verwendet man häufig die Zahl der Zitierungen pro Jahr, d. h. wie oft die betreffende Publikation von anderen FachkollegInnen in deren Veröffentlichungen erwähnt wird. Summiert man die jährlichen Zitierungen aller Veröffentlichungen eines Landes und dividiert sie durch die EinwohnerInnenzahl des betreffenden Landes (um verschieden große Länder miteinander vergleichbar zu machen), so erhält man einen tauglichen und robusten Parameter für die Grundlagenforschungs-Produktivität eines Landes.[3]

Wo also steht Österreich heute in der Grundlagenforschung im Vergleich zu den wissenschaftlich stärksten Ländern? Abbildung 1 zeigt, dass Österreich zurzeit weltweit an 15. Stelle[4] liegt, wenn man – wie oben beschrieben – die Zahl der Zitierungen pro EinwohnerIn als Maß nimmt.[5] Unangefochten an der Spitze liegt die Schweiz, gefolgt von Schweden, Dänemark, Finnland und den

Abbildung 3: Relative Pro-Kopf-Zitationsleistung von Österreich und den fünf forschungsstärksten Ländern. Schweiz=100 Prozent. Neben den beobachteten Werten der letzten drei Jahrzehnte, zeigt die Abbildung eine Projektion bis zum Jahre 2050, wobei dieser Projektion das durchschnittliche Wachstum des jeweiligen Landes zwischen dem Durchschnitt der Jahre 1981–1985 und 2006–2010 zugrundeliegt.

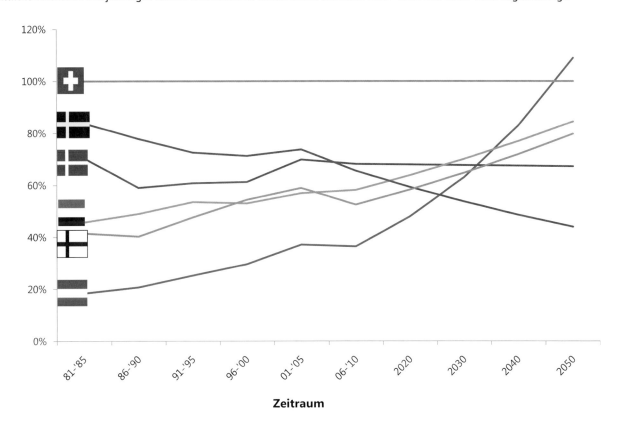

Niederlanden (der Umstand, dass diese vier Länder zusammen mit Deutschland den diesjährigen EU-Innovation Scoreboard anführen, unterstreicht einmal mehr die Bedeutung der Grundlagenforschung für die Innovationsfähigkeit eines Landes). Es ist übrigens bemerkenswert, dass es durchwegs kleine Länder sind, die bei der Pro-Kopf-Zitationshäufigkeit die Nase vorne haben. Und das nicht nur in einigen Disziplinen, sondern in fast allen.

Dabei ist im vorliegenden Zusammenhang weniger das Ranking Österreichs von Bedeutung, als der Abstand zur Weltspitze: Von der Schweiz trennt uns ein Faktor 2,8, vom Durchschnitt der fünf führenden Ländern (die wir in der Folge als „Weltspitze" bezeichnen werden) ein Faktor 1,9. Die Aufgabe würde also in einer Verdoppelung der Pro-Kopf-Grundlagenforschungs-Produktivität bestehen, entweder durch entsprechende Verbesserung der Produktivität jeder einzelnen Wissenschaftlerin/jedes einzelnen Wissenschaftlers oder durch Verdoppelung der Zahl der ForscherInnen; vermutlich wohl durch eine Kombination beider Maßnahmen. Für einen Zeitraum von 35 Jahren klingt das nicht sonderlich ambitioniert – eine ein-

fache Zinseszinsrechnung zeigt, dass Österreich sich pro Jahr um etwa 2 Prozent verbessern müsste, um seinen Output in 35 Jahren zu verdoppeln.

Das Problem dabei ist allerdings, dass es nicht alleine um eine absolute Verbesserung, sondern um eine relative Verbesserung geht. Auch die anderen Länder – und insbesondere natürlich die Länder an der Weltspitze – erhöhen laufend ihren Output. Für die letzten 35 Jahre zeigt das eindrucksvoll die Abbildung 2. Man sieht, dass der Forschungsoutput der Länder der Weltspitze in diesem Zeitraum durchwegs stark gestiegen ist. Österreich hat in dieser Zeit seine Pro-Kopf-Zitationsleistung mehr als verzehnfacht (!), gleichwohl haben wir uns relativ zu den anderen – trotz sehr beachtlicher Anstrengungen – nur wenig verbessert: Bezogen auf den „Weltmeister" Schweiz, haben wir uns in den letzten drei Jahrzehnten von etwa 18 Prozent auf ca. 36 Prozent in der Pro-Kopf Zitationsleistung gesteigert, also ziemlich genau verdoppelt. Bezüglich des Durchschnitts der „Weltspitze" haben wir uns von 27 Prozent auf 53 Prozent ebenfalls knapp verdoppelt.

Abbildung 4: Wie Abbildung 3, nur liegt der Projektion in die Zukunft das durchschnittliche Wachstum des jeweiligen Landes zwischen dem Durchschnitt der Jahre 2002–2007 und 2007–2011 zugrunde.

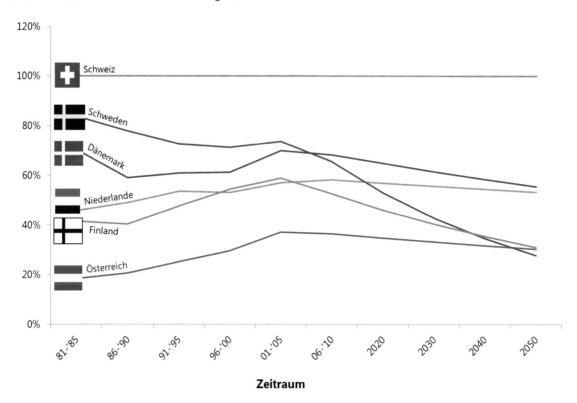

Hält man sich die Entwicklung der letzten 35 Jahre vor Augen, so scheint man mit Zuversicht in die nächsten 35 Jahre blicken zu können: Falls es uns gelingt, „weiterzumachen wie bisher", sollten wir uns in den nächsten 35 Jahren nochmals relativ zur Schweiz bzw. zum Durchschnitt der fünf besten Länder verdoppeln und damit in der Mitte der Spitzenländer landen. Das ist natürlich ziemlich naiv, denn solche Überlegungen basieren auf kaum haltbaren Annahmen über das exponentielle Wachstum.

Die Abbildungen 3 und 4 illustrieren die Problematik. In beiden Abbildungen wurde das Wachstum Österreichs sowie der fünf Spitzenländer in die Zukunft projiziert, wobei die Pro-Kopf-Zitationsleistung jedes Landes als Prozentsatz jener der Schweiz dargestellt wird. Die beiden Abbildungen unterscheiden sich in den für die jeweiligen Länder angewendeten Wachstumsfaktoren. Für Abbildung 3 wurde der durchschnittliche Wachstumsfaktor des jeweiligen Landes der letzten drei Jahrzehnte angewendet, in Abbildung 4 jener zwischen dem Durchschnitt der Jahre 2002–2007 und dem Durchschnitt der Jahre 2007–2011, d. h. dem Wachstum während der letzten Jahre. Der Unterschied könnte – zumindest was Österreich betrifft – kaum größer sein.

Legt man dem Wachstum der nächsten 35 Jahre also jenes der vergangenen drei Jahrzehnte zugrunde, dann würde Österreich im Jahre 2050 die Schweiz überholt haben. Demgegenüber würden wir gegenüber der Schweiz bei etwa 30 Prozent stagnieren, wenn man das Wachstum der zweiten Hälfte des letzten Jahrzehnts zugrunde legt. Das scheint ein wenig paradox, ist es aber keineswegs: „Wachstum" hat einen absoluten und einen relativen Aspekt. In den 1970er und 1980er Jahren war angesichts des noch sehr niedrigen Forschungs-Outputs ein relativ hohes prozentuelles Wachstum problemlos möglich, umso mehr als in dieser Zeit das Universitätssystem durch den starken Ansturm von Studierenden sowie durch eine Reihe von Universitätsneugründungen stark gewachsen ist. Ein vergleichbares prozentuelles Wachstum war nach der Jahrhundertwende offenbar nicht mehr möglich. In anderen Worten: das letzte Prozent Wachstum ist immer das teuerste, oder noch einfacher: Oben wird die Luft dünner.

Welches Fazit können wir nun aus diesen Überlegungen ziehen? Es ist weder unmöglich noch undenkbar, dass Österreich im Jahre 2050 in der Grundlagenforschung zur Weltspitze aufschließt. Allerdings ist es nicht sehr wahrscheinlich, da es erfordern würde, dass wir ceteris paribus unsere Anstrengungen im Hinblick auf den Pro-Kopf-Zitationsoutput gegenüber den letzten Jahren erheblich steigern müssten. Wie oben erwähnt, wäre dies sowohl durch quantitatives als auch durch qualitatives Wachstum möglich, d. h. durch eine Erhöhung der Zahl der in der Grundlagenforschung tätigen WissenschaftlerInnen, oder durch Rekrutierung von " besseren" ForscherInnen, d. h. solchen, die häufiger zitierte Publikationen verfassen. Beides ist nicht nur, aber auch eine Frage des Geldes, welches – wie es auf der ganzen Welt für die Grundlagenforschung der Fall ist – von der öffentlichen Hand kommen muss.

Ermutigend ist zweifellos die von der Bundesregierung im Rahmen der FTI-Strategie verkündete Absicht der Erhöhung der Forschungsquote auf 3,76 Prozent bis 2020, sowie die Analyse, dass „… der Anteil der Finanzierung der Grundlagenforschung am Bruttoinlandsprodukt (BIP) in Österreich niedriger ist als in wichtigen von der Organisation für wirtschaftliche Zusammenarbeit und Entwicklung (OECD) genannten Benchmark-Ländern…", weshalb „…die Investitionen in die Grundlagenforschung bis 2020 auf das Niveau führender Forschungsnationen…" zu steigern seien. Im Sinne qualitativer Verbesserungen ist es des Weiteren ermutigend, dass die FTI-Strategie auch eine „…Stärkung der Grundlagenforschung durch Strukturreformen des Hochschulsystems…" plant, insbesondere soll „…die Finanzierung der Forschung stärker kompetitiv und projektbezogen…" werden. Ebenfalls ermutigend ist die in den letzten Jahren erfolgte Gründung einiger explizit der Spitzenforschung gewidmeter Institutionen (Institute of Science and Technology Austria, Institut für Molekulare Biotechnologie, Forschungszentrum für Molekulare Medizin, Wittgenstein Center for Demography, etc.) An deren Forschungsleistungen werden nolens volens auch die Universitäten gemessen werden. Weniger ermutigend ist der Umstand, dass es bislang kaum Anzeichen für die tatsächliche Umsetzung der FTI-Strategie gibt, und dass der gesamte Diskurs über die Finanzierung der Universitäten nach wie vor weitgehend von deren Aufgaben als „höhere Schulen" dominiert wird und die an den Universitäten betriebene Grundlagenforschung im öffentlichen Diskurs kaum vorkommt.

Abschließend muss nochmals auf die Fragwürdigkeit eines derartigen Blicks in die Zukunft hingewiesen werden. Das hier immer wieder implizierte Konzept des „ceteris paribus" ist natürlich in mehrfacher Hinsicht zu hinterfragen: einerseits kann man die Weltspitze erreichen, indem man die eigenen Leistung entsprechend steigert, aber auch dadurch, dass bei gleicher eigener Leistung die Weltspitze ihre Leistung reduziert. Es kommen dann mit großer Wahrscheinlichkeit andere Länder mit entsprechenden Ambitionen in der Grundlagenforschung (z. B. Singapur) ins Spiel. Ein weiteres caveat betrifft die Verwendung der Bibliometrie zur Messung des Outputs der Grundlagenforschung. Zwar ist bekannt, dass die Zuverlässigkeit bibliometrischer Methoden mit dem Aggregationsgrad steigt – weshalb sie beim Vergleich von Ländern wesentlich besser funktionieren als beim Vergleich von Personen oder Institutionen, aller-

dings versagen sie auch bei hohem Aggregationsgrad dann, wenn man unterschiedliche Wissenschaftsdisziplinen miteinander in Beziehung setzt. Im vorliegenden Fall führt dies dazu, dass einige Disziplinen – zuvorderst viele der geisteswissenschaftlichen Teilgebiete – überhaupt nicht berücksichtigt werden, andere – wie zum Beispiel einige Teilgebiete der Mathematik – werden aufgrund der disziplinären Zitiergepflogenheiten untergewichtet. Gleichwohl sind die dadurch gemachten Fehler klein im Vergleich zur Ungewissheit eines Blicks in die ferne Zukunft.

Gerade im Hinblick auf die ökonomischen Turbulenzen der letzten Jahre scheint diese Ungewissheit besonders groß, da ja in Krisenzeiten Investitionen in die Grundlagenforschung gegenüber dem „schieren ökonomischen Überleben" tendenziell nachrangig sind. Dafür gibt es jede Menge Beispiele, allerdings auch solche, die das Gegenteil zeigen: Israel, ein Land, welches seit mehreren Jahrzehnten praktisch ununterbrochen mit existenziellen Bedrohungen zu leben hat, investiert einen deutlich höheren Anteil seines Bruttoinlandsproduktes in die Grundlagenforschung als Österreich, und es liegt auch in der Pro-Kopf-Zitationsleistung weltweit an 6. Stelle, also weit vor Österreich. In anderen Worten: es ist ein Zeichen der Weltspitze, dass sie der Grundlagenforschung einen hohen Stellenwert einräumt, der nicht durch kurzfristige konjunkturelle Schwankungen in Frage gestellt wird. Die herausragende Stellung der Schweiz ist einem konsistenten und ununterbrochenen Engagement in die Grundlagenforschung über mehr als ein Jahrhundert geschuldet. Grundlagenforschung braucht einen langen Atem. ■

Danksagung: *Ich danke Falk Reckling und Ralph Reimann für Anregungen, Diskussionen und die Durchführung der statistischen und bibliometrischen Analysen.*

Anmerkungen

[1] http://www.bka.gv.at/DocView.axd?CobId=42655

[2] http://www.era.gv.at/attach/ius-2013_en.pdf

[3] Das korreliert auch sehr gut mit anderen Metriken, beispielsweise dem Anteil von Förderungen, die die Länder relativ zu ihrer Größe beim European Research Council (ERC) erhalten.

4 Siehe FWF (2007): Der Wettbewerb der Nationen – oder wie weit die österreichische Forschung von der Weltspitze entfernt ist, http://www.fwf.ac.at/de/downloads/pdf/der_wettbewerb_der_nationen.pdf

5 http://derstandard.at/2998658?seite=1

Der Autor

Christoph Kratky *war von 2005 bis 2013 Präsident des Wissenschaftsfonds FWF und ist seit 1995 Professor für Physikalische Chemie an der Universität Graz. Er studierte Chemie an der ETH Zürich; von 1976 bis 1977 war er Post-Doc an der Harvard University. Seine Forschungsinteressen sind im Grenzgebiet zwischen Chemie und Biologie, insbesondere im Bereich der kristallographischen Bestimmung der 3D Strukturen biologisch relevanter Moleküle. Christoph Kratky kann auf ca. 200 Publikationen und auf über 100 Einladungen zu wissenschaftlichen Vorträgen verweisen, zudem hält er die Rechte an zwei Patenten.*

DIE ZUKUNFT VON WISSENSCHAFT UND FORSCHUNG UND DIE ENTSTEHUNGSBEDINGUNGEN VON INNOVATIONEN

Marion Weissenberger-Eibl

Die Zukunft von Wissenschaft und Forschung erkunden und gestalten

Wissenschaft und Forschung sind wichtige Instrumente zur Gestaltung unserer Zukunft. Aussagen darüber, wie sie sich zur Mitte des Jahrhunderts darstellen werden, sind unsicher. Dies betrifft vor allem die Frage, nach welchen Anforderungen und auf Grundlage welcher Programme und Methoden sie operieren werden. Bereits heute zeichnet sich aber ab, dass die Überwindung disziplinärer Grenzen größere Bedeutung erlangen wird und dadurch nicht nur die Anforderungen an Wissenschaft und Forschung gezielter adressiert werden können, sondern sich auch ganz neue Erkenntnis- und Innovationspotenziale realisieren lassen. Gleichzeitig wird immer deutlicher, dass dies nur im Zusammenwirken mit den anderen Akteuren im Innovationssystem zu leisten ist.

Die Methoden der Zukunftsforschung erlauben es uns trotz aller Unsicherheit, belastbare Annahmen über zukünftige Entwicklungen in Wissenschaft und Forschung zu formulieren. Schwache Signale, ExpertInnenannahmen über mögliche Entwicklungen und bereits absehbare Entwicklungen von Rahmenbedingungen können gleich einer Archäologie der Zukunft zusammengetragen und interpretiert werden, um daraus konsistente Zukunftsbilder zu entwerfen und Handlungsoptionen abzuleiten.[1] Die Zuverlässigkeit dieser Aussagen nimmt mit längeren zeitlichen Horizonten allerdings ab. Indem die Zukunftsforschung aber Visionen, Szenarien und auch Entwicklungspfade (z. B. in Form von Roadmaps) bereit stellt, zeigt sie nicht nur in neutraler Weise mögliche Entwicklungen auf. Positive Visionen und Leitbilder dienen als Orientierungspunkt für das Handeln der beteiligten Akteure, unterstützen die Kommunikation nachhaltiger Entwicklungsziele an relevante gesellschaftliche Zielgruppen und üben Anziehungskraft aus, statt Angst vor Veränderungen zu wecken (vgl. dazu Schnieder/Sommerlatte 2010, S. 114–119). Dadurch sind die Ergebnisse der Zukunftsforschung auch selbst Beiträge zur Gestaltung der Zukunft von Wissenschaft und Forschung.

Wissenschaft und Forschung im Kontext globaler Herausforderungen

Wissenschaft und Forschung sind kein Selbstzweck, sondern stehen weiter zunehmend im Dienste von Verwertungsinteressen. Es ist anzunehmen, dass sie in Zukunft noch stärker auf die Verwertung ihrer Ergebnisse verpflichtet werden, insbesondere zur Bewältigung der bekannten globalen Herausforderungen – der „Grand Challenges". Klimawandel, Rohstoffverknappung und demografischer Wandel sind wohlbegründete Annahmen über weit in die Zukunft reichende Entwicklungen. Dabei handelt es sich nicht um isolierte Herausforderungen, die sich gezielt mit einzelnen Innovationen adressieren lassen. Die Umstellung auf eine nachhaltige Wirt-

schafts- und Lebensweise ist eine Aufgabe, bei der im laufenden Betrieb ganze sozio-technische Systeme einem grundlegenden Wandel unterzogen werden müssen.

Dies kann auch einen grundlegenden Wandel der Forschungs- und Innovationspolitik erforderlich machen. In der sogenannten Lund Declaration wurde bereits 2009 gefordert, die europäische Forschungspolitik auf die großen gesellschaftlichen Herausforderungen auszurichten und dazu Akteure aus dem öffentlichen, privaten und zivilgesellschaftlichen Bereich einzubinden. Radikale Innovationen sollten durch größere Risikobereitschaft in der Forschung und eine stärkere Nachfrageorientierung der Innovationspolitik erreicht werden. Die Umsetzung dieser missionsorientierten Forschungspolitik ist eine komplexe Herausforderung, bei der verschiedene Akteure, wissenschaftliche Disziplinen, Innovationsfinanzierung und Innovationspolitik auf europäischer und nationaler Ebene ineinander greifen müssen. Die Probleme sind auf nationalstaatlicher Ebene allein nicht zu lösen. Die Beiträge der nationalen Innovationssysteme sind dazu aber unerlässlich.

Eine solche Transformation von Systemen lässt sich nicht durch graduelle Anpassungen erreichen, sondern nur durch einen tiefgreifenden Wandel. Es wurde bereits vorgeschlagen, dass dafür ein neuer Typ von Innovationen, nämlich „transformative Innovationen" (vgl. dazu Stewart 2008), notwendig werden kann, der selbst wiederum eine andere Art der Wissenschaft voraussetzt (vgl. dazu Wissenschaftlicher Beirat der Bundesregierung Globale Umweltveränderungen 2011). Demnach setzen Innovationsaktivitäten, die die großen Herausforderungen adressieren, eine Forschung voraus, die einerseits sozio-technische und systemische Aspekte verbindet. Sie muss soziale und technische Innovationen verknüpfen sowie gleichzeitig auf Systemänderungen abzielen, anstatt einzelne Elemente zu optimieren. Andererseits muss diese Forschung transdisziplinär, experimentell, partizipatorisch sowie international vernetzt erfolgen. Sie muss Experimentierräume zur Verfügung stellen, in denen Innovationen unter realweltlichen Bedingungen erprobt werden können und dabei Nutzer und Stakeholder auf verschiedenen Ebenen einbeziehen (vgl. dazu Hufnagl/Daimer/Warnke 2012, S. 217–234 und Presse- und Informationsamt der Bundesregierung 2012, S. 76–83). Eine solche Forschung lässt sich nur durch ein Umdenken und ein abgestimmtes Vorgehen in Wissenschaft, Wirtschaft und Politik verwirklichen und erfolgreich gestalten.

Unter den Bedingungen knapper Ressourcen bieten vorausschauende Aktivitäten die Möglichkeit, attraktive und bedarfsorientierte Forschungsfelder zu identifizieren, um so Wissenschaft und Forschung auf anstehende Herausforderungen auszurichten und zukunftsfähig zu machen. Ein Beispiel aus der jüngeren Vergangenheit ist der Foresight-Prozess des deutschen Bundesministeriums für Bildung und Forschung (BMBF), in dem Zukunftsfelder und zukunftsträchtige Akteurskonstellationen identifiziert wurden, mit deren Hilfe traditionelle disziplinäre Grenzen überwunden werden können. Dieser Foresight-Prozess war nicht primär auf die globalen Herausforderungen ausgerichtet, hat diese jedoch in seinen Auswahlkriterien mit berücksichtigt. Im Zentrum des Interesses standen die Fragen, welche Forschungsthemen langfristig bedeutsam sein werden, welche Themen in Deutschland adäquat vorangetrieben werden können, da sie an vorhandene Kompetenzen in Wissenschaft und Wirtschaft anknüpfen, und welche Gebiete in Forschung und Technologie als Impulsgeber für andere Bereiche dienen können. Insbesondere bei den letzten Punkten war die Verknüpfung unterschiedlicher Kompetenzen, Disziplinen und Akteure ein erklärtes Ziel.

Ausgangspunkt für den Foresight-Prozess waren die Themenfelder der Hightech-Strategie der deutschen Bundesregierung. Diese Themen reichten von einzelnen Technologien wie optischen Technologien und Biotechnologie bis hin zu komplexen Themenfeldern wie Mobilität und nachhaltige Entwicklung. Die Themen der Hightech-Strategie wurden mit den Methoden der Zukunftsforschung eingehend analysiert, mit Experten diskutiert und diejeweiligen Zukunftsthemen identifiziert: Themen, die in den nächsten zehn Jahren eine herausragende Bedeutung innerhalb ihres Feldes erlangen

werden. Im zweiten Schritt wurden Querschnittsaspekte herausgearbeitet, um Anknüpfungspunkte zwischen den Themen und für übergreifende Aktivitäten zu identifizieren. In einem mehrstufigen Prozess wurden zahlreiche Querverbindungen bestimmt und analysiert. Im Endergebnis kristallisierten sich die „Zukunftsfelder neuen Zuschnitts" heraus, wie z. B. „Mensch-Technik-Kooperationen", „Produzieren Konsumieren 2.0" oder „Das Altern entschlüsseln" (siehe Abbildung 1). In diesen Zukunftsfeldern konvergieren unterschiedliche wissenschaftliche Disziplinen und Forschungsthemen.

Die Auswahl der Zukunftsthemen und der Zuschnitt der Zukunftsfelder erfolgten anhand eines Sets von Kriterien. Demnach wurde ein Zukunftsthema als solches definiert, wenn es über zehn Jahre hinaus in Forschung und Technologie auf der Agenda steht und die folgenden Kriterien in hohem Maße erfüllt: es verspricht einen herausragenden Erkenntnisgewinn in Wissenschaft und Technologie, ist Impulsgeber für andere Forschungsgebiete, unterstützt die wirtschaftliche Entwicklung Deutschlands und trägt so zur internationalen Wettbewerbsfähigkeit bei, verbessert maßgeblich die Lebensqualität, knüpft an Kompetenzen der deutschen Wissenschaft und Wirtschaft an und unterstützt nachhaltig Ressourcenschonung, Klima- und Umweltschutz. Für die Eröffnung eines

Abbildung 1: Zukunftsfelder neuen Zuschnitts im BMBF-Foresight-Prozess.

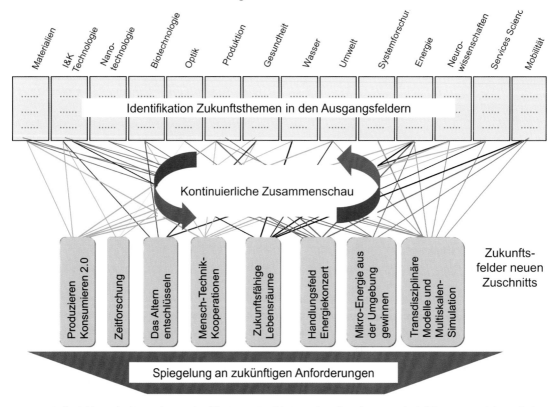

Quelle: Cuhls, Kerstin/Ganz, Walter/Warnke, Philine (Hrsg.): Foresight-Prozess im Auftrag des BMBF. Zukunftsfelder neuen Zuschnitts. Karlsruhe/Stuttgart 2009, S. 13.

„Zukunftsfeldes neuen Zuschnitts" war darüber hinaus ausschlaggebend, dass der neue Zuschnitt einerseits Forschungsaspekte mit hoher Dynamik und ähnlicher Perspektive in einer Weise bündelt, die eine bessere Erschließung des Innovationspotenzials verspricht. Andererseits wurde von der Bedarfsseite eine Adressierung zentraler Zukunftsherausforderungen in neuer Qualität vorausgesetzt. Nachdem die „Grand Challenges" nicht als Leitidee des Foresight-Prozesses fungierten, wurde die Hightech-Strategie der Bundesregierung mittlerweile weiterentwickelt und stärker auf die globalen Herausforderungen hin ausgerichtet.

Ein Beispiel für die Nutzung der „Grand Challenges" als Ausgangspunkt für strategische Überlegungen der Forschungsplanung ist das Programm der deutschen Fraunhofer-Gesellschaft „Märkte von Übermorgen" (vgl. http://www.fraunhofer.de/de/fraunhofer-forschungsthemen/uebermorgen-projekte/maerkte-von-uebermorgen.html). Das Programm adressiert Herausforderungen, die aus dem Millennium Projekt abgeleitet wurden: Gesundheit, Sicherheit, Mobilität oder Energie. Ziel ist es, für diese „Märkte von Übermorgen" integrierte Lösungsansätze anzubieten. Die Institute der Fraunhofer-Gesellschaft waren aufgerufen, gemeinsam Projektvorschläge einzureichen und dabei technologische Projekte mit Überlegungen zum gesellschaftlichen Nutzen zu verbinden.

Bemerkenswert ist an dieser Initiative, dass Fraunhofer mit diesem Programm und in Maßen auch schon mit seinen Vorläufern einen Perspektivenwechsel in der Strategieentwicklung vom Angebot hin zur Nachfrage vollzogen hat. Traditionell war Fraunhofer technologiegetrieben aufgestellt. Die „Märkte für Übermorgen" tragen heute dazu bei, innerhalb von Fraunhofer das klassische Ingenieursdenken zu verändern. Ausgangspunkt der Überlegungen sind heute immer weniger technologische Möglichkeiten als anstehende Herausforderungen: konkrete Probleme und Bedarfe, für die konkrete Lösungen entwickelt werden.

Die Zukunft von Wissenschaft und Forschung im Sinne ihrer Rahmenbedingungen und Erkenntnisweisen wird nicht zuletzt durch die „Grand Challenges" zunehmend von einer Nachfrageorientierung bestimmt. Gleichzeitig werden Wissenschaft und Forschung zunehmend von internationalen Netzwerken geprägt. Erfolgreiche nationale Innovationssysteme zeichnen sich bereits heute dadurch aus, dass sie in intensivem Austausch mit internationalen Partnern stehen. Diese Anforderung ist dabei komplementär zu den Bestrebungen, Akteure und ihre Kompetenzen auch vor Ort in Clustern zu stärken und im Sinne einer Angebotsorientierung an vorhandene Stärken anzuknüpfen. In beiden Fällen ist das erfolgreiche Funktionieren von Innovationssystemen auf die Anschlussfähigkeit der einzelnen Akteure angewiesen.

Die aktuellen Initiativen zur Anpassung von Wissenschaft und Forschung an veränderte Rahmenbedingungen und Anforderungen erlauben es, Ansätze zukünftiger Entwicklungslinien zu identifizieren. Die genannten vorausschauenden Aktivitäten helfen, den Blick zu öffnen, neue Optionen und damit praktische Wege vorzuzeichnen, die sich auf das Selbstverständnis und die Ansätze der wissenschaftlichen Akteure niederschlagen können.

Wissenschaft, Bildung, Wirtschaft und Politik systemisch denken

Wissenschaft und Forschung lassen sich in einer zunehmend komplexen Welt immer weniger isoliert betrachten. Die wachsende Dynamik des internationalen Innovationswettbewerbs erfordert es, den Kontext und die Interdependenzen mit anderen gesellschaftlichen Subsystemen mit in den Blick zu nehmen.

Dabei zeigen die Ergebnisse der Innovationsforschung und die wirtschaftliche Entwicklung in Europa deutlich, dass Wettbewerbsfähigkeit immer stärker an den Faktor Innovation gekoppelt ist. Der unter Federführung des Fraunhofer Instituts für System- und Innovationsforschung ISI erstellte Innovationsindikator 2012 hat deutlich gezeigt, dass die Krisenländer Europas auch aus Innovationsperspektive den Anschluss an die innovativen Volkswirtschaften Europas verloren haben (siehe Abbildung 2).

Eine nachhaltige Verbesserung der Situation der südeuropäischen Länder und damit auch eine Stabilisierung des gesamten Euroraums sind mittel- und langfristig nur durch verstärkte Innovationsanstrengungen zu erreichen. Irland ist ein positives Beispiel dafür, dass eine Innovationsstrategie die Basis für einen erfolgreichen wirtschaftlichen Aufholprozess darstellen kann. Irland hat frühzeitig wesentliche Investitionen in das Bildungssystem getätigt, die eine wichtige angebotsseitige Grundlage für den Wirtschaftsboom der 1990er-Jahre legten. In diesem Zuge wurde auch die Wirtschaft modernisiert und damit die Innovationsleistung des Unternehmenssektors verbessert. Seit dem Jahr 2000 war das Wissenschaftssystem Schwerpunkt der irischen Entwicklungsstrategie. Irland gelang es, in kurzer Zeit zur Weltspitze aufzuschließen. Da Investitionen in die Wissenschaft eine wichtige, allerdings sehr langfristig wirkende Grundlage für einen höheren Output des Innovationssystems insgesamt sind, verspricht dies günstige Voraussetzungen für eine Fortsetzung des Aufholprozesses.

Der Innovationsindikator vergleicht die Innovationsfähigkeit ausgewählter Länder anhand eines komplexen Input-Output-Modells, in das nicht nur die Aufwendungen für Forschung und Entwicklung einfließen. Die Innovationsfähigkeit wird anhand der Leistungsfähigkeit und des Zusammenspiels der Subsysteme Wissenschaft, Wirtschaft, Bildung, Staat und Gesellschaft betrachtet. Eine isolierte Betrachtung der Wissenschaft allein erlaubt keine Beurteilung der Innovationsfähigkeit eines Landes (siehe Tabelle 1).

Abbildung 2: Entwicklung des Innovationsindikators für ausgewählte Euroländer 1998-2011.

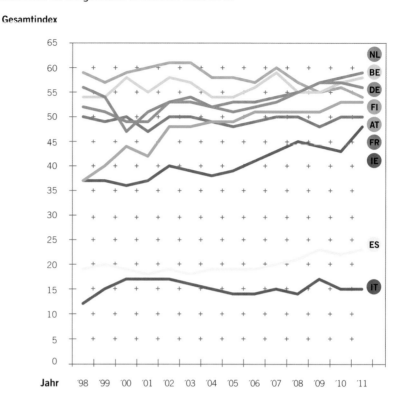

NL	Niederlande
DE	**Deutschland**
AT	Österreich
IE	Irland
BE	Belgien
FI	Finnland
FR	Frankreich
IT	Italien
ES	Spanien

Quelle: Frietsch, Rainer/Rammer, Christian/Schubert, Torben/Bührer, Susanne/Neuhäusler, Peter (2012): Innovationsindikator 2012, Bonn/Berlin 2012, S. 85.

Die untersuchten Länder weisen dabei unterschiedliche Stärken und Schwächen in den einzelnen Subsystemen auf. So verfügen z. B. die USA über eine leistungsfähige Wirtschaft, liegen aber in den Bereichen Wissenschaft und Bildung nur im Mittelfeld. Die Niederlande dagegen weisen insbesondere Stärken im gesellschaftlichen Bereich auf, die sich u. a. an der Beteiligung der Bevölkerung an Entscheidungsprozessen festmachen lässt. Spitzenreiter Schweiz weist bei allen Subsystemen und vor allem bei ihrem Zusammenwirken gute Werte auf. Österreich hat in den vergangenen Jahren einige Plätze gut machen können. Wie vielleicht kein zweites Land der EU hat Österreich das sogenannte Barcelona-Ziel ernst genommen, die gesamtwirtschaftlichen Ausgaben für Forschung und Entwicklung (F&E) auf drei Prozent des Bruttoinlandsprodukts zu erhöhen. Kontinuierliche Ausgabensteigerungen und offensive innovationspolitische Maßnahmen, wie eine großzügige steuerliche Förderung von F&E haben zu einer Steigerung der F&E-Quote von 1,8 Prozent im Jahr 1998 auf 2,8 Prozent im Jahr 2010 geführt. Gleichzeitig hat die österreichische Wirtschaft ihren Innovationsoutput deutlich erhöht (vgl. dazu Weissenberger-Eibl u. a. 2011, S. 18). Die etwas schlechtere Platzierung 2012 hängt damit zusammen, dass andere Länder zum Ausgang der Krise von 2008/2009 wieder stärker in Forschung, Wissenschaft und Innovation investiert haben, sodass die weiterhin hohen österreichischen Investitionen sich nicht positiv abheben konnten (vgl. dazu Wissenschaftsindikator 2012, S. 20). An diesem Beispiel zeigt sich, dass Erhalt und Verbesserung der Innovationsfähigkeit einerseits kontinuierliche Anstrengungen erfordern. Einmalige Investitionen zeigen in dieser Hinsicht kaum Wirkung. Andererseits ist der Innovationswettbewerb global – Verbesserungen sind daher immer im internationalen Kontext zu sehen.

Eine wichtige Erkenntnis des Innovationsindikators lautet, dass sich Investitionen in Innovationen auszahlen, dabei jedoch ein erheblicher Zeitverzug zu beachten ist. In der Regel schlagen sich Investitionen erst nach neun Jahren in Form eines gesteigerten Outputs nieder. Dies gilt insbesondere für Investitionen in Bildung. Qualifikationen und Kompetenzen von Beschäftigten sind jedoch die wichtigsten Faktoren, um Innovationen zu entwickeln und umzusetzen, so dass Investitionen hier von besonderer Bedeutung sind. Der Ausbildungsstand von MitarbeiterInnen, von FacharbeiterInnen bis zu AkademikerInnen, leistet einen wichtigen Beitrag zum Innovationserfolg von Unternehmen. Insbesondere wird die Bedeutung von naturwissenschaftlich-technischen Ausbildungen für das Innovationssystem hervorgehoben, da NaturwissenschaftlerInnen und

Tabelle 1: Gesamtergebnis des Innovationsindikators, Entwicklung 1995 bis 2011.

Rang	1995	2000	2005	2010	2011
1	Schweiz	Schweiz	Schweiz	Schweiz	Schweiz
2	USA	Schweden	Schweden	Singapur	Singapur
3	Niederlande	USA	USA	Schweden	Schweden
4	Schweden	Finnland	Finnland	Deutschland	Niederlande
5	Belgien	Belgien	Singapur	Finnland	Belgien
6	Kanada	Singapur	Niederlande	Niederlande	Deutschland
7	Deutschland	Kanada	Kanada	Norwegen	USA
8	Finnland	Frankreich	Dänemark	Österreich	Dänemark
9	Frankreich	Deutschland	Belgien	USA	Finnland
10	Dänemark	Niederlande	Deutschland	Belgien	Norwegen
11	Singapur	Dänemark	Norwegen	Kanada	Österreich
12	Großbritannien	Großbritannien	Großbritannien	Taiwan	Frankreich
13	Japan	Norwegen	Österreich	Dänemark	Kanada
14	Norwegen	Japan	Frankreich	Frankreich	Großbritannien
15	Australien	Australien	Australien	Großbritannien	Australien
16	Österreich	Österreich	Irland	Australien	Taiwan
17	Irland	Irland	Japan	Irland	Irland
18	Südkorea	Südkorea	Südkorea	Südkorea	Südkorea
19	Taiwan	Taiwan	Taiwan	Japan	Japan
20	Russland	Russland	Spanien	Spanien	Spanien
21	Polen	Spanien	Indien	China	China
22	Indien	Indien	Italien	Italien	Italien
23	Spanien	Italien	China	Indien	Polen
24	Italien	Polen	Russland	Russland	Russland
25	Türkei	China	Polen	Polen	Südafrika
26	China	Brasilien	Südafrika	Südafrika	Türkei
27	Brasilien	Türkei	Brasilien	Türkei	Indien
28	Südafrika	Südafrika	Türkei	Brasilien	Brasilien

Quelle: Innovationsindikator 2012, S. 16.

IngenieurInnen traditionell einen wesentlichen Beitrag zu Forschungs- und Entwicklungsprozesse leisten. Dabei sind neben den akademisch ausgebildeten Personen FacharbeiterInnen mit einer fundierten beruflichen Qualifikation im MINT-Bereich (Mathematik, Informatik, Naturwissenschaft und Technik)[2] oft von ebenso großer Bedeutung. Die Grundlagen für den Erwerb von naturwissenschaftlich-technischen Qualifikationen werden bereits in der Schule und teilweise sogar in den Kindergärten gelegt. Eine vorausschauende Forschungs- und Innovationspolitik muss daher bereits in diesem frühen Stadium ansetzen.

Für die Akteure des Innovationssystems bedeutet dies, dass sie wie im Fall der globalen Herausforderungen mit Aufgaben konfrontiert sind, die die gewohnten Zeiträume politischer Planungsprozesse oder betriebswirtschaftlicher Investitionszyklen übersteigen. Immer schnellere Innovationszyklen, steigende Komplexität von Innovationsprozessen und begrenzte finanzielle Ressourcen zwingen dazu, Mechanismen und Instrumente zur effizienten Nutzung dieser Ressourcen zu entwickeln, mit denen sich langfristige inhaltliche Ziele und die Förderung der Wettbewerbsfähigkeit effektiv und effizient verbinden lassen.

Fazit: Innovationssysteme ganzheitlich entwickeln

Die Zukunft von Wissenschaft und Forschung wird durch eine Reihe externer und interner Faktoren bestimmt, die insgesamt die Entstehungsbedingungen von Innovationen verändern können. Die globalen Herausforderungen und die von Politik und Markt an sie gestellten Anforderungen bergen die Möglichkeit, dass die Logik der Verwertung von Ergebnissen noch stärker in den Vordergrund rückt. In Forschung und Politik wird es daher darauf ankommen, auch in Zukunft den Spagat zwischen Freiheit und Ergebnisorientierung in Wissenschaft und Forschung so auszutarieren, dass einerseits die gestellten Anforderungen erfüllt werden können, andererseits aber auch kreative Freiräume für unvorhersehbare Entwicklungen erhalten bleiben.

Aus der Perspektive übergeordneter Innovationssysteme wird die Leistungsfähigkeit von Wissenschaft und Forschung davon abhängen, ob es gelingt, die Anschlussfähigkeit an andere Akteure zu gewährleisten. Erfolgreiche Innovationssysteme zeichnen sich nicht zuletzt durch ein reibungsloses und abgestimmtes Zusammenspiel zwischen Wissenschaft, Bildung, Wirtschaft und Politik ab.

Im Binnenverhältnis der Wissenschaft ergeben sich Potenziale für Innovationen insbesondere aus der Überwindung disziplinärer Grenzen. Bereits heute realisieren sich zahlreiche Innovationen an der Grenze zwischen verschiedenen Forschungs- und Anwendungsfeldern. Die Erkundung und Erschließung dieser Potenziale, die einen Beitrag zu den großen Transformationen des 21. Jahrhunderts leisten können, kann durch vorausschauende Prozesse wirksam unterstützt werden. Sie unterstützen auf der Grundlage langfristiger Ziele und Visionen langfristige Planungsprozesse wie auch die Kommunikation mit und die Moderation zwischen den verschiedenen Akteuren des Innovationssystems. ■

Anmerkungen

[1] Zum Thema Foresight siehe auch die Beiträge von Pelinka, Commenda und Keuschnigg in Kapitel 7: Foresight und allgemeine, globale Entwicklungen in diesem Band.

[2] Insbesondere in der Debatte über einen möglichen Fachkräftemangel wird in der jüngeren Vergangenheit die Notwendigkeit der verstärkten Ausbildung im technisch-naturwissenschaftlichen hervorgehoben. Es ist jedoch anzunehmen, dass im Zuge einer steigenden Bedeutung sozio-technischer Innovationen auch Qualifikationen aus dem sozial- und geisteswissenschaftlichen Bereich wieder eine Aufwertung erfahren können. Daher sind m. E. einseitige Prämierungen einzelner Qualifikationen nicht zielführend."

Literaturhinweise

Cuhls, Kerstin/Ganz, Walter/Warnke, Philine (Hrsg.): Foresight-Prozess im Auftrag des BMBF. Zukunftsfelder neuen Zuschnitts. Karlsruhe/Stuttgart 2009.

http://www.fraunhofer.de/de/fraunhofer-forschungsthemen/uebermorgen-projekte/maerkte-von-uebermorgen.html).[30.01.2013]
Frietsch, Rainer/Rammer, Christian/Schubert, Torben/Bührer, Susanne/Neuhäusler, Peter (2012): Innovationsindikator 2012, Bonn/Berlin 2012.

Hufnagl, Miriam/Daimer, Stephanie/Warnke, Philine (2012): Challenge-oriented Policy-Making and Innovation Systems Theory: Reconsidering Systemic Instruments, in: Fraunhofer-Institut für System- und Innovationsforschung ISI (Hrsg.): Innovation System Revisited. Experiences from 40 Years of Fraunhofer ISI Research, S. 217–234.

The Lund Declaration. Europe must focus on the grand challanges of our time, July 2009. Online verfügbar unter: http://www.se2009.eu/polopoly_fs/1.8460!menu/standard/file/lund_declaration_final_version_9_july.pdf [31. 1. 2012].

The Lund Declaration. Addendum, July 2009. Online verfügbar unter: http://www.vr.se/download/18.7dac901212646d8 4fd38000337/1264064158065/Lund_Addendum.pdf [31. 1. 2013].

Presse- und Informationsamt der Bundesregierung (Hrsg.) (2012): Dialog über Deutschlands Zukunft. Ergebnisbericht des Expertendialogs der Bundeskanzlerin 2011/2012. Online verfügbar unter: https://www.dialog-ueber-deutschland.de/SharedDocs/Downloads/DE/Ergebnisbericht/Ergebnisbericht-kurz_barrierefrei.pdf?__blob=publicationFile&v=3 [31.01.2013].

Stewart, Fred (2008): Breaking the boundaries. Transformative innovation for the global good, NESTA Provocation 07. Online verfügbar unter: http://www.nesta.org.uk/library/documents/Prov%20-%20BtB%20v8.pdf [30.01.2013].

Weissenberger-Eibl, Marion/Frietsch, Rainer/Hollanders, Hugo/Neuhäusler, Peter/Rammer, Christian/Schubert, Torben (2011): Innovationsindikator 2011, Bonn/Berlin.

Weissenberger-Eibl, Marion/Ziegaus, Sebastian: Umweltschutz adieu! in: Schnieder, Antonio/Sommerlatte, Tom (Hrsg.) (2010): Die Zukunft der deutschen Wirtschaft. Visionen für 2030, Erlangen, S. 114–119.

Wissenschaftlicher Beirat der Bundesregierung Globale Umweltveränderungen (WBGU) (2011): Welt im Wandel. Gesellschaftsvertrag für eine große Transformation, Berlin.

Die Autorin

Marion A. Weissenberger-Eibl *leitet das Fraunhofer-Institut für System- und Innovationsforschung ISI. Zudem ist sie Inhaberin des Lehrstuhls Innovations- und TechnologieManagement am Institut für Entrepreneurship, Technologie-Management und Innovation (ENTECHNON) am Karlsruher Institut für Technologie (KIT).Sie arbeitet zu Entstehungsbedingungen von Innovationen und deren Auswirkungen. Die erst kürzlich als eine der „Spitzeningenieurinnen Deutschlands" ausgezeichnete Wissenschaftlerin studierte Bekleidungstechnik sowie Betriebswirtschaftslehre. Sie wurde an der Technischen Universität München promoviert und habilitierte sich auch dort. Marion A. Weissenberger-Eibl war Mitglied des „Expertendialogs der Bundeskanzlerin 2012", wo sie als Kernexpertin die Arbeitsgruppe Innovationskultur geleitet und die deutsche Kanzlerin zur zukünftigen Gestaltung von Wirtschaft und Gesellschaft in Deutschland beraten hat. Im Oktober 2012 wurde Marion Weissenberger-Eibl zum Mitglied der Deutschen Akademie der Technikwissenschaften (acatech) gewählt.Sie ist Autorin zahlreicher Publikationen und Herausgeberin der Reihe „Kooperation von Wissenschaft und Wirtschaft" und als Gutachterin zahlreicher Institutionen tätig.*

INNOVATION 2050 AUS SICHT DER INDUSTRIEKONZERNE

Peter Schwab

Stefan Punz

Einleitung

Im Jahr 2013 zu prognostizieren, wie Innovationen im Jahr 2050 aussehen und generiert werden könnten, ist zugleich spannend, herausfordernd und auch diffizil. Rückblickend auf die letzten 37 Jahre erkennt man beeindruckende, seinerzeit schwer absehbare Meilensteine des Fortschritts, die die Gesellschaft und damit die Rahmenbedingungen und Verhaltensweisen von Unternehmen seit damals mehrfach grundlegend verändert haben. Es scheint daher wenig vielversprechend, aktuelle Trends im Innovationsmanagement geistig in die Zukunft zu extrapolieren, da die Treffsicherheit für einen langen Zeitraum von 37 Jahren wohl sehr gering ausfallen dürfte. In diesem Beitrag wird versucht, sich dem Thema ausgehend von aus heutiger Sicht wahrscheinlich längerfristig anhaltenden globalen Trends zu nähern, die die Rahmenbedingungen im Jahr 2050 voraussichtlich mitbestimmen werden. Darauf aufbauend werden dann relevante Einflussfaktoren für Unternehmen und deren Innovationstätigkeit im Jahr 2050 abgeleitet, sowie die Frage gestellt, wie der Innovationsprozess der Zukunft wohl aussehen mag, und wie sich erfolgreiche Industriekonzerne aufstellen müssen, um diesen erfolgreich bewältigen zu können.

2050 – Umfeld und globale Trends

Eine heute bereits erkennbare und höchstwahrscheinlich andauernde Entwicklung ist die globale Aufstellung großer Konzerne, wie in Abbildung 1 für die voestalpine AG dargestellt ist. Dies ist bedingt durch mehrere Faktoren, wie beispielsweise die Eröffnung von Produktionsstandorten in Regionen, die ein attraktives ökonomisches Umfeld (z. B. Personalkosten, Energiepreise), günstige rechtliche Rahmenbedingungen (z. B. Rechtssicherheit, Entscheidungsgeschwindigkeit) oder auch logistische Vorteile (Nähe zum Zielmarkt oder zu Lieferanten) bieten. Ebenso wie die Produktion findet man bei einer zunehmenden Anzahl von Konzernen auch die Forschung und Entwicklung (F&E) auf weltweit mehrere Standorte verteilt, um gut ausgebildete (und manchmal auch vergleichsweise günstige) MitarbeiterInnen beschäftigen zu können, nahe am Kunden oder der Produktion zu sein, oder in Gebieten mit hoher Wissensdichte zu einem speziellen Thema von einer engen Vernetzung mit anderen Unternehmen und Instituten zu profitieren. Weiters kann eine global aufgestellte Produktion und F&E helfen, lokale Märkte und deren oft kulturell bedingt anders priorisierten Wünsche, Bedürfnisse und Umfeldbedingungen besser zu verstehen und zu beliefern.

Abbildung 1: Weltweite Präsenz der voestalpine AG[1]

voestalpine: weltweite Präsenz

Entwicklung der F&E-Aufwendungen

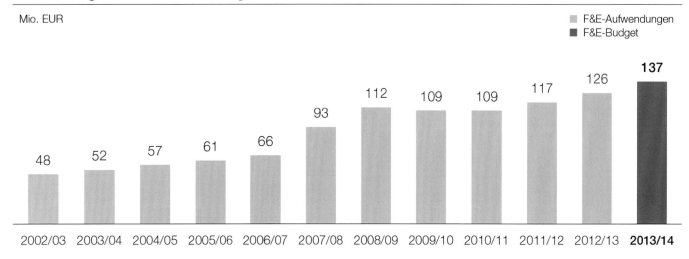

Die stetige Weiterentwicklung der Schwellenländer in vielen Bereichen sowie deren immenser Zuwachs an technologischem Know-How führen im Zusammenhang mit teilweise umfangreichen Rohstoffressourcen und niedrigeren Lohnkosten (bei hoher Verfügbarkeit von akademischen IngenieurInnen) zu rasant steigender Wettbewerbsfähigkeit. Österreich besitzt aktuell in vielen Branchen hohe Konkurrenzfähigkeit, umfangreiches Wissen und wertvolle Erfahrungen. Um weiterhin den entscheidenden Schritt voraus zu sein, investieren Österreichs Spitzenunternehmen große Summen in F&E (siehe Abbildung 2). Die vergleichsweise hohen Lohnkosten, geringen Rohstoffreserven und ein begrenzter Nachwuchs an akademischen IngenieurInnen und NaturwissenschaftlerInnen stellen jedoch nur drei einer Vielzahl von zukünftigen Herausforderungen bei der Sicherung des Wirtschaftsstandorts dar.

Begrenzte Ressourcen und das sensible Ökosystem der Erde führen zu einem Streben nach verstärktem Schutz der Umwelt, weshalb ressourcenschonendes und energieeffizientes Wirken von Unternehmen in Zukunft, speziell in der EU, ein an Wichtigkeit signifikant zunehmendes Thema sein wird. Die global ungleich verteilten Intensitäten der Bemühungen im Umweltschutz sowie die weltweit variierenden Energiekosten stellen europäische Unternehmen vor die Herausforderung, innerhalb dieser unterschiedlichen Rahmenbedingungen global wettbewerbsfähig zu bleiben.

Ein weiterer zukunftsträchtiger Trend scheint das Sammeln von Kundeninformationen zu sein. Bis zum Jahr 2050 wird die Speicherung und Bereitstellung von Kundenpräferenzen, deren Zahlungskraft und Kaufverhalten nicht nur eine einträgliche Dienstleistung sein, sondern auch im Innovationsprozess anbietender Unternehmen völlig neue Möglichkeiten auftun. Zu wissen, welche Kunden mit welchem Produktangebot mit großer Wahrscheinlichkeit zu einem Kaufabschluss zu bewegen sind, ermöglicht in Kombination mit der Fähigkeit, kundenspezifisch maßgeschneiderte Produkte zu designen und herzustellen, einen völlig neuen Marktzugang.

Was bedeutet das für Unternehmen?

Bereits heute ist eine laufende Reduktion der Zeitspanne von der Produktidee bis zur Markteinführung zu beobachten. Die ständige Reduktion der Produktlebenszyklen in vielen Branchen wird sich auch zukünftig bis zu einem gewissen Grad fortsetzen. Dies scheint einerseits bedingt durch die Erwartungshaltung des Marktes, der in immer kürzer werdenden Abständen neue Produktgenerationen wünscht. Andererseits werden heutige Unternehmen bei Entwicklung, Produktion und Einführung neuer Produkte immer schneller, agiler und flexibler, weshalb es hoher Anstrengungen bedarf, um sich den Wettbewerbsvorteil einer frühen Markteinführung (first to market) zu sichern. Es scheint jedoch, dass ein zu häufiger Produktgenerationenwechsel zu Unsicherheit und Überforderung der Kunden führen kann, da das neue Produkt das bestehende kannibalisiert und bei Käufern der ersten Produktversion zu Frust und Enttäuschung führen kann. Selbst wenn dieser Effekt die Frequenz der Produktgenerationenwechsel beschränken mag, so steigt trotzdem die Erwartungshaltung bezüglich des Produktfortschritts von einer Generation auf die nächste.

Heutige Unternehmen sehen sich damit konfrontiert, dass sie sich in einem wirtschaftlichen Umfeld bewegen, in dem sich die Randbedingungen und Parameter immer schneller ändern. Diese Entwicklung wird sich in Zukunft weiter beschleunigen. Die Grenzen zwischen Branchen verschwimmen zusehends (z. B. werden Automobilhersteller zu Mobility-Providern), die Kundenwünsche ändern sich laufend (was heute begeistert, ist morgen bereits Standard), die Dauer der Markttauglichkeit aktueller Produkte nimmt ab, Absatzmärkte verschieben sich weltweit (z. B. Richtung Schwellenländer), die Anzahl und Verhaltensweisen von Mitbewerbern verändern sich schneller, und politische Rahmenbedingungen werden laufend umgestaltet. Dies wird zu hohem Druck führen, die Anzahl von Innovationen im Produktportfolio zu erhöhen und auch das Geschäftsmodell laufend zu hinterfragen und umzugestalten. Flexibilität, Änderungs- und Anpassungsfähigkeit von Unternehmen wird ein Schlüsselfaktor für die Zukunft sein. Dazu kommt die Herausforderung, dass Produkte immer stärker customized sein werden („Losgröße 1"), und für umfangreiche Produkttests immer weniger Zeit vor der Markteinführung zur Verfügung steht.

In Zukunft werden der Aufbau und die Pflege von Beziehungen auch im Geschäftsleben eine immer größere Rolle spielen. Einerseits müssen Unternehmen enge Kundenbeziehungen aufbauen, was neben einem attraktiven Serviceangebot (Experience) auch durch Integration von Kunden in alle Phasen der Produktentwicklung geschehen wird. Weiters wird neben den Eigenschaften und Funktionen eines Produktes auch die Emotionalität (z. B. durch das Design) und das Erlebnis (durch Leistungsbündel aus Produkt und Service) immer wichtiger. Auch in Business-to-business (B2B) Märkten wird die Bedeutung von Beziehungen stark zunehmen, da strategische Partnerschaften ein überlebenswichtiges Kriterium darstellen. Original Equipment Manufacturer (OEMs) wollen strategische Zulieferer, die neben Zuverlässigkeit, hoher Qualität und vertretbaren Preisen möglichst flexibel sind (Agility) und bei Bedarf den OEM als verlässlicher Problemlöser in ihrem Kompetenzbereich unterstützen.

Gleichzeitig steigt der Vernetzungsgrad der KonsumentInnen durch moderne Medien weltweit stark an. Misserfolge bei der Produkteinführung werden unverzüglich der gesamten Community bekannt gegeben, wodurch der Imageschaden für die Unternehmen immens sein kann. Die Produkteinführung muss daher auch durch umfangreiche Kommunikation begleitet werden, und im Falle einer misslungenen Einführung eine Krisenstrategie bereitstehen. All diese Entwicklungen werden den Abstand zwischen zukünftigen „Innovationsführern" einerseits und „low cost performern" andererseits immens vergrößern. Da ein Konkurrieren mit letzteren auf Grund der oben beschriebenen Randbedingungen für österreichische Firmen wohl nur schwer möglich sein wird, ist es umso wichtiger, frühzeitig die Weichen für das Bewältigen der bevorstehenden Herausforderungen zu stellen.

Innovationsmanagement der Zukunft

Ein funktionierender, effektiver und effizienter Innovationsprozess stellt einen wesentlichen Erfolgsfaktor zukünftiger Unternehmen dar. Einfache, ideenarme und naheliegende Produkte, die ohne großen Anspruch an Produktionstechnologie hergestellt und kostengünstig weltweit distribuiert werden können, sind für österreichische Firmen (außer in lokalen Nischen) kaum mehr lukrativ. Nur mit einem genügend großen Anteil innovativer Produkte im Portfolio ist es möglich, sich erfolgreich dem globalen Wettbewerb zu stellen. Deshalb werden Unternehmen im Jahr 2050 darauf ausgerichtet sein, den Innovationsprozess organisatorisch optimal zu unterstützen. Die Innovationsstrategie wird ein fester Bestandteil der Unternehmensstrategie sein und von allen Führungsebenen mit vollem Einsatz gelebt und umfassend und regelmäßig kommuniziert werden. Der Innovationsprozess forciert frühzeitig im Produktentstehungsprozess strategisch wichtige Schritte, und bildet die Grundlage für die effiziente Zusammenarbeit von internationalen, interdisziplinär besetzten und erfahrenen Teams, einer strategisch erfahrenen und entscheidungsstarken Governance sowie einer flexiblen und intelligenten Produktion. Auf Grund des dynamischen Wirtschaftsumfeldes stehen nicht nur Produkt- und Prozessinnovationen im Fokus, sondern auch Geschäftsmodelle werden laufend angepasst und überarbeitet. Die notwendige Strategie sowie Methoden und Tools zur Geschäftsmodellinnovation sind in den Unternehmen verankert und finden regelmäßigen Einsatz. Ein wichtiger und auch schwieriger Aspekt im Innovationsprozess ist das Identifizieren und Eliminieren von wenig erfolgversprechenden Projekten. Dies erfordert neben Erfahrung, Weitsicht und klaren Bewertungskriterien auch Mut und Durchsetzungskraft. Es ist denkbar, dass diese Aufgabe zukünftig sogar von eigens dafür verantwortlichen und geschulten Führungskräften („Projekt-Stopper") durchgeführt wird, um durch eine geschickte Bereinigung der Projektlandschaft die Ressourcen des Unternehmens auf wenige, dafür essentielle und strategisch erfolgversprechende Aktivitäten zu richten.

Der wichtigste immaterielle Rohstoff der Zukunft sind erfolgversprechende Ideen, die aus vielen verschiedenen Quellen stammen können. Visionäre und kreative Köpfe sind im Jahr 2050 hochbezahlt und stark umworben. Weiters werden „Idea Scouts" flächendeckend eingesetzt, um immerfort neue Trends, Ideen und Technologien in der Kundenzielgruppe, bei den Mitbewerbern, in anderen Branchen oder auch unternehmensintern sowohl in der digitalen als auch in der realen Welt zu identifizieren und in den Innovationsprozess einzuschleusen. Interne und externe Trainer werden als Ideenkatalysatoren regelmäßig Kreativworkshops durchführen und Firmen bezüglich Maßnahmen zur Verbesserung der Innovationskultur, des optimal an das Unternehmen angepassten Innovationsprozesses sowie die organisatorische Umsetzung desselben beraten und trainieren. Jedes Unternehmen hält auch einen Pool von Ideenbringern, der nicht auf die eigenen Mitarbeiter beschränkt ist. Auch Computer werden beim Generieren von Ideen eine wichtige Rolle spielen. Durch Kombination von Künstlicher Intelligenz mit dem umfassenden Informationsmaterial verschiedener Netzwerke werden frühzeitig Zukunftstrends und Kundenpräferenzen identifiziert (Netnographie), und Lösungen für zahlreiche Probleme gefunden. Völlig neue Lösungen im Bereich Informations- und Kommunikationstechnologie werden das Verschmelzen vieler Wissensquellen bei bestmöglicher Einbindung von einzelnen Personen und Prozessen über alle Phasen im Innovationsprozess hinweg ermöglichen. Ergänzt und abgeglichen wird die Suche nach Ideen mit den umfangreich zur Verfügung stehenden Kundendatenbanken, die neben personalisierten Kundenpräferenzen auch Informationen über das Kaufverhalten der jeweiligen Kunden beinhalten.

Die Öffnung des Innovationsprozesses wird nicht nur kundenseitig stattfinden, sondern gesamte Liefer- und Wertschöpfungsketten werden über Unternehmensgrenzen hinweg gemeinsam und simultan innovieren. Der Innovationsprozess wird flexibel und anpassbar sein, Kommunikation in alle Richtungen fördern, und sich umfassender IT-Unterstützung bedienen. Im Business-to-Consumer (B2C)-Bereich wird die Kundenintegration immer weiter fortschreiten, Social Networks werden als selbstverständliche Tools in den Innovationsprozess integriert sein. Dies führt dazu, dass Kunden im Jahr 2050 bei der Entwicklung neuer Produkte ein Mitspracherecht nicht nur erwarten, sondern auch einfordern. Dies bietet die Möglichkeit, frühzeitige Feedbackschleifen mit Zielkunden in den Prozess zu integrieren, indem bereits in der Konzeptphase der Produktentwicklung personenspezifisch maßgeschneiderte Produktvisualisierungen und –beschreibungen gemeinsam mit möglichem Lieferdatum und Preis via Social Media als Werbung angeboten werden, um so die Akzeptanz und Kaufbereitschaft abzutesten.

Im B2B-Bereich werden nicht nur Kundeninformationen, sondern auch interne Anforderungen von den OEMs zügig an die Zulieferer und damit an die gesamte Wertschöpfungskette durchgereicht und weitergegeben. Dies setzt gut funktionierende Schnittstellen innerhalb der integrierten Kette an Unternehmen voraus, weshalb neben breiter und durchgängiger Vernetzung mittels IT-Tools auch Job Rotations zwischen OEMs und Zulieferern immer häufiger zum Einsatz kommen. Auch Know-how wird innerhalb der Wertschöpfungskette vermehrt geteilt. OEMs sehen ihre strategischen Zulieferer immer mehr als Partner, die mit ihrem Spezialwissen und ihrer Erfahrung häufig als Problemlöser fungieren. Dies führt zu strategischen Kooperationen zwischen Lieferanten, OEMs und letztendlich auch Kunden, wodurch sich intelligente und vernetzte Wertschöpfungsketten etablieren. Der Aufbau und die Pflege von Beziehungen ist in diesem stark integrierten System eine wichtige Aufgabe. Da der Schutz von geistigem Eigentum für Unternehmen überlebenskritisch ist, steigt zukünftig die Herausforderung, den Spagat zwischen Wissensschutz einerseits und der Öffnung des Prozesses und des eigenen Wissens in einem stark vernetzten Umfeld andererseits zu meistern.

Eine große Herausforderung stellt die hohe Komplexität im Innovationsprozess der Zukunft dar. Einerseits sind viele Produkte technologisch aufwändig, stark customized (Losgröße 1) und müssen auf Grund der hohen vom Markt verlangten Agilität in der Produktentstehung in kurzen Durchlaufzeiten produziert werden. Andererseits greifen zahlreiche Prozesse ineinander (NPD new product development, OTD order to delivery, Service, Communication & Relationship Management …), die in einem internationalen und global verteilten Unternehmensumfeld reibungsfrei funktionieren müssen. Dies führt zu der Frage, wie sich erfolgreiche Unternehmen der Zukunft aufstellen müssen, um diese Herausforderungen zu meistern.

Wie müssen sich Unternehmen der Zukunft aufstellen?

Unternehmen müssen den Innovationsprozess in allen Facetten bestmöglich unterstützen. Internationale Teams können auf eine Organisationsstruktur zugreifen, die das zügige Abwickeln von Innovationsprojekten jeglicher Art (inkrementell, radikal, disruptiv, Geschäftsmodelle) ermöglicht. Ein ausgefeilter, flexibler und gelebter Innovationsprozess unterstützt diese Projekte ebenso wie eine funktionierende Governance-Struktur. Die nötige Hard- und Softwarestruktur und Nutzung neuartiger Informations- und Kommunikationstechnologie spielen ebenfalls eine wichtige Rolle, um Reibungsverluste zu verringern, und jederzeit weltweite Kommunikation, die Verteilung von Informationen und das gemeinsame Arbeiten an Projekten zu gewährleisten. Viele Schritte bei der Entwicklung, der Herstellung und dem Vertrieb von Produkten werden automatisiert geschehen, und durch umfangreiche Softwaresysteme maßgeblich unterstützt.

Im Jahr 2050 werden weltweit verteilte Forschungseinrichtungen Zugriff auf umfassendes internationales Know-how ermöglichen. Spitzenunternehmen nutzen bereits heute umfassende Kooperationen mit exzellenten Partnern, um ihren Vorsprung zu sichern (siehe Abbildung 3). IT-unterstütztes, konzernweites und auch -übergreifendes Knowledge Management wird in Zukunft alltäglicher Standard und von den Mitarbeitern als Investition in die Zukunft verstanden. Die Beschaffung von internationalem Know-how wird zukünftig stärker als Dienstleistung in Erscheinung treten. Für Projekte werden in kürzester Zeit temporäre Wissenscluster gebildet, die neben unternehmensinternen Ressourcen auch auf externe Spezialisten und Datenbanken zugreifen können. Allen Mitarbeitern stehen automatisch die für sie relevanten Informationen und Einflussmöglichkeiten zur Verfügung, und sie können jederzeit und überall auf diese Daten zugreifen, ohne Zeitverzug weltweit kommunizieren, sowie Ergebnisse visualisieren und diskutieren.

In der F&E und Produktion kann zunehmend auf sehr komplexe und leistungsstarke Simulationen zurückgegriffen werden, was in einigen Branchen die Notwendigkeit teurer Versuche reduzieren wird. Ebenso wird Prototypenbau mittels Rapid Prototyping in vielen Unternehmen standarmäßig genutzt und die Produktentstehungszeiten weiter senken. Die rasante Weiterentwicklung von Informations- und Kommunikationstechnologien (IKT) wird dabei sämtliche Bereiche von Unternehmen, von der Produktentwicklung bis zur Produktion und Distribution durchdringen und teilweise revolutionieren.

Die Arbeitsweise im Innovationsprozess der Zukunft wird sehr stark computerunterstützt stattfinden. Die Teams greifen auf eine weltweit verfügbare Produktdatenbasis zu und können mit zahlreichen computerunterstützten Systemen (CAx Systeme) die Produktentwicklung vorantreiben. Der gesamte Innovationsprozess, von der Ideengenerierung bis zur Distribution von Dienstleistungen und Produkten wird softwareunterstützt abgewickelt. Tools, sowohl für das Ideenmanagement als auch für das Projekt- und Portfoliomanagement, stehen zur Verfügung, greifen weltweit auf aktuelle Daten aller Art zu, und werden durch die Möglichkeit zur weltweiten Kommunikation (z. B. via Social Media) ergänzt.

Abbildung 3: Kooperationen der voestalpine AG mit wissenschaftlichen Partnern

Kooperationen mit wissenschaftlichen Partnern

Quelle: © (2012)www.data2map.de

Die Produktion an global verteilten Standorten ermöglicht die Nutzung von Vorteilen wie reduzierte Energiekosten (z. B. EU vs. USA), die Nähe zu Zulieferern, Kunden und Vertriebsknotenpunkten. Zukünftige Produkte werden vollautomatisiert und prozesssicher in guter Qualität zu geringen Kosten hergestellt. Eine schlanke Produktion wird dem Wunsch nach Flexibilität gerecht. Zukünftige Produktion ist ressourcenschonend und legt Wert auf geringe Emission von Schadstoffen.

Eine umfassende Ausbildung und regelmäßige Trainings für MitarbeiterInnen ist die Basis für das Meistern der steigenden Anforderungen der Zukunft. MitarbeiterInnen müssen neben einer professionellen und internationalen Kommunikation in alle Richtungen (intern, extern) spontan Verantwortung übernehmen können. Verantwortung zu tragen ist kein reiner „Linienjob" (wie z. B. Abteilungsleiter), sondern auf Grund der hohen Projektdynamik im Unternehmen bekommen viele Mitarbeiter Gelegenheit, sich als Projekt- bzw. Themenverantwortlicher zu beweisen. Vernetztes Denken in Systemen, das Erkennen, Kombinieren und Aufgreifen nützlicher Impulse und Ideen sowie die Courage, neue und zu Beginn ungewöhnliche Ansätze und Konzepte zu vertreten und umzusetzen, sind ebenfalls wichtige Eigenschaften, die MitarbeiterInnen der Zukunft auszeichnen. Neben einer Spezialisierung im jeweiligen Fachgebiet sollen MitarbeiterInnen auch über eine Basis an Generalistenwissen verfügen, um in interdisziplinären Teams effizient zusammenarbeiten zu können. Neben der selbstverständlichen Verwendung von Englisch als Konzernsprache wird durch interkulturelle Trainings und das Aneignen weiterer Sprachen die internationale Zusammenarbeit erleichtert. Die MitarbeiterInnen im Jahr 2050 bewegen sich in einem flexiblen Arbeitsumfeld, das sich neben wechselnden Einsatzorten auch durch wechselnde Rollen, AnsprechpartnerInnen und Projektaufgaben auszeichnet. Dieses globale, stark vernetzte und sich ständig ändernde Umfeld setzt Belastbarkeit und Anpassungsfähigkeit der Personen voraus. Um MitarbeiterInnen optimal für Ihren Einsatz in den Unternehmen auszubilden, ist es durchaus denkbar, dass durch die Industrie finanzierte Ausbildungsstätten (z. B. Universitäten) entstehen, die in eigens entworfenen Studiengängen die nötigen Qualifikationen und Erfahrungen für die erfolgreiche Bewältigung zukünftiger Aufgabenstellungen vermitteln.

Kommunikation ist ein Schlüsselaspekt in erfolgreichen Unternehmen. MitarbeiterInnen kommunizieren in viele Richtungen, innerhalb des Unternehmens – interdisziplinär, abteilungsübergreifend, hierarchieübergreifend und mittels verschiedenster Kanäle (Reisen, Telefonie, Mail, Videokonferenz, Soziale Medien bzw. neue Informations- und Kommunikationstechnologien). Extern müssen die MitarbeiterInnen auf Grund der engen Vernetzung von Wertschöpfungsketten einen professionellen Umgang mit Kunden, Mitbewerbern, Lieferanten und Dienstleistern pflegen. Eine intensive Kommunikation mit verschiedenen AnsprechpartnerInnen unter Nutzung vielfältiger Kanäle wird im Jahr 2050 als selbstverständlich erachtet, zumal die erwerbstätige Generation bereits in einem entsprechenden Umfeld aufgewachsen ist.

Die gesamte Organisation versteht Innovation als gemeinsame Aufgabe, in der jeder einen wichtigen Beitrag leistet, um im globalen Wettbewerb bestehen zu können. Diese Innovationskultur setzt die Möglichkeit einer offenen Kommunikation und auch Fehlertoleranz voraus. Führungskräfte wirken als Vorbilder und ermutigen die MitarbeiterInnen, sich zu engagieren und Verantwortung zu übernehmen.

Ausblick

Erfolgreiche internationale Konzerne finden sich im Jahr 2050 in einer stark vernetzten Wertschöpfungskette wieder, die gemeinsam Innovationsanstrengungen umsetzt. Flexible Prozesse, sowie eine weltweit aufgestellte Forschung, Entwicklung und Produktion ermöglichen die Bedienung globaler und lokaler Märkte mit maßgeschneiderten – teilweise personalisierten – Lösungen (customized, Losgröße 1) in kürzester Zeit. Internationale und interdisziplinäre Teams treiben 24/7 Innovationsprojekte voran, und greifen dabei geschickt auf das weltweite Know-how und die Infrastruktur innerhalb und außerhalb des Konzerns zu. Abteilungs- bzw. unternehmensübergreifendes Arbeiten an Innovationsprojekten (Simultaneous Innovating) gepaart mit der Nutzung umfangreicher IT-Tools (z. B. moderne Informations- und Kommunikationstechnologie, komplexe Simulationen, weltweite Wissensbasis etc.) und modernen Produktionsmöglichkeiten (Rapid Prototyping etc.) führen in Verbindung mit einer Öffnung des Innovationsprozesses und der Nutzung zahlreicher Kooperationen zu einer nie dagewesenen Innovationskraft. Die Unternehmen der Zukunft konkurrieren in einem stark bewegten Umfeld, werden sich daher ständig weiterentwickeln und immer wieder neu erfinden. Neue Produkte, neue Märkte und neue Geschäftsmodelle werden in kürzester Zeit erschlossen und generiert. Flexibilität und Anpassungsfähigkeit werden zu Schlüsselfaktoren für die Gewinner der Zukunft. ∎

Der Autoren

Peter Schwab *ist seit 2002 Forschungschef der voestalpine AG (137 Millionen Euro F&E-Budget, 53 Forschungsstandorte weltweit, rund 700 Mitarbeiter). Zuvor war er als Leiter der Qualitätslenkung Stahlwerk und Warmband in der voestalpine Stahl GmbH tätig. Außerdem ist Peter Schwab Mitglied bzw. Vorsitzender zahlreicher nationaler und internationaler Gremien (z. B. Aufsichtsrat des Austrian Institute of Technology [AIT], Vorsitz der Forschungsvereinigung für Stahlanwendungen [FOSTA], Scientific Advisor des Max-Planck-Institutes für Eisenforschung [MPIE], Mitglied des Universitätsrates der Montanuniversität Leoben, Vorsitz der European Steel Technology Platform [ESTEP], Vorsitz des Competence Center for Excellent Technologies in Advanced Metallurgical and Environmental Process Development [K1-Met] u. v. a.). Peter Schwab studierte Technische Physik an der Johannes Kepler Universität Linz. Die Dissertation erfolgte an der JKU in Linz und am Institut der Akademie der Wissenschaften in Gorky/ Nishni Nowgorod (Russland). Zudem erwarb er im Post-Graduate-Studium den Global Executive MBA an der Limak Austrian Business School (Linz, Atlanta, Hong Kong, Brüssel) und absolvierte einen Lehrgang an der Harvard Business School.*

Stefan Punz *ist seit 2012 Leiter des Fachbereichs Innovationsmanagement der voestalpine Stahl GmbH. Zuvor war er als Program-Manager bei der Firma BRP-Powertrain GmbH & Co KG tätig. Stefan Punz studierte Mechatronik an der Johannes Kepler Universität Linz, war anschließend als Universitätsassistent tätig, wo er mit dem Schwerpunkt „kundenorientierte Produktentwicklung" promovierte.*

Österreich 2050
und das Technische Museum

Gabriele Zuna-Kratky

Voraussagen anzustellen ist an sich leicht: was etwa in meiner Wohnung heute geschieht, wie sie in einer Woche aussehen wird, kann ich unschwer – mit geringem Risiko eines Irrtums – prophezeien. Aber meine Wohnung 2050 – das heißt, die Wohnung, in der ich dann nicht mehr leben werde? Wie werden also – um bei diesem Beispiel zu bleiben – unsere Wohnungen im Jahre 2050 beschaffen sein?

Zeitliche Distanz ist wie Luftperspektive: die Konturen werden undeutlich, verzerrt. Vielleicht ist ein anderes Bild besser: je ferner, desto unschärfer. Wir benötigen ein Glas, das wir auf verschiedene Entfernungen gesondert scharf stellen können: die Welt in zehn, zwanzig, fünfzig Jahren. Dieses Glas kann hier nicht die Wissenschaft der Futurologie sein – so diese tatsächlich als Wissenschaft anzusprechen ist, sondern allein das spekulierende Kalkül, gepaart mit Vorstellungskraft und gestützt auf Erfahrung.

Erfahrung. Mein berufliches Umfeld im Technischen Museum Wien (TMW) ist ein Gehäuse voll mit Zeugnissen technischen Wandels und lässt viel Raum für Überlegungen folgender Art: Wie stellte sich wohl jemand 1613 das Jahr 1650 vor, wie 1813 das Jahr 1850 und endlich 1913 das Jahr 1950? Ein erster Schluss drängt sich rasch auf: Das Tempo der Veränderung hat akzeleriert. Ferner: Brüche, radikale Neuentwicklungen, sind nicht vorhersehbar. Disruptive Ereignisse können nicht vorhergesagt werden. Ein Beispiel dafür haben wir selbst erlebt: Die Welt des Computers und des Internets hat sich kein Utopist ausgemalt, kein Zukunftsforscher angekündigt.

Was wir hier also tun können, ist die derzeitige Entwicklung und ihr Tempo sozusagen „fortzuschreiben" und Gegenwärtiges auf zehn, zwanzig, fünfzig Jahre „hochzurechnen", – immer gewärtig, wie gewaltig wir damit danebenliegen können, – wenn eine unvorstellbare Neuentwicklung Richtung und Qualität des Fortschritts verändert, wenn eine Katastrophe – der große Kladderadatsch – alles ändert und vielleicht abstoppt.

Aus Perspektive eines technischen Museums sind zwei Aspekte besonders wichtig: Die tatsächliche Veränderung – und wie diese von den Betroffenen in allen Facetten bewusst gemacht werden kann. Das Museum als Reflexionsort der Gegenwart für die Zukunft – leichter gesagt, als durchgeführt, aber eben Aufgabe. Tatsächlich lässt sich darüber für die nahe Zukunft etwas aussagen, weil ich hier nur zu referieren brauche, was derzeit schon Plan und Tat des Technischen Museums Wien ist.

Technologische Neuerungen und Ansätze für die Zukunft sind Teil vieler Ausstellungen im Museum. Es gab solche über Medizintechnik, offenkundig ein zentrales Feld unserer Zukunftsüberlegungen, über die rasche Veränderung der Arbeitswelt, über Roboter. Web-Ausstellungen des Museums und der angeschlossenen Österreichischen Mediathek sind im virtuellen Raum. Mit der für das Jahr 2015 geplanten Ausstellung „Die Welt in hundert Jahren" beschäftigt sich das Haus exakt mit der Fragestellung dieses Buches, ja überschaut diese um viele Jahrzehnte. Wichtig bei diesem Projekt ist dabei, wie es seinen Inhalt vermittelt. Ein Museum ist immer noch eher: Herantreten an ein Objekt, eine Vitrine, und wir wollen dies nicht missen. Ergänzt wird dies freilich von einem Konzept, das ich „individualisiertes Weitergeben von Information" nennen möchte. Für BesucherInnen stellt sich ganz konkret die Frage: Was bedeuten diese technischen Entwicklungen für mich und mein Leben heute und in Zukunft? Das Technische Museum Wien bietet einen sehr breiten, niederschwelligen Zugang für BesucherInnen unterschiedlichen Alters. Im Mini-TMW etwa – dem Kleinkinderbereich des Technischen Museums Wien – können sich Kinder bereits im Vorschulalter mit technischen und naturwissenschaftlichen Themen beschäftigen. Menschen werden mit Fragestellungen aus ihrem Alltag angesprochen und aus dieser Perspektive mit Forschung in Berührung gebracht. Die Möglichkeit, bereits Kinder und Jugendliche mit Wissenschaft und Forschung vertraut zu machen bzw. auch ihre Begeisterung zu wecken, wird durch den „freien Eintritt bis 19" noch verstärkt. Mit dieser Initiative gelingt es gerade für bildungsfernere Schichten die Schwelle nochmals zu senken.

Ein anderes Beispiel für diese individualisierende Vorgehensweise stellt die im Internet angesiedelte, aber auf das reale Museum abzielende „Rätselrallye" dar. Sie macht sich die Interaktivität des digitalen Ambientes zunutze und vermittelt spielerisch Wissen, Fragestellungen und soll Problembewusstsein schulen. Auch die Webausstellungen und Webeditionen von audiovisuellen Medien der Österreichischen Mediathek haben nun eine Form angenommen, die einen individuellen Zuschnitt erlaubt. BenützerInnen legen sich einen eigenen Arbeitsbereich an, in dem sie die von ihnen ausgewählten Tonaufnahmen und Videodokumente aufbewahren, kommentieren, an Dritte weitersenden können.

Solch individualisierter Zugang ist wohl überhaupt Zug der Zeit. Es genügt, an die kommerziellen Websites im Internet zu denken, die sehr bald wissen (oder zu wissen glauben), welchen Geschmack man bei Büchern, Videos, Sendern, ja bei Produkten und Dienstleistungen aller Art hat und einem immer treffsicherere Angebote machen. Der gläserne Konsument, den solches nervt und dem solch Angebot doch das Leben leichter zu machen scheint.

Extrapolieren wir den Gedanken des individualisierten Zugangs: Systeme werden also so angelegt, dass sie auf die individuellen Bedürfnisse und/oder Besonderheiten des Einzelnen eingehen und durch Interaktion immer treffsicherer werden. Dies führt zu Umwälzungen in einer Reihe von Lebensbereichen und Arbeitsfeldern. Offensichtlich ist dies in der Medizin. Hier ist besonders interessant, dass sich offenbar technische Möglichkeiten und medizinisches Bewusstsein parallel verändern. Auf der einen Seite erkennen

immer mehr ÄrztInnen, dass spezielle Medikationen für Frauen, für Ältere, für Menschen unterschiedlicher Körpergröße etc. notwendig sind, auf der anderen wird es immer leichter, dieser Tatsache pharmakologisch Rechnung zu tragen. Die Zeit ist nicht mehr fern, in der Teile der Diagnose und der folgenden Medikation automatisiert und quasi ausgelagert werden können: Schwankender Blutdruck? Kein Problem, ein „in den Menschen eingebauter" Blutdruckmesser bestimmt, welche Menge eines ebenfalls eingebauten Medikamentendepots ins Blut freigesetzt wird und kontrolliert auch die weitere Entwicklung. Es ist hier also von dem die Rede, was man als „Cyborg-Medizin" bezeichnen könnte. Verbesserung der autonomen körperlichen Reaktionen auf Krankheiten und Missgefühl durch künstliche Ergänzung des Körpers. Technik als Erweiterung der körperlichen und geistigen Fähigkeiten des Menschen – als Nachfolgerin der wenig befriedigenden Magie – erreicht nun, nach den Schritten der Kraftmaschinen, Rechen- und Kommunikationsgeräte auch den Regelkreis des Körpers, stabilisiert und erweitert ihn. Zahlreiche ethische Fragen wären hier zu erörtern. Da dies offenkundig und nicht Gegenstand dieses Aufsatzes ist, sei nur schlaglichtartig die naheliegendste Konsequenz angedeutet: Wer wird es sich leisten können, sich zu einem Cyborg „umbauen" zu lassen? Das implantierte Krankenhaus auf Krankenschein? Gewiss nicht. Was ist das Wort für Zweiklassenmedizin zur Potenz?

Der Gedanke der Individualisierung ließe sich auch an minder neuralgischer Stelle verfolgen, etwa bei der Extrapolation heutiger Personal Computer und Handys. Absehbar ist, dass wir alles, was uns betrifft, jede Information über uns, von uns, alles, was wir je geschrieben, ergänzt um das Weltwissen des Internet, unsere ganze Lebensgeschichte, jederzeit und überall auf einem persönlichen Assistenten – wie immer dieser künftig aussehen mag – mit uns führen werden. Dieser persönliche Agent wird uns nicht nur selbständig an Termine erinnern – den unangenehmen Zahnarztbesuch vergessen? Keine Chance! –, sondern vermutlich mit guten Ratschlägen nicht geizen. Tröstlich, dass wir diese ebenso ignorieren können wie jene wohlmeinender Menschen. Wenn wir also alles jederzeit parat haben – omnia mea mecum porto –, so gilt dies in ganz anderem Sinn als bei dem stolzen Wort eines griechischen Philosophen, bei dem die Weisheit in einer Armut lag, die Selbstbeschränkung war. Wie wird das mit dem ungeheuren Reichtum an Information sein, über den wir heute schon und künftig noch viel mehr verfügen werden? Die nötige Beschränkung ist durch den Gedanken der Individualisierung zwar gegeben, aber wieweit wird sie Selbst-Beschränkung sein? Führt der Zuschnitt auf die persönlichen Bedürfnisse, die aber von anderen konzipiert und von Systemen ausgeführt wird, nicht eher dazu, ein Klischee unserer selbst zu erzeugen als wirklich zu unserer Persönlichkeitsentwicklung beizutragen?

In welcher Periode unserer Zukunftsschau befinden wir uns nun? Intelligente Assistenten, eine Wirtschaft mit maßgeschneiderten

Angeboten, medizinische „Geräte" im eigenen Körper, – in zwanzig oder dreißig Jahren gibt es das vermutlich alles, 2050 wohl mit Sicherheit.

Da wir die Zukunft unter einem technologischen Blickwinkel betrachten, bleibt die wirtschaftliche Entwicklung unberücksichtigt, so fragwürdig eine solche Auslassung auch ist. Immerhin ist davon auszugehen, dass die „Globalisierung" so selbstverständlich sein wird, dass man einen Begriff dafür nicht mehr brauchen wird. Die wirtschaftlichen, technischen und wissenschaftlichen Schwergewichte werden China, Südasien und die USA sein, vielleicht auch Europa. Die globale Interaktion wird sich dann – hoffentlich – weniger im Hin und Her von Waren und Produkten ausdrücken, sondern im geistigen Austausch.

Darin liegt überhaupt eine der entscheidenden Zukunftsfragen: der künftige Umgang mit Dingen einerseits und mit Information andererseits. Bei letzterem haben wir eine sprunghafte Entwicklung erlebt, bei ersterem sind Defizite unverkennbar. Wie leicht ist es, via Internet etwas zu finden, auszusuchen, zu bestellen und zu bezahlen, wie mühsam hingegen, das Paket mit der Ware ins eigene Haus zu bekommen. Wie leicht rinnt die Information in unsere Wohnungen – Internet, Fernsehen, Telefon –, wie mühsam ist das Herein und Heraus des Dreidimensionalen, vor allem, wenn man keinen Lift hat. Für 2020, 2030 dürfen wir darauf hoffen, dass auch hier eine Verbesserung eintritt. Vielleicht haben neu errichtete Wohnungen Förderschächte, die Ware rohrpostartig zuliefern können und effektive Müllschlucker für die Schlacke.

Nicht zuletzt hängt die Lösung der Energiefrage davon ab, wie wir den Umgang mit dem Dreidimensionalen organisieren. Virtuelle Bewegung erfordert kaum Energie, tatsächliche verbrennt kostbare Ressourcen. Heißt das – unter vielem anderen – ade Urlaub und Fernreisen? Diese Frage führt rasch über technische Dinge zur wirtschaftlichen Zukunft, die hier ausgespart bleiben soll. Immerhin sei die Frage gestellt: Urlaubsreisen für sechs Milliarden Menschen?

Wie kann die Ökonomie ausgespart bleiben, wenn von der Zukunft der Arbeit die Rede ist? Nun, wir beschränken uns darauf zu wiederholen, was immer wieder gesagt wird und auch plausibel klingt: In der Produktionstechnik wird wegen der Automatisierung immer weniger menschliche Aktivität, vor allem Muskelkraft, vonnöten sein. Im Dienstleistungsbereich hingegen wird beliebig viel menschliche Arbeit aufgewendet werden müssen, soviel, wie sich die Gesellschaft eben leisten kann. Der immer wichtigere Bereich der Altenpflege sei ausdrücklich erwähnt.

Mit letzterem Aspekt sind wir wiederum bei der Medizintechnik angelangt. Hier sind dramatische Neuerungen zu vermuten, die das Altern hinausschieben, es verlängern und – hoffentlich – erträglicher machen, wenn man es sich leisten kann. Welche vielleicht dramatischen Folgen wissenschaftliche Neuerkenntnisse, z. B. über den Alterungsprozess, haben werden, ist nicht abzuschätzen. Welchen Bevölkerungsanteil werden 2050 die Hundertjährigen haben?

Und die Grenzen des Wachstums, die Umwelt? Hier ist die Verschärfung einer Schere zu erwarten, die bereits heute Gestalt angenommen hat: Immer dramatischere Denaturierung bei gleichzeitiger immer höherer Wertschätzung letzter Naturresiduen und der Natur an sich. Das klingt wie ein Widerspruch, ist auch einer – und auch wieder nicht. Was nicht oder kaum (mehr) vorhanden ist, steigt im Wert. Dabei ist anzumerken, dass es die „natürliche Natur", also eine vom Menschen unbeeinflusste Natur, im Grunde schon heute kaum mehr gibt. Es wird nicht zuletzt darum gehen, den Begriff der „Kulturlandschaft" neu zu definieren. Dies hängt auch mit der Landwirtschaft und ihrer Technisierung zusammen: „Naturprodukte" nur mehr aus Fabriken und Bauern als reine Landschaftsgärtner?

Und neue Ölfunde als Lösung der Energiefragen der Zukunft? Mit Schieferöl durchs dritte Jahrtausend? Sicher nicht, aber wie sonst? Es gibt hier keinen Königsweg in eine leuchtende und beleuchtete Zukunft. Neben wissenschaftlichen und technologischen Innovationen, auf die man hoffen kann, bietet sich auch an, den Energieverbrauch zu verfeinern. Ohne die neuen EU-Glühbirnen verteidigen zu wollen: Dass künftige Beleuchtung Licht geben soll, nicht gleichzeitig Wärme, das ist ein Schritt in die richtige Richtung und Modell für zahlreiche mögliche Verbesserungen.

Statt konkreter Aussagen über Zukunftsentwicklungen stoßen wir nun zunehmend auf Fragezeichen, weil die Entwicklung in vielen Bereichen zu sehr davon abhängt, was wir wollen, d. h. welche Politik eingeschlagen wird. Immerhin führt dies zu einer wichtigen Aussage über die nächste Zukunft: Zwar gibt es zahlreiche, vor allem technische Entwicklungen, die geradezu naturgesetzlich abzulaufen scheinen – z. B. das Zusammenwachsen von PC, TV und Telefon – und ferner Entwicklungen, die Wirtschaftsgesetze steuern – ob wir diese nun erkennen bzw. beeinflussen oder nicht. Aber vieles weist noch einen hohen Freiheitsgrad auf. Auf vielen Gebieten hängt die Zukunft davon ab, was wir wollen und was wir tun.

In einer hoch technisierten Welt wissen, was man will. Leicht ist das nicht und setzt wohl ein hohes Maß an Kenntnissen voraus. Ohne solchen hängt man möglicherweise Träumen nach, reif für Entscheidungen ist man aber nicht. Damit sind wir beim Bildungssystem, bzw. bei der Bildungstechnologie angelangt, bzw. zurückgekehrt, weil der Rundgang durch die Zukunft ja im Museum begonnen hat. Nun soll er hier auch enden.

Unverkennbar ist, dass sich eine auf Bücher gestützte Kultur – das so genannte „Gutenberg-Universum" – zu einer solchen wandelt, in der elektronische Information, vor allem auf dem Forum des Internets, eine immer wichtigere Rolle spielt. Greifen wir als Beleg dafür

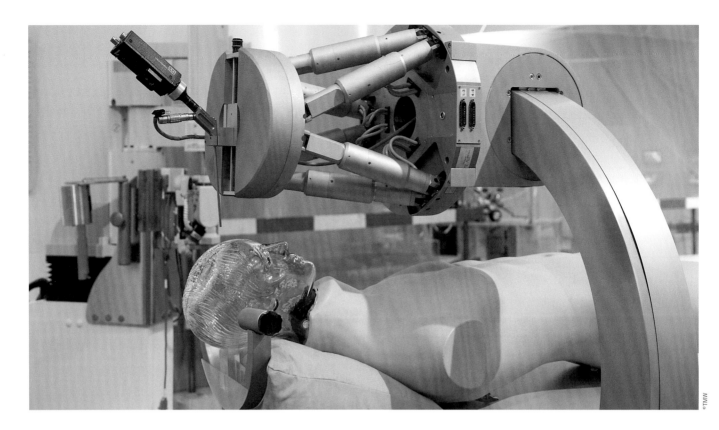

nur den Umgang mit Wissenssammlungen heraus: Statt bei Meyer und Brockhaus nachzusehen, wird heute vor allem Wikipedia herangezogen oder generell im Internet recherchiert. Die Rolle aller Bildungseinrichtungen wird durch die digitale Revolution völlig neu definiert, darunter auch die der Museen. Jahrhundertelang war das Lesen-Lernen die entscheidende Kulturtechnik. Für das Jahr 2030 wahrscheinlich, für 2050 sicher, dürfen wir daher damit rechnen, dass Volksschulkinder gleichzeitig mit Schreiben, Lesen, Rechnen auch den Umgang mit Computer und Internet lernen. In diesem Punkt ließe sich im Übrigen unschwer die Zukunft vorwegnehmen: Niemand hindert uns, neben langen Diskussionen über Schulmodelle, den Volksschulunterricht massiv elektronisch zu erweitern: zur Schultüte jedem Erstklässler seinen PC!

Die Zukunft vorwegnehmen. Das ist auch das Bemühen eines Museums wie des Technischen Museums: Weniger Leistungsausweis der eigenen glorreichen Vergangenheit zu sein, sondern Experimentierstube des Künftigen! Das heißt vor allem, um den Konnex zwischen Realem und Virtuellem ringen – eine Kernproblematik der nächsten Jahrzehnte (sie wurde in Form der Relation von Transport des Dreidimensionalen bzw. des Elektronischen schon gestreift). In einer Welt, in der das Virtuelle eine immer größere Rolle spielt, ist der Wert von Musealgut neu zu bestimmen. Wahrscheinlich wird dies aber in eine Richtung gehen, die schon angedeutet wurde: das Rare gewinnt an Wert. Gerade angesichts der

immer bestimmenderen Rolle des Virtuellen, werden die dreidimensionalen Objekte eines Museums an Bedeutung gewinnen. Freilich setzt dies voraus, dass ein virtueller Kontext geschaffen wird, sonst besteht die Gefahr, dass sie nicht mehr existent zu sein scheinen. Das heißt, das Objekt, die Sammlung, muss im Internet in verschiedener Weise zu finden sein. Es müssen Abbildungen, Beschreibungen, Kommentare zu ihnen, Aufsätze über sie, Zitate vorhanden sein. Sie müssen auch spielerisch zu finden sein wie in der Rätselrallye, von der schon die Rede war.

In einer solchen virtuellen Fassung glänzt die Perle des Museumsobjektes: Welch ein Labsal für einen Menschen im Jahr 2050, endlich real vor ein Objekt treten zu dürfen, von dem er via Internet längst Kenntnis hatte. Endlich vor die großen Dampfmaschinen des Technischen Museums treten, sie in Bewegung zu sehen, den Boden leicht vibrieren zu spüren, das Öl der Gelenke zu riechen und das kalte Metall der Maschine – streng verbotener Weise! – anzugreifen! Die viel beschworene Aura des Originals! Sie ist zukunftsfest.

Auch in einer Welt geänderten Bewusstseins: Vielleicht wird 2050 vor allem das als real erlebt werden, was virtuell ist. Außerhalb des Internet – ist da noch etwas? Außer den Objekten des Technischen Museums Wien natürlich. Denn die bleiben allezeit im Fokus allgemeinen Interesses... ∎

Die Autorin

Gabriele Zuna-Kratky *ist seit Jänner 2000 Geschäftsführerin des Technischen Museums Wien. Sie ist Mitglied des Präsidiums der Ludwig Boltzmann Gesellschaft, Mitglied des Senatsausschusses Evaluierung der deutschen Leibniz-Gemeinschaft, Mitglied im wissenschaftlichen Beirat des Deutschen Museums und des „Hauses der Geschichte" in Bonn. Nach ihrer Tätigkeit im Bundesministerium für Unterricht und Kunst in der Abteilung Schulfernsehen/Schulfunk und Medienerziehung wurde sie im Oktober 1997 zur Direktorin der Österreichischen Phonothek bestellt. Ab 1977 absolvierte Gabriele Zuna-Kratky ihr Studium an der Pädagogischen Akademie des Bundes in Wien; anschließend studierte sie Soziologie und Erziehungswissenschaft an der Universität Wien und wurde 1988 zum Doktor der Philosophie promoviert.*

Kapitel 4:
Generationen (Demografie, Soziales, Pensionen)

Österreichs Bevölkerung 2050

Elke Loichinger

Wolfgang Lutz

Einleitung: Menschen-basierte Modelle

Wenn wir an die Herausforderungen der Zukunft denken, dann denken wir oft in erster Linie an die Wirtschaft und bei längerfristiger Perspektive auch an die Umwelt. Und so überrascht es auch nicht, dass die meisten quantitativen Modelle, die sich mit der Entwicklung in der näheren Zukunft beschäftigen, ökonomischer Natur sind, und wenn es um ganz langfristige Entwicklungen geht, die Klimamodelle im Vordergrund stehen. Demographische Modelle nehmen hier eine mittlere Stellung ein, da die demographischen Prozesse relativ träge und für einige Jahrzehnte in die Zukunft gut abschätzbar sind. Ein weiterer bisher viel zu wenig beachteter Vorteil demographischer Modelle ist, dass sie Menschen-basiert sind, das heißt, dass sie sich explizit und quantitativ mit der sich verändernden Zahl und Zusammensetzung der Menschen in unserem Land beschäftigen. Und da letztlich alles Wirtschaften, alle Politik und alle anderen Funktionen in unserer Gesellschaft von Menschen betrieben werden – Menschen sind die Akteure von Wirtschaft und Politik in Gegenwart und Zukunft – tut eine Analyse der Zukunft eines Landes gut daran, sich auch explizit mit der zukünftigen Entwicklung der Zahl und Zusammensetzung der Menschen zu beschäftigen.

Ein ganz entscheidender Vorteil von Menschen-basierten Modellen ist die Tatsache, dass Menschen heute bei uns im Durchschnitt rund 80 Jahre alt werden und viele Eigenschaften dieser Menschen entweder ab einem bestimmten Alter stabil bleiben (wie z. B. die höchste abgeschlossene Schulbildung) oder sich im Laufe des Lebens in vorhersehbarer Weise verändern (wie z. B. die Erwerbsbeteiligung). Aus diesem Grund sind demographische Prognosen besser und langfristig sicherer (auch über zwei bis drei Jahrzehnte ist der Unsicherheitsbereich relativ eng) als zum Beispiel wirtschaftliche Prognosen, bei denen schon für das nächste Jahr die Unsicherheiten gewaltig sind. Dieser enorme Vorteil der Menschenbasierten demographischen Modelle wurde bisher noch viel zu wenig über die traditionellen demographischen Standardgrößen Bevölkerungszahl und Altersstruktur hinaus ausgenützt. Insbesondere die Methoden der multidimensionalen mathematischen Demographie (kurz: multi-state models) erlauben eine längerfristige Prognose der Bevölkerung, die außer nach Alter und Geschlecht noch nach wichtigen anderen Eigenschaften gegliedert ist. So lassen sich diese Menschen-basierten Modelle weit über die traditionelle Demographie hinaus zur Analyse und Prognose der längerfristigen sozioökonomischen Entwicklung verwenden. Sie sind darin allen Geld-basierten Modellen haushoch überlegen. Wir werden dies im Hauptteil dieses Beitrags mit alternativen Szenarien für Österreichs Zukunft über die nächsten Jahrzehnte illustrieren.

Wie sich Österreichs Menschen verändern

Laut Statistik Austria betrug die Wohnbevölkerung Österreichs im Jahresdurchschnitt 2012 genau 8.420.900 Personen (Statistik Austria 2011b). Diese Menschen und ihre gegenwärtige Gliederung nach gewissen Eigenschaften (Strukturmerkmalen) sind die Basis der folgenden Analyse.

Im Zeitverlauf dominiert ein Megatrend: Die österreichische Bevölkerung altert. Belief sich der Anteil der über 65-Jährigen im Jahr 1950 noch auf 11 Prozent, so lag er 2010 bei knapp 18 Prozent und wird sich in den kommenden Jahrzehnten weiter deutlich erhöhen. Gleichzeitig ging der Anteil der unter 15-Jährigen von 23 Prozent auf knapp 15 Prozent zurück (Statistik Austria 2011a). Ein Vergleich der Alterspyramiden für 1950 und 2010 macht diese Entwicklung deutlich (siehe Abbildung 1). In traditionellen Gesellschaften mit hohen Geburtenraten (wie in den Ländern Europas um 1900 oder in vielen Entwicklungsländern heute) sehen Bevölkerungspyramiden tatsächlich noch wie Pyramiden aus. Der Geburtenrückgang und der kontinuierliche Anstieg der Lebenserwartung haben in Österreich dazu geführt, dass das Ganze heute eher wie ein „Bevölkerungsdiamant" aussieht, in dem die mittleren Altersgruppen am stärksten vertreten sind.

Die drei Faktoren, die die Zusammensetzung der Bevölkerung beeinflussen, sind die Anzahl der Geburten und Sterbefälle sowie der Saldo aus der Zu- und Abwanderung. In den meisten Bevölkerungsprognosen wird die Bevölkerung nur nach dem Alter und dem Geschlecht differenziert.

Was die Wahl des Bildungsstandes als Prognosedimension unterstützt, ist die Tatsache, dass das Bildungsniveau von Menschen eine stabile Eigenschaft ist. Es wird in der Regel im jungen Alter erworben, und zumindest der formale Bildungsabschluss bleibt dann für den Rest des Lebens erhalten: Wer einmal die Matura erworben hat, der hat sie bis an sein Lebensende. In der Demographie nennt man das einen Kohorteneffekt. Und dieser Effekt ist auch die Basis für die Projektion von zukünftigen Bildungsstrukturen nach Alter und Geschlecht. Wenn wir die Bildungsstruktur der 40-Jährigen heute kennen, wissen wir auch schon viel über die Bildung der 60-Jährigen in 20 Jahren.

In diesem Beitrag stellen wir Bildungsprognosen für Österreich für die nächsten Jahrzehnte vor. Die verwendete Methode ist die „multi-state cohort component method" und wurde in den 1970er-Jahren von WissenschaftlerInnen am International Institute for Applied Systems Analysis (IIASA) in Laxenburg entwickelt. Diese Methode erlaubt es, Fertilität, Mortalität und Migration nicht nur differenziert nach Alter und Geschlecht in die Bevölkerungsprognose eingehen zu lassen, sondern auch Bildungsunterschiede in

Abbildung 1: Bevölkerung Österreichs 1952 und 2010 nach Alter und Geschlecht.

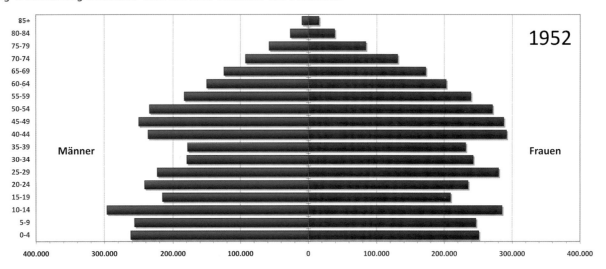

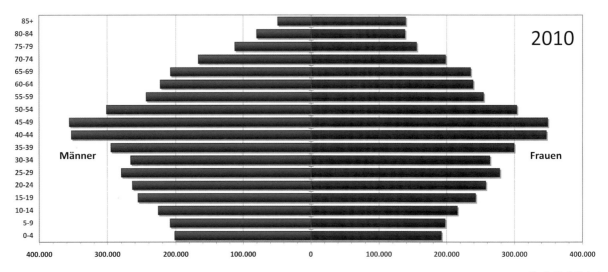

Quelle: Statistik Austra 2011b.

diesen Faktoren zu berücksichtigen. So haben zum Beispiel höher gebildete Frauen in der Regel weniger Kinder, und Personen mit mehr Bildung haben für gewöhnlich höhere Überlebenswahrscheinlichkeiten. Außerdem kann die Migrationsbereitschaft abhängig vom Bildungsstatus variieren. Im Fall von Österreich zeigen Prskawetz et al., dass Frauen in Österreich mit einem Universitätsabschluss im Durchschnitt 0,6 Kinder weniger haben als Frauen mit einem Pflichtschulabschluss (Prskawetz, Sobotka, Buber-Ennser et al. 2008). Auch sind deutliche bildungsspezifische Unterschiede in der Lebenserwartung belegt: 2001/02 betrug die fernere Lebenserwartung im Alter von 35 Jahren für männliche Akademiker 46,39 Jahre, wohingegen Pflichtschulabsolventen nur 40,18 weitere Lebensjahre erwarten konnten. Die Vergleichszahlen für Frauen liegen bei 49,43 und 46,64 Jahren (Klotz 2007).

Zum einen erhöht die Berücksichtigung dieser Unterschiede die Qualität der Prognose und erlaubt es, neben Alter und Geschlecht auch die zukünftige Bildungsstruktur zu prognostizieren. Zum anderen hat die Bildungsstruktur der Bevölkerung einen Einfluss auf abgeleitete Faktoren, wie z. B. Arbeitsmarktverhalten, Produktivität oder Pflegebedarf, und ihre Berücksichtigung kann auch dort zur Qualitätssteigerung von Prognosen beitragen. Daher berechnen wir, basierend auf verschiedenen Szenarien zur Entwicklung von Arbeitsmarktbeteiligung und gesundheitlicher Einschränkung, Prognosen für Erwerbspersonen sowie für Personen mit gesundheitlicher Beeinträchtigung.

Eine grundsätzliche Entscheidung stellt sich bei der Aggregierung der verschiedenen Bildungsabschlüsse. Die Anzahl der Kategorien und ihre Zusammensetzung wird von der Verteilung der Bevölkerung nach höchstem erreichten Bildungsgrad und der Bedeutung der Kategorisierung für Gesundheit, Reproduktions- und Arbeitsmarktverhalten beeinflusst. Pragmatisch geleitet wird die Entscheidung durch die Datenverfügbarkeit und die Notwendigkeit, die Zahl der Kategorien nicht zu groß werden zu lassen.

Im Folgenden wird zwischen vier Bildungskategorien unterschieden:

B1 (Pflichtschule einschließlich Sonderschule oder niedrigere Schulbildung),
B2 (Lehre, BMS),
B3 (AHS, BHS),
B4 (Universität, Hochschule, Fachhochschule, hochschulverwandte Lehranstalten)

Neben der Bildung wird die Bevölkerung noch nach einem weiteren Kriterium disaggregiert: nach dem Geburtsland. Wir unterscheiden zwischen Personen, die in der EU in ihrer heutigen Form geboren sind (EU-27-Personen), und solchen, die in einem Land außerhalb der EU geboren sind (Nicht-EU-27-Personen). Diese Einteilung hat vor allem zwei Gründe: Zum einen zeigen diese beiden Personengruppen signifikante Unterschiede in mehreren Parametern unseres Modells (Fertilität, Migration, Bildungsübergänge), sodass es angebracht ist, beide Personengruppen separat zu modellieren. Zum anderen schränkt die Datenverfügbarkeit unsere Wahl der Untergliederung ein. So ist es uns zum Beispiel nicht möglich, eine Einteilung nach Migrationshintergrund oder einzelnen Ländern vorzunehmen.[1] Um den Effekt verschiedener Migrationsszenarien zu vergleichen, variieren wir den Außenwanderungssaldo und die Zusammensetzung der Zuwanderinnen und Zuwanderer nach Bildungsstand. Der Außenwanderungssaldo (kurz Wanderungssaldo oder Wanderungsbilanz) ist definiert als Anzahl der Zuzüge nach Österreich, abzüglich der Anzahl der Fortzüge aus Österreich.

Wir definieren drei Migrationsszenarien, wobei zwei als Unterszenarien aufzufassen sind:

a) Der jährliche Wanderungssaldo umfasst 30.000 Personen.[2]
   a1) Zukünftige Migranten weisen die gleiche Bildungsstruktur auf wie heutige MigrantInnen.[3]
   a2) Ab 2015 weisen MigrantInnen aus Nicht-EU-27-Ländern einen höheren Bildungsstand auf als heute. Konkret nehmen wir an, dass die Hälfte aller 25- bis 49-Jährigen über einen Abschluss verfügt, der äquivalent ist zu einem Abschluss einer AHS, einer BHS oder eines Kollegs (B3), und die andere Hälfte einen Universitäts-, Hochschul- oder Fachhochschulabschluss (B4) besitzt.

b) Ab 2015 ist die Wanderungsbilanz ausgeglichen (d. h. genauso viele Personen ziehen zu wie weg).

So gebildet sind die ÖsterreicherInnen

Abbildung 2 zeigt die Bildungsstruktur der österreichischen Bevölkerung für die Jahre 1971 und 2010 nach den zuvor beschriebenen Bildungskategorien. Seit 1971 ist die Zahl der Menschen in der untersten Bildungsgruppe sowohl bei den Männern als auch bei den Frauen stark zurückgegangen. Allerdings ist ihr Anteil über alle Altersgruppen betrachtet recht stabil, was bedeutet, dass es hier in den letzten Jahren kaum Verbesserungen gab. Über eine abgeschlossene tertiäre Ausbildung verfügten 1971 nur 2,8 Prozent der 25- bis 64-Jährigen, wohingegen es 2010 mehr als fünfmal so viele waren (14,9 Prozent).[4] Dabei lassen sich deutliche Unterschiede zwischen den Alterskohorten erkennen: Jüngere Kohorten haben höhere Anteile von Personen mit einem tertiären Abschluss als ältere Kohorten. Dasselbe gilt für die Entwicklung der Abschlüsse an einer AHS oder BHS.

Um den Bildungsstand der Bevölkerung prognostizieren zu können, müssen Annahmen über die weitere Entwicklung der Bildungsabschlüsse gemacht werden. Die meisten Menschen in Österreich schließen ihren Bildungserwerb bis zum 35. Lebensjahr ab. Bei den Überlegungen hinsichtlich der zukünftigen Bildungsstruktur der österreichischen Bevölkerung werden daher Annahmen über die Bildungsübergänge der 15- bis 35-Jährigen getroffen.

Wir haben drei Bildungsszenarien definiert:

1) Bildungsübergänge der 15- bis 35-Jährigen bleiben konstant auf dem heutigen Niveau.

2) Bildungsübergänge der 15- bis 35-Jährigen entwickeln sich bis 2035 weiter im Trend, der von 1971 bis 2010 beobachtet wurde. Ab 2035 werden die Werte konstant gehalten.

3) Bildungsübergänge der 15- bis 35-Jährigen erreichen die heute in Finnland zu beobachtende Verteilung bis zum Jahr 2035, ab dann bleiben sie konstant. Europas Klassenbester, Finnland, zeichnet sich dadurch aus, dass es dort den höchsten Anteil 30- bis 34-Jähriger mit einem höheren Abschluss gibt (höherer Abschluss ist definiert als ein Abschluss, der einer Matura, AHS, BHS, Universität/FHFachhochschule/hochschulverwandten Lehranstalt oder einem Kolleg entspricht). 2008 entfielen über 80% Prozent der Personen aus der genannten Altersgruppe in Finnland auf diese Kategorie.

Um den Effekt der Bildungsszenarien miteinander vergleichen zu können, werden vorerst alle drei Szenarien mit dem konstanten Migrationsszenario kombiniert.

Das konstante Szenario führt zu nur sehr geringen Veränderungen in der Bildungsstruktur (siehe Abbildung 3). Dass es überhaupt zu

Abbildung 2: Bevölkerung Österreichs nach Alter, Geschlecht und höchstem Bildungsabschluss 1971 und 2010.

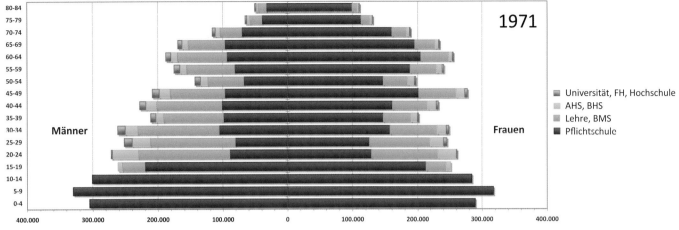

Quelle 1971: IPUMS international Census Daten 1971, eigene Berechnung

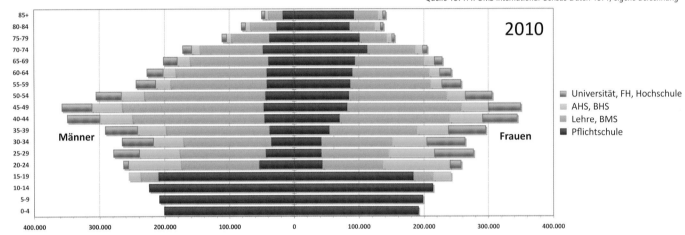

Quelle 2010: Statistik Austria 2013. „Bildung in Zahlen 2011/12, Tabellenband", S. 495.

einer leichten Erhöhung des Anteils der Bevölkerung mit einem höheren Abschluss kommt, ist der Tatsache geschuldet, dass die heutigen jüngeren, besser gebildeten Kohorten ältere Kohorten ersetzen, die über niedrigere höchste Bildungsabschlüsse verfügen. Im Vergleich dazu würde das Trendszenario zu einem weiteren Anstieg des Anteils der jüngeren Kohorten mit einem höheren Abschluss und zu einem Rückgang derer führen, die nur einen Pflichtschulabschluss haben. Die deutlichste Verbesserung würde eintreten, wenn finnische Verhältnisse gelten: 33 Prozent der 30- bis 34-jährigen Männer und 53 Prozent der 30- bis 34-jährigen Frauen haben in diesem Szenario einen tertiären Abschluss erreicht. Natürlich darf dabei nicht vergessen werden, dass einige Ausbildungsgänge in Finnland zu einem tertiären Abschluss führen, in Österreich dagegen nicht (zum Beispiel bei den Gesundheits- und Pflegeberufen). Das alleine erklärt jedoch nicht den Unterschied zwischen den beiden Ländern. Da die Bildungsstruktur einer Bevölkerung eng mit ihrer Produktivität und wirtschaftlichen Leistungsfähigkeit im härter werdenden globalen Wettbewerb verbunden ist,

kommt der zukünftigen Bildungspolitik hier entscheidende Bedeutung zu. Insbesondere ist zu beachten, dass Länder, wie z. B. Südkorea, die erst in den vergangenen Jahren zu einem Industrieland geworden sind, bereits eine weit besser gebildete junge Bevölkerung haben als Österreich. Selbst China ist bereits dabei, die jungen Menschen besser auszubilden, als es in Österreich derzeit der Fall ist, und dies bei einem wesentlich geringeren Lohnniveau. Mit anderen Worten, wenn sich Österreich nur langsam verbessert, der Rest der Welt aber schneller, dann wird Österreich seine wirtschaftliche Basis als Hochlohnland kaum halten können.

Gerade in der Diskussion um das zukünftige Potenzial an Erwerbspersonen ist es interessant, sich die Bildungsstruktur der erwerbsfähigen Bevölkerung genauer anzusehen. 2010 hatten 30 Prozent der 20- bis 64-Jährigen einen höheren Bildungsabschluss (in unserem Modell äquivalent zu den Kategorien B3 und B4), und dieser erhöht sich im Konstanten Szenario bis 2030 nur auf 38 Prozent. Bis 2050 wäre kein weiterer Anstieg zu erwarten. Im Unterschied

Abbildung 3: Prognoseergebnisse für die drei Bildungsszenarien 2050 (von oben nach unten: Konstantes Szenario, Trendszenario, Finnisches Szenario).

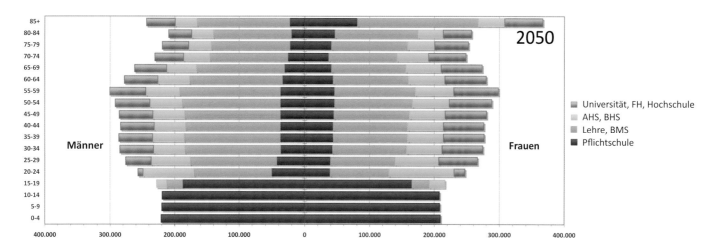

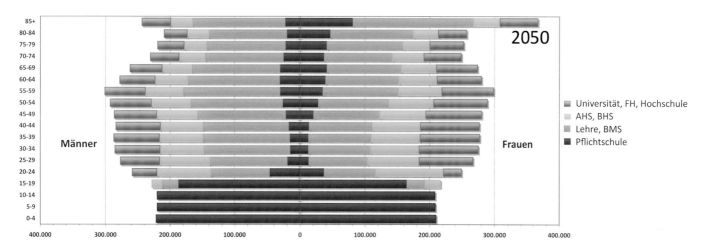

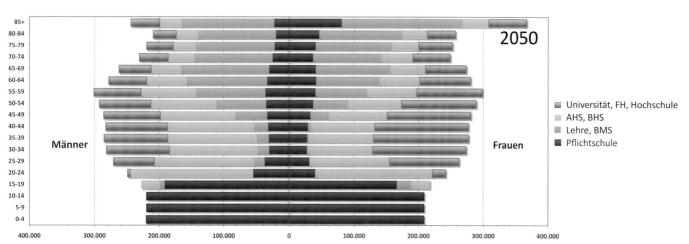

Quelle: eigene Berechnungen

Abbildung 4: Anteil der 20- bis 64-Jährigen, die über einen höheren Abschluss verfügen (B3 und B4), für die drei Bildungsszenarien 2010 bis 2050.

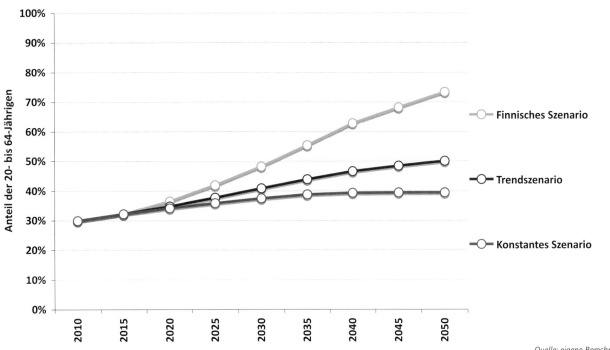

Quelle: eigene Berechnungen

Abbildung 5: Anzahl der 20- bis 64-Jährigen (in der gesamten Wohnbevölkerung), die über einen höheren Abschluss verfügen, für die drei Migrationsszenarien, 2010 bis 2050.

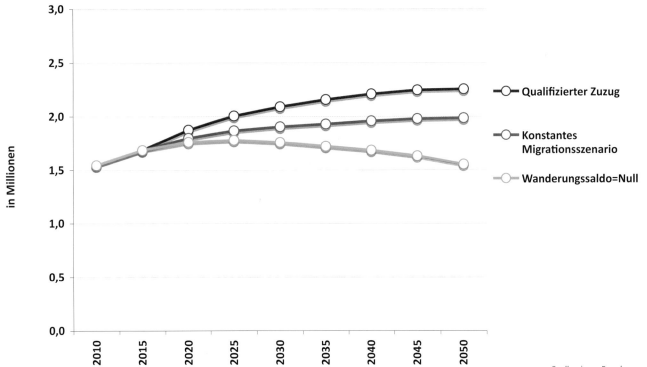

Quelle: eigene Berechnungen

Abbildung 6: Anteil der 20- bis 64-Jährigen, die über einen höheren Abschluss verfügen, für die drei Migrationsszenarien 2010 bis 2050.

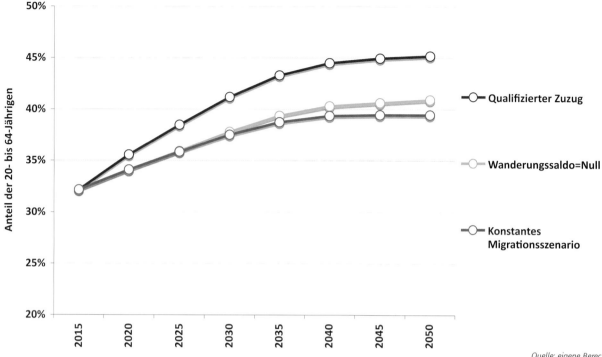

Quelle: eigene Berechnungen

dazu bedeutet das Trendszenario – und noch mehr das Finnische Szenario – einen Anstieg in dieser Bildungsgruppe über 2030 hinaus (siehe Abbildung 4).

Die zukünftige Bildungsstruktur der österreichischen Bevölkerung im erwerbsfähigen Alter wird auch von der Anzahl und der Zusammensetzung der MigrantInnen, die nach Österreich kommen, abhängen. Hier kommen die drei oben beschriebenen Migrationsszenarien zur Anwendung. Um den Effekt der einzelnen Migrationsszenarien untereinander vergleichen zu können, werden diese nun mit dem Konstanten Bildungsszenario kombiniert. Die absolute Anzahl der Personen mit höherem Abschluss (B3 und B4) erhöht sich bis 2030 unter der Annahme von qualifiziertem Zuzug (Migrationsszenario a2) im Vergleich zum Konstanten Szenario um gut 180.000 Personen, wohingegen eine ausgeglichene Wanderungsbilanz ohne Umschichtung der Bildungsstruktur (Migrationsszenario b) im Vergleich zum Konstanten Szenario zu einer Verringerung der höher qualifizierten Personen um 145.000 führt (vgl. Abbildung 5). Bis zum Jahr 2050 wird der Unterschied zwischen den Szenarien noch deutlich stärker sichtbar.

Betrachtet man nicht absolute, sondern relative Zahlen, dann ist ein auf den ersten Blick überraschendes Ergebnis, dass ein ausgeglichener Wanderungssaldo zu einem leicht höheren Anteil der 20- bis 64-Jährigen mit einem höheren Abschluss führt, als das unter dem konstanten Migrationsszenario der Fall ist (siehe Abbildung 6). Die

Erklärung liegt darin, dass die Bevölkerung, die sich schon in Österreich befindet, einen höheren Anteil an Personen mit einem höheren Bildungsabschluss aufweist als diejenigen, die im Konstanten Szenario ins Land kommen.

Es gibt ein großes Potenzial an Erwerbspersonen

Mit steigender Bildung steigt auch die Arbeitsmarktbeteiligung: Die Erwerbsquote der 15- bis 64-Jährigen mit höchstens einem Pflichtschulabschluss (53,1 Prozent) war im Jahr 2010 um mehr als 30 Prozent niedriger als die Erwerbsquote derjenigen, die einen tertiären Bildungsabschluss besitzen (87,9 Prozent) (Statistik Austria 2011d).

Bei der Betrachtung der Arbeitsmarktbeteiligung unterscheiden wir zwei Gruppen: Erwerbspersonen und Nichterwerbspersonen. Dem Labour-Force-Konzept folgend umfasst die Gruppe der Erwerbspersonen sowohl Erwerbstätige als auch Arbeitslose (im Folgenden auch als Aktive bezeichnet).[5] Dies inkludiert auch in Teilzeit beschäftigte Personen. Alle anderen Personen fallen in die Kategorie der Nichterwerbspersonen (Nicht-Aktive). Die Berechnungen der Erwerbsquoten (also des Anteils der Erwerbspersonen) nach Alter, Geschlecht, höchstem Bildungsabschluss und Geburtsland basieren auf der abgestimmten Erwerbsstatistik 2010.

Wie Abbildung 7 zeigt, beginnen die Erwerbsquoten schon deutlich vor dem gesetzlichen Pensionsantrittsalter von 60 Jahren (Frauen)

Abbildung 7: Erwerbsquoten (Anteil der Erwerbspersonen) nach Alter, Geschlecht und höchstem Bildungsabschluss 2010.

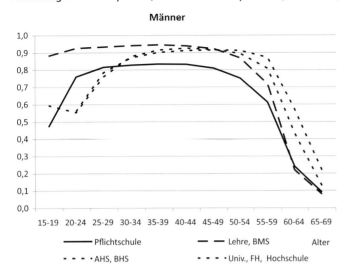

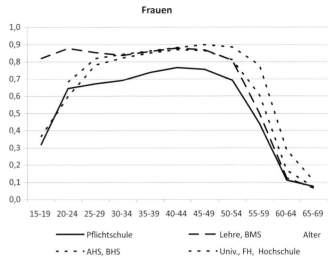

Quelle: Statistik Austria, Sonderauswertung abgestimmte Erwerbsstatistik.

bzw. 65 Jahren (Männer) zu sinken. Dieser Verlauf spiegelt die Tatsache wider, dass das Durchschnittsalter der Pensionsneuzugänge 2011 bei 57,3 Jahren für Frauen und 59,2 Jahren für Männer lag (Hauptverband der österreichischen Sozialversicherungsträger 2012). Die Verläufe der Erwerbsquoten über die Altersgruppen zeigen für Männer und Frauen sowie die drei Bildungsgruppen den typischen Verlauf eines umgekehrten „U". Das Niveau der Erwerbsquoten korreliert, wie eingangs erwähnt, positiv mit dem höchsten Bildungsabschluss. Dementsprechend ist auch das Alter, bei dem die Erwerbsquoten aufgrund von Pensionseintritten sinken, umso höher, je höher das Bildungsniveau ist. Warum höher Gebildete durchschnittlich bis zu einem höheren Alter arbeiten, hat viele Gründe: Sie treten später in das Erwerbsleben ein, haben oftmals Berufe, die körperlich weniger anstrengend sind, leben auch sonst gesünder und sind in ihrem Beruf oftmals zufriedener als Personen mit einem niedrigeren Bildungsabschluss. Natürlich spielt auch die Arbeitsnachfrage eine große Rolle.

Wie schon bei den Bildungsübergängen und bei der Migration definieren wir auch bei der Arbeitsmarktbeteiligung Szenarien zur zukünftigen Entwicklung:

a) Die Erwerbsquoten der über 15-Jährigen bleiben auf dem heutigen Stand.
b) Die Erwerbsquoten der Frauen erreichen das gleiche Niveau wie das der Männer.
c) Das effektive Pensionsalter steigt um fünf Jahre.
d) Kombination von Szenario b) und c)
e) Das effektive Pensionsalter steigt um zehn Jahre.

Alle Annahmen beziehen sich auf das Jahr 2050, und für die Zwischenjahre werden die Werte linear interpoliert. Natürlich ist eine Erhöhung der Erwerbsbeteiligung von Frauen sowie von älteren Erwerbspersonen nur in der Realität umsetzbar, wenn die entsprechenden Anreize sowohl auf Seiten der ArbeitnehmerInnen als auch der Arbeitgeber vorhanden sind.

Abbildung 8 macht deutlich, wie sich die Zahl der Aktiven bis 2050 unter den verschiedenen Szenarien entwickeln würde. Zugrunde liegt das Konstante Bildungsszenario, kombiniert mit dem Konstanten Migrationsszenario. Mit Abstand am wenigsten Erwerbspersonen, nämlich 4,12 Millionen, prognostiziert das Szenario, in dem die Erwerbsquoten auf dem heutigen Stand gehalten werden. Eine Erhöhung der Frauenerwerbstätigkeit auf das Niveau der Männer führt zu einer höheren Anzahl an Aktiven (4,37 Millionen); noch größer ist der Effekt einer Anhebung des effektiven Pensionsalters um fünf Jahre (4,59 Millionen). Die größte Anzahl an potenziell Aktiven – 5,04 Millionen – ergibt sich bei einer Erhöhung des effektiven Pensionsalters um zehn Jahre. Ein Ergebnis in ähnlicher Größenordnung könnte jedoch auch durch eine Kombination der Erhöhung des Pensionsalters um fünf Jahre und einer Erhöhung der Frauenerwerbstätigkeit erreicht werden (4,86 Millionen). Da eine weitere Angleichung des weiblichen Erwerbsmusters an das männliche ist durchaus wahrscheinlich ist und auch bei den jüngeren, besser gebildeten Kohorten schon sichtbar wird,. Dies bedeutet dies mit anderen Worten, dass dieser Effekt zusammen mit einer Anhebung des Pensionsalters noch unter das heute gültige gesetzliche Pensionsalter für Männer (und in Zukunft auch für Frauen) zu einer weiteren Zunahme von Erwerbspersonen und nicht zu der oft genannten Abnahme führen wird.

Abbildung 8: Anzahl der Aktiven 2010 bis 2050 nach Erwerbsszenario.

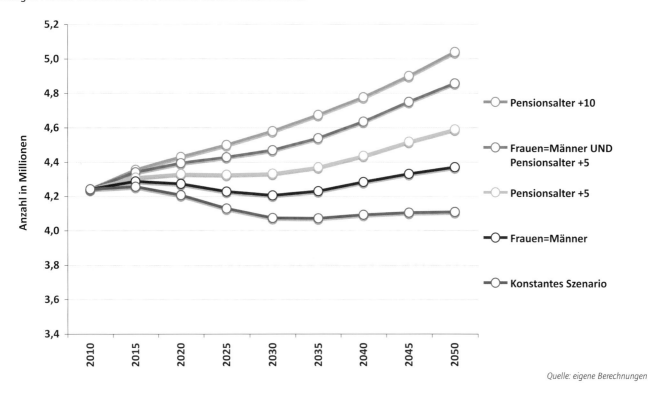

Quelle: eigene Berechnungen

Abbildung 9: Verhältnis von Nichtaktiven zu Aktiven 2010 bis 2050 nach Erwerbsszenario.

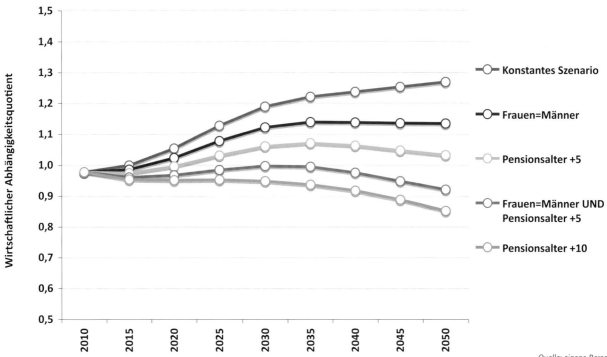

Quelle: eigene Berechnungen

Ein für die Finanzierung der Pensionen wichtigeres Bild als die absolute Anzahl der Aktiven gibt das zahlenmäßige Verhältnis der Nichterwerbspersonen zu den Erwerbspersonen, da hier eine näherungsweise Aussage über die wirtschaftliche Abhängigkeit gemacht werden kann.

Abbildung 9 verdeutlicht, dass nur eine Erhöhung des Pensionsalters um zehn Jahre oder das Kombinationsszenario (Erhöhung der Frauenerwerbstätigkeit und Anhebung des Pensionsalters um fünf Jahre) zu einem Verhältnis führen kann, das dauerhaft keinen Anstieg des Abhängigkeitsquotienten über das heutige Niveau zur Folge hat.

Fazit

Der vorliegende Beitrag hat die möglichen Entwicklungen der Zusammensetzung der österreichischen Bevölkerung nach wichtigen Strukturmerkmalen in Form alternativer Szenarien für die nächsten Jahrzehnte beschrieben. Diese Veränderungen werden die Gesellschaft und die Wirtschaft Österreichs entscheidend prägen. Und da sie in numerisch-quantitativer Form vorliegen, können sie auch mit der tatsächlichen Entwicklung verglichen und die getroffenen Annahmen bestätigt bzw. falsifiziert werden.

Kein Zweifel besteht daran, dass die Bevölkerung Österreichs älter werden wird. Es scheint jedoch nicht angebracht, von einer „Überalterung" der Bevölkerung zu sprechen. Was ist hier das tertium comparationis, auf das sich das „über" bezieht? Wer bestimmt, ab welchem Durchschnittsalter oder ab welchem Anteil der Bevölkerung über 65 Jahren ein Land „zu alt" ist? Zum Ersten muss man festhalten, dass der ständig fortschreitende Zuwachs in der Lebenserwartung ja nichts Geringeres ist als die Erfüllung eines der ältesten und wichtigsten Menschheitsträume: dass man nicht mehr ständig in der Angst leben muss, dass ein geliebter Angehöriger oder man selbst vom Tod (meist in Form von Infektionskrankheiten) dahingerafft wird. Zum Zweiten ist auch die Möglichkeit, über die Zahl der Kinder frei entscheiden zu können, ein großer Fortschritt in der Emanzipation – nicht nur für Frauen sondern auch für verantwortungsvolle Männer. Und dass diese beiden großen Erfolge zusammen zu einer Alterung der Bevölkerung führen, muss auch nicht unbedingt ein Problem sein, wenn gleichzeitig ein wenig Flexibilität bei der Anpassung der sozialen Sicherungssysteme gezeigt wird. Wie die oben beschriebenen Szenarien klar zeigen, kann durch eine relativ geringfügige Anpassung der altersspezifischen Erwerbsquoten über einen langen Zeitraum verteilt die effektive ökonomische Belastungsquote sogar gesenkt werden, wenn man gleichzeitig auch noch die zahlreichen positiven Konsequenzen von mehr Bildungsanstrengungen berücksichtigt. Diese reichen von höherer wirtschaftlicher Produktivität bis zu besserer Gesundheit bis ins hohe Alter. Es gibt also, was die wirtschaftlichen Folgen der Alterung

betrifft, doch begründete Hoffnung, dass eine bessere Bildung der jungen Menschen, die sich unter anderem in ihrer höheren Produktivität niederschlägt, ihre geringere Zahl kompensieren kann.

Die Szenarien zeigen aber auch klar, dass eine ernsthafte Gefahr für realen Wohlstandsverlust für den Fall besteht, dass falls man so weitermacht wie bisher und weder bei der Bildung noch bei den Erwerbsquoten echte Reformen gesetzt werden. Auch die jüngsten Pisa-Ergebnisse, in denen sich zeigt, dass 35 Prozent der 16-jährigen jungen Männer in Österreich einen einfachen Satz nicht sinnerfassend lesen können (Schwantner und Schreiner 2010), müssen hier als Alarmzeichen gesehen werden. Für Hochlohnländer wie Österreich ist eine weitere Verbesserung der Bildungsstruktur sowohl bei der echten Alphabetisierung der gesamten Bevölkerung als auch bei den höheren Bildungsabschlüssen und schließlich bei der Spitzenforschung entscheidend für den Erhalt der Wettbewerbsfähigkeit in einer globalisierten Welt.

Zahlreiche der hier dargestellten Szenarien für Österreich gehen auf ein von der Industriellenvereinigung (IV) und dem Österreichischen Roten Kreuz finanziertes und an der WU Wien durchgeführtes Projekt „future.monitor" zurück.

Weitere Ergebnisse und genaue Angabe der verwendeten Datenquellen unter http://www.futuremonitor.at/ ∎

Anmerkungen

[1] Da das Geburtsland unser Unterscheidungskriterium ist, bedeutet das, dass in unserem Modell eine Annahme der österreichischen Staatsbürgerschaft durch eine nicht in der EU-27 geborenen Person nicht zu einer Änderung ihrer Klassifizierung als Nicht-EU-27-Person führt.

[2] Diese Angabe entspricht in etwa dem Durchschnittswert, den auch die Statistik Austria in ihren Bevölkerungsprognosen bis 2050 annimmt (Statistik Austria 2011c).

[3] Es gibt keine verlässlichen Daten über die Bildungsstruktur der Zuwanderer, daher wird Zuwanderern der Bildungsstand zugewiesen, die die schon in Österreich befindliche Bevölkerung der entsprechenden Gruppe (nach Alter, Geschlecht und Geburtsland) aufweist.

[4] Die entsprechende Zahl, die von der OECD veröffentlicht wird, ist 18 Prozent (OECD 2010) und beruht auf Auswertung der Österreichischen Arbeitskräfteerhebung. Die von der Statistik Austria veröffentlichten Bildungsdaten für 2010 – woraus auch die hier zitierten Angaben stammen – basieren auf dem Bildungsstandregister (Statistik Austria 2013).

[5] Das hier verwendete Erwerbskonzept orientiert sich an der Definition der ILO (International Labour Organization). Danach ist für die Klassifikation „arbeitslos" entscheidend, dass die jeweilige Person 1) keiner Beschäftigung nachgeht, 2) aktiv nach Arbeit sucht und 3) innerhalb der nächsten zwei Wochen eine Arbeit antreten könnte. Auf den Bezug von Arbeitslosengeld kommt es bei dieser Definition nicht an. Erwerbstätig ist, wer mindestens eine Stunde pro Woche arbeitet oder aus vorübergehenden Gründen (z. B. Krankheit, Urlaub, Mutterschutz) nicht arbeitet, aber normalerweise einer Beschäftigung nachgeht.

Literaturhinweise

Crimmins, E. M., M. D. Hayward, A. Hagedorn, Y. Saito und N. Brouard (2009). „Change in Disability-Free Life Expectancy for Americans 70 Years Old and Older." Demography 46(3): 627–646.

European Commission (2003). „The social situation in the European Union 2003." Luxembourg: Office for Official Publications of the European Communities.

EUROSTAT (2010). Mikrodaten European Labor Force Survey. Hauptverband der österreichischen Sozialversicherungsträger (2012). „Die Österreichische Sozialversicherung in Zahlen."

K.C., S., B. Barakat, A. Goujon, V. Skirbekk, W. C. Sanderson und W. Lutz (2010). „Projection of populations by level of educational attainment, age, and sex for 120 countries for 2005–2050." Demographic Research 22(15): 383–472.

Klotz, J. (2007). „Soziale Unterschiede in der Sterblichkeit. Bildungsspezifische Sterbetafeln 2001/2001." Statistische Nachrichten (4): 296–311.

Lutz, W., A. Goujon, K.C. Samir und W. Sanderson (2007). „Reconstruction of populations by age, sex and level of educational attainment for 120 countries for 1970-2000." Vienna Yearbook of Population Research: 193–235.

Lutz, W. und S. K.C. (2011). „Global Human Capital: Integrating Education and Population." Science 333(6042): 587–592.

Lutz, W., W. Sanderson und S. Scherbov (2001). „The end of world population growth." Nature 412 (6846): 543–545.

Lutz, W. und S. Scherbov (2005). „Will Population Ageing Necessarily Lead to an Increase in the Number of Persons with Disabilities? Alternative Scenarios for the European Union." Vienna Yearbook of Population Research 2005: 219–234.

Meadows, D. h. und D.L. Meadows (1972) „Die Grenzen des Wachstums. Ein Bericht des Club of Rome zur Lage der Menschhei.t" Stuttgart: Deutsche Verlags-Anstalt.

Meadows, D. h., J. Richardson und G. Bruckmann (1982). „Groping in the Dark: The First Decade of Global Modelling" New Jersey, U.S.A : John Wiley & Sons Inc.: 311.

OECD (2010). „Education at a Glance 2010. OECD Indicators." OECD Publishing

POPNET (2008/09). IIASA. 40.

Prskawetz, A., T. Sobotka, I. Buber-Ennser, H. Engelhardt und R. Gisser (2008). „Austria: Persistent low fertility since the mid-1980s." Demographic Research 19(12): 293–360.

Schwantner, U. und C. Schreiner (Hrsg.) (2010). „PISA 2009. Internationaler Vergleich von Schülerleistungen. Erste Ergebnisse. Lesen, Mathematik, Naturwissenschaft." Graz: Leykam.

Statistik Austria (2011a). „Bevölkerung seit 1869 nach Geschlecht bzw. breiten Altersgruppen." http://www.statistik.at/web_de/statistiken/bevoelkerung/bevoelkerungsstruktur/bevoelkerung_nach_alter_geschlecht/index.html (13. Oktober 2011)

Statistik Austria (2011b). „Bevölkerung zum Jahresdurchschnitt 1952 bis 2075. Interaktive Datenbank." http://sdb.statistik.at/superwebguest/login.do?guest=guest&db=debevstprog (25. Oktober 2011)

Statistik Austria (2011c). „Bevölkerungsvorausschätzung 2011 bis 2050 sowie Modellrechnung bis 2075 für Österreich (Hauptszenario). Schnellbericht 8.2."

Statistik Austria (2011d). „Erwerbsstatus der Bevölkerung nach internationaler Definition (Labour Force-Konzept) und höchster abgeschlossener Schulbildung 2010." http://www.statistik.at/web_de/statistiken/arbeitsmarkt/erwerbsstatus/index.html (13. Oktober 2011)

Statistik Austria (2011e). Mikrodaten Volkszählung 1971, Zugang über: Minnesota Population Center. Integrated Public Use Microdata Series, International: Version 6.1 [Machine-readable database]. Minneapolis: University of Minnesota.

Statistik Austria (2013). „Bildung in Zahlen 2011/12. Tabellenband."

Die Autoren

Elke Loichinger *ist wissenschaftliche Mitarbeiterin am Forschungsinstitut „Human Capital and Development"* *(Wirtschaftsuniversität Wien, WU) und am „World Population Programm" (Internationales Institut für Angewandte Systemanalyse, IIASA), welche beide Teil des „Wittgenstein Centre for Demography and Global Human Capital" sind. Elke Loichinger studierte Diplomgeographie an der Universität Regensburg und wurde an der WU im Fach Statistik promoviert. Zudem besitzt sie einen Master of Public Policy (MPP) von der Duke University.*

Wolfgang Lutz *ist Gründungsdirektor des „Wittgenstein Centre for Demography and Global Human Capital", eine Kooperation des International Institute of Applied Systems Analysis (IIASA), des Vienna Institute of Demography (VID) der Österreichischen Akademie der Wissenschaften (ÖAW) und der Wirtschaftsuniversität Wien (WU). Wolfgang Lutz arbeitet seit 1985 am IIASA und leitet dort das World Population Program. Seit 2002 ist er darüber hinaus der Direktor des VID der ÖAW und seit 2008 Professor of Applied Statistics an der WU Wien. Zudem ist er Professorial Research Fellow der Oxford Martin School for 21st Century Studies. Professor Lutz hat Philosophie, Theologie, Mathematik und Statistik in München, Wien und Helsinki studiert, wurde in Demographie an der University of Pennsylvania promoviert und habilitierte an der Universität Wien in Statistik.*

MIGRATIONSPOLITIK FÜR DIE ALTERNDE GESELLSCHAFT VON MORGEN

Rainer Münz

Prognose für morgen: alternde Gesellschaft – schrumpfendes Erwerbspotenzial

Die Diagnose ist klar: Österreichs Gesellschaft altert. Das gilt für die Bevölkerung insgesamt, aber auch für die Gruppe der Beschäftigten. Das Durchschnittsalter der Belegschaften steigt. Zugleich werden auf absehbare Zeit mehr Menschen den Arbeitsmarkt in Richtung Ruhestand verlassen und weniger Menschen aus dem heimischen Bildungssystem auf den Arbeitsmarkt nachrücken. Diese Diagnose gilt übrigens nicht bloß für Österreich, sondern auch für seine Nachbarländer, für die Mehrzahl der entwickelten Gesellschaften und für etliche Schwellenländer.

Für Österreich sieht die Prognose folgendermaßen aus: Insgesamt wird die Bevölkerung Österreichs in den kommenden Jahrzehnten voraussichtlich weiter wachsen: von derzeit 8,5 Millionen EinwohnerInnen (2013) auf 9,0 (Prognose Eurostat) bis 9,4 Millionen (Prognose Statistik Austria) im Jahr 2050 (siehe Abbildung 1). Größer wird dabei vor allem die Zahl der älteren EinwohnerInnen. Die Prognose einer weiter wachsenden Bevölkerung beruht auf einer zentralen Annahme zur zukünftigen Migration: In der Prognose der Statistik Austria wird eine durchschnittliche Netto-Zuwanderung von rund 28.000 Personen pro Jahr unterstellt. Ohne Zuwanderung würde Österreichs Bevölkerung hingegen bald zu schrumpfen beginnen:

auf 8,1 bis 8,3 Millionen im Jahr 2030 und auf 7,2 bis 7,6 Millionen im Jahr 2050. Besonders deutlich würde sich dies auf die Bevölkerung im Erwerbsalter auswirken, weil ein Großteil der Zuwanderinnen und Zuwanderer junge Erwachsene sind. Kommen sie nicht ins Land, hat dies sofort Auswirkungen auf die Gruppe der 20- bis 35-Jährigen. Zugleich sinkt die Geburtenzahl, weil es dann in dieser Altersgruppe auch weniger potenzielle Mütter gibt.

Wesentlichen Einfluss auf die zukünftige sozio-ökonomische Entwicklung wird die Verschiebung der Gewichte zwischen den großen Altersgruppen haben. Die Zahl der Älteren (Über-65-Jährige) wird in den kommenden Jahrzehnten von derzeit 1,5 Millionen auf 2,5 bis 2,6 Millionen Personen (2050) anwachsen. Gleichzeitig wird die Zahl der Erwachsenen im Haupterwerbsalter (20–64-Jährige) trotz Zuwanderung leicht schrumpfen: von derzeit 5,2 Millionen auf 4,8 bis 5,0 Millionen Personen. Die Zahl der Kinder und Jugendlichen (0–19-Jährige) wird voraussichtlich bei 1,7 Millionen Personen stagnieren oder leicht schrumpfen (siehe Abbildung 1).

Dass die Zahl der Menschen im Haupterwerbsalter und damit auch die Zahl der potenziell Erwerbstätigen schrumpfen, hat einen klaren Grund. Es gibt heute und in Zukunft mehr Menschen, die sich in der letzten Phase ihres Berufslebens befinden und den Arbeitsmarkt in Richtung Pension verlassen werden. Im Gegensatz dazu stagniert die Zahl der Jüngeren, die aus dem Bildungssystem auf

Abbildung 1: Gesamtbevölkerung und Bevölkerung nach großen Altersgruppen, 2010–2050 (in Millionen)

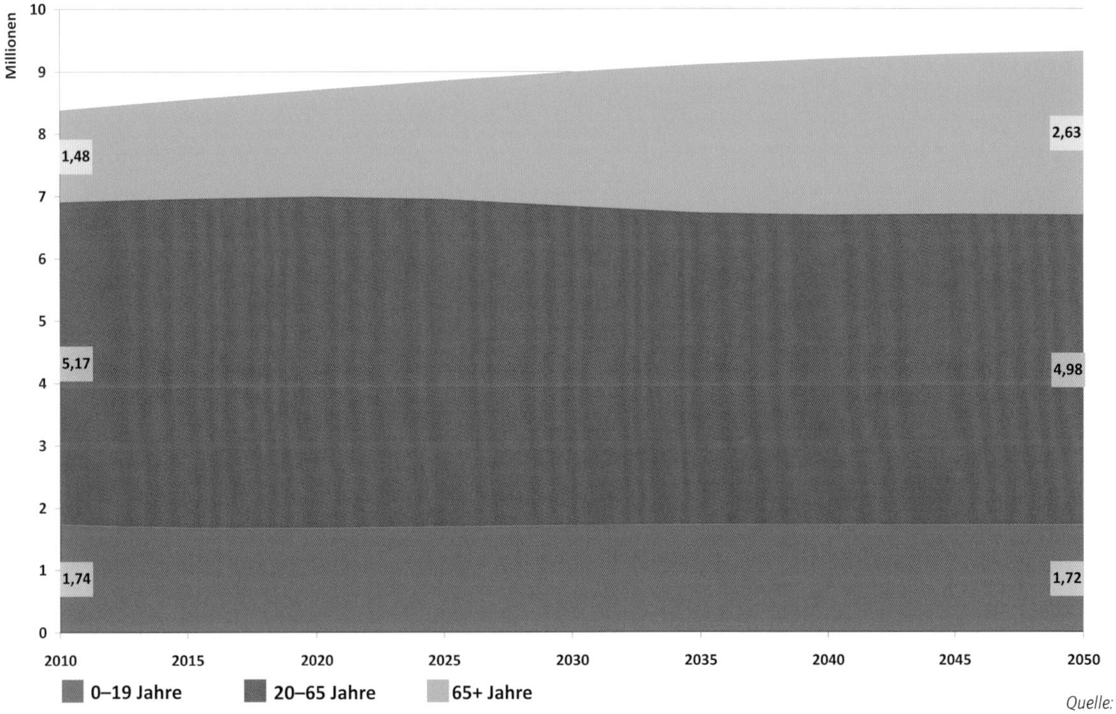

Quelle: Statistik Austria

Abbildung 2: Altersgruppe mit Berufseintritt (15–24 J.) vs. Altersgruppe mit Berufsaustritt (55–64 J.) (in absoluten Zahlen, pro Jahr), 1990–2050

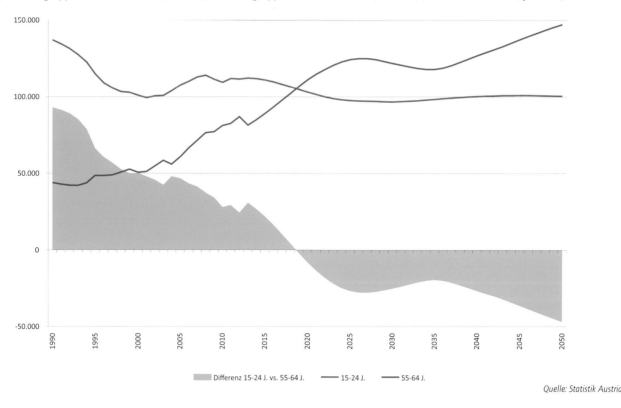

Differenz 15-24 J. vs. 55-64 J.　　　15-24 J.　　　55-64 J.

Quelle: Statistik Austria

den Arbeitsmarkt kommen. Die Differenz wird in den kommenden Jahren deutlich wachsen. Mitte der 2020er Jahre dürfte diese Differenz bereits etwa 27.000 pro Jahr ausmachen, 2050 schon etwa das Doppelte (siehe Abbildung 2). Ab dem Jahr 2035 werden fast alle Angehörigen der Baby-Boom-Generation den Arbeitsmarkt verlassen haben. Auch danach ändert sich aufgrund der anhaltend niedrigen Kinderzahlen nichts an der Diagnose eines weiter schrumpfenden einheimischen Erwerbspotenzials.

Schrumpfendes Erwerbspotenzial – mögliche Gegenstrategien

Was bedeutet diese Situation für Österreich? Das heimische Erwerbspotenzial wird in den kommenden Jahren und Jahrzehnten schrumpfen. Das könnte bedeuten, dass die Zahl der im Inland verfügbaren Arbeitskräfte kleiner wird. Ohne Gegenmaßnahmen droht durch die Alterung der Bevölkerung zugleich das verfügbare Humankapital zu veralten. Angesichts der skizzierten demographischen Entwicklung gibt es mehrere Gegenstrategien:

- die Verlängerung der Lebensarbeitszeit und – damit einhergehend – ein höheres faktisches Pensionsantrittsalter;
- eine Verbreiterung der Erwerbsbasis durch höhere Erwerbsquoten und einen größeren Anteil von Vollzeitbeschäftigungen von Frauen;
- eine stärkere Steigerung der Produktivität durch Innovation und Qualifikation;
- mehr qualifizierte Zuwanderung durch eine pro-aktive Migrationspolitik;

Diese Strategien schließen einander nicht aus. Sie können sowohl alternativ als auch additiv verfolgt werden.

Zuwanderung nach Österreich

Dieser Beitrag konzentriert sich im Folgenden nur auf die zuletzt genannte Strategie: auf die Erweiterung des Pools an Erwerbstätigen durch Zuwanderung aus dem Ausland. Dabei stellt sich die zentrale Frage: Wie lässt sich die erwünschte Zuwanderung am besten organisieren? Ausgangspunkt der Überlegungen ist die Zuwanderung der jüngeren Vergangenheit und der Gegenwart:

Abbildung 3: Migrationsbewegungen, Zuzüge und Wegzüge, 1996–2011 (absolute Zahlen)

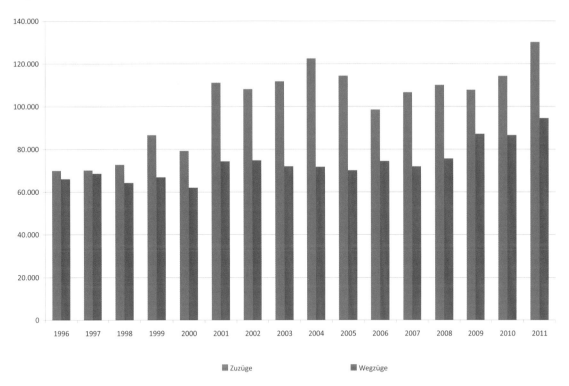

Quelle: Statistik Austria

- Klassische Anwerbung von Arbeitskräften spielte in Österreich nur in den 1960er und frühen 1970er Jahren eine Rolle. Hauptrekrutierungsgebiete waren damals Jugoslawien und die Türkei. Österreich holte damals vor allem wenig qualifizierte Arbeitskräfte ins Land.
- In den 1990er Jahren dominierte hingegen die Zuwanderung von Flüchtlingen und Kriegsvertriebenen – zuerst aus Kroatien, dann aus Bosnien, schließlich aus dem Kosovo und aus Tschetschenien.
- Erst seit dem Jahr 2000 dominieren in Österreich die ökonomisch motivierte Zuwanderung und die Bildungsmigration aus anderen EU-Ländern (siehe Abbildung 4). Dies ist in erster Linie ein Resultat der Freizügigkeit innerhalb der EU sowie der Aufnahme neuer Mitgliedsstaaten durch EU-Erweiterungen (2004, 2007, 2013).

Seit dem Jahr 2001 bewegte sich die Zuwanderung in der Größenordnung von 100.000–130.000 Personen pro Jahr. Im Gegenzug verließen jedes Jahr 70.000–90.000 Personen das Land (siehe Abbildung 3). In den letzten Jahren kamen vor allem Arbeitskräfte und Studierende im Rahmen der EU-Freizügigkeit ins Land (siehe Abbildung 4). Im Schnitt hatten diese Zuwanderinnen und Zuwanderer aus anderen EU-Staaten eine höhere Qualifikation als der Durchschnitt der einheimischen Bevölkerung (siehe Tabelle 1). Das unterscheidet

diese MigrantInnen auch deutlich von jenen, die Österreich in den 1960er und 1970er Jahren als „Gastarbeiter" angeworben hatte. Dabei fällt auch ins Gewicht, dass in jüngerer Zeit immer mehr ausländische Studierende nach Österreich kamen (siehe Abbildung 7).

Wichtigstes Herkunftsland der Neu-Zuwanderer seit dem Jahr 2000 war Deutschland, gefolgt von den EU-Mitgliedsstaaten Ostmitteleuropas und Südosteuropas (siehe Abbildung 4 und 5). Im Gegensatz zu früher spielte hingegen die Zuwanderung aus der Türkei in den letzten Jahren keine besondere Rolle.

Die neue Struktur der Migration von und nach Österreich hat zur Folge, dass die in Deutschland Geborenen mit mehr als 200.000 Personen heute die größte Zuwanderergruppe bilden. Zugleich leben nun rund 280.000 Personen mit Geburtsort in einem der neuen EU-Mitgliedsstaaten im Land (siehe Abbildung 5 und 6). Etliche kamen allerdings schon vor dem EU-Beitritt ihrer Heimatländer nach Österreich. Größte Herkunftsregion bleiben allerdings die Nachfolgestaaten Jugoslawiens, auch wenn Zuwanderung aus diesen Ländern vor allem zwischen 1966 und 1973 sowie während der 1990er Jahre erfolgte.

Bei den Wegzügen fällt auch die Auswanderung österreichischer StaatsbürgerInnen stärker ins Gewicht (siehe Abbildung 4). Klarerweise ist damit ein gewisser Brain Drain verbunden.

Abbildung 4: Zuzüge und Wegzüge nach Staatsbürgerschaft der MigrantInnen, 2011 (absolute Zahlen)

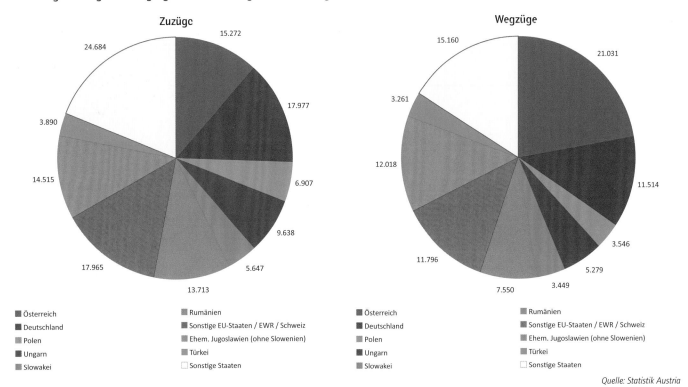

Zuzüge

- 15.272
- 17.977
- 6.907
- 9.638
- 5.647
- 13.713
- 17.965
- 14.515
- 3.890
- 24.684

Wegzüge

- 15.160
- 21.031
- 11.514
- 3.546
- 5.279
- 3.449
- 7.550
- 11.796
- 12.018
- 3.261

Legende	
■ Österreich	■ Rumänien
■ Deutschland	■ Sonstige EU-Staaten / EWR / Schweiz
■ Polen	■ Ehem. Jugoslawien (ohne Slowenien)
■ Ungarn	■ Türkei
■ Slowakei	☐ Sonstige Staaten

Quelle: Statistik Austria

Abbildung 5: Zugewanderte Bevölkerung nach Herkunftsländern, Bestand 2012 (absolute Zahlen)

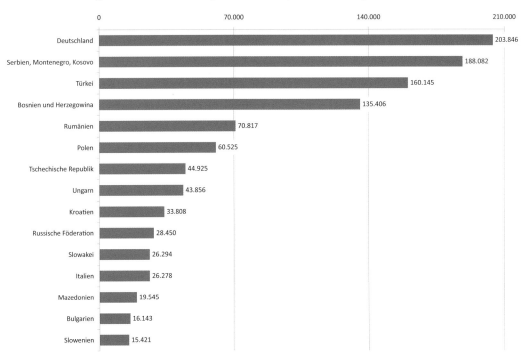

Deutschland	203.846
Serbien, Montenegro, Kosovo	188.082
Türkei	160.145
Bosnien und Herzegowina	135.406
Rumänien	70.817
Polen	60.525
Tschechische Republik	44.925
Ungarn	43.856
Kroatien	33.808
Russische Föderation	28.450
Slowakei	26.294
Italien	26.278
Mazedonien	19.545
Bulgarien	16.143
Slowenien	15.421

Anm.: Obwohl es sich bei Kosovo, Montenegro und Serbien heute um drei verschiedene Herkunftsländer handelt, werden sie in der österreichischen Statistik nach wie vor als gemeinsame Kategorie behandelt.

Quelle: Statistik Austria

Abbildung 6: Zugewanderte Bevölkerung nach größeren Herkunftsregionen, Bestand 2012 (in %)

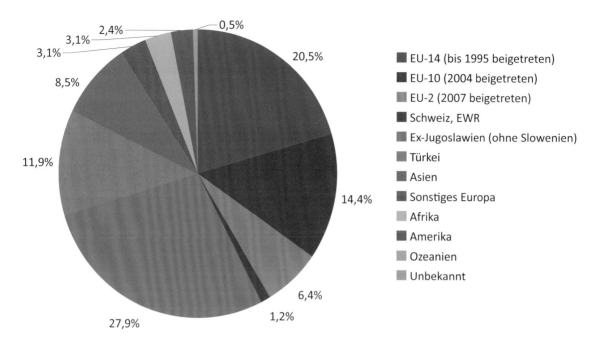

EU-14 (bis 1995 beigetreten)

EU-10 (2004 beigetreten)

EU-2 (2007 beigetreten)

Schweiz, EWR

Ex-Jugoslawien (ohne Slowenien)

Türkei

Asien

Sonstiges Europa

Afrika

Amerika

Ozeanien

Unbekannt

Quelle: Statistik Austria

Tabelle 1: Bildungsniveau von erwachsenen Einheimischen (kein Migrationshintergrund) und erwachsenen MigrantInnen bzw. deren Kindern (Altersgruppe Über-25-Jährige) nach Herkunftsländern bzw. Herkunft der Eltern, 2011

	Bevölkerung insgesamt	Kein Migrationshintergrund	EU/EWR/Schweiz	Ehem. Jugoslawien (ohne Slowenien)	Türkei
Insgesamt abs. (in 1000)	4657,5	3700,2	334,3	320,8	154,3
Pflichtschule	16,2%	12,5%	10,6%	37,4%	66,8%
Lehre, BMS	53,6%	58,5%	40,2%	42,8%	23,2%
AHS, BHS, Kolleg	15,3%	14,6%	23,8%	14,9%	6,1%
Universität, FH, Akademien	14,8%	14,4%	25,4%	4,9%	(3,9%)
Männer abs. (in 1000)	2317,3	1861,1	149,2	155,9	80,8
Pflichtschule	11,9%	8,4%	8,0%	29,2%	60,2%
Lehre, BMS	59,0%	63,4%	45,7%	53,0%	29,8%
AHS, BHS, Kolleg	14,9%	14,6%	20,2%	13,9%	(6,6%)
Universität, FH, Akademien	14,1%	13,6%	26,1%	3,9%	(3,3%)
Frauen abs. (in 1000)	2340,3	1839,1	185,1	164,9	73,5
Pflichtschule	20,5%	16,6%	12,6%	45,1%	74,1%
Lehre, BMS	48,3%	53,6%	35,8%	33,2%	15,9%
AHS, BHS, Kolleg	15,8%	14,7%	26,7%	15,9%	(5,5%)
Universität, FH, Akademien	15,5%	15,1%	24,9%	5,9%	(4,5%)

Quelle: Statistik Austria

Derzeit kommen qualifizierte Arbeitskräfte und Studierende überwiegend aus Österreichs Nachbarländern. Grundlage ist die Freizügigkeit innerhalb der EU, die vergleichsweise günstige Situation auf dem österreichischen Arbeitsmarkt und das weiterhin bestehende Lohngefälle gegenüber Ostmitteleuropa.

Es kann nicht davon ausgegangen werden, dass diese Situation auf längere Sicht weiter bestehen bleibt. Dies hat drei Gründe: Zum Ersten stehen Österreichs Nachbarländer und andere Teile Europas vor vergleichbaren demografischen Herausforderungen – nämlich einer alternden Gesellschaft mit schrumpfendem Erwerbspotenzial. Zum Zweiten dürfte es in Deutschland und in den EU-Staaten Ostmitteleuropas auch zukünftig wirtschaftliches Wachstum geben. Dadurch entsteht eine Konkurrenz um qualifizierte Arbeitskräfte. Zum Dritten wird der Lohnabstand zwischen Österreich und seinen östlichen Nachbarländern mit der Zeit kleiner, was den Anreiz zur Migration aus ökonomischen Gründen verringert. Deshalb ist es nötig, auch über eine pro-aktive Migrationspolitik nachzudenken.

Systeme der Anwerbung qualifizierter Zuwanderinnen und Zuwanderer

Generell lassen sich ausländische Arbeitskräfte auf zweierlei Art anwerben (siehe Abbildung 8):

- Die erste Form ist eine Rekrutierung, bei der die Nachfrage auf dem heimischen Arbeitsmarkt eine zentrale Rolle spielt. Dabei können Listen von Mangelberufen (Arbeitsmarkt-Test) oder konkrete Rekrutierungswünsche einheimischer Arbeitgeber im Vordergrund stehen: Gute Beispiele dafür sind die Rekrutierungssysteme in Schweden und den USA. Eine besondere Form bildet der privilegierte Arbeitsmarktzugang für BürgerInnen ausgewählter Staaten, wie dies (mit kleinen Einschränkungen) innerhalb der EU sowie zwischen Australien und Neuseeland der Fall ist.

- Die zweite Form bildet eine Auswahl, die von staatlichen Behörden vorgenommen wird. Dabei kann es sich um zwischenstaatliche Anwerbeabkommen handeln, wodurch von Vornherein eine Beschränkung auf einige wenige Herkunftsländer erfolgt. Oder die Behörden des Ziellandes treffen eine kriteriengeleitete Auswahl, die in der Regel auf Grundlage eines Punktesystems erfolgt.

Viele Länder werben ausländische Arbeitskräfte an. Bei einer wachsenden Zahl von Ländern spielen dabei Punktesysteme eine Rolle. Als erste führten die klassischen Einwanderungsländer Kanada (1967), Australien (1978) und Neuseeland (1991) solche Punktesysteme ein. Zwischen den Jahren 2000 und 2009 folgten einige europäische und asiatische Länder – zum Beispiel Dänemark, Großbritannien und Singapur (siehe Tabelle 3). Seit 2011 gibt es auch in

Abbildung 7: Ausländische Studierende an österreichischen Universitäten und Fachhochschulen, 2001/02–2011/12 (absolute Zahlen)

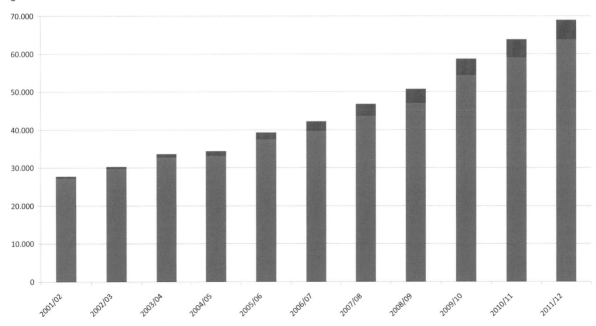

■ Ausländische Studierende an Fachhochschulen

■ Ausländische ordentliche Studierende an öffentlichen Universitäten

Quelle: Statistik Austria

Österreich ein Anwerbeverfahren, das auf der Vergabe von Punkten beruht (Rot-Weiß-Rot-Karte).

Fast alle Länder, die ausländische Arbeitskräfte über ein Punktesystem anwerben, verwenden dabei folgende Kriterien (siehe Tabelle 2):
- Ausbildung
- Alter
- bisherige Arbeitserfahrung

Viele Länder bewerten darüber hinaus (siehe Tabelle 2):
- Sprachkenntnisse
- Qualifikation in einem Mangelberuf
- Qualifikation des Ehepartners bzw. der Ehepartnerin
- Anwesenheit naher Verwandter im Zielland

In einigen Ländern spielen darüber hinaus einige der folgenden Kriterien eine Rolle (Tsiehe Tabelle 2):
- Konkretes Job-Angebot
- Bereitschaft zur Niederlassung in einer bestimmten Region
- bisheriges oder zu erwartendes Gehalt

Die klassischen Einwanderungsländer Australien, Kanada und Neuseeland erteilen fast allen Interessenten, die nach dem Punktesystem zugelassen werden, sofort oder binnen kurzer Frist einen permanenten Aufenthaltstitel. In den USA gilt dies nur für Einwanderer, die eine Green Card erhalten. Dies betrifft überwiegend Personen, die als Angehörige von bereits in den USA eingebürgerten Zuwanderern ins Land kommen (erweiterte Familienzusammenführung für Partner und Kinder, aber auch für Eltern und Geschwister). Die große Mehrzahl der ArbeitsmigrantInnen kommt hingegen auf Basis befristeter Arbeitsvisa in die USA. Erst später entscheidet sich, ob diese Personen eine Green Card bekommen.

In jenen europäischen Ländern, die über eine Anwerbung mittels Punktesystem verfügen, spielt diese Form der Zuwanderung quantitativ keine zentrale Rolle. Dies hat auch damit zu tun, dass die Punktesysteme die Kriterien der Zulassung enthalten, aber keineswegs alle Personen ein Arbeitsvisum erhalten, die diese Kriterien erfüllen. Es bleibt also ein erheblicher Handlungsspielraum seitens der zuständigen Behörden des Ziellandes.

Generell lässt sich sagen: Die Zuwanderung über Punktesysteme erhöht in erster Linie das Humankapital des Ziellandes. Sie gehen von folgender Annahme aus: Jüngere, gut ausgebildete MigrantInnen mit entsprechenden Sprachkenntnissen bringen jedenfalls gute Voraussetzungen mit, im Zielland Arbeit zu finden oder eine Firma zu gründen.

Arbeitgebergesteuerte oder auf freier Niederlassung beruhende Systeme reagieren jedoch erheblich schneller auf spezifische

Abbildung 8: Generelle Zugänge zur Rekrutierung von ArbeitsmigrantInnen

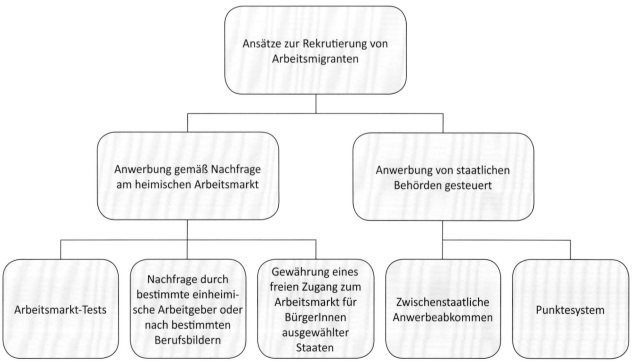

Quelle: adaptiert nach Papademetriou, Somerville, Tanaka

131

Tabelle 2: Kriterien für die Vergabe von Punkten in Anwerbesystemen auf Punktebasis, ausgewählte Länder

	Großbritannien	Australien	Kanada	Neuseeland	Hong Kong	Dänemark	Österreich	Total
Bildungsabschluss	1	1	1	1	1	1	1	7
Alter	1	1	1	1	1	1	1	7
Vorhergehende Berufserfahrung im Zielland	1	1	1	1	0	1	0	5
Arbeitserfahrung	0	1	1	1	1	1	1	6
Sprachkenntnisse	0	1	1	0	1	1	1	5
Mangelberuf	0	1	1	1	0	1	1	5
„Qualität" des Ehepartners	0	1	1	1	1	0	0	4
Nahe Verwandte im Zielland	0	1	1	1	1	0	0	4
Konkretes Job-Angebot	0	1	1	1	0	0	0	3
Bereitschaft zur Niederlassung einer bestimmten Region	0	1	1	0	0	0	0	2
Bisheriges oder zu erwartendes Gehalt	1	0	0	0	0	0	1	2

Quelle: Australian Government Department of Immigration and Citizenship, Bundesministerium für Arbeit, Soziales und Konsumentenschutz, Citizenship and Immigration Canada, Immigration New Zealand, Danish Immigration Service, Government of Hong Kong, Special Administrative Region, Immigration Department, UK Border Agency

Konstellationen in Teilbereichen des Arbeitsmarktes. Da sind Punktesysteme notwendigerweise langsamer, weil erst die Kriterien oder deren Gewichtung (= vergebene Punktezahl) geändert werden müssen, um einer veränderten Situation Rechnung zu tragen.

Aus pragmatischen Gründen verfügen einige Länder über beide Instrumente: Sie rekrutieren sowohl direkt für bestimmte Mangelberufe, als auch über ein differenzierteres Punktesystem.

Österreichs Rot-Weiß-Rot-Karte: der Einstieg in ein Punktesystem

Für Österreich ist derzeit vor allem die durch Angebot und Nachfrage auf dem inländischen Arbeitsmarkt bestimmte Zuwanderung bedeutsam. Arbeitskräfte aus anderen EU-Staaten suchen sich ohne Involvierung der Behörden des Herkunfts- oder des Ziellandes in Österreich einen Arbeitsplatz. Qualifizierte Zuwanderinnen und Zuwanderer kommen allerdings auch ins Land, weil die Zahl der ausländischen Studierenden – vor allem aus Deutschland – in den letzten Jahren stark gewachsen ist (siehe Abbildung 7). Bedauerlicherweise verlässt allerdings ein Großteil dieser hochqualifizierten MigrantInnen nach Studienabschluss wieder das Land.

Seit Einführung der Rot-Weiß-Rot-Karte (2011) besteht in Österreich auch die Möglichkeit, qualifizierte Zuwanderinnen und Zuwanderer auf Basis eines Punktesystems anzuwerben. Bei diesem kriteriengeleiteten Verfahren steht die Entscheidung der österreichischen Behörden im Vordergrund. Quantitativ spielt diese Form der Zuwanderung allerdings kaum eine Rolle. Im Jahr 2012 wurden nur 1.500 AntragstellerInnen zugelassen (siehe Abbildung 9).

Die wichtigsten Kriterien für die Vergabe einer Rot-Weiß-Rot-Karte sind:

- Qualifikation
- Berufserfahrung
- Alter
- Sprachkenntnisse
- ein adäquates Arbeitsplatzangebot mit entsprechender Mindestentlohnung

Die Rot-Weiß-Rot-Karte wird in zwei Varianten ausgestellt:
- Rot-Weiß-Rot-Karte: berechtigt zur Niederlassung und zur Beschäftigung bei einem bestimmten Arbeitgeber.
- Rot-Weiß-Rot-Karte plus: berechtigt zur Niederlassung und zum unbeschränkten Arbeitsmarktzugang.

Tabelle 3: Anwerbung auf Basis von Punktesystemen, ausgewählte Länder

Land	Name des Punktesystems	in Kraft seit	Gültigkeit der Aufenthalt- bzw. Arbeitserlaubnis
Kanada	*Canada Skilled Workers*	1967	dauerhaft
Australien	*General Skilled Migrant Program*	1979	Skilled Independent und Skilled Sponsored Visa: dauerhafter Aufenthalt; Skilled-Regional Sponsored Visa: vorübergehender Aufenthalt mit der Option auf dauerhaften Status nach zwei Jahren Aufenthalt und einem Jahr Vollzeitbeschäftigung in einer bestimmten Region
Neuseeland	*Skilled Migrant Category*	1991	dauerhaft
Großbritannien	*Highly Skilled Migrant Program (HSMP); Points Based System (PBS)*	HSMP 2002; PBS 2008	befristetes Visum für drei Jahre; erneuerbar in derselben Sub-Kategorie für zwei weitere Jahre; nach fünf Jahren kann man um dauerhaften Aufenthalt ansuchen
Tschechische Republik	*Selection of Qualified Workers*	2003	vorläufiges Visum für eineinhalb Jahre für Hochqualifizierte oder für zweieinhalb Jahre für andere Arbeitnehmer; Visainhaber können nach Ablauf dieser Fristen um dauerhaften Aufenthalt ansuchen
Singapur	*S-Pass System*	2004	bis zu zwei Jahren für Erstantragsteller; erneuerbar bis zu drei Jahren; ein S-Pass-Inhaber kann in Singapur über die Einwanderungsbehörde jederzeit um einen dauerhaften Aufenthalt ansuchen
Hong Kong	*Quality Migrant Admission Scheme*	2006	ein Jahr, erneuerbar für ein Jahr oder auf individueller Basis auch länger; nach sieben Jahren Aufenthalt in Hong Kong können jene, die den General Points Test oder den Achievement-based Points Test bestanden haben, um dauerhaften Aufenthalt ansuchen
Dänemark	*Danish Green Card*	2007	drei Jahre mit möglicher Verlängerung auf vier Jahre, wenn man in den letzten 12 Monaten mindestens 10 Stunden pro Woche gearbeitet hat; Personen sind hinsichtlich dauerhafter Niederlassung förderungswürdig, wenn sie eine Aufenthalts- und Arbeitsgenehmigung haben und seit mindestens sieben Jahren in Dänemark leben
Österreich	*Rot-Weiß-Rot-Karte*	2011	im 1. Jahr temporäre Zulassung zu einem Arbeitgeber; nach 12 Monaten Beschäftigung unbeschränkter Zugang zum Arbeitsmarkt; nach 5 Jahren unbefristeter Aufenthaltstitel

Quelle: Australian Government Department of Immigration and Citizenship, BM für Arbeit, Soziales und Konsumentenschutz, Citizenship and Immigration Canada, Immigration New Zealand, Danish Immigration Service, Government of Hong Kong, Special Administrative Region, Immigration Department, Ministry of Labor and Social Affairs of the Czech Republic, Ministry of Manpower of Singapore, UK Border Agency

Folgende Personen können eine Rot-Weiß-Rot-Karte erhalten:
1. besonders Hochqualifizierte
2. Fachkräfte in Mangelberufen und sonstige Schlüsselkräfte
3. StudienabsolventInnen

Die Vergabe einer Rot-Weiß-Rot-Karte erfolgt nach folgendem Verfahren:

Besonders Hochqualifizierte
Hochqualifizierte, die noch keinen Arbeitgeber in Österreich gefunden haben, können bei der österreichischen Botschaft oder bei einem österreichischen Konsulat des jeweiligen Heimatlandes oder des Landes, in dem sie derzeit leben, ein Aufenthaltsvisum zur Arbeitsuche in Österreich beantragen. Das Aufenthaltsvisum wird erteilt, wenn das Arbeitsmarktservice der Vertretungsbehörde be-

stätigt, dass die erforderlichen Punkte für die Zulassung erreicht sind (siehe Tabelle 4).

Hochqualifizierte, die ein Visum zur Arbeitsuche in Österreich erhalten, können bei der zuständigen Aufenthaltsbehörde im Inland eine Rot-Weiß-Rot-Karte beantragen, sobald sie einen Arbeitsvertrag mit einem Arbeitgeber mit Sitz in Österreich nachweisen können. Die Beschäftigung muss der Qualifikation des/der AntragstellerIn entsprechen und adäquat entlohnt sein. Das Arbeitsmarktservice prüft und bestätigt, ob diese Kriterien erfüllt sind.

Fachkräfte in Mangelberufen und sonstige Schlüsselkräfte
Auch Fachkräfte in Mangelberufen und sonstige Schlüsselkräfte können bei den österreichischen Vertretungsbehörden im Ausland (Botschaft, Konsulate) eine Rot-Weiß-Rot-Karte beantragen. Gemeinsam

Abbildung 9: Auf Grundlage der Rot-Weiß-Rot-Karte in Österreich angeworbene Arbeitskräfte, 2012 (absolute Zahlen)

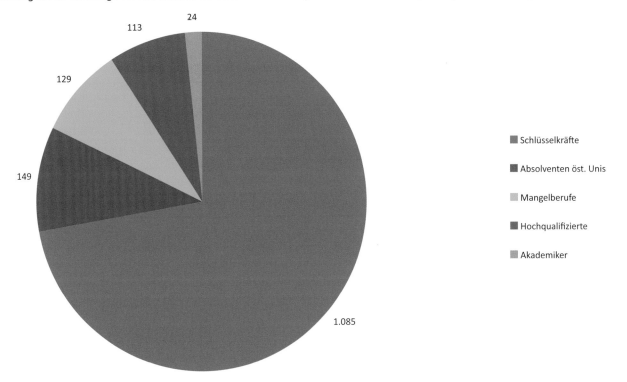

Quelle: BM für Arbeit, Soziales und Konsumentenschutz

mit dem Antrag muss der zukünftige Arbeitgeber eine Erklärung über die Einhaltung der Beschäftigungsbedingungen vorlegen.

AntragstellerInnen, die visumfrei nach Österreich einreisen dürfen, und ausländische StudienabsolventInnen mit einer gültigen Aufent-

haltsbestätigung können den Antrag auf Ausstellung einer Rot-Weiß-Rot-Karte auch direkt bei der zuständigen Behörde im Inland (Bezirkshauptmannschaft, Magistrat) stellen. Das Arbeitsmarktservice ist dann ebenfalls für die Prüfung und Bestätigung der Zulassungskriterien zuständig (siehe Tabelle 4).

Tabelle 4: Zulassungskriterien und Punktevergabe auf Basis der Rot-Weiß-Rot-Karte

1. Zulassungskriterien für besonders Hochqualifizierte (Punktezahlen)

1.1 Besondere Qualifikationen bzw. Fähigkeiten; maximal anrechenbare Punkte: 40	
Abschluss eines Studiums an einer tertiären Bildungseinrichtung mit vierjähriger Mindestdauer	20
… im Fachgebiet Mathematik, Informatik, Naturwissenschaften oder Technik (MINT Fächer)	30
… mit Habilitation oder gleichwertiger Qualifikation (z. B. PhD)	40
Letztjähriges Bruttojahresgehalt in einer Führungsposition eines börsennotierten Unternehmens oder eines Unternehmens, für dessen Aktivitäten bzw. Geschäftsfeld eine positive Stellungnahme der zuständigen Außenhandelsstelle vorliegt:	
… 50 000 bis 60 000 Euro	20
… 60 000 bis 70 000 Euro	25
… über 70 000 Euro	30
Forschungs- oder Innovationstätigkeit (Patentanmeldungen, Publikationen)	20
Auszeichnungen (anerkannte Preisträgerschaft)	20
1.2 Berufserfahrung (ausbildungsadäquat oder in Führungsposition); maximal anrechenbare Punkte: 20	
Berufserfahrung (pro Jahr)	2
sechsmonatige Berufserfahrung in Österreich	10

1.3 Sprachkenntnisse; maximal anrechenbare Punkte: 10

    Deutsch- oder Englischkenntnisse auf einfachstem Niveau   5

    Deutsch- oder Englischkenntnisse zur vertieften elementaren Sprachverwendung   10

1.4 Alter; maximal anrechenbare Punkte: 20

    ... bis 35 Jahre   20

    ... bis 40 Jahre   15

    ... bis 45 Jahre   10

1.5 Studium in Österreich; maximal anrechenbare Punkte: 10

    ... zweiter Studienabschnitt bzw. Hälfte der vorgeschriebenen ECTS-Anrechnungspunkte   5

    ... gesamtes Diplom- oder Bachelor- und Masterstudium   10

Summe der maximal anrechenbaren Punkte für besonders Hochqualifizierte   **100**

Erforderliche Mindestpunkte für besonders Hochqualifizierte   **70**

2. Zulassungskriterien für Fachkräfte (Punktezahlen)

2.1 Qualifikation; maximal anrechenbare Punkte: 30

    ... abgeschlossene Berufsausbildung im Mangelberuf   20

    ... allgemeine Universitätsreife (Matura)   25

    ... Abschluss eines Studiums an einer tertiären Bildungseinrichtung (mind. 3 Jahre)   30

2.2 Ausbildungsadäquate Berufserfahrung; maximal anrechenbare Punkte: 10

    ... Berufserfahrung (pro Jahr)   2

    ... Berufserfahrung in Österreich (pro Jahr)   4

2.3 Sprachkenntnisse; maximal anrechenbare Punkte: 15

    Elementare Deutschkenntnisse oder Englischkenntnisse (selbständige Verwendung)   10

    Vertiefte Deutschkenntnisse oder Englischkenntnisse (selbständige Verwendung)   15

2.4 Alter; maximal anrechenbare Punkte: 20

    ... bis 30 Jahre   20

    ... bis 40 Jahre   15

Summe der maximal anrechenbaren Punkte für Fachkräfte   **75**

Erforderliche Mindestpunkte für Fachkräfte   **50**

3. Zulassungskriterien für Schlüsselkräfte (Punktezahlen)

3.1 Qualifikation; maximal anrechenbare Punkte: 30

    ... abgeschlossene Berufsausbildung oder spezielle Kenntnisse oder Fertigkeiten in beabsichtigter Beschäftigung   20

    ... allgemeine Universitätsreife (Matura)   25

    ... Abschluss eines Studiums an einer tertiären Bildungseinrichtung (mind 3 Jahre)   30

3.2 Ausbildungsadäquate Berufserfahrung; maximal anrechenbare Punkte: 10

    ... Berufserfahrung (pro Jahr)   2

    ... Berufserfahrung in Österreich (pro Jahr)   4

    ... Zusatzpunkte für ProfisportlerInnen und ProfisporttrainerInnen   20

3.3 Sprachkenntnisse; maximal anrechenbare Punkte: 15

    Elementare Deutschkenntnisse oder Englischkenntnisse (selbständige Verwendung)   10

    Vertiefte Deutschkenntnisse oder Englischkenntnisse (selbständige Verwendung)   15

3.4 Alter; maximal anrechenbare Punkte: 20

    ... bis 30 Jahre   20

    ... bis 40 Jahre   15

Summe der maximal anrechenbaren Punkte für Schlüsselkräfte   **75**

Erforderliche Mindestpunkte für Schlüsselkräfte   **50**

4. Zulassungskriterien für StudienabsolventInnen

4.1 Qualifikation

    Erfolgreiche Absolvierung eines Diplomstudiums zumindest ab dem zweiten Studienabschnitt bzw. ein Masterstudium an einer österreichischen Universität oder Fachhochschule

4.2 Ausbildungsadäquate Beschäftigung

    monatliches Mindestbruttoentgelt von 45 % der ASVG-Höchstbeitragsgrundlage (2013: 1.998 €)

Quelle: BM für Arbeit, Soziales und Konsumentenschutz

Was Mangelberufe sind, hängt klarerweise von der Entwicklung des österreichischen Arbeitsmarktes ab. Jedes Jahr wird eine entsprechende Liste vom Bundesministerium für Arbeit, Soziales und Konsumentenschutz veröffentlicht (siehe Tabelle 5).

StudienabsolventInnen

Ausländische Studierende aus Drittstaaten, die ihr Studium an einer österreichischen Universität oder einer Fachhochschule erfolgreich abgeschlossen haben, dürfen sich nach Auslaufen ihrer Aufenthaltsbewilligung mit einer Bestätigung der zuständigen Aufenthaltsbehörde (Bezirkshauptmannschaft, Magistrat) weitere sechs Monate zur Arbeitsuche in Österreich aufhalten. Diese Bestätigung ist rechtzeitig vor Auslaufen der Aufenthaltsbewilligung bei der zuständigen Aufenthaltsbehörde zu beantragen. Können sie innerhalb dieses Zeitraums ein ihrem Ausbildungsniveau entsprechendes Angebot eines österreichischen Arbeitgebers (Arbeitsvertrag) nachweisen, erhalten sie ohne Arbeitsmarktprüfung eine Rot-Weiß-Rot-Karte, wenn ein entsprechendes Lohnniveau erreicht wird (siehe Tabelle 4). Die Rot-Weiß-Rot-Karte berechtigt zur Beschäftigung bei diesem Arbeitgeber.

Folgende Personen können eine Rot-Weiß-Rot-Karte plus erhalten:
1. Familienangehörige von Personen, die eine Rot-Weiß-Rot-Karte erhielten
2. InhaberInnen einer EU Blue Card
3. Familienangehörige von bereits niedergelassenen AusländerInnen
4. Personen mit Rot-Weiß-Rot-Karte, die innerhalb der letzten zwölf Monate zumindest zehn Monate entsprechend ihrer Qualifikation beschäftigt waren

Eine Prüfung von Kriterien nach einem Punktesystem ist in diesen Fällen nicht vorgesehen.

Familienangehörige von Hochqualifizierten, von Fachkräften und von Schlüsselkräften können bei der österreichischen Vertretungsbehörde im Ausland bzw. nach visumfreier Einreise bei der zuständigen Behörde im Inland (Bezirkshauptmannschaft, Magistrat) eine Rot-Weiß-Rot-Karte plus beantragen.

Nach Ablauf eines Jahres ist die Verfestigung des Aufenthaltstitels vorgesehen. Hochqualifizierte, Fachkräfte in Mangelberufen und

Tabelle 5: Liste der Mangelberufe in Österreich, 2012

1. FräserInnen
2. DreherInnen
3. TechnikerInnen mit höherer Ausbildung (Ing.) für Maschinenbau
4. DachdeckerInnen
5. DiplomingenieurInnen für Starkstromtechnik
6. SchweißerInnen, SchneidbrennerInnen
7. BautischlerInnen
8. ElektroinstallateurInnen, -monteurInnen
9. LandmaschinenbauerInnen
10. TechnikerInnen mit höherer Ausbildung (Ing.) für Starkstromtechnik
11. DiplomingenieurInnen für Maschinenbau
12. RohrinstallateurInnen, -monteurInnen
13. Zimmerer, Zimmerinnen
14. TechnikerInnen für Maschinenbau
15. SchlosserInnen
16. Bau- und MöbeltischlerInnen
17. TechnikerInnen mit höherer Ausbildung (Ing.) für Datenverarbeitung
18. TechnikerInnen für Starkstromtechnik
19. Dipl. Krankenpfleger, -schwestern
20. Besondere TechnikerInnen mit höherer Ausbildung (Ing.)
21. BodenlegerInnen
22. Werkzeug-, Schnitt- und StanzenmacherInnen
23. HolzmaschinenarbeiterInnen
24. LackiererInnen

Quelle: Bundesministerium für Arbeit, Soziales und Konsumentenschutz

sonstige Schlüsselkräfte mit einer Rot-Weiß-Rot-Karte erhalten eine Rot-Weiß-Rot-Karte plus mit unbeschränktem Arbeitsmarktzugang, wenn sie innerhalb der letzten zwölf Monate zumindest zehn Monate entsprechend ihrer Qualifikation beschäftigt waren. Dies wird durch das Arbeitsmarktservice geprüft.

Ausblick

Aus demographischen Gründen wird Österreich in Zukunft mehr qualifizierte Zuwanderung benötigen. Zugleich ist absehbar, dass diese Zuwanderung nicht mehr überwiegend aus benachbarten EU-Mitgliedsstaaten erfolgen wird, weil diese vor ganz ähnlichen demographischen Herausforderungen stehen wie Österreich. Deshalb ist es nötig, eine stärkere pro-aktive Migrationspolitik ins Auge zu fassen. Österreich hat mit der Einführung der Rot-Weiß-Rot-Karte bereits einen ersten Schritt in diese Richtung getan. Bislang spielt dieses Instrument jedoch nur eine geringe Rolle. Die bisherigen Erfahrungen erlauben noch keine Rückschlüsse darauf, ob das Angebot, der Kriterienkatalog und der Vergabemodus der Rot-Weiß-Rot-Karte attraktiv genug sind, um auch in größerer Zahl qualifizierte Arbeitskräfte aus Drittstaaten zu rekrutieren. Hilfreich wäre es jedenfalls, bei der Weiterentwicklung der Migrationspolitik die Erfahrungen anderer entwickelter Länder zu berücksichtigen. Hilfreich wäre es auch, einen wesentlich größeren Teil der ausländischen Studierenden nach erfolgreichem Studienabschluss zum Bleiben zu motivieren. Österreich muss zeigen, was es zu bieten hat. Und zweifellos sollte Österreich auch etwas großzügigere Rahmenbedingungen schaffen. ■

Danksagung: *Besonderer Dank gilt Frau Bernadett Povazsai-Römhild, welche die demographischen und migrationsrelevanten Daten für Österreich recherchiert und visualisiert sowie das Manuskript durchgesehen hat.*

BM für Arbeit, Soziales und Konsumentenschutz. 2013. Kriterien-geleitete Zuwanderung nach Österreich (Rot-Weiß-Rot-Karte). Wien: BMASK

Castles Stephen, Mark Miller. 2009. The Age of Migration: International Population Movements in the Modern World (4. Aufl.). Basingstoke: Palgrave MacMillan

Council of the European Union. 2009. The Stockholm Programme – An Open and Secure Europe Serving and Protecting the Citizen. Brussels: EU

Hatton, Timothy J., Jeffrey G. Williamson. 2002. What Fundamentals Drive World Migration? Cambridge, MA: National Bureau of Economic Research, NBER Working Papers no. 9159

Holzmann, Robert, Yann Puget. 2010. Toward an Objective-Driven System of Smart Labor Migration Management. Washington DC: World Bank, Economic Premise no. 42

Holzmann, Robert, Rainer Münz. 2004. Challenges and Opportunities of International Migration for the EU, Its Member States, Neigh-boring Countries and Regions: A Policy Note. Washington DC: World Bank; Stockholm: Institute for Futures Studies

Rainer Münz. 2008. Migration, Labor Markets, and Integration of Migrants: An Overview for Europe. Washington DC: World Bank

Papademetriou, Demetrios G., Will Somerville, Hiroyuki Tanaka. 2008. Hybrid Immigrant-Selection Systems: The Next Generation of Economic Migration Schemes. Washington DC: Migration Policy Institute

Papademetriou, Demetrios G., Will Somerville, Hiroyuki Tanaka. 2008. Talent in the 21st-Century Economy. Washington DC: Migration Policy Institute

Richardson, Sue. 2007. What Is a Skill Shortage? Adelaide: National Centre for Vocational Education Research

Sumption, Madeleine. 2011. Filling Labor Shortages through Immigration: An Overview of Shortage Lists and their Implications. Washington DC: Migration Policy Institute

Der Autor

Rainer Münz, *leitet die Abteilung Research and Knowledge Center der Erste Group und ist Senior Fellow am Hamburgischen Weltwirtschaftsinstitut (HWWI). Er ist ein Experte zu Fragen von Bevölkerungsentwicklung, internationaler Migration und demographischer Alterung sowie deren Auswirkungen auf Wirtschaft, soziale Sicherungssysteme und das Bankgeschäft. Von 2008 bis 2010 war er Mitglied der Reflexionsgruppe „Horizont 2020–2030" der Europäischen Union (sogenannter EU-„Weisenrat"). Derzeit unterrichtet er an der Universität St. Gallen.*

Österreich 2050:
Pension der Zukunft
„Kein Schrecken, aber auch kein Ende" der SRÄG

Bernd Marin

Im Jahre 2013 über Entwicklungen bis zum Jahre 2050 zu schreiben, erfordert Visionen und Wagemut. Visionsbedürftigen hat man seit Max Weber, mit dem Gestus der Verantwortungsethiker gegenüber den Gesinnungsethikern, „Kino"- bis „Arzt"-Besuche empfohlen. Und Projektionen über vier Jahrzehnte, teils in Bereichen wo Quartalsprognosen kaum halten, gelten zu Recht als hochriskant. Und doch ist der Erkenntnisdrang zur longue durée unwiderstehlich und legitim, sich der historischen Vorgaben und Pfadabhängigkeiten ebenso zu vergewissern wie der Ungewissheit offener Zukunftsoptionen und verantwortungsschwerer Weichenstellungen. Gerade bei hoher Pfadabhängigkeit wie in Österreich, das heißt hoher geschichtlicher Wirkmacht vergangener Richtungsentscheidungen auf Gegenwart und Zukunft, kann man über mögliche und wahrscheinliche Trends bis 2050 nur bei genauer Kenntnis der Eigendynamiken, der Erfolge und auch Leerläufe der Nachkriegsentwicklungen sprechen.

Zum Status quo von Wohlfahrt, Erwerbsarbeit und Pensionen in Österreich

Als Marktteilnehmer sind wir nur unser Arbeitsvermögen und unsere Kaufkraft. Beides erarbeiten wir nicht nur auf Arbeits- und Güter- bzw. Dienstleistungsmärkten. Unser Einkommen wird zunehmend durch staatliche Alimentierung aufrecht erhalten. Öffentliche Wohlfahrt, Sozialversicherung und Pensionsanstalten bestimmen fast ein halbes Jahrhundert lang und damit den Großteil unseres Lebens mit, was wir uns leisten und wer wir sein können.

Über den Lebenszyklus sind wir seit ungefähr einer Generation ganz überwiegend im Stand abhängiger Versorgungsempfänger (als Kinder, SchülerInnen, Studierende, Hausfrauen, Arbeits-/Erwerbslose, Kranke, Berufsunfähige/Invalide, Karenzierte, Urlaubende, PensionistInnen usw.), und nicht mehr im Status aktiver, erwerbstätiger Produzenten. Nach Karl Renner sind wir mehrheitlich längst Teil der befürsorgten, zuschussbedürftigen, alimentierten „Versorgungsklassen", nicht mehr der produktiv wertschöpfenden, stolzen „Arbeiter- und Erwerbsklassen".

Waren wir in den 1970er Jahren noch 43 Jahre in Erwerbsarbeit und 34 Jahre in Abhängigkeit, so sind wir inzwischen im Lauf des Leben über 48 Jahre VersorgungsempfängerInnen und nur noch 35 Jahre am Arbeitsmarkt, davon nur 31 Jahre Beitragsleistende zur Sozialversicherung. Wir verbringen durchschnittlich über ein Vierteljahrhundert im Ruhestand, über 13 (Männer) bis 18 Jahre (Frauen) während des Erwerbsalters außerhalb der Arbeit, davon rund zwei Jahre in Arbeitslosigkeit, zwei Jahre im Krankenstand, knapp vier Jahre (9,8–12,6 Jahre bei Betroffenen) in Invalidität/Berufsunfähigkeit, usw.

Ungleichgewichte und interessenbedingte Spannungen und Konfliktpotenziale bestehen also nicht zwischen den Generationen, zwischen „jung" und „alt", sondern zwischen Aktiven und Inaktiven aller Altersgruppen, zwischen Erwerbstätigen und VersorgungsempfängerInnen, zwischen Beitragsleistenden und Alimentierten. Und natürlich auch zwischen bezahlt und unbezahlt Arbeitenden, überwiegend zwischen Männern und Frauen. Dies ist die erste Generation überwiegend berufstätiger Frauen und Mütter, deren Arbeitszeit dennoch weiterhin überwiegend unbezahlt bleibt – dank der fortbestehenden Dominanz des Haushalts- gegenüber dem Marktsektor. Österreich gehört immer noch zu den eher traditionalistischen Gesellschaften Südosteuropas und des Mittelmeerraums, wo weiterhin ein größerer Teil der geleisteten Arbeit unbezahlt, informell, außerhalb der volkswirtschaftlichen Gesamtrechnung erbracht wird.

Während sich das Ungleichgewicht zwischen Haushalts- und Marktökonomie allmählich verringert, hat das zwischen Aktiven und Inaktiven innerhalb der Erwerbs- und der Gesamtbevölkerung inzwischen Ausmaße erreicht, die das gesamte Wirtschafts- und nicht nur das fiskalisch voraussetzungsvolle Wohlfahrtssystem gefährden, ja zum Einsturz bringen könnten. Nicht nachhaltige, durch Beiträge weithin ungedeckte Pensionszusagen (und andere, alterungsbedingte Ausgaben für Gesundheit und Langzeitpflege) sind inzwischen die wichtigste aller Staatsausgaben, das umstrittenste Politikfeld, mit der größten Bedeutung für Fragen der intergenerationalen Fairness, sozialen Gerechtigkeit und Nachhaltigkeit. Mittelfristig wird ohne volle Beitragsäquivalenz und laufende Anpassung an sich ändernde ökonomische und demographische Rahmenbedingungen eine nachhaltige Alterssicherung, Wirtschafts- und Wohlfahrtsentwicklung nicht möglich sein.

Nachhaltige Wohlfahrt vs. Fiskalfiasko

In der Eurozone sind (nicht erst seit den Tagen der jüngsten Zypernkrise) chronische Stagnation, auch Staatsbankrotte mangels Budgetkonsolidierung weiterhin nicht auszuschließen. Sie sind nicht unausweichlich, aber auch – nicht nur in Zypern und Griechenland – nicht völlig unwahrscheinlich. Und ohne Pensionsstabilisierung ist nirgendwo, auch in Österreich nicht, ein ausgeglichener Haushalt und damit längerfristig nachhaltiges Wachstum möglich.

Denn selbst bei wirtschaftlichem Wiederaufschwung und „Schönwetter"-Bedingungen stehen wir vor noch nie dagewesenen Herausforderungen: allein die alterungsbedingten Mehrkosten im Fiskus für Gesundheit, Pflege und Pensionen werden bis 2030 Jahr für Jahr eine Konsolidierung in Höhe der Konjunkturbelebungs- und Bankenrettungspakete nach Finanzcrash und weltweiter Rezession ab 2008 erfordern – also ein zehn- bis zigfaches der bisherigen Krisenkosten.

Dafür reicht das „größte Sparpaket aller Zeiten" (Budgetbegleitgesetz 2011, 2. Stabilitätsgesetz 2012, Sozialrechtsänderungsgesetz/

SRÄG 2012) bis Mai 2012 keinesfalls. Im Bereich der Pensionen stopft es gerade einmal ein Zehntel des jährlichen „Pensionslochs" von derzeit rund 15 Milliarden Euro (gutmütig gerechnet, unter Imputierung fiktiver Arbeitgeberbeiträge des Staats für seine StaatsdienerInnen). Bedenkt man, dass ein einziger Tag (!) an irregulärer Frühpension drei Mal mehr kostet als etwa der jährliche Mehraufwand für den Ausbau außerhäuslicher Kinderbetreuung zur Reduzierung wochen-, ja monatelanger Schließzeiten oder mehr als der (gerade gekürzte) Jahresetat für die gesamte außeruniversitäre Forschung, dann kann man die tsunamiartige Qualität dieses „crowding-out" erahnen – nichts bleibt von der alles niederwalzenden, sich ständig ausbreitenden Ausgabenlawine für einen Übergenuss an Pensionsschulden von chronischer Unterversorgung oder exzessiven Kürzungen verschont.

Dabei gehe ich davon aus, dass das Pensionssystem in Österreich grundsätzlich durchaus gut überlebensfähig, aber auch stark überholungs- und reparaturbedürftig ist; dass das solidarische Umlageverfahren des Generationenvertrags beizubehalten, aber zu mehr Beitragsgerechtigkeit, in Richtung des schwedischen Modells weiterzuentwickeln ist; dass systematische Unterdeckung auf Dauer untragbar ist; dass Konsumschulden für Pensionsdefizite im Gegensatz zu Investitionen (in Bildung, Gesundheit, Infrastruktur, Forschung und Entwicklung) „schlechte", weil nicht selbstfinanzierende, sondern dauerhaft verlorene Schulden sind.

Fehlentwicklungen wie die folgenden sind weder finanziell nachhaltig, noch politisch vertretbar. Internationale Spitzenausgaben für Pensionen bei dafür unzureichender Beschäftigung sind nicht nachhaltig. Österreich kann nicht internationaler „Ausreißer" bei Frühverrentungen und Invalidisierungen bleiben und weiter ständig gegenüber OECD-Standards (heute 4–5 Jahre Rückstand gegenüber 1–2 Jahren im Jahre 2000) zurückfallen: 90 Prozent der ÖsterreicherInnen sind vor 65 im Ruhestand. Zahlungszusagen von 50 Prozent über den Beiträgen bedeuten Beitragslücken für jede vierte Pensionsversicherungs-Pension, jeden zweiten Beamten-„Ruhegenuss", jede dritte Rente – schon heute. Derzeit wird jede Pension mit 100.000 Euro, jede Beamtenpension mit deutlich über 400.000 Euro und Sonderrechte für Altpolitiker, „Dienstordnungspensionen" der Sozialversicherung oder von Mitarbeitern der Oesterreichischen Nationalbank (OeNB) pro Kopf mit Millionen Euro, auf Kosten der nachwachsenden Generationen subventioniert. Ständische Pensionsprivilegien noch auf Jahrzehnte, vor allem der Beamtenschaft, auch in Ländern und Gemeinden, kosten Milliarden Euro jährlich, 15 Prozent aller Pensionslasten. Das wird, weithin sichtbar, als ungerechtfertigt und strukturelle Korruption wahrgenommen, demoralisiert zutiefst und nährt verständlichen Widerstand gegen alle, auch berechtigte Reformen.

Die chronischen Pensionsdefizite sind in der Höhe des Zinsendienstes für die gesamte akkumulierte Schuldenlast der Republik. Die

Beitragslücke (das „Pensionsloch") verdoppelt sich etwa jedes Jahrzehnt. Über eine dreiviertel Million „PensionistInnen" sind im besten Erwerbsalter, wir zahlen derzeit bereits bis zu 180 Renten pro 100 Personen über 65, das heißt über 2,6 Millionen Pensionen bei nur 2,2 Millionen PensionistInnen, aber kaum 1,5 Millionen über 65-Jährigen. Das – und nur dieses massive Frühpensionsproblem – gefährdet den Bestand und die nachhaltige Stabilität unserer Alterssicherung, damit aber auch die Wettbewerbsfähigkeit der Wirtschaft und den Wohlstand und die Wohlfahrt der erwerbstätigen Bevölkerung.

Gleichzeitig ist das jährliche Haushaltseinkommen eines durchschnittlichen Pensionistenehepaares über 35.000 Euro netto, die mittlere Lebenspensionssumme 582.500 kaufkraftbereinigte Dollar pro Kopf, 24 Prozent über OECD-Niveau. Nicht überraschend, dass PensionistInnen mit 19 Prozent eine fast doppelt so hohe Sparquote haben als Erwerbstätige und sich daher selbst bei objektiv etwas geringerem Einkommen deutlich mehr leisten könnten (aber faktisch nicht leisten) als jüngere Altersgruppen. Freilich wird erst die Zukunft bis 2050 zeigen, ob die bisher größere Bedürfnislosigkeit und Bescheidenheit „der Alten" eher ein historisches Einmalereignis bestimmter Generationen denn ein ehernes Gesetz lebenszyklischer Bedürfnisentwicklung ist.

Zum Beispiel: Rückständigkeit bei Frauenpensionen

Rund 330.000 Frauen waren noch vor kurzem ohne Eigenpension bzw. etwa 150.000 Frauen über 60 ohne jede Pension. Frauen haben weiter kaum die halbe Monatspension und höhere Armutsrisiken, aber wegen der viel längeren Lebenserwartung und großzügiger Witwenrenten höhere Lebenspensionssummen als Männer (608.000 vs. 557.000 Dollar). Also unwürdig „späte Freiheit" (Rosenmayr) aus Abhängigkeit und abgeleiteten Rechten statt Gleichberechtigung, wie sie auch der Europäische Gerichtshof durch geschlechtsneutrales Pensionsalter und Sterbetafeln (die beide Frauen begünstigen) verlangt. Hierzulande erfolgt eine volle Angleichung mit 40-jährigem Übergang erst ab 2034, womit Österreich EU-Schlusslicht und das letzte Land der Angleichung vor der allerdings viel jüngeren Türkei (2048) wäre.

Mit der fortgesetzten Weigerung, EU-Recht und –Empfehlungen (wie zuletzt im EU-Weißbuch 2012) zügig umzusetzen, ist Österreich mit ungleichem Frauenpensionsalter bei oder sogar hinter Ländern wie Albanien, Armenien, Aserbaidschan , Bulgarien, Estland, Georgien, Israel, Kasachstan, Kirgistan, Kroatien, Lettland, Litauen, Mazedonien, Moldawien, Polen, Rumänien, Russland, Serbien, Slowenien, Tadschikistan, Tschechien, Tunesien, Türkei, Turkmenistan, der Ukraine, Usbekistan und Weissrussland. Denn sehr viele davon haben nur ein bis zwei Jahre und nicht ein halbes Jahrzehnt Differenz (z. B. die Schweiz, Slowenien, Türkei, baltische Länder), während andere zwar dieselbe fünfjährige Männer-Frauen-Differenz, aber insgesamt ein um zwei Jahre höheres Antrittsalter für beide Geschlechter haben (z. B. Israel). Außerdem werden alle EU-Länder die Angleichung rasch, Estland etwa 2013, Rumänien 2015 abgeschlossen haben. Nachzügler wie das Vereinte Königreich oder Italien heben dann allerdings das Frauenpensionsalter in sechs bis acht Jahren (2010/2012 bis 2018) um ganze sechs Jahre an, also 72 Monate gegenüber Null in Österreich im nächsten Jahrzehnt.

Längst haben fast alle modernen westlichen Wohlfahrtsstaaten von den nordischen Ländern über Deutschland, Frankreich, Holland, Luxemburg, aber auch Kanada und die USA, fast alle Mittelmeer-, einzelne osteuropäische und Balkanländer gleiches Pensionsalter. Dass Frauen heute, im Gegensatz zu 1993, als der 40-jährige Übergang verfassungsrechtlich einzementiert wurde, vom ungleichen Alter doppelte Diskriminierung, Nachteile am Arbeitsmarkt, bei der Weiterbildung wie bei den Pensionen haben, ist wissenschaftlich unbestritten, aber politisch noch immer nicht angekommen. Ob es bei den nächsten Koalitionsverhandlungen 2013 gelingt, den Übergang doch noch massiv zu beschleunigen wird darüber entscheiden, ob Österreich im Zeitraum bis 2050 zusammen mit den rückständigsten Ländern der UN-Europäischen Region (von Osteuropa bis Zentralasien) größtenteils (noch 21 Jahre lang) in einem archaischen, europarechtswidrigen und geschlechterdiskriminierenden Regime verharrt – und damit wie auch in anderen Frauenfragen EU-Schlusslicht in der Gleichstellung bleibt. Das würde Österreich – und seine Frauen – gegenüber seinen europäischen Partnern und Mitbewerbern um mindestens eine Generation zurückwerfen, milliardenschwer belasten und irreparable Nachteile und Schäden zufügen – zu niemandes Nutzen.

Zum Beispiel: Lebenserwartungsklauseln gegen Altersinflation

Werden die Pensionen ständig schlechter – oder besser? Das hängt davon ab, was man unter „Pension" versteht: die monatliche oder jährliche Rente (Annuität), samt Anspruchsvoraussetzungen? Oder Zahlungen, relativ zu Beitragsleistungen? Oder Einkommen aus Alterssicherung relativ zu den Aktivbezügen, entweder vorangegangenen eigenen Erwerbseinkommen oder gegenwärtigen Gehaltsniveaus der berufstätigen Bevölkerung? Oder die gesamte Lebenspensionssumme, das ausgezahlte Rentenvermögen?

Anspruchsvoraussetzungen für Annuitäten verschlechtern sich laufend, das Lebenspensionsvermögen verbessert sich ständig. Beide seit Jahrzehnten, gleichsam automatisch. Beide sollten nach 2006 – durch eine „Pensionsautomatik", die Lebenserwartungszuwächse mit der Pensionsformel verknüpft – stabilisiert werden. Endlich Vertrauen schaffen, anstatt weiterhin der Richtung nach vorhersehbar, Höhe und Zeitpunkt nach unvorhersehbar erratisch zu schwanken. Die meisten Verschlechterungen wären überflüssig gewesen, wenn Österreich – wie etwa seit den 1990er Jahren in Dänemark, Schweden und einem Dutzend anderer OECD-Länder – einen selbststabilisie-

renden Nachhaltigkeitsautomatismus gehabt hätte, der vorhersehbar haltlose Versprechen verhindert und Anpassungserfordernisse in unmerklichen, schmerzlosen, homöopathischen Kleinstdosen verabreicht und Verhaltensänderungen von Unternehmen und Arbeitnehmern gegen Altersinflation bewirkt hätte.

Altersinflation bedeutet, dass wir im selben chronologischen Alter mehr fernere Lebenserwartung, höhere Überlebenswahrscheinlichkeit, geringere Mortalitätsrisiken, höhere Gesundheit, kognitive, berufliche und andere Fähigkeiten haben – also (nach prospektivem Alter) viel „jünger" sind – als chronologisch „Gleichaltrige" früherer Jahrgänge (oder in anderen Ländern mit geringerer Langlebigkeit). Unsere Lebenserwartung hat sich seit 1951 um 15 Jahre, die Pensionsdauer seit 1971 um 11 Jahre verlängert, bei Männern verdoppelt. Entsprechend haben sich die Lebenspensionseinkommen verbessert. Allein im letzten Jahrzehnt haben Männer drei Jahre zusätzliche Lebenserwartung gewonnen, derzeit rund 109 Tage Jahr für Jahr – sodass sie, vom allein maßgeblichen Lebensende her, zur Zeit in vier Jahren nur um drei Jahre altern. Anders gesagt: wir werden in weniger als allen dreieinhalb Jahren im gleichen Alter, sagen wir 40, um ein Jahr „jünger". Über die lange Sicht des letzten halben Jahrhunderts: alle dreidreiviertel Jahre ein Jahr jünger (seit 1951 Männer 96, Frauen 98 Tage jährlich). Selbst im Pensionsalter noch bis 2050: alle siebeneinhalb Jahre ein Jahr jünger.

Praktisch bedeutet das: eine 30-Jährige des Jahres 1956, als das Allgemeine Sozialversicherungsgesetz (ASVG) geschaffen wurde, war etwa so alt/jung wie eine 40-Jährige heute, eine 58-Jährige damals entspricht einer 65-Jährigen heute; 73 heute ist das neue 65 der Kreisky-Ära der 1970er Jahre; eine 65-Jährige 2034, wenn das Frauenpensionsalter mit 65 dem der Männer gleich sein wird, wird dann so jung sein wie eine 60- bis 62-Jährige heute, bei Pensionsalter 60. Mit dieser geradezu atemberaubenden Lebensverlängerung und Verjüngung geht ein entsprechend höheres Lebenspensionseinkommen einher, sofern der Lebenszeitgewinn weiterhin zu 100 Prozent in Freizeit verbracht wird. Eine „Pensionsautomatik" durch „lifetime-indexing" würde – ähnlich der Preisgleitklausel für automatische Pensionsanpassungen an Kaufkraftverlust durch Inflation, eigentlich zivilisatorische Selbstverständlichkeiten – nur sicherstellen, dass Wertminderung ebenso vermieden wird wie Deflation.

Das ist de facto eine Stabilisierung der Errungenschaften einer bisherigen fast unvorstellbaren Verbesserungsautomatik: Hätte sich irgendwer in der Generation Khol & Blecha's oder der Berufsanfänger 1960 mit 1.000 Schilling (72 Euro) Monatsgehalt ihre heute durchschnittlich 8 Millionen Schilling, eine Volksschullehrerin rd. 20 Millionen Schilling Lebenspension auch nur träumen lassen? Und glaubt irgendwer ernsthaft, dass rund weitere 10 Jahre Zuwachs an Lebenserwartung bis 2050 zu dann 40 statt derzeit 30 Jahren Pensionsdauer für eine Mittelschichtangehörige führen können, ohne Pensionshöhe und -sicherheit zu gefährden? Oder dass es fair ist, heutigen Berufsanfängern, die kaum vor 2058 in Pension gehen werden und auch Pensionistengenerationen nach 2030, nicht heute bereits offen und ehrlich zu sagen, dass sie zwar weiter hohe und sichere Pensionen, aber nur bei „Einarbeiten" ihrer künftigen Lebenszeitzuwächse, und das heißt deutlich längerem Arbeiten oder zumindest späterem Pensionszugangsalter erwarten können? Oder dass – altersinflationsbereinigt – ein Antrittsalter von 62 bis 66,8 Jahren 1970 heute 70 bis 74,5 Jahren entsprechen würde?

Paradox: Wie man mit höchsten Pensionsausgaben größte Unzufriedenheit erzeugt

Die politisch Verantwortlichen in Österreich haben das einzigartige, paradoxe Kunststück zuwege gebracht, mit höchsten Pensionsausgaben größte Unzufriedenheit und Unsicherheit zu erzeugen – und mit der Medizin dagegen die Krankheit verlängert. Sie haben, im Gegensatz etwa zur Schweiz, Holland oder Schweden, Finnland, Dänemark und Norwegen ständig zu viel an Leistungen versprochen und dann versucht, die unhaltbaren Zusagen durch Rückzieher, Tricks und fortwährende, aber selbstdementierende, inkonsequente, die Bevölkerung enervierende „Pensionsreformen" wieder zu unterlaufen – immer überwiegend zu Lasten der jeweils erwerbstätigen Generationen.

Die politisch widersprüchlichen Resultate: Österreich hat eine der höchsten Pensionsausgaben weltweit und relativ hohe, doch absolut viel zu niedrige und sich verschlechternde Renten, höchste Frühpensionistauen sowie verunsicherte Rentner und Frühpensionistauen; und viel unzufriedenere Pensionsanwärter und Aktive als die zugleich rigoroseren, aber ehrlichen „Pensionsautomatik"-Länder im Nordwesten Europas oder die grundsätzlich nüchterneren Schweizer Nachbarn.

Kurz: Das Pensionssystem ist im internationalen Vergleich objektiv sehr teuer, aber weder luxuriös noch auch nur zufrieden stellend. Es macht, im Gegenteil, sehr unzufrieden, weil es seit langem als chronisch unsicher, unfair – und als sich verschlechternd und nicht verbessernd erlebt wird. Weil es ständig an unhaltbaren und daher enttäuschenden Versprechen von vorgestern, und nicht an den real erfahrenen Verbesserungen gemessen wird. Und weil es, unter grober Verletzung der Beitragsgerechtigkeit, an demoralisierenden Vergleichen mit bis heute besser gestellten privilegierten Einzelinteressen leidet. Alles zusammen eine Anleitung zu kollektivem Unglücklichsein, wie sie Paul Watzlawick oder Dan Greenberg nicht perfekter ausdenken hätten können.

Diese spezifisch österreichische Formel zu Unglück und Jammern auf höchstem Niveau, how to make yourself miserable unter Bedingungen historisch und international fast einzigartigen Pensionsreichtums, hätte laut Regierungsabkommen 2006 durch eine weniger selbstzerstörerische „Pensionsautomatik" ersetzt werden sollen. Sie

hätte unvorhersehbare und verunsichernde Leistungsschwankungen durch ständige parametrische Pensionsreformen ein für allemal durch eine automatische Verknüpfung und Stabilisierung von Monatsrenten und Lebenspensionseinkommen über die Lebenserwartung abgelöst. Und damit jene Vorhersehbarkeit, Stabilität, Vertrauen und Sicherheit geschaffen, die Pensionen haben sollten. Dazu kam es bekanntlich nicht, sondern zu einer Aufkündigung des Regierungspakts und vorzeitigen Neuwahlen 2008, mit dramatischen Stimmverlusten für die zerstrittenen Koalitionspartner; und einer geschwächten Fortsetzung ihres Bündnisses, das mit dem „Ermessen politischer Gestaltung" vorerst den Albtraum willkürlicher ad-hoc Entscheidungen und Unberechenbarkeit verewigt.

PV Österreich 1945-1956-2013: Ein Blick 57–68 Jahre zurück, mit Amusement, ohne Zorn.

Nimmt man die Zeitspanne seit Etablierung des ASVG in den Blick, so ergibt sich – in Anlehnung an Hans Stefanits vom Sozialministerium – eine ziemlich naheliegende Periodisierung. Das „goldene Zeitalter" um ein Jahrzehnt verspäteter „trente glorieuses" (Fourastié) 1955-1984; „das silberne Zeitalter der PV" 1985–1999; das „bronzene Zeitalter" 2000–2015. Stefanits lässt offen, ob für 2015 bis 2050 eher ein „blechernes Zeitalter" oder eine Konsolidierung des „bronzenen" zu erwarten ist, was angesichts der einzigartigen Herausforderungen tatsächlich einem „goldenen 21. Jahrhundert" entsprechen würde. Blech oder zeitgemäßes Gold wird nicht zuletzt vom Erfolg oder Misslingen weiterer Konsolidierungsschritte bzw. von den international vergleichenden Beurteilungsstandards abhängen.

Fast 40 Jahre lang, 1945 bis 1985 waren Reformen der Sozialversicherungen ausnahmslos Leistungsverbesserungen in sachlicher, zeitlicher und sozialer Hinsicht: Einbeziehung von Selbstständigen und Landwirten, höhere Pensionen (14 statt 12 Mal jährlich), Schaffung vorzeitiger Alterspensionen, Witwerpensionen, Ausbau der Invaliditätspensionen durch Berufsschutz – finanziert durch immer höhere Beiträge und steigende Bundeszuschüsse. Sobald die Beiträge (mit Ausnahmen) stabilisiert werden mussten und nur noch Bundesmittel erhöht werden konnten (1985 bis 1999) wurden weitere Leistungssteigerungen (vom Wegfall der Ruhensbestimmungen über ewige Anwartschaften bis zur Anrechnung von Kindererziehungszeiten) Zug um Zug mit Leistungsbeschränkungen kompensiert: längere Durchrechnungszeiträume, geringere Steigerungsbeträge, Abschläge, strengere Zugangsvoraussetzungen und bescheidenere „Nettoanpassung" der Pensionen.

Im „bronzenen Zeitalter" seit dem Millennium gab es zwar weiterhin einen Mix, wenngleich nunmehr aus nur noch wenigen Leistungsverbesserungen und zahlreichen -verschlechterungen, die im

21. Jahrhundert deutlich überwogen: noch höhere (allerdings versicherungsmathematisch immer noch viel zu niedrige) Zu- und Abschläge, auf Lebensdurchrechnung verlängerter Bemessungszeitraum, verringerte Steigerungsbeträge (im Ausmaß von 5 Jahren längerer Erwerbszeiten für gleiche Pensionsansprüche), verschlechterte Zugangsbedingungen, Abschaffung bisheriger vorzeitiger Alterspensionen (wegen Arbeitslosigkeit, geminderter Erwerbsfähigkeit, Gleitpensionen), Anhebung des Pensionsalters für vorzeitige Alterspensionen wegen langer Versicherungsdauer, Anhebung des Alters für Tätigkeitsschutz und der erforderlichen Versicherungsmonate für verschiedene Frühpensionsformen, eine Verschiebung der Pensionsanpassung bei Neuzugängen um ein Jahr verzögerter Auszahlung, Aliquotierung der Sonderzahlungen, Verminderung der Pensionsanpassung 2013 und 2014 unterhalb der gesetzlichen Wertsicherungsformel, Reform der Invaliditätspensionen, Schaffung eines (vorerst unbrauchbaren) Nachhaltigkeitsfaktors, und eine Änderung der immer noch sehr großzügigen Hinterbliebenenrenten stehen einer durchaus nicht generösen Verbraucherpreisindex-Wertsicherung bei der Pensionsanpassung und stark verbesserten und additiven Ersatzzeiten für Kindererziehung (oder auch Einmalzahlungen zur Pension 2008 in Vorwahlzeiten) gegenüber.

All das ereignete sich die längste Zeit gleichsam in einer Art schräg orchestriertem Dreivierteltakt, in dem vier Schritten nach vorn jeweils etwa drei Schritte zurück gegenüber standen: einige Formen vorzeitiger Alterspensionen wurden abgeschafft, gleichzeitig wurden neue eingeführt, von der Schwerarbeitspension bis zur „Hackler"-Regelung; Abschläge wurden angehoben, bleiben aber auf einem ausstiegsfördernden Niveau; Steigerungsbeträge wurden so verringert, dass sie längere Beitragszeiten zur Aufrechterhaltung des gleichen Pensionsniveaus erzwangen, aber zugleich durch gegenläufige Maßnahmen konterkarieren; das Erfordernis einer Anpassung auch des gesetzlichen Antrittsalters spätestens ab etwa dem Jahre 2025 wird bis heute offiziell weiter bestritten; kostspielige Witwenpensionen wurden begrenzt, aber nicht grundsätzlich hinterfragt oder durch eine eigenständige Alterssicherung für Frauen ersetzt; usw.

Die Langzeitversichertenbegünstigung der „Hacklerei" ist zum Symbol dieser überkomplexen stop-and-go-and-stop-Politik widersprüchlichen und oft widersinnigen „Durchwurstelns" auf Druck jeweils mächtiger Lobbies von Einzelinteressen geworden. Während 2000 bis 2003 alle Frühpensionen abgeschafft werden sollten, wurde gleichzeitig die „Hackler"-Regelung als vorzeitige Pension neu eingeführt. Sie kommt seither vielen privilegierten Gruppen von wohlbestallten Angestellten bis Beamten und Bankdirektoren, aber kaum jemals Arbeitern oder wirklichen „Hacklern" zugute. Sie war als „Auslaufmodell" erwartet worden und entwickelte sich rasch zu einem „Renner", mit eindrucksvollen Zuwachsraten. Sie sollte wiederholt auslaufen, um unter populistischem Vorwahl-Getöse (vor allem der parteiübergreifenden, eingängig verdummenden Parole „45 Jahre sind genug") aus allen Parlamentsparteien immer wieder

erneut verlängert zu werden. Ja, man hat sie durch steuerbegünstigten Nachkauf von Schul- und Studienzeiten, die im Budgetbegleitgesetz 2011 für die Jahre ab 2013 allerdings wieder rückgängig gemacht wurden, vorübergehend sogar hoch subventioniert.

In diesem Sinne wurden im Jahre 2008 die Anspruchsvoraussetzungen für die „Hacklerei" durch Einbeziehung des Krankengeldbezugs und anderer Ersatzzeiten erleichtert, um sie 2011 durch Erhöhung des Zugangsalters auf 62, Verteuerung der Nachkauftarife und Einführung von (wenn auch nur verminderten) Abschlägen wieder zu erschweren, ohne sie jedoch ersatzlos ganz abzuschaffen. Grundsätzlich sollte die „Hackler"-Regelung, ganz zu Recht, besonders „fleißige und tüchtige", eben langzeitversicherte Arbeitnehmer prämieren, tut dies aber nicht fürs Weiterarbeiten, sondern nur im Falle vorzeitigen Berufsausstiegs, gleichsam als sündteure Arbeitskraftstilllegungsprämie (wie auch die Blockvariante der kostspieligen Altersteilzeit). Ein Überblick über drei Jahre Begünstigung ist nicht einfacher als in einer 144-Felder-Tabelle zu erhalten und die Inanspruchnahme basiert auf öffentlicher Förderung des Frühausstiegs mit bis zu 200.000 Euro pro Kopf und Aussteiger und amtlicher Beratung dazu. Soweit die österreichische Realverfassung in Sachen gesetzlicher Pensionsversicherung und ihrer laufenden Reformen an einem jüngsten Beispiel, für viele.

Ohne auch die Vorzüge des „muddling through" (Lindblom), des inkrementalen „Durchwurstelns" als Politikstrategie zu verkennen, ist doch unleugbar, dass dieses Tohuwabohu teils teilstimmiger, teils in sich unstimmiger, ad-hoc reaktiver, gegenläufiger und in ihrer Gesamtwirkung weitgehend undurchsichtiger Maßnahmen die gesamte Pensionspolitik der Nachkriegszeit bis heute prägt. Man könnte das ebenso gut wie an der „Hackler"-Langzeitversichertenregelung auch dem Pensionsfonds-Überleitungsgesetz oder den diversen Sozialrechtsänderungsgesetzen (SRÄG), oder auch den durchaus ambitionierten, wenngleich um Jahrzehnte verspäteten Reformversuchen zur Invaliditätspension oder dem seit einem Jahrzehnt überfälligen Pensionskonto nach Allgemeinem Pensionsgesetz (APG) erläutern.

Das Pensionskonto zeigt freilich auch die Ambivalenz des bestehenden leistungsdefinierten Systems. Es ist einerseits zu durchaus beachtlichen parametrischen Reformen selbst innerhalb des vorgegebenen Rahmens fähig, wenn und soweit es versicherungsmathematisch korrekte und beitragsdefinierte Prinzipien übernimmt und maßgebliche Komponenten nachhaltiger Systeme der Alterssicherung nachbaut. Andererseits bleibt es doch weit hinter seinen eigenen Möglichkeiten als individuelles Anspruchskonto zurück, solange es die gesetzlich „garantierten" persönlichen Rechts- und Zahlungsansprüche nicht auch wirtschaftlich und in den öffentlichen Haushalten garantieren kann. Das erforderte, individuelle Sozialrechte wie die auf angemessene Pensionen gleichsam automatisch mit fiskalischer Nachhaltigkeit zu verknüpfen und damit zu selbstregulierender Tragfähigkeit weiter zu entwickeln und umzubauen. Mit der Einführung von Kontoerstgutschrift und APG-Konto ab 2014 ist ein ganz großer Schritt in Richtung selbsttragende Alterssicherung gemacht, aber umfassende Nachhaltigkeit noch lange nicht sichergestellt. Wir sind damit aber dem entscheidenden Wendepunkt hin zu nachhaltig sicheren Pensionen näher denn je.

PV Österreich 2013–2050:
Ein Blick 37 Jahre nach vorn, ohne Illusionen.

APG-Pensionskonto 2014 – 2050: „keine Sorge, vieles wird besser" Tatsächlich ist die Entscheidung für die Einführung eines Pensionskontos samt Kontoerstgutschrift ein Meilenstein in der PV. Zwar wurde ein Pensionskonto nach APG als „Leistungskonto" bereits bei der Pensionsreform 2004 geschaffen, aber angesichts der sozialversicherungsrechtlichen Überkomplexität (und Eigeninteressen mancher Verantwortlichen) bis heute nicht umgesetzt. Die Aufsplitterung der Versicherten kombiniert nach Geburtsjahrgang (vor/nach 1. 1. 1955) und Versicherungszeiten vor 2005 führte zu sieben pensionsrechtlich unterschiedlichen Kategorien von Neuzugängen an Anspruchsberechtigten: ältere (oder unzuordenbare) Rechtslage, reine Rechtslage 2003, reines Altrecht (Rechtslage 2003 mit Verlustdeckel oder Rechtslage 2004), Parallelrechnung Altrecht und Pensionskonto (in denselben zwei Varianten) und reines APG-Pensionskonto. Im Jahre 2012 waren nach Stefantis 0,1 Prozent der Antragsteller nach älterer Rechtslage, 0,5 Prozent der neuen Direktpensionen in der reinen Rechtslage 2003, die meisten (46,4 Prozent) im reinen Altrecht Rechtslage 2003 mit Verlustdeckel, 23,0 Prozent Rechtslage 2004, 8,7 Prozent in der Parallelrechnung Altrecht mit Verlustdeckel und 20,2 Prozent in der Parallelrechnung Rechtslage 2004, nur 1,2 Prozent im neuen reinen APG-Pensionskonto. Selbst Fachleute können, ohne laufende Forschung, dieser Entwicklung kaum noch folgen und individuelle Leistungsansprüche nachrechnen.

Das Stabilitätsgesetz 2012 hat nun die lange ventilierte Idee einer Kontoerstgutschrift auf Basis eines Sockels als Ersatz für die fortgesetzte Parallelrechnung von drei Anwartschaften pro Anspruchsberechtigtem aufgegriffen und ab 2014 umgesetzt. Auch das erfordert immer noch vier komplizierte Vergleichsberechnungen, wonach alle Anwartschaften bis zu einem Stichzeitpunkt durch einen einmaligen „Grundbetrag", eben die „Erstgutschrift" abgelöst werden, wozu je ein „Ausgangsbetrag" und ein „Vergleichsbetrag" unter zahlreichen und jeweils selbst wiederum hochkomplexen Annahmen ermittelt werden müssen. Vom Vergleichsbetrag werden je nach Jahrgang unterschiedliche Ober- und Untergrenzen von 1,5 bis 3,5 Prozent berechnet, sodann der Ausgangsbetrag innerhalb der Grenzen als Jahres-Vierzehntel akzeptiert und außerhalb der Grenzen das 14-fache der jeweiligen Unter- und Obergrenze des Vergleichsbetrags als Erstgutschrift definiert.

Es werden also einmalig sogar vier Parallelrechnungen in Kauf genommen, um danach für alle Zukunft ausschließlich nach den Bestimmungen des APG-Kontos weiterrechnen zu können. Als politische Vorgaben war zu berücksichtigen, dass die Sockelberechnungen über den gesamten Zeitlauf bis 2050 (berechnet über Stützjahre 2014, 2020, 2025, 2035, 2045) kostenneutral sein sowie individuelle GewinnerInnen und VerliererInnen minimieren und jedenfalls auf höchstens 1,5 bis 3,5 Prozent Abweichungen gegenüber der Parallelrechnung begrenzen sollte.

Nach Durchrechnung von 3.000 persönlichen Einzelfällen wurden 28 Jahre Durchrechnung bei der Bemessung sowie um 30 Prozent höhere Aufwertungsfaktoren gegenüber dem Altrecht als optimale Annahmen zur Annäherung an diese pensionspolitischen Zielvorgaben eruiert. Ehemalige „Ersatzzeiten" werden zu „Beitragszeiten" auf jeweils eigenen Beitragsgrundlagen durch öffentliche Beitragsgaranten, wobei diese Teilversicherungszeiten wie bisher sehr großzügige Beitragsgrundlagen (2012: monatlich je 1.570,35 Euro) für Kindererziehungszeiten (48 Monate pro Kind, additiv zu etwaigem Erwerbseinkommen), Familienhospizkarenz sowie für Präsenz- und Zivildienst vorsehen, weiters je 100 Prozent der Bemessungsgrundlage für Wochengeld- und Krankengeldbezug, sowie für Notstand 92 Prozent von 70 Prozent der Arbeitslosengeld Bemessungsgrundlage und 70 Prozent für Zeiten des Arbeitslosengeldbezuges (ALG).

Das persönliche Pensionskonto hat eine „Leistungsgarantie" von 1,78 Prozent Steigerungsbetrag oder Kontoprozentsatz pro Jahr als Teilgutschrift, mit unterschiedlichen Abschlägen (regulär 4,2 Prozent, Korridorpensionen ab Jahrgang 1955: 5,1 Prozent, Schwerarbeit 1,8 Prozent, für langzeitversicherte Frauen („Hacklerinnen") unter Umständen freiwillig aufgeschobenen Pensionsantritts 1,2 Prozent ab 2014). Die Abschläge liegen jedoch (fast) durchwegs unterhalb der aktuarisch neutralen und fairen Maluserfordernisse, die nach Brunner und Hoffmann (2010) bei einem Abzinsungssatz von 3 Prozent zwischen 5 und 8 Prozent Malus pro Jahr wären. Alle Versicherungszeiten bis 31.12.2013 werden als Gesamt- bzw. Erstgutschrift in das Pensionskonto eingestellt, ab 1.1.2014 wird ausschließlich im APG-Konto und gemäß seinen Bestimmungen hinzugerechnet.

Mit dieser Neuerung wird das Wirksamwerden des Pensionskontos in seiner endgültigen Form deutlich, schätzungsweise um zumindest 15 Jahre vorverlegt. Die aktuarisch neutralen, starken Arbeitsanreizeffekte des APG können früher wirksam werden, weil sie auch früher sichtbar werden: so werden nach Stefanits etwa Männer mittleren Einkommens (Einkommenskarriere 80 bis 140 Prozent des Medianeinkommens) über die Dauer des Pensionskorridors von 62 bis 68 Jahren über 45 Versicherungsjahre hinaus bei Pensionsantritt im Alter von 68 um 53 Prozent mehr Kontogutschriftpension (KGP) haben als mit 62 Jahren, während ihr Einkommenszuwachs in der Parallelrechnung (PR) nur 33 Prozent und nach der

Rechtslage 2003 überhaupt nur 12 Prozent für sechs Jahre Weiterarbeiten gewesen war. Diese starke Anreizwirkung für längeres Arbeiten in Zukunft garantiert höhere Ansprüche aber nur über dem Regelpensionsalter 65 und deutlich niedrigere Pensionen bei Frühpensionen: 1.560 Euro nach KGP statt 1.611 Euro nach PR und im Gegensatz zu den 1.942 Euro nach Rechtslage 2003, womit, nach Stefanits, das ganze Ausmaß der in den letzten Jahrzehnten „zu hohen Pensionen, vor allem der viel zu hohen Frühpensionen" indiziert wäre – derzeit rund 135.000 Euro Übergenuss oder Frühpensionsbonus pro Kopf der überwältigenden Mehrheit der gegenwärtigen Ruhestandsgenerationen (die ja zu 70 Prozent vor dem gesetzlichen Pensionsalter und zu 90 Prozent vor 65 verrentet wurden).

Damit ist auch klar, wer die – aus Sicht aktuarischer Fairness durchaus berechtigten – Gewinner und Verlierer der Kontoerstgutschrift eines Sockelbetrages wie des APG-Konto im allgemeinen sind. Durch den Wegfall der Bemessungsbeschränkung eines 80 Prozent-Deckel werden Versicherte mit sehr langen Berufs- und Beitragskarrieren endlich angemessen prämiert und (im Gegensatz zu den Langzeitversicherten der „Hackler"-Regelung) für Weiterarbeiten statt für Ausstieg belohnt, ebenso überwiegend ArbeiterInnen mit langen, steten und flacheren Einkommensverläufen, Frauen mit ewiger Anwartschaft, vielen Kindererziehungszeiten und trotzdem geringen Berufsunterbrechungen. Hingegen verlieren Versicherte mit steilen, aber unregelmäßigen, bisher durch „Schutzdeckel" geschonten und oft bis zum mehrfachen der eigenen Beitragsleistung begünstigten „Glücksritter"-Karrieren (z. B.TeilzeitakademikerInnen mit 10 bis 15 „sehr guten Jahren") diese Vorteile gegenüber den gewöhnlichen „EckrentnerInnen". In den Jahren 2014 bis 2016 zählen just auch Versicherte mit sehr vielen Beitragsjahren, die gerade nicht die „Hackler"-Regelung beanspruchen (können) zu den VerliererInnen. Fachleute mögen disputieren, ob das bereits zu den beabsichtigten Wendesignalen oder den kleinen Schönheitsfehlern dieses insgesamt richtungweisenden Reformwerks gehört.

APG-Pensionskonto 2014–2050: Keine Sorgen mit dem „Leistungskonto"?

Jedenfalls werden durch das APG-Pensionskonto samt Kontoerstgutschrift 2014 ab 2017 weitere, jahrzehntelange Parallelrechnungen mit drei verschiedenen Rechtslagen in alle Zukunft entfallen. Zudem wird die Bedeutung von Beitragsleistungen und Versicherungszeiten sichtbarer und damit der Anreiz zu Erwerbsarbeit verstärkt. Bisherige Kontomitteilungen waren nämlich völlig uninformativ und das Papier nicht wert, auf dem sie gedruckt waren: sie bestanden rudimentär überhaupt erst mit vierjähriger Verspätung seit 2008; das bisherige „Pensionskonto" war kein Konto in irgendeinem gängigen Wortsinn; es galt (und gilt auch in Zukunft) nicht für alle und auch nicht für alle Jahrgänge gleichermaßen (wohingegen Proratisierung von altem und neuem Pensionskonto der

ideale Übergangsmodus für alle Jahrgänge gewesen wäre); es war mit den 5- bis 10-prozentigen „Schutzdeckeln" (2013: 7,25 Prozent) unvereinbar, die jedoch im APG-Pensionskonto künftig erübrigt werden. Das wird ein großer Fortschritt gegenüber der Periode bis einschließlich 2013.

Aber auch das neue APG-Pensionskonto ab 2014 ist keineswegs ideal, wie sich nicht nur an der um ein Jahrzehnt verschleppten und unstetigen Einführung zeigt. Auf grundsätzliche Fragen gibt das neue Konto nicht immer so klare, eindeutige und endgültige Antworten, wie die Philosophie eines „Leistungs"-Kontos insinuiert – und wie dies zweifellos wünschenswert wäre. So ist die versprochene „Leistungsgarantie" mit dem „Nachhaltigkeitsfaktor" nach ASVG, § 108e, Abs. 9 in der jetzigen Gesetzesfassung (die allerdings ökonomisch unsinnig und praktisch politisch wohl auch undurchsetzbar ist) theoretisch unvereinbar. Demnach könnte – ja müsste dem geltenden Gesetz zufolge – auch der Steigerungsbetrag von 1,78 Kontoprozentsatz jährlich vielleicht sogar nachträglich wieder reduziert werden, wenn zum „Sollpfad des Anstiegs der periodenbezogenen Lebenserwartung zum Alter 65 des mittleren Szenarios der Statistik Austria Abweichungen von der mittleren Prognose" festgestellt würden. Diese Widersprüchlichkeit im Gesetzesrang, nämlich eine gesetzlich vorgeschriebene Reduktion einer gleichzeitig gesetzlich zugesicherten Leistungszusage würde „automatisch" mit einem Fünftel der „zur Sicherung der Finanzierbarkeit" nötigen Mittel erfolgen müssen.

Mit dem geltenden Nachhaltigkeitsfaktor würde nicht nur der PV-Beitragssatz der aktiven Erwerbsbevölkerung weiter angehoben und ihre Steuer- und Abgabenlast über den höheren Bundesbeitrag erschwert. Es würde auch das Antrittsalter für Neuzugangspensionisten weiter hinausgeschoben und die Pensionsanpassung für Bestandspensionisten unterhalb die gesetzliche Mindestwertsicherung nach dem Verbraucherpreisindex gedrückt. Vor allem aber würde das für „Leistungskonten" zentrale Versprechen fester und unveränderlicher Kontoprozentsätze (oder gar Kontobuchungen) gebrochen und damit der gesamte vermeintliche Vorteil von Leistungs- gegenüber Beitragskonten auf Umlagebasis verloren gehen.

Das ist freilich kein Horror-Szenario, sondern geltende Gesetzeslage. Darüber hinaus hat sich der Eintritt solcher – positiven! – Abweichungen von der mittleren Variante der Steigerung der Lebenserwartung bereits in den ersten Jahren nach Gesetzwerdung des Nachhaltigkeitsfaktors empirisch gezeigt. Der Zugewinn an weiterer Lebenserwartung übertraf gleich in den ersten drei Jahren sogar die optimistische Berechnungsvariante der Statistik Austria – und positive Abweichungen von der mittleren Variante sind auch für die Zukunft durchaus hochwahrscheinlich. Dagegen sind häufig vorgebrachte Einwände gegen das neue APG-Pensionskonto, etwa dass es vorerst vermutlich weit nicht nur hinter den jährlichen schwedischen „Orange Envelope"-Kontomitteilungen, sondern auch denen etwa der amerikanischen Social Security zurückbleiben dürfte, auch dann keineswegs Bestandsgefährdend, wenn die Befürchtungen zutreffen sollten. So wird man in Österreich jedenfalls zu Beginn voraussichtlich weder die erwartbaren Pensionsleistungen, und zwar nicht einmal zu den Korridorantrittsaltern (oder auch nur zum Regelpensionsalter) erfahren, noch gar die Deckungsgrade an Beitragsleistungen ablesen können, etwa welche öffentlichen Beitragsgaranten wie viel zu den eigenen Pensionsversicherungsbeiträgen zugeschossen haben. Das macht zwar das Pensionskonto weit weniger verhaltenssteuernd wirksam, als es sein könnte, entzieht ihm aber im Gegensatz zur Unhaltbarkeit seiner Leistungsversprechen keine entscheidende Legitimationsgrundlage.

Best practice wäre wohl, was die österreichische Finanzverwaltung zusammen mit dem Steuerbescheid den Steuerzahlern an Offenheit bietet, nämlich eine Aufschlüsselung, wofür genau die durchschnittlich fünfstelligen Steuerleistungen im Detail ausgegeben wurden – immerhin aufgeschlüsselt nach den 16 wichtigsten Ausgabenkategorien des Staates. So flossen im Jahr 2011 zu Ländern und Gemeinden 22,6 Prozent, Sozialer Wohlfahrt, Gesundheit 17,0 Prozent, Steuerzuschüssen zur gesetzlichen Pensionsversicherung (ASVG) 10,2 Prozent, Erziehung und Unterricht, Kunst und Kultur 8,4 Prozent, Zinsen für Staatsschulden 8,3 Prozent, Hoheitsverwaltung 5,5 Prozent, Pensionen im öffentlichen Dienst 4,9 Prozent, Forschung und Wissenschaft 4,5 Prozent, ÖBB 4,4 Prozent, Staatsund Rechtssicherheit 3,2 Prozent, Beitrag zur Europäischen Union 2,6 Prozent, Landesverteidigung 2,2 Prozent, Straßen, sonstiger Verkehr 2,0 Prozent, Land- und Forstwirtschaft 2,0 Prozent, Wirtschaft 1,1 Prozent sowie Tourismus und Standortförderung 1,1 Prozent.

Unstrittig wichtig ist es zu wissen, dass fast ein Drittel aller Staatsausgaben in soziale Sicherheit fließt und jeder zweite Sozialeuro in die Pensionen, oder dass der Zinsendienst zur Bedienung der Staatsschulden inzwischen mehr kostet als unser gesamtes Bildungswesen oder mehr als Militär, Straßenverkehr sowie die Förderung von Wirtschaft, Landwirtschaft, Tourismus und Standort zusammen genommen. Interessant ist es zu wissen, genau wie viele tausend Euro der höchst persönliche Steuerbeitrag zum Schuldendienst der Republik im Einzelfall zuletzt ausgemacht hat. Ebenso wichtig zu wissen wären die vielen Titel und Subventionsbeträge, unter denen RentenempfängerInnen über die eigenen Pensionsversicherungsbeiträge hinaus ein durchschnittlich sechsstelliger Euro-Zuschuss pro Kopf seitens nachwachsender Generationen die Alterssicherung markant aufbessert. Dies wäre ein elementarer Beitrag zu dem, was in Schweden und anderswo als pension literacy oder als Pensionsund Sozialalphabetismus bezeichnet und als unabdingbare Voraussetzung demokratischer Willensbildung und halbwegs rationaler politischer Entscheidungsprozesse angesehen wird.

Die entscheidende Schwäche des APG-Pensionskontos gegenüber einem selbstregulierenden, beitragsdefinierten Umlageverfahren

(Notional defined-contribution /NDC oder Beitragskonten auf Umlagebasis) ist, dass es keinerlei automatische Ausgleichsmechanismen vorsieht, und zwar weder für absehbare Veränderungen demographischer und wirtschaftlicher Rahmenbedingungen, noch für unvorhergesehene, schockartige Ungleichgewichte. Sinkt etwa die Anzahl der Beitragszahler unter das gewohnte oder erwartete Niveau, so könnte eine Valorisierung mit der Lohnsummenentwicklung die interne Ertragsrate oder die Steigerungsbeträge entsprechend anpassen, nicht aber ein fixer Kontoprozentsatz. Ebenso könnte nur die Annuisierung der kumulierten Kontogutschriften erst zum Zeitpunkt des faktischen Pensionsantritts und nicht deren Fixierung auf ein festes und unverändertes Zugangsalter unerwartet hohe Zuwächse an Lebenserwartung in die Pensionsformel integrieren und damit die Verrentung nachhaltig sicher machen.

Da im österreichischen APG-„Leistungskonto" im Gegensatz etwa zum schwedischen NDC-„Beitragskonto" keine automatischen Stabilisatoren vorgesehen sind, werden weitere chronische Pensionsdefizite fast unvermeidbar. So ist etwa die „Friedensformel 65-45-80" des „Leistungskontos" in den Jahren 2000 bis 2004 entworfen worden und war zur Jahrtausendwende tatsächlich fiskalisch darstellbar. Sie müsste aber, um auch heute noch gültig und nachhaltig zu sein, die bis zum Jahre 2013 hinzugewonnenen mehr als drei Lebensjahre durch eine Anpassung der Formel auf 65+/45?/80 oder 65/45?/80- etc. berücksichtigen und durch automatische jährliche APG-Modulationen verstetigen. Da im APG „Leistungskonto" einmal gewährte Gutschriften nicht mehr verändert werden dürfen – und der Kontoprozentsatz für künftige Steigerungsbeträge wohl politisch ebenfalls nicht mehr verändert werden kann – bleiben mit höheren PV-Beitragssätzen und/oder geringeren Pensionsanpassungen für RuheständlerInnen daher fast nur noch drittbeste Wahlmöglichkeiten.

Die Option weiter steigender Beitragssätze ist freilich wirtschaftsund standortpolitisch praktisch auszuschließen, während sinkende Pensionsindexierung wiederum die gesetzliche vorgesehene Wertsicherung verletzen würde. Pensionskürzungen oder PensionistInnensteuern wären sowohl makroökonomisch unklug als auch – angesichts des millionenfachen Elektorats an RentnerInnen und der entsprechenden Lobbymacht der Seniorenverbände – interessenpolitisch kostspielig und daher de facto ebenfalls undurchsetzbar. Damit verbleibt aber ausgerechnet die derzeit noch unpopulärste, wenngleich langfristig einzig nachhaltige und auch dem Hausverstand eingängige Alternative, nämlich „länger leben, länger arbeiten" (OECD). Nicht zufällig ist auch der österreichische Nachhaltigkeitsfaktor nicht um die komplexe Interaktion zahlreicher rentenrelevanter Bestimmungsgrößen, sondern vor allem um weitere Entwicklungen der Lebenserwartung und ihre Abweichungen von den als am wahrscheinlichsten angenommenen Projektionspfaden herum konstruiert.

„Länger arbeiten" bedeutet nun keineswegs immer „länger", sondern oft auch nur – wegen viel längerer Ausbildungszeiten und langjähriger Berufsunterbrechungen während des Erwerbslebens – „später" zu arbeiten beginnen und auch „später" aufzuhören, sofern man ausschließlich das chronologische und nicht auch das prospektive Alter, die Zeitspanne (nicht nur des Dritten Lebensalters) bis zum Lebensende, die gesunden Lebensjahre und die Altersinflation berücksichtigt. Es geht also nicht nur um die unstrittig notwendige – und sehr starke – Anhebung des faktischen Pensionsalters an das gesetzliche, sondern eben auch um die erstaunlicherweise kontroverse Anhebung des gesetzlichen Pensionsalters in sehr kleinen, aber laufenden Dosen. Letztere ist zwar, rein demographisch und saldenmechanisch, bis etwa zum Jahr 2025 noch nicht zwingend erforderlich. Sie wird aber im Zeitraum 2025 bis 2050 rein bevölkerungsstatistisch um etwa fünf Jahre auf 70 Jahre Antrittsalter unabdingbar, bei optimaler Wirtschaftsentwicklung und Beschäftigungssteigerung wäre vielleicht auch nur ein Referenzpensionsalter von 68 bis 69 Jahren nötig.

Diese Erfordernisse sind theoretisch und praktisch völlig unbestritten; politisch strittig ist nur, mit welcher Vorlaufzeit Populationen auf diese nötigen Neuerungen vorbereitet werden sollten. Dabei fällt auf, dass Regierungen ausgerechnet jener Länder wie Österreich, in denen der berechtigte Vertrauensschutz und damit wünschenswert lange Übergangszeiträume auch in der Judikatur groß geschrieben werden, diese Sicherheit und Vertrauen schaffenden langen Vorwarnzeiten für ihre Bevölkerung grundlos und radikal verkürzen und zu „überfallsartigen" Reformen neigen. Im Gegensatz dazu haben Länder wie Dänemark, Schweden oder das Vereinigte Königreich längst die erforderlichen Anpassungen des gesetzlichen Pensionsalters für die Periode 2030 bis 2050 mit jahrzehntelangen Vorlaufzeiten vorgenommen. Anstatt also Altersinflation und Lebenserwartungsklauseln bzw. Anhebungen des Regelpensionsalters als die Selbstverständlichkeiten zu behandeln, die sie tatsächlich sind und anderswo in Europa praktiziert werden, wird das Thema bei uns regelrecht tabuisiert. Wer es dennoch anzusprechen wagt, verfällt sofort dem reflexhaften Bannstrahl politischer Ausgrenzung – und die Politik insgesamt einer sprichwörtlich gewordenen umfassenden „Mikado"-Lähmung.

Die entscheidende Pensionsfrage bleibt also die Wahl zwischen Leistungs- oder Beitragskonten, zwischen parametrischen Einzelmaßnahmen oder einem kohärenten Set systemischer Reformen; einer Weiterentwicklung des durchaus brauchbaren APG-Pensionskontos in Richtung mehr Beitragsgerechtigkeit, voller Kosten- und Kontenwahrheit, Beitragsäquivalenz und Transparenz. Wenn etwa das Insurance Forum Austria im März 2013 die Generaldebatte zur Alterssicherung unter das alarmistisch bange Motto „Die Pensionsfrage: Schrecken ohne Ende?" stellt, so wäre richtigerweise zu sagen, dass in Österreich mit dem APG-Konto ab 2014 weder ein „Schrecken ohne Ende", noch mit der vorläufigen Entscheidung gegen das „schwedische" NDC-System vermutlich auch ein „Ende mit Schrecken" (als das die Umstellung auf Beitragskonten auf Umlagebasis oft fälschlich wahrgenommen wird) absehbar ist.

Vielmehr bleibt höchstwahrscheinlich der österreichische Kompromiss einer chronifizierten, grundsätzlich nicht heilbaren, aber irgendwie durch „muddling through" gerade noch beherrschbaren Malaise. Sie bewegt sich am Rande der demographischen und ökonomischen Realitätszwänge wie auch der politischen Nervenkraft und der sozialen Schmerzgrenzen aller Beteiligten – kurz: kein Schrecken, aber auch kein Ende. In einem Setting chronischer und immer nur vorübergehend erfolgreicher Behandlungsversuche kann man allenfalls auf Linderung der Beschwerden hoffen, nicht auf richtige Diagnostik, wirksame Therapie, vollständige Genesung und ein Ende quälend enervierender, endlos rezidivierender und verunsichernder Jahrhundertstörungen unserer Alterssicherung.

Langfristiger Ausblick: Die Reform der Invaliditätspensionen als entscheidende Baustelle

Doch ungleich wichtiger als die nötige Reform der Alterspensionen für die fiskalische Nachhaltigkeit der gesamten PV ist eine Reform der Invaliditätspensionen (IP). Der Sozialminister nennt die Daten und Fakten rund um die IP „Horrorzahlen". Seit der Jahrtausendwende suchen 75–80 Prozent der Männer, bis 2014 eine Million Österreicher den Weg in den Ruhestand über Berufsunfähigkeit. Obschon 2012 nur 43 Prozent der Anträge bewilligt wurden, zeigen Langfriststudien, dass mit der Antragstellung eine „innere Verabschiedung" (Dantendorfer) einhergeht und die überwältigende Mehrheit auch der abgewiesenen Antragsteller nie wieder in reguläre Erwerbsarbeit zurückkehrt. Es gibt aber auch Sektoren mit zuerkannten IP-Prävalenzraten nahe der allgemeinen Antragshäufigkeit: 2011 haben z. B. LandwirtInnen, trotz durchschnittlich höherer Lebenserwartung als die Gesamtbevölkerung, die Verrentung zu 5 Prozent über normale Alterspensionen, zu 24 Prozent vorzeitig und zu 71 Prozent als Invalide erreicht.

Durchschnittsösterreicher verbringen 3,9 Jahre des Arbeitslebens in Invalidität (gegenüber 1,9 Jahren in Arbeitslosigkeit), InvaliditätspensionistInnen im Mittel 10,8 (Frauen:9,8/Männer:12,6) Jahre in Berufsunfähigkeit, zu drei Viertel im Alter über 50. Während die Invalidisierungsraten sich allgemein im europäischen Mittel bewegen, zählen sie im pensionsnahen Alter zu den höchsten in EU-27 und der OECD. Invalidität ist damit die schwerwiegendste Form der Erwerbslosigkeit, die Kosten für Invalidität betrugen selbst am Höhepunkt der Arbeitslosigkeit mehr als das Doppelte der Ausgaben für Arbeitslosenversicherung – oder des Pflegegeldes. Das mittlere IP-Antrittsalter Anfang 50 und die hohe IP-Prävalenz drücken das Durchschnittsalter für den Berufsausstieg um ganze vier Jahre und sind die Hauptursache für den gravierenden österreichischen Rückstand bei den Direktpensionen gegenüber EU-/OECD-Europa.

Zuletzt sind psychische Erkrankungen zur Hauptursache von Frühinvalidität geworden, 20 Prozent aller Frühpensionen, 32 Prozent aller Neuzugänge, Tendenz weiter stark steigend – von 2007 bis 2009 um 9,6 Prozent bei somatischen und 21,9 Prozent bei psychischen Diagnosen. Von 900.000 PatientInnen sind 420.000 im Erwerbsalter, aber nur 130.000 psychotherapeutisch betreut, 840.000 auf Psychopharmaka, 70.000 in Spitalsbehandlung. Während orthopädische und Herz/Kreislaufbedingte IP zurückgehen, nehmen psychische Leiden zu: 27 Prozent der Erwerbsbevölkerung, davon 33 Prozent Frauen und 22 Prozent Männer erkranken jährlich. Die durchschnittliche Krankenstandsdauer ist 40 bei seelischen statt 11 Tage bei körperlichen Leiden. In den beiden letzten Jahrzehnten ist die Zahl der Krankenstände infolge psychischer Beschwerden um 300 Prozent gestiegen. 2010 waren 52 Prozent der Frauen in Berufsunfähigkeit psychisch krank. Die Ausgaben der Krankenversicherungen für Psychostress und seelische Leiden betragen 830 Millionen Euro, davon 250 Millionen für Psychopharmaka, 71 Millionen für Krankengeld und nur 63 Millionen für Psychotherapie und psychotherapeutische Medizin. Dazu kommt weit über eine Milliarde für Berufsunfähigkeits- und Invaliditätspensionen und Rehabilitation, die Gesamtkosten kranker Seelen für Staat und Unternehmen lagen 2012 bei 3,3 Milliarden Euro.

Am häufigsten sind Angststörungen, depressive und somatoforme Erkrankungen sowie Alkohol- und Drogenmissbrauch. Verhaltens- und Affektstörungen, neurotische Belastungsstörungen wie Burn-out sind längst auch Hauptdiagnosen für Spitalsaufenthalte vor klassisch wahnhaften Störungen wie Schizophrenie. Angst- und Zwangsstörungen, exogene (belastungsverbundene, nicht angeboren stoffwechselbedingte) Depression oder chronische Ermüdung, Erschöpfung, Hypochondrie sind mit 20-40 Prozent am häufigsten bei Patienten von Allgemeinärzten und Krankenhäusern, mit Behandlungskosten bis weit über 1.000 Prozent mittlerer Pro-kopf-Kosten.

Dass die überwältigende Mehrheit überwiegend psychisch überforderter Personen das Arbeitsleben in Invalidität enden will (ohne dass man es ihr zubilligt) ist, ruhig bedacht, eigentlich schockierend – in Friedens-, nicht in (Nach)Kriegszeiten; im 21. Jahrhundert; in einem der besten Gesundheitssysteme und Wohlfahrtsstaaten der Welt; weit häufiger als anderswo – und als zu den viel kurzlebigeren, härteren und stressigeren Zeiten unserer Vorfahren. Dabei greifen moralisierende Beschuldigungen von Missbrauch, Sozialbetrug und Simulantentum für ein so einzigartiges, tief verwurzeltes und hochkomplex metastasierendes Syndrom viel zu kurz. Die rätselhafte Volksseuche Invalidität und ihre austriakischen Pandemiemaße bedürfen genauer Diagnose und Therapie. Wie immer diese aussehen werden, sicher ist: an Versagensängsten bei schwindender Stressresilienz, an stark steigenden, immer jünger auftretenden psychischen Leiden und beeinträchtigter Arbeitsfähigkeit wird sich die Zukunft der Früh-, Invaliditäts- und Berufsunfähigkeitspensionen und damit des gesamten Systems sozialer Sicherheit, Pensionen und Wohlfahrt und damit auch wirtschaftlicher Wettbewerbsfähigkeit und Wohlstands in Österreich bis 2050 entscheiden. ∎

Literaturhinweise

Marin, B. (2013): Welfare in an Idle Society? Ashgate.

Stefanits, J. (2013): Die Pensionsberechnung im ASVG und APG, ppt Wien, 18. März.

Der Autor

Bernd Marin *ist seit 1988 Executive Director des UN-Europäischen Zentrums für Wohlfahrtspolitik und Sozial-forschung in Wien. Von 1984 bis 1988 war er Professor for Comparative Political and Social Research an der EU-Universität in Florenz, wo er 1986/87 Dekan für Gesellschaftswissenschaften war. Von 1993 bis 2012 agierte er als wissenschaftlicher Rapporteur zahlreicher Europäischer Sozialministerkonferenzen. Er ist Autor von Publi-kationen in zahlreichen Sprachen und mehr als zwanzig Buchveröffentlichungen. Sein neuestes Buch „Welfare in an Idle Society? Reinventing Retirement, Work, Wealth, Health and Welfare" ist gerade bei Ashgate erschienen.*

Kapitel 5:
Reform (Verfassung, Verwaltung, Föderalismus, Staatsausgaben und Steuern)

DIE ZUKUNFT DES FÖDERALISMUS

Theo Öhlinger

Das Problem

Österreich hat sich in den letzten Jahrzehnten vor der Jahrtausendwende in sehr dynamischer Weise entwickelt. Es nimmt heute unter den Mitgliedsstaaten der Europäischen Union in vielen Bereichen einen Spitzenplatz ein. Dennoch macht sich der Eindruck breit, dass diese Entwicklung in zunehmendem Maß an Schwung verliert und Österreich in den verschiedenen Rankings mehr und mehr zurückfällt. Eklatant ist das in einem für die Zukunft des Landes ganz entscheidenden Bereich: dem der Bildung. Und es ist gerade auch dieser Bereich, an dem unübersehbar deutlich wird, dass die Organisationsstruktur dieses Staates zu einer Bremse der Entwicklung geworden ist und einen Reformstau verursacht. Ein anderes Beispiel ist das Gesundheitssystem, dessen Reform, wie der Rechnungshof erst kürzlich (März 2013) wieder aufgezeigt hat, an den zersplitterten Kompetenzen eine unübersteigbare Hürde findet. Die Ursache dieser Problematik hat in der Öffentlichkeit einen Namen: Föderalismus.

Die Entstehung des österreichischen Föderalismus

Der österreichische Föderalismus hat eine kurze und eine lange Geschichte. Zu einem Bundesstaat und damit zu einem föderal organisierten Staat im klassischen Sinn wurde Österreich erst 1920: Durch das Gesetz vom 1. Oktober 1920, womit die Republik Österreich als Bundesstaat eingerichtet wird (wie der ursprüngliche Titel unserer Bundesverfassung; des Bundes-Verfassungsgesetzes (B-VG), lautet). Aber die Länder, deren Zusammenschluss diesen Bundesstaat ausmacht, haben in ihrer Mehrzahl eine Geschichte, die tief in das Mittelalter zurückreicht. Das unterscheidet Österreich etwa von der Bundesrepublik Deutschland. Legt man eine Karte der Länder Deutschlands und Österreichs von heute neben einer solchen aus dem späteren Mittelalter, dann zeigt sich auf einem Blick, wie sehr sich in Deutschland die Grenzen der Territorien von heute und jenen des Mittelalters unterscheiden, in Österreich dagegen gleichen. In ihrer Jahrhunderte umfassenden Geschichte haben die österreichischen Länder eine Identität bewahrt, die es leicht macht, ihre EinwohnerInnen schon an der Umgangssprache zu identifizieren.

Es ist den Habsburgern nicht gelungen, aus ihrem multilingualen Herrschaftsbereich einen Einheitsstaat nach dem Vorbild Frankreichs (ihres größten Konkurrenten in Europa) zu gestalten. Trotzdem war die österreichische Reichshälfte am Ende der Monarchie einem Einheitsstaat näher als einem Bundesstaat. Aber mit dem Zusammenbruch der habsburgischen Herrschaft wurden in den österreichischen Ländern wieder Kräfte frei, die eine Umwandlung dieses „Rests" der Monarchie in einen Bundesstaat vehement verlangten. Das ging freilich nicht ohne Widerstand. Wie in fast allem in den ersten Jahrzehnten der Republik waren auch in dieser Frage Anhänger und Gegner in „Lager" geteilt: Die Christlichsozialen waren für, die Sozialdemokraten gegen eine föderale Staatsstruktur. Am Ende, nach äußerst mühsamen Verfassungsverhandlungen, stand ein Kompromiss, der weder Fisch noch Fleisch ist: der „zentralistischste aller Bundesstaaten" (Bußjäger 2004). Schon dieses Wortungetüm deutet auf Geburtsmängel hin.

Die Strukturmängel des österreichischen Föderalismus

Die Verteilung der Kompetenzen

Kern jeder bundesstaatlichen Verfassung ist die Verteilung der Aufgaben – in juristischer Terminologie: der staatlichen Kompetenzen – zwischen dem Bund und den Ländern (oder wie immer man die territorialen Glieder benennt: states, Kantone etc.). Die Kompetenzverteilung der Bundesverfassung wurde 1920 nicht neu erfunden, sondern lehnte sich an die Kompetenzverteilung der (an sich einheitsstaatlichen) Verfassung der Monarchie an. Sie ist daher an den Staatsaufgaben der konstitutionellen Monarchie orientiert und sie ist, trotz einer Generalklausel zugunsten der Länder (Art. 15 B-VG), sehr bundeslastig. Den Ländern verblieben nur sehr schmale Kompetenzen, die eng mit solchen des Bundes verflochten sind. Es gibt für die Länder keine abgerundeten Aufgabenfelder, in denen sie eine für die Bürger klar erkennbare Verantwortung tragen. Diese „Restkompetenzen" eröffnen ihnen aber viele Mitsprachemöglichkeiten und damit Blockademöglichkeiten in Bereichen, in denen die Zuständigkeiten im Wesentlichen (aber eben nicht ausschließlich) beim Bund liegen. Auch neue staatliche Aufgaben wachsen nach der Generalklausel paradoxerweise den Ländern zu.

Die Kompetenzverteilung ist insgesamt extrem kleinteilig, kasuistisch und lässt kein Konzept erkennen. Der Bildungssektor liefert dafür ein eklatantes Beispiel. Die verfassungsrechtliche Kompetenzverteilung füllt hier mehr als drei Seiten einer normalen Textausgabe der Bundesverfassung und reicht bis in solche Details wie die Bundes-Gartenbaufachschule in Schönbrunn oder die Versuchsanstalt für Bienenkunde in Wien-Grinzing (Art. 14 und 14a B-VG sowie die Schulverfassungsnovelle 1975).

Zugleich ist diese Kompetenzverteilung aber auch sehr starr. Ihre (wie gesagt: überbordende) Terminologie wird vom Verfassungsgerichtshof (VfGH) nach der sogenannten „Versteinerungstheorie" interpretiert: Die Begriffe haben jene Bedeutung, die ihnen zum Zeitpunkt ihres Inkrafttretens (das ist in der Regel der 1. 10. 1925, weil sich die politischen „Lager" erst verspätet darüber einigen konnten) nach dem Stand und der Systematik der damals geltenden Rechtsordnung zugekommen sind. Das führt manchmal zu fast schon skurrilen Ergebnissen. Um das an einem Beispiel zu illustrieren: Welche Tätigkeiten ein „Gewerbe" und daher gemäß Art. 10 Abs. 1 Z. 8 B-VG Bundessache in Gesetzgebung und Vollziehung sind, bestimmt sich nach der Gewerbeordnung von 1859 in ihrer Fassung von 1925. Weil diese die gewerbsmäßige Privatzimmervermietung aus ihrem Geltungsbereich ausklammerte, soweit sie als häusliche Nebenbeschäftigung in ortsüblichem Ausmaß betrieben wurde, fiel sie in diesem Umfang in die Gesetzgebungs- und Vollziehungskompetenz der Länder. Bundessache blieb die Privatzimmervermietung, soweit sie über diesen Umfang hinausgeht, also an Orten, in denen sie im Jahr 1925 nicht als häusliche Nebenbeschäftigung üblich war. Es bedurfte in diesem wie in vielen ähnlichen Fällen eines Bundesverfassungsgesetzes, um die Kompetenzverteilung an die soziale Entwicklung anzupassen. Das ging solange ohne größere Probleme, als eine Große Koalition im Nationalrat über eine Verfassungsmehrheit verfügte. In dieser Zeit wurden mehr als hundert solcher spezieller Kompetenzregelungen getroffen, so dass die Kompetenzverteilung völlig zersplitterte. Kompetenzstreitigkeiten sind damit zwangsläufig vielen Sachfragen vorgelagert.

Die Kompetenzverteilung der Bundesverfassung bezieht sich allerdings nur auf die Gesetzgebung und die hoheitliche Verwaltung. Bund und Länder dürfen dagegen in den Formen des Privatrechts ohne Bindung an irgendwelche kompetenzrechtliche Schranken tätig werden (Art. 17 B-VG, sogenannte Privatwirtschaftsverwaltung). Dazu gehören insbesondere Förderungen. Auf diesem Gebiet herrscht daher ein weitgehend unkoordiniertes und vielfach auch intransparentes Nebeneinander – „zweifelsohne eines der lästigsten ungelösten Probleme in dieser Republik".[1]

Verbundföderalismus

Den eng verschränkten und, wie in der Privatwirtschaftsverwaltung, sich überschneidenden Aufgaben korrespondiert eine enge institutionelle Verflechtung von Bund und Ländern. Österreich ist ein typisches, fast schon extremes Beispiel eines Verbundföderalismus (Öhlinger 2004). Es gibt nach der Bundesverfassung viele wechselseitige Mitwirkungsrechte, Zustimmungserfordernisse, gemeinsame Organe etc. Der österreichische Föderalismus ist auf Kooperation angewiesen. Nach einem Schlagwort der 1970er Jahre ist der Bundesstaat österreichischer Prägung ein kooperativer Föderalismus avant la lettre. Er funktioniert nur nicht immer so, wie es dieser positiv besetzte Begriff suggeriert.

Ein Strukturmerkmal dieser Art von Bundesstaatlichkeit ist die mittelbare Bundesverwaltung. Die Bundesgesetze (die nach der Kompetenzverteilung die ganz große Mehrzahl aller Gesetze ausmachen – siehe zuvor) sind in der Regel nicht von Bundesbehörden, sondern vom Landeshauptmann oder den ihm unterstehenden Landesbehörden zu vollziehen (Art. 102 B-VG). (Der Ausnahmenkatalog ist allerdings ähnlich detailliert und kasuistisch wie die Kompetenzverteilung selbst.) Wie in anderen Fällen einer Mischverwaltung verwischen sich auch hier die Verantwortlichkeiten.

Die mittelbare Bundesverwaltung entzieht sich ihrer Struktur nach einer parlamentarischen Kontrolle: einerseits der Landtage, weil es um Bundesaufgaben geht, und andererseits des Nationalrats, weil es sich um Landesorgane handelt. Die formale Weisungsgebundenheit der Landeshauptleute gegenüber dem zuständigen Bundesminister steht auf dem Papier. Es ist dies einer der Gründe dafür, dass die politischen Systeme der Länder eher einer präsidentiellen als einer parlamentarischen Republik gleichen und von feudalistischen Zügen nicht frei sind (Öhlinger 2011). Es trifft durchaus die Sache, wenn die Medien von „Landesfürsten" sprechen.

Die aus ihrer Doppelfunktion als Vorsitzende der Landesregierung und als Träger der mittelbaren Bundesverwaltung gespeiste Machtfülle der Landeshauptleute kulminiert in einem Organ, das in der Bundesverfassung gar nicht vorgesehen ist: der Landeshauptleutekonferenz. Als rechtlich nicht geregeltes Organ entzieht es sich noch mehr, als dies die Landeshauptleute schon jeweils für sich tun, einer parlamentarischen Verantwortlichkeit. Sie hat zwar mangels inhaltlicher Kompetenzen keine positive Gestaltungsmacht. Gestützt auf die vielen kleinen Gesetzgebungskompetenzen der Länder, die den Bund von einer Kooperationsbereitschaft der Länder abhängig machen, hat sie aber eine Vetoposition, die für den Bund ohne Zugeständnisse oft kaum zu überwinden ist.

Insofern mag es vereinfacht sein, aber nicht falsch, wenn die Länder im Allgemeinen und die Landeshauptleute im Besonderen in der öffentlichen Meinung als die großen „Verhinderer" oder „Blockierer" und damit als die eigentliche Ursache jenes Reformstaus gelten, der zu einem Grundproblem der Republik geworden ist.

Finanzieller Föderalismus

Eine Eigenart des österreichischen Bundesstaates ist die starke Zentralisierung der Finanzverfassung. Fast alle und jedenfalls alle wesentlichen Steuern (wie die Einkommen-, Lohn- und Körperschaftsteuer, die Kapitalertragsteuer, die Mehrwert- und Mineralölsteuer) werden vom Bund gesetzlich geregelt und von Bundesbehörden eingehoben. Der Ertrag dieser Abgaben wird in einem Finanzausgleich zwischen dem Bund, den Ländern und den Gemeinden aufgeteilt. Einnahmen- und Ausgabenverantwortung sind damit entkoppelt. Die Länder genießen nur ein sehr eingeschränktes Steuererfindungsrecht (schöpfen allerdings nicht einmal dieses aus).

Rein rechtlich gesehen ist dies ein Merkmal eines sehr schwach ausgebildeten Föderalismus. Faktisch findet aber zumindest die Mehrzahl der Länder an diesem Zustand durchaus Gefallen.[2] Die Forderung nach einer eigenen Steuerhoheit (die selbstverständlich nur eine beschränkte sein könnte) gehört nicht zum Forderungsprogramm österreichischer Landespolitiker (Bußjäger 2005). Stattdessen wünschen sich die Länder eine stärkere rechtliche Position in den Finanzausgleichsverhandlungen, was aber wiederum nur ihr

Blockadepotenzial, nicht aber ihr Gestaltungspotenzial vergrößern würde. Allerdings scheint sich diese starre Position in jüngster Zeit etwas aufgeweicht zu haben.

Als ein eklatanter Mangel hat sich das Fehlen einheitlicher Buchhaltungsregeln erwiesen, die die Finanzgebarung der einzelnen Länder durchschaubar und vergleichbar machen würden. Die Diskussion, die über dieses Thema Ende 2012 durch völlig unkontrollierte Spekulationen mit öffentlichen Mitteln in einem Bundesland angestoßen wurde, hat deutlich gemacht, wie schwer es für den Bund trotz seiner rechtlich dominanten Stellung in der Finanzverfassung ist, sich in solchen Fragen gegenüber einer einheitlichen Front der Länder durchzusetzen.

Der österreichische Föderalismus aus der Perspektive der EU-Mitgliedschaft

Mit dem EU-Beitritt gliederte sich Österreich in ein politisches System ein, das seinerseits deutliche föderale Züge aufweist. In der EU wird Recht gesetzt, das entweder durch nationale Gesetze umzusetzen oder von nationalen Behörden unmittelbar anzuwenden ist. Gegenüber der bundesstaatlichen Struktur eines Mitgliedsstaates ist die Union „blind". Sie überlässt die innere Organisation und damit die Zuständigkeiten zur Umsetzung bzw. Anwendung ihres Rechts den nationalen Verfassungen.

Damit existiert über dem Bund, den Ländern und den Gemeinden eine vierte Ebene der Gesetzgebung und öffentlichen Verwaltung. In der öffentlichen Meinung gilt das als eine Ebene zuviel, und diese Kritik zielt fast ausschließlich auf die Länder. Die Abschaffung der Länder oder zumindest der Landtage ist eine in den Medien regelmäßig wiederkehrende Forderung. Rechtlich gesehen ist das freilich eine Utopie: Seit einer Verfassungsnovelle von 2008 würde dies als eine „Gesamtänderung der Bundesverfassung" nicht nur einer Volksabstimmung über ein Bundesverfassungsgesetz, sondern darüber hinaus auch noch der Zustimmung aller Länder in der Form von Landesverfassungsgesetzen bedürfen (Art. 2 Abs. 3 B-VG, Bußjäger 2009). Für radikale Lösungen gibt es daher ohne Verfassungsbruch kaum einen Spielraum.

Dass föderal strukturierte Staaten in der EU auch durchaus Platz haben, belegt nicht nur das Gründungsmitglied Deutschland. Es zeigt sich dies vor allem daran, dass ein weiteres Gründungsmitglied, Belgien, erst während dieser Mitgliedschaft aus einem Einheitsstaat in einen Bundesstaat umgewandelt wurde und sich andere Mitgliedsstaaten während ihrer Mitgliedschaft in signifikanter Weise dezentralisierten, wie Spanien, Großbritannien oder Italien. (Tatsächlich besitzt die Provinz Bozen heute mehr Autonomie als das „selbstständige Land" Tirol.) Man kann also geradezu von einem Trend zu föderalen Strukturen in der EU sprechen

(Gamper 2007). Dass es in Österreich ganz anders läuft, liegt offensichtlich weniger am Föderalismus an sich, sondern an Strukturfehlern des österreichischen Föderalismus.

Tatsächlich besteht gerade aus unionsrechtlicher Sicht ein drängender Reformbedarf. Die zersplitterte Kompetenzverteilung hat sich als ein sehr praktisches Hemmnis in der Umsetzung von EU-Recht erwiesen. Die Union nimmt auf die Subtilitäten der innerösterreichischen Kompetenzverteilung verständlicherweise keine Rücksicht. Nicht selten erfordert daher die Umsetzung einer EU-Richtlinie ein Bundesgesetz sowie neun Landesgesetze und damit einen aufwendigen Koordinationsbedarf. An der zuvor beschriebenen Art der Kompetenzverteilung liegt es, dass dabei die jeweiligen Zuständigkeiten oft unklar und strittig bleiben. Die Umsetzung leidet dann entweder an unionsrechtlichen Mängeln oder an verfassungsrechtlichen Fehlern[3] oder aber an beidem. Manchmal ist eine unionsrechtskonforme Umsetzung ohne Verfassungsänderung überhaupt nicht möglich, weil sie in ein schwarzes Loch der geltenden Kompetenzverteilung („Weder-Noch-Kompetenz") fällt.

Reformperspektiven

Die Reformvorschläge des Österreich-Konvents

Reformvorschläge hat es schon zur Genüge gegeben und sie haben sich in ihrer raschen Abfolge zum Teil selbst überholt. So hatte noch das Perchtoldsdorfer Paktum – eine Vereinbarung zwischen dem Bund und den Ländern über eine Reform der Bundesstaatlichkeit im Vorfeld des EU-Beitritts[4] – die Abschaffung der mittelbaren Bundesverwaltung und ihre Umwandlung in eine autonome Landesverwaltung vorgesehen. Im Österreich-Konvent erblühte dagegen überraschenderweise wieder die Liebe zu dieser traditionellen Eigenart der österreichischen Bundesstaatlichkeit. Dagegen wurde im Konvent ein grundlegend neues Konzept der Kompetenzverteilung entwickelt: das sogenannte Drei-Säulen-Modell. In einer von der Regierung Gusenbauer/Molterer eingesetzten ExpertInnengruppe für die Staats- und Verwaltungsreform wurde diese Idee in einen konkreten (Verfassungs-)Gesetzesentwurf gegossen, der im März 2008 einem offiziellen Begutachtungsverfahren unterzogen wurde. Die Reaktionen darauf waren kontrovers – den Bundesstellen war er zu länderfreundlich, den Ländern zu zentralistisch –, und daran ist auch dieser Reformvorschlag vorerst gescheitert. Weil er den letzten Stand der Reformdiskussionen markiert und Besseres oder Konsensfähigeres noch nicht in Sicht ist, sei er hier trotzdem knapp skizziert.

Neben den Katalogen exklusiver Bundes- und Landeskompetenzen (erste und zweite „Säule", Letztere allerdings sehr schmal) soll es nach diesem Vorschlag einen breiten Katalog „gemeinsamer Zuständigkeiten" geben, der die eigentliche Innovation dieses Modells bildet. Der Bund soll die in dieser „Dritten Säule" aufgezählten Angelegenheiten soweit und so genau regeln können, als er dies rechtspolitisch für erforderlich erachtet (oder nach einer alternativen Variante: soweit dies nach objektiven, vom VfGH überprüfbaren Kriterien erforderlich ist). Solange und soweit der Bund diese Zuständigkeiten nicht in Anspruch nimmt, bleibt die Gesetzgebungskompetenz bei den Ländern. Auch die Generalklausel und damit die Öffnung der Kompetenzverteilung gegenüber der Zukunft wurde in dieser „Dritten Säule" verankert. Der Bundesgesetzgeber soll hier auch nicht an das Legalitätsprinzip gebunden sein, das eine hinreichende Bestimmtheit parlamentarischer Gesetze verlangt; mangelt es an einer solchen Bestimmtheit, sollte der Landesgesetzgeber die erforderlichen ergänzenden Regelungen treffen. Bei der Feststellung, inwieweit ein Bedarf nach einer bundesgesetzlichen Regelung besteht, sollen Bund und Länder zusammenwirken. Den Ländern soll jener Spielraum überlassen bleiben, der durch regionale Besonderheiten tatsächlich gerechtfertigt sein mag.

Dieses Modell ist an der Struktur der Kompetenzverteilung zwischen der EU und ihren Mitgliedsstaaten orientiert. Mit ihm würde daher auch die Idee der Subsidiarität, die das Leitmotiv dieser Kompetenzverteilung bildet, in die österreichische Verfassungsordnung Eingang finden und es würde zudem eine Komplementarität zwischen europäischer und nationaler Verfassung hergestellt. Es würde zugleich jene Flexibilität herstellen, die sowohl dem Tempo des Wandels der gesellschaftlichen Gegebenheiten als auch dem Er-

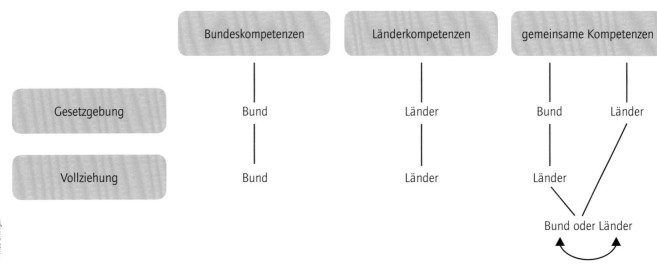

3-Säulen-Modell

forderns einer ständigen Anpassung des staatlichen Rechts an das EU-Recht Rechnung trägt und dem die bestehende, von der „Versteinerungstheorie" geprägte und somit vergangenheitsorientierte Kompetenzordnung gerade nicht gerecht wird.

Der föderalistische Grad dieser Kompetenzordnung hängt von der Mitwirkung der Länder an der Entscheidung des Bundes ab, in welchem Umfang und in welcher Intensität er von den Kompetenzen der „Dritten Säule" jeweils Gebrauch machen will. Hier liegt die Crux dieses Modells, über die auch in der genannten ExpertInnengruppe keine Einigung erzielt werden konnte.

Wohin könnte die Reise gehen?

Empirische Forschungen haben bestätigt (was ohnehin auf der Hand liegt), dass das Verständnis für regional differenzierte gesetzliche Regelungen in Österreich sehr gering ist (Jeffery 2011). Einheitliche Gesetze gelten hierzulande als ein Wert an sich, unabhängig von ihrer inhaltlichen Qualität. (Für ein einheitliches Tierschutzgesetz hat man durchaus inhaltliche Verschlechterungen in einzelnen Ländern in Kauf genommen.) Die Vereinheitlichung der Lebensverhältnisse und die Mobilität der Bürger über alle Landes- (und auch die Bundes-)Grenzen hinweg machen diesen Trend verständlich und unumkehrbar. Der Katalog exklusiver Landeskompetenzen im Drei-Säulen-Modell kann daher nur sehr bescheiden sein. Er ist aber andererseits gegenüber dem Status quo durchaus noch ausbaufähig, nämlich im Bereich der „Verfassungsautonomie" der Länder. Dabei geht es beispielsweise um das Wahlrecht zum Landtag, um die parlamentarische Mitwirkung an der Verwaltung oder um Formen der BürgerInnenbeteiligung und damit der direkten Demokratie. Und dass die interne Organisation der Ämter der Landesregierungen in der Bundesverfassung dermaßen genau geregelt ist, dass Organisationsreformen der Länder oft nur knapp an einer Verfassungswidrigkeit vorbeischrammen, ist eine der Absurditäten des „zentralistischsten aller Bundesstaaten".

Davon abgesehen müsste aber die Gesetzgebung noch mehr, als dies schon seit der Begründung des Bundesstaates der Fall ist, beim Bund konzentriert werden. Als Kompensation, aber auch der Sache nach bietet sich eine verstärkte Konzentration der Verwaltung auf der Landesebene an. Es ist nicht Aufgabe des Bundes und im Besonderen der Bundesministerien, sich um jedes Detail im letzten Winkel des Bregenzer Waldes zu kümmern. Die Bundesministerien sollten sich auf strategische Aufgaben zurückziehen. Das liegt auch deshalb nahe, weil es seit der Einführung erstinstanzlicher Verwaltungsgerichte (die am 1. Jänner 2014 in Kraft tritt) keinen Instanzenzug bis zu einem Bundesministerium mehr geben wird. Aber auch die Weisungsbefugnisse, wie sie in der mittelbaren Bundesverwaltung bestehen, sollten reduziert und dadurch die – von den Landesparlamenten zu kontrollierende – Verantwortlichkeit der Landesverwaltungen gestärkt werden. (Das Festhalten an der mittelbaren Bundesverwaltung im Österreich-Konvent erweist sich auch aus dieser Sicht als ein eklatanter Fehler.) Einzelfälle sollten auf den unteren Ebenen der Verwaltung entschieden werden – in der Regel von den Bezirksverwaltungsbehörden (deren Zahl sich allerdings nach steiermärkischem Vorbild verringern ließe) unter der Gesamtverantwortung der demokratisch bestellten Landesregierungen. Auch BürgerInnennähe und BürgerInnenbeteiligung lassen sich auf den dem Bürger/der Bürgerin „näheren" Landes- und Gemeindeebenen leichter verwirklichen als im Bund. Tatsächlich genießt die Landesverwaltung in den Augen der BürgerInnen größeres Vertrauen als jene des Bundes. Dass sich die BürgerInnen, wie Umfragen gezeigt haben, österreichweite einheitliche Regelungen, aber zugleich eine stärkere Rolle ihrer Landesverwaltungen wünschen (Jeffery 2011), ist nur scheinbar paradox. Es könnte dies die Leitlinie tiefgreifender Verwaltungsreformen sein.

Im Besonderen: Die Zukunft der Landtage

Für die Landtage, deren Existenzberechtigung heute am stärksten in Frage gestellt ist, bleibt in dem hier skizzierten Konzept durchaus ein Platz. Sie müssten sich nur weniger als Organe der Gesetzgebung verstehen, deren Bedeutung schon heute gering ist – eine Entwicklung, die sich in Zukunft noch verstärken wird. Sie sollten sich vielmehr als ein BürgerInnenforum begreifen (Polaschek 2001): als ein Ort lebendiger Auseinandersetzungen über alle politischen Grundfragen im Bereich des Landes. Oder wie es die Steiermärkische Landesverfassung einstens so schön formulierte, aber wie es nicht wirklich praktiziert wurde und wird: „Der Landtag ist ferner berufen, zu beraten und zu beschließen über alle Einrichtungen, die die Bedürfnisse und die Wohlfahrt des Landes erheischen".[5]

Voraussetzung dafür wäre ein radikal personalisiertes Wahlrecht, durch das eine persönliche Beziehung zwischen dem „Volk" und seinen VertreterInnen hergestellt würde. Die so Gewählten wären ihren WählerInnen in höherem Ausmaß verpflichtet, als es Abgeordnete sind, die ausschließlich auf Parteilisten kandidieren, und sie würden im gleichen Ausmaß eine gewisse Unabhängigkeit gegenüber ihren Parteiorganisationen gewinnen. Damit könnten auch die in einem internationalen Vergleich extremen parteienstaatlichen Strukturen in Österreich aufgelockert werden. Die Landtagswahlordnungen könnten in dieser Hinsicht geradezu ein Experimentierfeld bilden, weil es hier politisch doch um einiges weniger geht als auf der Bundesebene und insofern eine größere Bereitschaft der politischen Parteien zu Veränderungen zu erwarten wäre. Die Länder könnten damit zu Vorreitern einer Demokratiereform in Österreich insgesamt werden.

Mit der hier vorgeschlagenen Aufwertung der Landesverwaltung würden auch die Kontrollaufgaben der Landtage wachsen. Diese sollten freilich nicht nur im engeren Sinn eines Kontrollierens, sondern im weiteren, als Mitwirkung verstandenen Sinn eines modernen Controllings ausgeübt werden (Öhlinger 2011). Wenn es in der Ausgestaltung eines solchen Controllings zu einem Wettbewerb zwischen den Ländern käme, würde das den Föderalismus mit einem lebendigen Sinn erfüllen.

Noch zum Thema Kosten

Die Komplexität der bestehenden Aufgabenverteilung spiegelt sich in den gegenwärtigen Dimensionen der Verwaltungsapparate wieder. Hochqualifizierte BeamtInnen auf Bundes- wie auf Landesseite sind primär damit beschäftigt, Kompetenzfragen zu klären oder einfach nur mitzumischen, soweit die Verantwortungen geteilt sind. Ihre Anzahl zu reduzieren oder sie für produktive Leistungen freizustellen, würde zweifellos einige Kosten einsparen, auch wenn die Zahlen, die hier immer wieder genannt werden – im Konvent war von 3,5 Milliarden Euro die Rede (Hochhauser 2004), inzwischen ist diese Summe in manchen Stellungnahmen schon auf 18 Milliarden Euro hinaufgeschnellt[6] – einigermaßen spekulativ sind. Dem Rechnungshof ist jedenfalls zuzustimmen, dass das Ziel eines soliden und über den Konjunkturzyklus ausgegliederten Haushalts nicht nur mit punktuellen kostensparenden Einzelmaßnahmen im Administrativbereich, sondern nur durch eine umfassende Reform aller staatlichen Strukturen – kurz: durch eine Föderalismusreform – erreichbar ist.[7] Als Prototyp einer kostenintensiven Kompetenzzersplitterung gilt der Sektor Gesundheit. Aber auch was den Bereich der Bildung betrifft, stellte der Rechnungshof fest, dass die Diskrepanz zwischen den im OECD-Vergleich weit überdurchschnittlichen Bildungsausgaben pro Kopf und der unterdurchschnittlichen Qualität des österreichischen Bildungssystems vor allem durch folgende Faktoren zu erklären ist:

- die verfassungsrechtlich komplexe Kompetenzlage,

- die dadurch bedingte Zuständigkeitsverteilung auf Bundes- und Landesbehörden,

- die Doppelgleisigkeiten in der Verwaltung, insbesondere im Bereich der LandeslehrerInnen,

- die – ebenfalls als Ausfluss der Kompetenzzersplitterung – dienst- und besoldungsrechtlichen Unterschiede zwischen Bundes- und LandeslehrerInnen und ihre unterschiedliche Ausbildung,

- die divergierenden Interessen im Bereich der Schulerhaltung, die wiederum auf die unterschiedlichen Zuständigkeiten zurückzuführen sind.[8]

Auch im Sektor Bildung könnte also eine Reform der bundesstaatlichen Kompetenzverteilung bewirken, dass sich personelle und finanzielle Ressourcen in nicht unbeträchtlichem Ausmaß von der Verwaltung zur Bildung selbst verschieben ließen.

Resümee

Letztlich setzt jede tiefer greifende Föderalismusreform einen Wandel im Selbstverständnis von Bund und Ländern voraus. Die Bundesverwaltung müsste ihren josephinischen Eifer, alles selbst bis ins Detail zu regeln, und ihr traditionelles Misstrauen gegenüber den Ländern – wie im Übrigen auch gegenüber den BürgerInnen – abstreifen. Die Länder müssten, statt sich zäh an überkommene und überholte Kompetenzen zu klammern, ihre Rolle aus ihrer „zunehmend unersetzlichen Funktion einer dezentralen Lebensqualitätssicherung" (Firlei 1997) heraus neu definieren.

Die Chancen, dass eine solche Reform in absehbarer Zeit Realität werden könnte, sind nach allen Erfahrungen sehr gering. Fasst man allerdings die Perspektive des Jahres 2050 ins Auge, so ist es auch nicht vorstellbar, dass alles so bleiben könnte, wie es ist. ∎

Anmerkungen

[1] profil 15. April 2012 unter dem Titel „Förderfallen".

[2] Siehe etwa den Beschluss der Landesfinanzreferentenkonferenz vom 13. 11. 2009, in: 34. Bericht über den Föderalismus in Österreich (2009), S. 121 f.

[3] Illustrativ die Problematik der Umsetzung der Richtline über die integrierte Vermeidung und Verminderung der Umweltverschmutzung (IPPC-Richtlinie). Eine dem entsprechende unionsrechtskonforme Bestimmung über die effiziente Verwendung von Energie in der Gewerbeordnung wurde vom VfGH (Slg. 17.022/2003) mangels Kompetenz des Bundes als verfassungswidrig aufgehoben. Sie wurde nach langer Verzögerung durch eine 15a-Vereinbarung zwischen Bund und Ländern ersetzt.

[4] Politische Vereinbarung über die Neuordnung des Bundesstaates, abgedruckt in 17. Bericht über die Lage des Föderalismus in Österreich (1992), Wien 1993, 199 ff.

[5] Bezeichnenderweise findet sich diese Bestimmung in der neuen Landesverfassung von 2010 nur mehr sprachlich verwässert an versteckter Stelle (Art. 21 Abs. 2 2. Satz L-VG).

[6] Siehe etwa Profil 46/2010, S. 35.

[7] Vorschläge des Rechnungshofes zur Verwaltungsreform, 3. Aufl. 2011, S. 24.

[8] A.a.O., S. 168 f.

Literaturhinweise

Bußjäger, Peter, Der „zentralistischste aller Bundesstaaten" als (Lehr)Beispiel für Europa? – Der Fall Österreich, in: Piazolo/Weber (Hg.), Föderalismus. Leitbild für die Europäische Union, 2004, S. 128–147

Bußjäger, Peter, Klippen einer Föderalismusreform – Die Inszenierung Österreich-Konvent zwischen Innovationsresistenz und Neojosephinismus, Föderalismusdokumente Bd. 22, Innsbruck 2005

Bußjäger, Peter, Grenzänderung und Bundesstaat, Zeitschrift für öffentliches Recht 64 (2009) S. 115–131

Firlei, Klaus, Landesverfassungsreform in einem turbulenten Umfeld, in: Pernthaler (Hg.), Bundesstaatsreform als Instrument der Verwaltungsreform und des europäischen Föderalismus, 1997, S. 84–130

Gamper, Anna, Österreich – Das Paradoxon des zentralistischen Bundesstaates, in: Jahrbuch des Föderalismus 2000, S. 251–265

Gamper, Anna, Dezentralisation als Element „gemeineuropäischer" Verfassungsstaatlichkeit, Jahrbuch des Föderalismus 2007, S. 42–57

Gamper, Anna, Von der Bedeutung des Legislativföderalismus in Österreich und in Europa, in: Robert Kriechbaumer/Peter Bußjäger (Hg.), Das Februarpatent 1861. Zur Geschichte und Zukunft der österreichischen Landtage, Wien-Köln-Weimar 2011, S. 179–194

Hochauser, Anna Maria, Bundesstaat neu, in: Österreichische Juristenkommission (Hg.), Der Österreich-Konvent – Zwischenbilanz und Perspektiven, 2004, S. 78–86

Hösele, Herwig, Bundesstaat versus Zentralstaat. Die Verfassungs- und Föderalismusdiskussion seit Gründung der Republik 1918, in: Österreichisches Jahrbuch für Politik 2007, S. 99–113

Jeffery, Charlie, In Perspektive: Bürger, Länder und Föderalismus in Österreich, in: Stefan August Lütgenau (Hg.), Die Zukunft des österreichischen Bundesstaates in Europa, Innsbruck-Wien-Bozen 2011, S. 37–49

Lengheimer, Karl, Demokratie und regionaler Parlamentarismus, in: Rosner/Bußjäger (Hg.), Festschrift 60 Jahre Verbindungsstelle der Bundesländer, 2011, S. 803–812

Neisser, Heinrich, Perspektiven der österreichischen Bundesstaatsreform, , in: Stefan August Lütgenau (Hg.), Die Zukunft des österreichischen Bundesstaates in Europa, Innsbruck-Wien-Bozen 2011, S. 28–36

Öhlinger, Theo, Das Scheitern der Bundesstaatsreform, in: Österreichisches Jahrbuch für Politik 1994, Wien 1995, S. 543–558

Öhlinger, Theo, Geschichte, Struktur und Zukunftsperspektiven des kooperativen Bundesstaates in Österreich, in: Peter Bußjäger/Daniela Larch (Hg.), Die Neugestaltung des föderalen Systems vor dem Hintergrund des Österreich-Konvents, Innsbruck 2004, S. 25–61

Öhlinger, Theo, Der Bundesstaat im Zeitalter der europäischen Integration, in: Robert Kriechbaumer/Peter Bußjäger (Hg.), Das Februarpatent 1861. Zur Geschichte und Zukunft der österreichischen Landtage, Wien-Köln-Weimar 2011, S. 163–177.

Öhlinger, Theo, Die Zukunft der Verfassung, Journal für Rechtspolitik Jg. 19 (2011) S. 47–51

Pelinka, Anton, Föderalismus für das 21. Jahrhundert, in: Friedrich Michael Steger (Hg.), Baustelle Bundesstaat, Wien 2007, S. 119.–153

Pernthaler, Peter, Österreichisches Bundesstaatsrecht, Wien 2004

Polaschek, Martin F., Bundesstaatlichkeit in Diskussion, in: Forum Politische Bildung (Hg.), Regionalismus, Föderalismus, Supranationalismus, 2001, S. 22–31

Wiederin, Ewald, Bund und Länder: tut jeder, was er kann, und kann jeder, was er muss?, in: Friedrich Michael Steger (Hg.), Baustelle Bundesstaat, Wien 2007, S. 23–29

Der Autor

Theo Öhlinger *wurde 1939 in Ried im Innkreis geboren; Studium der Philosophie und der Rechts- und Staats-*
wissenschaften an den Universitäten Innsbruck und Wien; von 1967–1972 Mitarbeiter im Bundeskanzleramt-Ver-
fassungsdienst; 1972 Habilitation an der Universität Innsbruck; dort 1973 Ernennung zum ao. Professor und Leiter der
Abteilung „Europarecht"; von 1974–2007 Ordinarius für öffentliches Recht an der Universität Wien. Von 1977–1989
Ersatzmitglied des Verfassungsgerichtshofs (VfGH), von 1989–1995 Direktor der Verwaltungsakademie des
Bundes, von 1995–2005 Vorstand des Instituts für Staats und Verwaltungsrecht der Universität Wien. 1984–1990
Mitglied des Committee of Independent Experts der Europäischen Sozialcharta; 1992–2004 Mitglied des Vor-
stands der International Association of Constitutional Law (IACL). Gastprofessuren an den Universitäten Paris X,
Aix-en-Provence, Fribourg sowie der Dickinson School of Law, Carlisle, US-Bundesstaat Pennsylvania. 2003–2005
Mitglied des Österreich-Konvents; 2007/08 Mitglied der Arbeitsgruppe Verfassungsreform im Bundeskanzleramt.
Seit 1999 stv. Vorsitzender des Kuratoriums des Kunsthistorischen Museums.

MIT EINER STEUERREFORM IN DIE ZUKUNFT

Christian Keuschnigg

Gerhard Reitschuler

Das Steuersystem soll die Staatsausgaben finanzieren und die Ziele Einfachheit, Effizienz und Verteilungsgerechtigkeit fördern. Ein einfaches Steuerrecht ist leicht verständlich und transparent und hält die Verwaltungs- und Entrichtungskosten bei Individuen, Unternehmen und Steuerbehörden klein. Das Steuersystem soll die Lasten der Staatsfinanzierung fair verteilen und zu einer gleichmäßigeren Einkommens- und Vermögensverteilung beitragen. Ein faires System soll dem Grundsatz der Gleichmäßigkeit genügen und Steuerpflichtige mit gleich hohem Einkommen und Vermögen gleich stark belasten. Ein effizientes Steuersystem ist leistungsfreundlich und hält die gesamten Kosten der Steuerfinanzierung gering. Diese sind viel höher, als die Milliarden, die im Budget stehen. Hohe Steuern führen zu Ausweichverhalten und entmutigen einkommenssteigernde Aktivitäten. Die damit verbundenen Einkommens- und Wohlfahrtsverluste sind eine Mehrbelastung, die man zu den Einnahmen im Budget dazuzählen muss, um die vollen Kosten der Besteuerung zu erfassen.

Der notwendige Abbau der Staatsverschuldung und die zunehmende Alterung der Bevölkerung stellen die Finanzierbarkeit öffentlicher Aufgaben in Frage und erfordern grundsätzliche Weichenstellungen, um die öffentlichen Finanzen nachhaltig zu stabilisieren und die weitere Kreditwürdigkeit und Bonität des Staates unzweifelhaft zu erhalten. Ein Streitpunkt ist, ob die Budgetsanierung primär einnahmen- oder ausgabenseitig erfolgen soll. Abgesehen davon, dass ausgabenseitige Konsolidierungen fiskalisch nachhaltiger sind (vgl. Alesina und Perotti, 1995, 1997; Von Hagen et al. 2001), geht es doch in erster Linie darum, wie viele Aufgaben der Staat tatsächlich

übernehmen und wie hoch der Staatsanteil sein soll. Diese Entscheidung wird neben der Bewertung der Staatstätigkeit zentral auch von den tatsächlichen Kosten der Besteuerung abhängen.

Ein effizientes System hält die gesamten Kosten der Steuerfinanzierung gering. Steuern mindern nicht nur das verfügbare Einkommen, sie reduzieren auch das reale Einkommen vor Steuern, weil sie einkommenssteigernde Aktivitäten wie Investition, Ersparnisbildung, Erwerbsbeteiligung, Bildung, Innovation und Unternehmertum entmutigen und die Standortattraktivität beeinträchtigen. Damit nimmt gleichzeitig auch die Ergiebigkeit des Steuersystems ab. Die verursachten Einkommens- und Wohlfahrtsverluste stellen eine Mehrbelastung dar, die man zu den Steuereinnahmen dazuzählen muss. Die gesamten Kosten der Staatstätigkeit übersteigen die tatsächlichen Steuerzahlungen bei weitem. Nach gängigen Schätzungen muss man davon ausgehen, dass ein Euro mehr an Staatsausgaben die verfügbaren Einkommen nicht nur um einen Euro in Form von höheren Steuerzahlungen reduziert, sondern zusätzlich noch um etwa 50 Cent, weil Löhne und Gewinne sinken oder die Preise steigen (siehe dazu Dahlby, 2008; Dahlby und Ferede, 2011).[1] Die gesamten Kosten erhöhen sich mit zunehmender Steuerquote progressiv, so dass eine weitere Ausdehnung der Staatstätigkeit immer teurer wird, je höher der Staatsanteil bereits ist.

Da die Steuerquote in Österreich bereits überdurchschnittlich hoch ist (siehe Abbildung 1), sind weitere Steuererhöhungen sehr kostspielig und jedenfalls teurer als in anderen Staaten. Die Steuer-

Abbildung 1: Steuer- und Abgabenquoten 2010, ausgewählte OECD-Länder

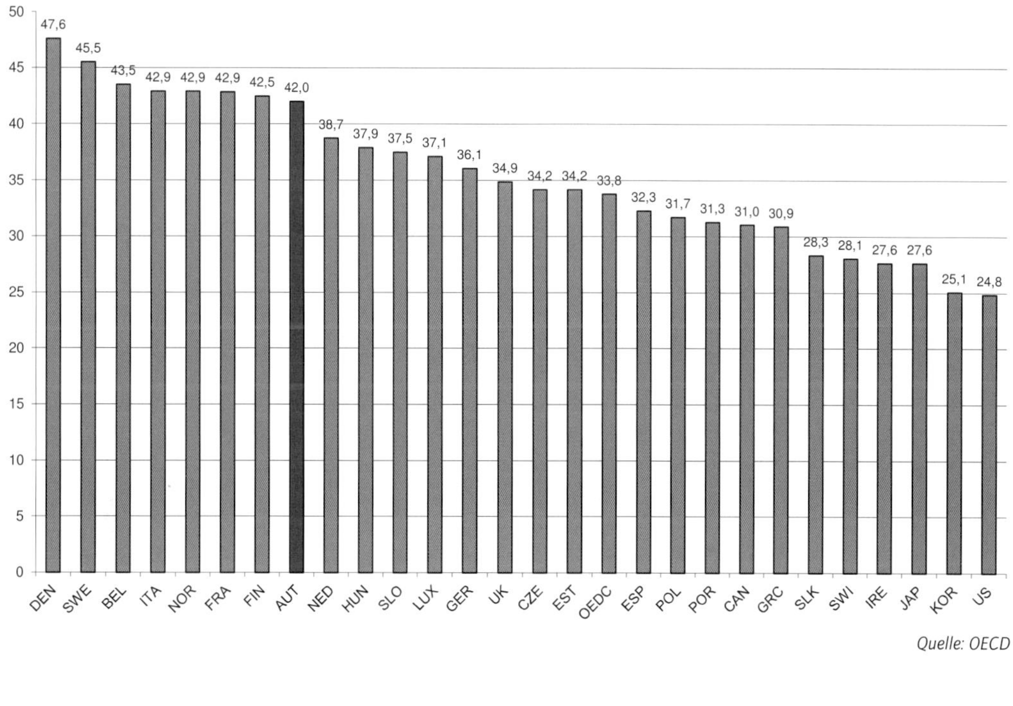

Quelle: OECD Revenue Statistics 2011

Abbildung 2: Steuer- und Abgabenquote 1965 – 2011 (in Prozent), ausgewählte OECD-Länder

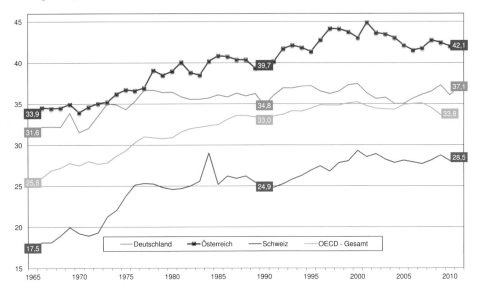

Quelle: OECD, Revenue Statistics 2011

quote sollte also auf keinen Fall weiter ansteigen. Es bleiben aber noch aufkommensneutrale Reformen, um das Steuersystem durch Umschichtung von besonders „schädlichen" zu „harmloseren" Steuerarten weniger kostspielig zu machen.[2]

Das Steuersystem sollte nicht nur zu einer fairen Verteilung der Lasten der Staatsfinanzierung beitragen, sondern auch zu einer gleichmäßigeren Einkommens- und Vermögensverteilung. Dabei kommt es auf die Wirkung des gesamten Steuer- und Transfermechanismus einschließlich der Sozialversicherungen an. Da sich nicht jede Steuer in gleicher Weise für Umverteilung eignet, müssen alle Steuern gemeinsam betrachtet werden. Aber selbst dann würde eine einseitige Betrachtung der Verteilungswirkungen von Steuern zu kurz greifen. Es muss miteinbezogen werden, wie viel die Sozialausgaben zur Einkommenssicherung im unteren Bereich beitragen und inwieweit die Sozialversicherungen umverteilen.[3] Die Sozialversicherung erbringt zunächst eine Versicherungsleistung, so dass die erwarteten Beitragszahlungen den erwarteten Leistungen entsprechen. Tatsächlich ist aber in der Sozialversicherung auch eine versteckte Umverteilung bzw. Quersubventionierung angelegt, wenn die Beiträge nicht versicherungstechnisch fair berechnet sind. So findet z. B. auch im Pensionssystem eine Umverteilung von oben nach unten statt. Schließlich erfolgt eine versteckte Umverteilung auch mit öffentlichen Ausgaben wie z. B. für Hochschulwesen und Kultur, die selektiv in Anspruch genommen, aber von allen finanziert werden.

Eine besondere Schwierigkeit besteht darin, dass die Verteilungswirkungen im Allgemeinen nicht davon abhängen, bei wem die

Steuer eingehoben wird. Wenn der Staat die Lohnsteuern erhöht, steigen die Arbeitskosten und gehen Gewinne zurück, was sich wiederum in sinkenden Unternehmenswerten niederschlägt. Anders gesagt reduziert die Lohnsteuer letztendlich auch die Einkommen und Vermögen der InvestorInnen und UnternehmerInnen. Umgekehrt werden die Steuern auf Unternehmensgewinne und Kapitaleinkommen auch von den ArbeitnehmerInnen in Form von Lohneinbußen und Arbeitslosigkeit getragen. Sie hemmen Investitionen und führen zu Abwanderung von Unternehmen, so dass mit geringerer Kapitalausstattung die Arbeitsproduktivität sinkt und Löhne sowie Beschäftigung fallen. Kein Land kann hohe Löhne und sichere Beschäftigung versprechen, wenn es Innovation und Kapitalbildung vernachlässigt. Am Ende tragen die ArbeitnehmerInnen die Lasten der Steuern auf Kapitaleinkommen mit. Entscheidend für die tatsächlichen Verteilungswirkungen ist das Endergebnis unter Berücksichtigung aller Überwälzungsvorgänge.

Reale Steuersysteme sind historisch gewachsen und spiegeln die politischen Präferenzen wechselnder Regierungen und den Einfluss unterschiedlicher Interessengruppen wider. Losgelöst von historischen Einflüssen und politischen Restriktionen sind in der internationalen Fachwelt mehrere grundlegende Steuerkonzepte präsentiert worden, wie z. B. der Mirlees Report (Mirlees et al., 2011), eines der neueren und international viel beachteten Beispiele eines Gesamtentwurfs eines Steuersystems für Großbritannien, ein Konzept für die U.S.A. (U.S. President's Advisory Panel on Federal Tax Reform, 2006), ein Vorschlag für die Schweiz (Keuschnigg, 2004), und der bereits etwas ältere Meade Report (Meade, 1978). Keines dieser Konzepte für eine radikale Gesamtreform ist je umgesetzt worden. Aber gerade im Hinblick auf eine Vision Österreich 2050 sind Gesamtüberlegungen zum Design eines Steuersystems wichtig, um partielle Reformschritte jeweils in seinen Rückwirkungen auf das gesamte System einschätzen zu können. Sie können eine Orientierung für weitere mutige Reformschritte mit den notwendigen Prioritäten geben.

Auch in Österreich sind in den letzten Jahren eine Reihe von Ideen und Empfehlungen für neue Steuern und Steuerreformen vorgelegt worden (vgl. dazu: Industriellenvereinigung, 2012; Zentrum für soziale Marktwirtschaft/Julius Raab Stiftung, 2008; Kammer der Wirtschaftstreuhänder, 2010; Gewerkschaft der Privatangestellten, 2009; WIFO, 2008). Dabei sollte klar auseinander gehalten werden, ob sich ein Reformvorschlag auf eine aufkommensneutrale Änderung der Steuerstruktur beschränkt oder gleichzeitig eine Ausweitung oder Einschränkung des Staatsanteils anstrebt. Der Vorschlag der Industriellenvereinigung (2012) strebt z. B. nicht nur eine Strukturreform an, sondern will gleichzeitig den Staatsanteil und damit die Steuerquote mit einer Reihe von Einsparungsvorschlägen um vier Prozentpunkte des Bruttoinlandprodukts (BIP) absenken, um damit den finanziellen Spielraum für eine breite Absenkung des Einkommens- und Lohnsteuertarifs als Kernstück der Reform zu schaffen. Besonders dringlich wird, unter anderem von internationalen Organisationen wie der OECD, in Österreich der Abbau der übermäßig hohen Belastung durch Steuern und Abgaben auf Arbeit eingeschätzt (siehe OECD, 2011).

Die Reformvorschläge reichen von der Neueinführung von Vermögens- und Erbschaftssteuern bzw. anderen Formen von Reichensteuern, der Anhebung von Umweltsteuern (d. h. spezieller Verbrauchssteuern auf umweltbelastende Güter), oder der Einführung von Finanztransaktionssteuern und Bankenabgaben. Es scheint also an der Zeit zu sein, das Steuersystem und seine Wirkungen als Ganzes neu zu bewerten. Der vorliegende Beitrag zeigt nach einer Analyse der Grundstruktur des österreichischen Steuersystems grundlegende Reformoptionen auf.

Das österreichische Steuersystem: Ein Überblick

Wie viele Aufgaben der Staat übernehmen soll, ist auch eine Frage des Preises und hängt daher von den Kosten der Besteuerung ab, die progressiv mit dem Besteuerungsniveau ansteigen. Ein Steuersystem muss jedenfalls verlässliche Einnahmen liefern, um die beschlossenen Staatsaufgaben nachhaltig zu finanzieren und die Bedienung der Staatsschuld sicherzustellen. Nachdem das Steueraufkommen in Österreich mit dem Wachstum der Staatsausgaben nicht mithalten konnte, nahm die Verschuldung stark zu: so stieg diese von 35,2 Prozent des BIP zu Beginn der 1980er Jahre auf 72,4 Prozent im Jahr 2011. Um nach den Vorgaben des Fiskalpakts die Staatsschuld wieder langsam auf unter 60 Prozent des BIP zu-

rückzuführen, müssen nun die Nettodefizite abgesenkt und höhere Primärüberschüsse erzielt werden. Angesichts der überdurchschnittlich hohen Steuer- und Abgabenquote in Österreich – diese hat in den letzten Jahrzehnten systematisch zugenommen und liegt im Jahr 2011 mit rund 42 Prozent wesentlich über dem Wert anderer Länder (siehe Abbildung 2) – sollten Einsparungen bei den Ausgaben höhere Priorität erhalten. Nachdem die Kosten der Besteuerung mit den Steuersätzen progressiv zunehmen, wäre eine rein einnahmenseitige Konsolidierung wohl kostspieliger als in anderen Ländern, auch wenn es sehr darauf ankommt, welche Steuern erhöht werden.

Wie in den meisten OECD-Ländern stammen die Einnahmen des öffentlichen Sektors in Österreich in der Höhe von rund 42 Prozent des BIP im Wesentlichen aus drei Quellen (siehe Abbildung 3): Die Sozialbeiträge belaufen sich auf 14,5 Prozent des BIP, 12,1 Prozent stammen aus Steuern auf Einkommen, Kapital und Gewinne, und 11,7 Prozent entfallen auf Gütersteuern, dominiert von der Mehrwertsteuer mit 7,8 Prozent.

Tabelle 1 zeigt die quantitative Bedeutung der einzelnen Steuern und Abgaben im Detail. Die drei aufkommensstärksten Posten, die zusammen bereits mehr als die Hälfte des Steueraufkommens ausmachen, sind Mehrwertsteuer, Lohnsteuer und Beiträge zur Pensionsversicherung. Weitere wichtige Posten sind Körperschaftsteuer, Dienstgeberbeiträge und Mineralölsteuer, während die Vermögenssteuern eine eher untergeordnete Rolle spielen.

Tabelle 1: Top 10 der aufkommensstärksten Steuern und Abgaben in Österreich 2011 (in Mrd. Euro)

Bezeichnung	in Mrd €	in % des Aufkommens
Mehrwertsteuer	23,45	17,8 %
Lohnsteuer	23,03	17,5 %
Pensionsversicherungsbeiträge	21,26	16,2 %
Krankenversicherungsbeiträge	10,88	8,3 %
Körperschaftsteuer	5,58	4,2 %
Dienstgeberbeiträge zum AFFB	4,98	3,8 %
Mineralölsteuer	4,21	3,2 %
Veranlagte Einkommensteuer	3,15	2,4 %
Kommunalsteuer	2,53	1,9 %
Arbeitslosenversicherungsbeiträge Arbeitnehmer	2,51	1,9 %

Quelle: Statistik Austria

Im Laufe der Zeit hat sich auch die Struktur des Steuer- und Abgabensystems in Österreich verändert. So ist seit 1965 eine gewisse Umschichtung von Gütersteuern (v.a. der Mehrwertsteuer) zu höheren Sozialbeiträgen festzustellen. Letztere stiegen von rund

Abbildung 3: Steuer- und Abgabenquote 2011 (in Prozent des BIP)

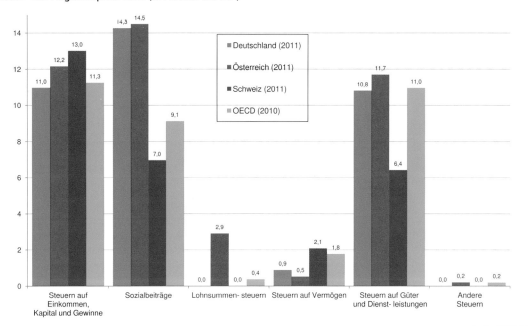

Quelle: OECD, Revenue Statistics 2011

8 Prozent des BIP im Jahr 1965 auf rund 14 Prozent im Jahr 2011 (bzw von rund 25 Prozent auf 34 Prozent der Gesamtsteuereinnahmen), wohingegen die Gütersteuern von 12,6 Prozent des BIP auf 11,6 Prozent (bzw von rund 37 Prozent auf 28 Prozent der Gesamtsteuereinnahmen) sanken.

Festzustellen ist außerdem ein Rückgang der (ohnedies nicht sehr ergiebigen) vermögensbezogenen Steuern, nicht zuletzt wegen der Abschaffung der allgemeinen Vermögenssteuer im Jahr 1994 (aufgrund von Bewertungs- und Erhebungsproblemen) und der Erbschaftssteuer im Jahr 2008. So erklärte der Verfassungsgerichtshof die erbschaftssteuerlichen Regelungen des Erbschafts- und Schenkungssteuergesetzes für verfassungswidrig, weil die Bewertungsvorschriften für Grundstücke gegen den Gleichheitsgrundsatz verstoßen hatten. Die Bewertungsproblematik bei den Vermögen zeigt sich darin, dass eine aktuelle Bewertung zu Marktpreisen für manche Vermögen sehr viel schwieriger als für andere ist. Eine Vereinfachung ist die Festlegung von Einheitswerten, die aber aufgrund der seltenen Aktualisierung im Laufe der Zeit ganz erheblich von den tatsächlichen Marktpreisen abweichen können. Zudem schlagen noch die relativ hohen Erhebungs- und Entrichtungskosten zu Buche. Der Gesetzgeber hat darauf verzichtet, die ihm gewährte Frist zur Nachbesserung des Gesetzes zu nutzen, und ließ die Erbschafts- und Schenkungssteuer auslaufen. Vermögenssteuern haben daher heute mit 0,5 Prozent des BIP in Österreich eine geringe Bedeutung und beschränken sich im Wesentlichen auf die Grundsteuer und Grunderwerbssteuer.

Steuerreformoptionen

Wie eingangs erwähnt, ist die historische Entwicklung des Steuersystems das Resultat einer Abfolge isolierter Reformen, die meist nur einzelne Steuern im Blick haben und häufig die Auswirkungen auf das gesamte Steuersystem vernachlässigen. Die Diskussion um die Wiedereinführung einer Vermögens- oder Erbschaftssteuer sollte auf alle Fälle die anderen Steuern auf Kapitaleinkommen und die daraus resultierende Gesamtbelastung mit berücksichtigen. Es ist daher wichtig, dass regelmäßig eine Zusammenschau erfolgt und überprüft wird, ob das gesamte Steuersystem die grundlegenden Anforderungen der Einfachheit, Effizienz und Fairness erfüllt.

Dieser Beitrag versucht nun, speziell für Österreich in groben Zügen ein Gesamtkonzept für ein Steuersystem zu entwickeln, welches viele Gemeinsamkeiten, aber auch bedeutsame Unterschiede zu anderen grundlegenden Reformvorschlägen wie z. B. dem eingangs erwähnten Mirrlees Report aufweist. Ein angemessenes Steuersystem hängt dabei immer auch vom Grundkonsens über das angestrebte Ausmaß an Umverteilung ab. Der Vorschlag geht davon aus, dass die derzeitige Umverteilung durch das österreichische Steuer- und Sozialsystem weder ausgebaut noch reduziert werden soll.[4] Das vorgeschlagene Steuersystem enthält folgende Pfeiler:

Eine progressive Einkommensteuer (ESt) mit gleichmäßig ansteigenden Tarifstufen und indexierten Einkommensgrenzen. Der Spitzensteuersatz bleibt bei 50 Prozent, aber alle Steuersätze in den unteren und mittleren Einkommensgruppen werden abgesenkt. Der Eingangssteuersatz beträgt nur mehr 15 Prozent.[5] Die Streichung einer Reihe von Ausnahmetatbeständen und Sonderabzügen verbreitert die Bemessungsgrundlage.[6]

Eine proportionale Kapitalertragssteuer und eine proportionale Körperschaftssteuer mit Steuersätzen von je 25 Prozent. Da die Kapitalertragssteuer erst auf Erträge nach Abzug der Körperschaftssteuer erhoben wird, beträgt die Steuerbelastung in Summe rund 44 Prozent. Dies entspricht in etwa der Spitzenbelastung der Einkommenssteuer unter Berücksichtigung der Sechstelbegünstigung. Der Abzug einer Eigenkapitalverzinsung bei der Ermittlung von Unternehmensgewinnen.

Eine Mehrwertsteuer (MWSt) von 20 Prozent mit einer stark verringerten Anzahl von Befreiungen und reduzierten Sätzen, ergänzt durch spezielle Verbrauchssteuern zur Anlastung von sozialen Folgekosten des privaten Konsums (grüne Steuern etc.).

Keine allgemeine Vermögenssteuer, aber Besteuerung von Grund und Boden wie derzeit, jedoch mit aktualisierten Einheitswerten. Einführung einer Erbschafts- und Schenkungssteuer unter der Bedingung einer Einführung einer Eigenkapitalverzinsung auf Unternehmensgewinne.

Die Reform zielt auf nachhaltiges Wachstum. Die Absenkung des ESt-Tarifs im Bereich unterhalb des Spitzensteuersatzes sollte die Beschäftigung auf breiter Front stimulieren. Je nachdem, wie die Lohnverhandlungen reagieren, kann die Verringerung des Steuerkeils sowohl die Lohnkosten senken als auch die Nettolöhne steigern. Damit steigen die individuellen Anreize zu mehr Erwerbstätigkeit und Jobsuche, während die Unternehmen Dank niedrigerer Lohnkosten mehr in Arbeitsplätze investieren. Die Absenkung der Lohnkosten sollte auch die Standortattraktivität zugunsten der heimischen Beschäftigung steigern. Den stärksten Wachstumsimpuls erzeugt die Einführung der Abzugsfähigkeit einer Eigenkapitalverzinsung. Diese Maßnahme reduziert die Kapitalkosten von Investitionen und fördert das Unternehmenswachstum. Die verringerte Durchschnittsbelastung stärkt die Standortattraktivität. Die Gleichbehandlung von Eigen- und Fremdkapital trägt zum Abbau der Überschuldung und damit zu einem krisenrobusteren Wachstum bei. Die MWSt-Reform sollte diese wieder mehr zu einer reinen Konsumsteuer machen, d. h. die auf Vorleistungen und Investitionen liegende MWSt abbauen, und so ebenfalls einen Wachstumsimpuls auslösen. Einen mäßig bremsenden Effekt dürfte jedoch die Einführung der Erbschaftssteuer entfalten, die zur Aufkommensneutralität notwendig ist.

Die Reform erfordert kompensierende Maßnahmen, um ungünstige Verteilungswirkungen zu vermeiden. Bei den unteren Einkommen soll eine Verteuerung der Lebenshaltungskosten als Folge der MWSt-Reform mit zusätzlichen Geldbeihilfen an Geringverdienende kompensiert werden. Die Begrenzung auf kleine Einkommen ist eine sparsamere Form der Armutsbekämpfung als eine generelle Subvention von Gütern des täglichen Bedarfs mittels reduzierter MWSt-Sätze, von der alle profitieren. Die Senkung des ESt-Tarifs für untere und mittlere Einkommen begünstigt auch die Spitzenverdiener, deren Steuerschuld auf die ersten Einkommensteile ebenfalls sinkt. Vor allem aber würde die Einführung einer absetzbaren Eigenkapitalverzinsung die Unternehmenswerte und die daran hängenden Finanzvermögen deutlich steigern. Zwar würden diese Wertsteigerungen bei Veräußerung der Anteile mit 25 Prozent Kapitalertragssteuer belastet, aber nicht, solange sie nicht realisiert werden. Es blieben auch nach Realisierung hohe Wertsteigerungen übrig. Nachdem Finanzvermögen sehr stark bei den gut Verdienenden und Vermögenden konzentriert sind, würde die Reform auch am oberen Ende zu einer Spreizung der Verteilung beitragen. Dem soll die Einführung der Erbschafts- und Schenkungssteuer – als Teil des Gesamtkonzeptes – entgegenwirken. Mit einem Freibetrag von z. B. 1 Million Euro und einem danach progressiv ansteigendem Tarif würde die Erbschaftssteuer zumindest die untere Hälfte, eventuell sogar zwei Drittel der Bevölkerung, nicht mehr betreffen. Dem zugrunde liegt die Idee, dass während der Lebenszeit Investition und Vermögensbildung wesentlich stärker als heute ermutigt, jedoch bei Übergabe an die nachfolgende Generation die Besteuerung nachgeholt werden soll. Damit wird im Zuge des Generationenwechsels eine gewisse Stauchung der Vermögensverteilung herbeigeführt und auch mehr Chancengleichheit für die nächste Generation verwirklicht.

Die Reform sollte grundsätzlich aufkommensneutral sein. Mit einer Absenkung der Staatsquote könnte der Finanzierungsspielraum wesentlich größer werden. Es gilt jedoch, die Frage der richtigen Steuerstruktur von der Frage nach dem Umfang der Staatstätigkeit zu trennen. Der Vorschlag führt zu Steueraufkommensverlusten aufgrund der Absenkung des Einkommenssteuertarifs in den unteren und mittleren Tarifstufen und der Einführung einer Eigenkapitalverzinsung. Zusätzliche Einnahmen entstehen aus der Verbreiterung der Bemessungsgrundlage der Einkommenssteuer durch Streichung von Abzügen, durch Beseitigung von reduzierten Sätzen und Befreiungen in der Mehrwertsteuer, durch Anhebung der Einheitswerte bei der Grundsteuer, und durch Einführung einer Erbschafts- und Schenkungssteuer, zwingend gekoppelt an die Einführung einer Eigenkapitalverzinsung. In diesem Stadium kann nur grob abgeschätzt werden, dass die Reform tatsächlich aufkommensneutral und umverteilungsneutral ist. Dafür, und für die Bezifferung der Wachstumsgewinne, braucht es quantitative Berechnungen.

Schlussfolgerungen

Ein Steuersystem sollte einfach, effizient und fair sein. Viele Ausnahmen und Begünstigungen mindern jedoch die Ergiebigkeit des

Systems, machen es komplex und administrativ teuer, und führen zu unübersichtlichen und schwer nachzuvollziehenden Verteilungswirkungen. Die Ausnahmen und Begünstigungen gehen auf Kosten aller Steuerzahler, die umso höhere und leistungsfeindlichere Steuersätze akzeptieren müssen, um das notwendige Aufkommen zu erzielen. Eine Vision Österreich 2050 kann sich nicht mit einer losen Abfolge von isolierten Teilreformen begnügen, sondern verlangt nach einer „Steuerreform aus einem Guss", welche auf die systemische Wirkung aller Steuern zusammen abstellt. Dieser Beitrag zeigte mögliche Grundzüge eines solchen reformierten Steuersystems auf, welches Wachstum und Standortattraktivität stark fördert und gleichzeitig kompensierende Elemente vorsieht, um Aufkommensneutralität zu sichern und eine Spreizung der Einkommens- und Vermögensverteilung zu verhindern.

Jeder Reformvorschlag wird trotz kompensierender Maßnahmen auch Verlierer und Gewinner produzieren. Die Tatsache, dass es Verlierer gibt, ist jedoch nicht immer eine Schwäche und manchmal ein Vorteil. Die Wegnahme einer Begünstigung ist gleichzeitig auch ein Beitrag zu mehr Gleichbehandlung aller Steuerzahler. Wie groß die erwarteten Wachstumsgewinne sein könnten, wie schnell sie eintreten würden, und ob es möglich ist, die Verteilungswirkungen der Reform auszugleichen, sollte in naher Zukunft mit quantitativen Berechnungen untersucht werden. ∎

Anmerkungen

[1] Die Europäische Kommission (2012) schätzt (auf Basis eines Simulationsmodells) den Effizienzverlust einer Lohnsteuererhöhung um einen Euro auf 90 Cent.

[2] Allgemein wird unter „schädlichen" Steuerarten die Besteuerung produktiver Tätigkeiten (bzw. Produktionsfaktoren) wie bspw. Arbeit und Kapital verstanden (d. h. die Steuer wirkt sich negativ auf Wachstum aus), währenddessen z. B. die Besteuerung des Konsums oder auch von Erbschaften eher geringe Wachstumsverluste verursachen sollte. Siehe zum Effekt von unterschiedlichen Steuerarten auf Wachstum OECD (2010).

[3] Nach dem Institut für Höhere Studien (IHS, 2010) wird im untersten Einkommens-Dezil das durchschnittliche Bruttoeinkommen pro Kopf und Jahr mehr als verdoppelt, während es im obersten Dezil um beinahe 30 Prozent reduziert wird; Laut Wirtschaftsforschungsinstitut (WIFO, 2009) wirken Steuern und Abgaben aufgrund des hohen Gewichts indirekter Steuern und (mit einer Höchstbeitragsgrundlage gedeckelter) Sozialabgaben sowie einer geringen Vermögensbesteuerung weniger progressiv, die Ausgabenseite hingegen schon. Demnach entfielen im Jahr 2005 auf das untere Drittel der Nicht-Selbständigen-Haushalte rund 44 Prozent aller öffentlichen Transfers, auf das mittlere rund 31 Prozent und auf das obere 25 Prozent.

[4] Die Verteilung der Bruttoeinkommen ist eher ungleicher als in anderen Ländern, jene der verfügbaren Einkommen ist gleicher. Österreich verwirklicht im OECD-Vergleich eine überdurchschnittlich hohe Umverteilung, vgl. z. B. BMASK (2012), S. 19; IHS (2013), S. 34.

[5] Der hier angegebene Wert für den Eingangssteuersatz basiert auf keinen empirischen Schätzungen, sondern wurde gewählt, weil dies international ein vergleichbarer Wert ist, siehe dazu OECD (2012).

[6] Der Rechnungshof (2013) nennt 558 Begünstigungsmaßnahmen in der Einkommensteuer, u. a. das Jahressiebtel, diverse Freibeträge und Pauschalierungen sowie die Absetzbarkeit von Spenden und Kirchenbeiträgen. Die dadurch verursachten Einnahmeausfälle werden auf neun Milliarden Euro geschätzt.

Literaturhinweise

Alesina, A. und R. Perotti (1995), Fiscal Expansions and Fiscal Adjustments in OECD Countries; NBER Working Papers 5214, National Bureau of Economic Research.

Alesina, A. und R. Perotti (1997), Fiscal Adjustments in OECD Countries: Composition and Macroeconmomic Effects; IMF Staff Papers, Vol. 44, 210–248.

Bundesministerium für Arbeit, Soziales und Konsumentenschutz (2012), Sozialbericht 2011–2012, BMASK 2012.

Dahlby, B. (2008), The Marginal Cost of Public Funds, Theory and Applications, MIT Press.

Dahlby B. und E. Ferede (2011), What Does It Cost Society to Raise a Dollar of Tax Revenue?, C.D.Howe Institure Commentary on Fiscal an Tax Competitiveness 324, C.D.Howe Institute, Toronto.

Europäische Kommission (2012), Tax Reforms in EU Member States 2012, European Economy 6/2012.

Gewerkschaft der Privatangestellten (2009), Für eine Entlastung der ArbeitnehmerInnen, Für Steuergerechtigkeit, Gewerkschaft der Privatangestellten 2009.

Institut für Höhere Studien (2010), Verteilungs- und Anreizwirkungen des österreichischen Steuer-Transfer-Systems, Institut für Höhere Studien 2010.

Institut für Höhere Studien (2013), Zur Besteuerung von Vermögen in Österreich, Institut für Höhere Studien 2013.

Industriellenvereinigung (2012), Fair Steuern: Ein neues Steuersystem für Österreich, Wien, Industriellenvereinigung 2012.

Kammer der Wirtschaftstreuhänder (2010), Memorandum 2008 der Kammer der Wirtschaftstreuhänder für die Steuerreform 2010, Kammer der Wirtschaftstreuhänder 2010.

Keuschnigg, C. (2004), Eine Steuerreform für mehr Wachstum in der Schweiz, Avenir Suisse und Universität St. Gallen 2004.

Keuschnigg, C. (2011), The Design of Capital Income Taxation: Reflections on the Mirlees Review, Fiscal Studies 32, 437–452.

Meade, J.E. (1978), The Structure and Reform of Direct Taxation, Institute for Fiscal Studies 1978.

Mirlees, J., Adam, S., Besley, T., Blundell, R., Bond, S., Chote, R., Gammie, M., Johnson, P., Myles, G. und J. Poterba (2011), Tax by Design: The Mirlees Review, Oxford University Press 2011.

OECD (2010), Tax Policy Reform and Economic Growth, OECD Publishing.

OECD (2011), OECD Economic Surveys: Austria 2011, OECD Publishing.

OECD (2012), Taxing Wages 2011, OECD Publishing.

Rechnungshof (2013), Transparenz von Begünstigungen im Einkommensteuerrecht, Bericht des Rechnungshofes, Bund 2013/3.

U.S. President's Advisory Panel on Federal Tax Reform (2006), Simple, Fair, and Pro-Growth: Proposals to Fix America's Tax System, Washington, D.C.

Von Hagen, J., Hughes Hallet, A. und R. Strauch (2001), Budgetary Consolidation in EMU, CEPR Policy Paper 148.

WIFO (2008), Ziele und Optionen der Steuerreform: Plädoyer für einen anspruchsvollen Ansatz, WIFO 2008.

WIFO (2009), Umverteilung durch den Staat in Österreich, WIFO 2009.

Zentrum für soziale Marktwirtschaft/Julius Raab Stiftung (2008), Eine große Steuerreform für Österreich: Entlastung – Vereinfachung – Soziale Fairness, Zentrum für soziale Marktwirtschaft 2008.

Der Autoren

Christian Keuschnigg ist Direktor des Instituts für Höhere Studien (IHS) in Wien und Professor für National-ökonomie, insbesondere öffentliche Finanzen, an der Universität St. Gallen. Er wurde 1987 an der Universität Innsbruck promoviert und 1995 an der Universität Wien in Wirtschaftspolitik und Finanzwissenschaft habilitiert. Er war am IHS von 1984 bis 1986 Scholar des postgraduierten-Programms in Ökonomie und von 1992 bis 1997 wissenschaftlicher Mitarbeiter in der Abteilung Ökonomie. Er wurde 1997 auf eine Professur in Finanzwissenschaft an der Universität des Saarlandes in Saarbrücken berufen und lehrt seit 2000 an der Universität St. Gallen. Längere Forschungsaufenthalte haben ihn an die Universitäten Bonn 1989/90, Princeton 1994/95 und Oxford 2007/08 geführt. Seit 2009 ist er Vorsitzender des finanzwissenschaftlichen Ausschusses des Vereins für Socialpolitik. Zudem ist er Research Fellow in den Forschungsnetzwerken CEPR (Centre for Economic Policy Research, London), CESifo (Center for Economic Studies und Ifo Institut, München), Oxford University Centre for Business Taxation und NetSpar (Network for Studies on Pensions, Aging and Retirement, Tilburg). Er ist Herausgeber der Zeitschrift „FinanzArchiv/Public Finance Policy Analysis", Mitherausgeber des „European Economic Review" und ist im Editorial Board von „Journal of Pension Economics and Finance". Seine Forschungsinteressen betreffen Steuerreform, Wachstum, Unternehmensfinanzierung und Kapitalmarktentwicklung, Wohlfahrtsstaat, Alterung und Arbeitsmarkt, Internationalisierung der Wirtschaft, Europäische Integration und andere. Er hat mehrere Bücher verfasst und unter anderem in Journal of Public Economics, Journal of Economic Growth, Oxford Economic Papers, Journal of International Economics und Economic Policy publiziert. Er engagiert sich in der Politikberatung und in der öffentlichen wirtschaftspolitischen Debatte.

Gerhard Reitschuler ist seit April 2011 als wissenschaftlicher und strategischer Berater in der Geschäftsstelle des Rates für Forschung und Technologieentwicklung tätig. Seine Hauptaktivitäten sind die Analyse der Finanzierung von Forschung und Entwicklung (F&E) und die volkswirtschaftliche Analyse des österreichischen F & E-Systems. Frühere Tätigkeiten umfassen jene als Ökonom an der Oesterreichischen Nationalbank und als Senior Economist am Umweltbundesamt. Reitschuler studierte Volks-und Betriebswirtschaft an der Universität Innsbruck und der Universität Göteborg. Nach dem Doktorat im Jahr 1999 habilitierte er sich mit der Arbeit „Essays on the interaction between fiscal policy, the business cycle and growth" an der Fakultät für Wirtschaftswissenschaften der Universität Innsbruck. Seine Forschungsschwerpunkte sind empirische Makroökonomik sowie empirische Finanzwissenschaft. Reitschuler hat zahlreiche Publikationen in internationalen Fachzeitschriften aufzuweisen.

KAPITEL 6:
ENERGIE, UMWELT UND KLIMAWANDEL

NACHHALTIGE ENERGIEVERSORGUNG FÜR DIE ZUKUNFT

Brigitte Bach

Eine nachhaltige Energieversorgung und die Eindämmung des Klimawandels zählen weltweit zu den großen gesellschaftlichen Herausforderungen unseres Jahrhunderts und waren Anlass für eine Vielzahl umwelt-, energie- und wirtschaftspolitischer Maßnahmen auf nationaler und internationaler Ebene. Nach einem kurzen Rückblick auf den Beginn der internationalen umweltpolitischen Diskussionen beleuchtet dieser Beitrag die in den letzten Jahrzehnten verstärkten Anstrengungen für den Klimaschutz, die sich unter anderem im Kyoto-Protokoll oder der Roadmap 2050 der Europäischen Union manifestieren. Gegenübergestellt werden diese Klimaschutzstrategien den Energieszenarien der Internationalen Energieagentur (IEA), die mit Zahlen belegen, dass Energieeffizienz und erneuerbare Energiequellen der Schlüssel für ein nachhaltiges Energiesystem von morgen sind. Als zentraler Faktor zur bestmöglichen Ausschöpfung der vorhandenen Potenziale hat sich in den vergangenen Jahren auch die Notwendigkeit einer ganzheitlichen Betrachtung von Energiesystemen herauskristallisiert. Dieses Systemverständnis ist vor allem für Städte unerlässlich – Smart Cities werden aufgrund der steigenden Urbanisierung und ihres enormen Potenzials in puncto Nachhaltigkeit bei der Erreichung der Klimaziele in Zukunft eine zentrale Rolle spielen. Abschließend wird auf die Auswirkungen dieser langfristigen Entwicklungen und Trends auf den Wirtschaftsstandort Österreich und die sich daraus ergebenden Anforderungen und Chancen für Österreich eingegangen.

Anfänge der umweltpolitischen Diskussion

Die umweltpolitischen Diskussionen begannen in Europa bereits in den 1970er Jahren. Im Vordergrund standen dabei Fragestellungen wie Schadstoffbegrenzung und Naturschutz, aber auch hitzige Diskussionen pro und contra Atomkraft. Den Anstoß dazu gab unter anderem der Club of Rome (http://www.clubofrome.org), der mit seinem Bericht „Die Grenzen des Wachstums" 1972 große Aufmerksamkeit erregte. Diese Studie untersuchte erstmals detailliert Trends wie Industrialisierung, Bevölkerungswachstum, Unterernährung, Ausbeutung von Rohstoffreserven und Zerstörung von Lebensraum und entwarf globale Szenarien für die Zukunft. Die Autoren kamen dabei zu folgendem Schluss: „Wenn die gegenwärtige Zunahme der Weltbevölkerung, der Industrialisierung, der Umweltverschmutzung, der Nahrungsmittelproduktion und der Ausbeutung von natürlichen Rohstoffen unverändert anhält, werden die absoluten Wachstumsgrenzen auf der Erde im Laufe der nächsten hundert Jahre erreicht" (Meadows et al. 1972).

Ein weiterer Schritt und gleichzeitig der erste Versuch zur Definition des Begriffs der dauerhaften oder nachhaltigen Entwicklung war der häufig zitierte Brundtland-Bericht mit dem Originaltitel „Our Common Future", der 1987 von der UNO Weltkommission für Umwelt und Entwicklung (World Commission on Environment and Development, WCED) unter dem Vorsitz der damaligen norwegischen Ministerpräsidentin Gro Harlem Brundtland veröffentlicht wurde: „Dauerhafte Entwicklung ist Entwicklung, die die Bedürfnisse der Gegenwart befriedigt, ohne zu riskieren, dass künftige Generationen ihre eigenen Bedürfnisse nicht befriedigen können" (Weltkommission für Umwelt und Entwicklung 1987).

Internationale Anstrengungen für den Klimaschutz

Auf Basis des damit begonnenen internationalen Diskurses wurde 1992 in Rio de Janeiro die erste internationale Konferenz der Vereinten Nationen über Umwelt und Entwicklung (United Nations Conference on Environment and Development, UNCED) einberufen. Als Ergebnis dieser Konferenz wurde mit der „Agenda 21" ein umwelt- und entwicklungspolitisches Programm für nachhaltiges Handeln vorgelegt und durch die Unterzeichnung der Klimarahmenkonvention (United Nations Framework Convention on Climate Change, UNFCCC) der Beginn einer internationalen Klimaschutzpolitik eingeläutet. Ziel dieser Konvention ist es, gefährliche anthropogene Störungen des Klimasystems zu verhindern und die globale Erwärmung zu verlangsamen bzw. ihre Folgen zu mildern. Die 194 Vertragsstaaten treffen sich seither jährlich zu Weltklimagipfeln, um gemeinsame Schritte in diese Richtung zu erarbeiten. Ein Meilenstein wurde 1997 mit dem Kyoto-Übereinkommen erzielt, das 2005 in Kraft trat und erstmals völkerrechtlich verbindliche Ziele für den Ausstoß von Treibhausgasen in den Industrieländern festlegt und auch den Handel mit Emissionsrechten regelt. Auch wenn unter anderem mit den USA und China die zwei weltweit größten CO_2-Emittenten diesem Protokoll nie beigetreten sind, so haben doch über 190 Staaten – und auch die Europäische Union – das Übereinkommen ratifiziert. In der ersten Verpflichtungsperiode (2008–2012) sollten die jährlichen Treibhausgasemissionen im Schnitt um 5,2 Prozent gegenüber 1990 reduziert werden. Die EU-Staaten verpflichteten sich zu einer Reduktion um 8 Prozent, wobei die Lasten innerhalb der EU unterschiedlich verteilt sind – so lautete das Ziel für Deutschland 21 Prozent und für Österreich 13 Prozent.

Seit der Unterzeichnung des Kyoto-Protokolls gelangen keine großen politischen Schritte mehr, da die Aufteilung der Reduktionsziele innerhalb der Industrienationen, aber auch zwischen den Industrienationen und den Entwicklungsländern umstritten ist. Auf der letzten Klimakonferenz in Doha 2012 konnten sich die teilnehmenden Länder lediglich auf eine Verlängerung des Kyoto-Protokolls (Kyoto II) bis 2020 einigen, wobei allerdings – nach dem Austritt von Kanada 2011 – mit Russland, Japan und Neuseeland drei weitere Industrienationen der zweiten Verpflichtungsperiode nicht beigetreten sind. Als Kompromisslösung wird nun bis 2015 ein neues Klimaabkommen ausverhandelt, das 2020 in Kraft treten soll.

Die europäische Perspektive

Vor dem Hintergrund dieser internationalen klimapolitischen Diskussion hat sich auch der Europäische Rat das Ziel gesetzt, die

Treibhausgasemissionen bis 2020 um 20 Prozent zu verringern. Erreicht werden soll diese Reduktion vor allem durch verbesserte Energieeffizienz und den verstärkten Einsatz von erneuerbarer Energie. Um die Energieeffizienz wie geplant bis 2020 um 20 Prozent zu steigern, wurde eine Reihe von Richtlinien verabschiedet, um die Energieeffizienz von Gebäuden, bestimmten Produktgruppen, der Industrie, aber auch der Wärme- und Kälteverteilungsnetze deutlich zu erhöhen. Ergänzend dazu soll der Anteil der erneuerbaren Energieträger im selben Zeitraum auf 20 Prozent des Endenergiebedarfes gesteigert werden. Neben dem dadurch erzielten Klimaeffekt soll diese „20-20-20"-Strategie noch andere Wirkungen erzielen, wie etwa eine deutliche Senkung der Importabhängigkeit in puncto Energie, eine höhere nationale Wertschöpfung durch den Einsatz lokal verfügbarer Ressourcen und auch eine höhere Versorgungssicherheit.

Angesichts der langfristig erforderlichen Investitionen und Maßnahmen im Umwelt- und Energiesektor geht der Blick in Europa aber schon weit über das Jahr 2020 hinaus. So hat die EU in ihrer 2011 verabschiedeten „Roadmap 2050" (EU-Kommission 2011a) kosteneffiziente Wege analysiert, um die Treibhausgasemissionen bis 2050 gegenüber 1990 um 80 Prozent zu senken. Die untersuchten Szenarien umfassen Maßnahmen in sämtlichen emissionsrelevanten Sektoren – von der Stromerzeugung über Wohnen, Industrie und Verkehr bis hin zur Landwirtschaft. Dieser Fahrplan für den Übergang zu einer wettbewerbsfähigen CO_2-armen Wirtschaft bildete auch die Grundlage für die „Energy Roadmap 2050" (EU-Kommis-

sion 2011b), die mit Hilfe energiespezifischer Szenarien neue Wege zur Dekarbonisierung des Energiesystems aufzeigt und dabei sowohl die Energieversorgungssicherheit als auch die Wettbewerbsfähigkeit Europas gewährleistet (siehe Abbildung 1). Unabhängig von detaillierten Szenarien zeigen sich unter anderem drei sehr relevante Trends: steigende Energieeffizienz, ein deutlich steigender Anteil erneuerbarer Energien am Primärenergieverbrauch und ein steigender Anteil von elektrischem Strom am Gesamtendenergieverbrauch.

Internationale Entwicklungen

Ungeachtet aller politischer Diskurse und Bemühungen steigt der Bedarf an Energie dennoch weltweit stetig weiter an. Zurückzuführen ist dies in erster Linie auf den zunehmenden Industrialisierungsgrad und das rapide Wirtschaftswachstum, vor allem in den aufstrebenden BRICS-Staaten Brasilien, Russland, Indien, China und Südafrika. Das Wirtschaftswachstum ist in diesen Ländern derzeit noch stark an den Ausstoß von CO_2 gekoppelt, da der ständig steigende Energiebedarf vorrangig durch fossile Energieträger gedeckt wird. Hinzu kommt ein steigendes Bevölkerungswachstum (Abbildung 2) und der Wunsch der Menschen nach einem höheren Lebensstandard und mehr Energiedienstleistungen.

Die IEA hat vor diesem Hintergrund im „World Energy Outlook 2012" (IEA 2012a) und den „Energy Technology Perspectives 2012" (IEA 2012b) Energieszenarien für die Zukunft berechnet.

Abbildung 1: EU Dekarbonisierungsszenarien: Anteil einzelner Energieformen am Primärenergieverbrauch 2030 und 2050 im Vergleich zu 2005 (in %) (EU-Kommission 2011b)

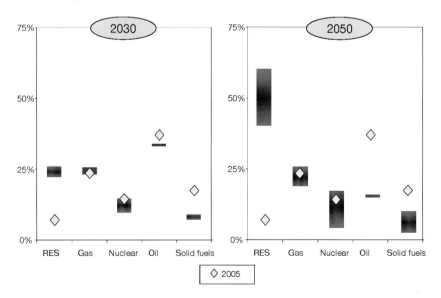

Abbildung 2: Prognostiziertes Bevölkerungswachstums nach Region (IEA 2012a)

	Population growth*			Population (million)		Urbanisation rate	
	2010-20	2020-35	2010-35	2010	2035	2010	2035
OECD	0.5%	0.3%	0.4%	1 237	1 373	77%	84%
Americas	0.9%	0.7%	0.7%	474	571	82%	87%
United States	0.8%	0.7%	0.7%	314	377	82%	88%
Europe	0.4%	0.2%	0.3%	560	599	74%	82%
Asia Oceania	0.2%	-0.1%	0.0%	203	203	74%	81%
Japan	-0.1%	-0.4%	-0.3%	127	118	67%	75%
Non-OECD	1.2%	0.9%	1.0%	5 606	7 183	45%	57%
E. Europe/Eurasia	0.1%	-0.1%	0.0%	335	331	63%	70%
Russia	-0.1%	-0.4%	-0.3%	142	133	73%	78%
Asia	0.9%	0.6%	0.7%	3 583	4 271	39%	53%
China	0.3%	0.0%	0.1%	1 345	1 387	47%	65%
India	1.3%	0.9%	1.0%	1 171	1 511	30%	43%
Middle East	1.8%	1.4%	1.6%	199	293	67%	74%
Iraq	3.0%	2.5%	2.7%	30	58	66%	71%
Africa	2.3%	2.0%	2.1%	1 032	1 730	40%	53%
Latin America	1.0%	0.7%	0.8%	456	558	80%	86%
Brazil	0.8%	0.4%	0.5%	195	224	87%	92%
World	1.1%	0.8%	0.9%	6 843	8 556	51%	61%
European Union	0.2%	0.1%	0.1%	502	518	74%	81%

* The assumed compound average annual growth rates are the same for all scenarios presented in this *Outlook.*

Sources: UNPD and World Bank databases; IEA databases.

Szenarien für die Energiezukunft

Im „World Energy Outlook" werden drei Szenarien und deren Aus- wirkungen auf den Anstieg des globalen Energieverbrauchs bis 2035 gegenübergestellt (siehe Abbildung 3). Das „Current Policies Scenario" nimmt an, dass die bestehenden klimarelevanten Rege- lungen weiter verfolgt werden, während das „New Policies Scenario" auch die Umsetzung aller derzeit noch geplanten Maßnahmen in die Betrachtungen einbezieht. Das „450 Scenario" geht davon aus, dass alle reduktionsmindernden Maßnahmen getroffen werden, um die globale Erderwärmung auf die geforderten zwei Grad zu be- schränken.

Schlüsselt man den oben dargestellten – bei allen Szenarien wach- senden – Energieverbrauch genauer auf, so zeigt sich, dass der fossile Anteil im „Current Policies Scenario" bis 2035 bei 80 Prozent liegen wird, im „New Policies Scenario" bei 75 Prozent und im „450 Scenario" bei 63 Prozent (siehe Abbildung 4). Der Anteil der CO_2- Emissionen der Nicht-OECD-Länder liegt dabei deutlich über jenem der OECD-Länder, wobei sich diese Situation laut den Berechnungen in den kommenden Jahrzehnten im Wesentlichen fortsetzen wird.

Das erste Resümee

Die IEA zieht aus ihren Szenarienberechnungen das Resümee, dass wir uns global nach wie vor nicht auf einem nachhaltigen Weg befinden. Der Energieverbrauch wird bis 2035 im „New Policies Scenario" um über ein Drittel ansteigen, wobei mehr als 60 Prozent davon auf China, Indien und den Nahen Osten entfällt. In den OECD-Ländern steigt der Energieverbrauch dagegen nur unwesentlich und wird sich voraussichtlich von Öl und Kohle in Richtung Gas und erneuerbare Energieträger verschieben. In den USA zeichnen sich dagegen völlig neue Entwicklungen ab, die aufgrund der zentralen wirtschafts- und weltpolitischen Stellung des Landes weitreichende globale Be- deutung haben. Die Vereinigten Staaten haben in den vergangenen Jahren massiv in die Technologieentwicklung und Ausbeutung von unkonventionellen Öl- und Gasvorkommen investiert und dadurch relativ niedrige heimische Energiepreise erzielt. Durch den verstärkten Einsatz von neuen Technologien können auch bisher unwirtschaft- liche tiefliegende Vorkommen ausgebeutet werden. Dies wird auf lange Sicht dazu beitragen, dass sich die USA zu einer der welt- größten Öl-Fördernationen entwickeln und Nordamerika bis 2030 sogar die Rolle eines Netto-Ölexporteurs übernehmen wird (IEA 2012a).

Abbildung 3: Globaler Primärenergiebedarf nach Szenario (IEA 2012a)

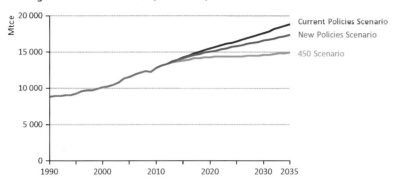

Energieeffizienz als Schlüsseloption

Energieeffizienz gilt nach wie vor als Schlüsseloption für eine künftige nachhaltige Entwicklung, wie auch ein Blick auf die Zahlen veranschaulicht: Im Vergleich zum „Current Policies Scenario" werden im „New Policies Scenario" rund 70 Prozent der CO_2-Emissionsreduktion durch Effizienzmaßnahmen erreicht. Viele Länder haben bereits politische Maßnahmen in diese Richtung eingeleitet. So strebt etwa China eine 16prozentige Reduktion der Energieintensität bis 2015 an, Japan will seinen Stromverbrauch bis 2030 um 10 Prozent reduzieren und die Europäische Union hat sich im Rahmen ihrer „20-20-20"-Strategie eine 20prozentige Reduktion des Energieverbrauchs bis 2020 zum Ziel gesetzt.

In ihrer Publikation „Energy Technology Perspectives" (IEA 2012b) zeigt die IEA auch die wichtigsten Energieeffizienzpotenziale auf. Der Gebäudesektor ist weltweit für rund ein Drittel aller CO_2-Emissionen verantwortlich, wenn auch die für die Stromproduktion anfallenden Emissionen mit einberechnet werden. Um die Klimaerwärmung global auf die geforderten zwei Grad zu begrenzen, muss der Gebäudesektor den Ausstoß von Kohlendioxid also um ganze 60 Prozent reduzieren. Gebäude sind allerdings eine langfristig bestehende Infrastruktur – mehr als die Hälfte des derzeit existierenden Gebäude-bestandes wird auch 2050 noch in Betrieb sein. Neben der Weiterentwicklung von Standards und Technologien für den Neubau muss daher auch die Sanierung des Altbestands ein zentraler Fokus von Politik, Forschung und Entwicklung sein. Die Potenziale zur Reduktion des Energieverbrauchs reichen von der Gebäudehülle über hocheffiziente Heiz- und Klimatisierungssysteme bis hin zu stromsparender Beleuchtung und effizienter Geräteausstattung. Aber auch die Industrie kann durch höhere Energieeffizienz wesentlich zur Erreichung der Klimaziele beitragen. Laut IEA-Berechnungen ließe sich mit der Implementierung von Technologien auf dem neuesten Stand der Technik („best available technology", BAT) der Energieverbrauch gegenüber dem Status quo um 20 Prozent reduzieren.

Erneuerbare Energie vor allem im Stromsektor

Weltweit wird sich der Einsatz erneuerbarer Energieträger vor allem in der Produktion von elektrischer Energie auswirken: die IEA errechnet in ihrem „World Energy Outlook" (IEA 2012a) für das „New Policies Scenario", dass die Stromproduktion aus erneuerbaren Energieträgern wie Windenergie, Photovoltaik, Bioenergie und Wasserkraft von 2010 bis 2035 um rund ein Drittel ansteigen und so zu entsprechenden CO_2-Einsparungen führen wird (siehe Abbildung 5).

Die Notwendigkeit zur Dekarbonisierung der Stromerzeugung ergibt sich aus Szenarienberechnungen der IEA, die besagen, dass die weltweiten CO_2-Emissionen aus der Stromerzeugung bis 2050 gegenüber dem Status quo um 80 Prozent reduziert werden müssen, um die globale Erwärmung auf zwei Grad zu begrenzen (IEA 2012b).

Integrative Ansätze für das Energiesystem der Zukunft

Aber all diese Einzelbetrachtungen, auch wenn sie ganze Sektoren betreffen, zeigen noch nicht das vollständige Bild. Das bisherige Energiesystem ist, vor allem im Stromsektor, von großen zentralen Erzeugungsstrukturen charakterisiert und basiert großteils auf fossilen Energieträgern. Im Gegensatz dazu werden die nachhaltigen Energiesysteme der Zukunft durch die Integration erneuerbarer Energiequellen viel dezentraler aufgebaut sein. Das bedeutet, dass zahlreiche Technologien aufeinander abgestimmt und unter Einsatz smarter Informations- und Kommunikationstechnik synergetisch in das Energiesystem eingebunden werden müssen. Um die großen Herausforderungen der Dekarbonisierung des Energiesystems zu verstehen und ihnen mit neuen Konzepten zu begegnen, ist daher ein umfassendes Systemverständnis erforderlich.

Smart Cities als Hoffnung für die Zukunft

Weltweit lässt sich in den letzten Jahren ein vermehrter Zuzug in urbane Gebiete beobachten – seit 2010 leben bereits mehr Men-

Abbildung 4: Globaler Primärenergiebedarf und energiebezogene CO_2-Emissionen nach Szenario (IEA 2012a)

| | 2000 | 2010 | New Policies | | Current Policies | | 450 Scenario | |
			2020	2035	2020	2035	2020	2035
Total	10 097	12 730	14 922	17 197	15 332	18 676	14 176	14 793
Coal	2 378	3 474	4 082	4 218	4 417	5 523	3 569	2 337
Oil	3 659	4 113	4 457	4 656	4 542	5 053	4 282	3 682
Gas	2 073	2 740	3 266	4 106	3 341	4 380	3 078	3 293
Nuclear	676	719	898	1 138	886	1 019	939	1 556
Hydro	226	295	388	488	377	460	401	539
Bioenergy*	1 027	1 277	1 532	1 881	1 504	1 741	1 568	2 235
Other renewables	60	112	299	710	265	501	340	1 151
Fossil fuel share in TPED	*80%*	*81%*	*79%*	*75%*	*80%*	*80%*	*77%*	*63%*
*Non-OECD share of TPED***	*45%*	*55%*	*60%*	*65%*	*61%*	*66%*	*60%*	*63%*
CO_2 emissions (Gt)	23.7	30.2	34.6	37.0	36.3	44.1	31.4	22.1

* Includes traditional and modern biomass uses. ** Excludes international bunkers.

Note: TPED = total primary energy demand; Mtoe = million tonnes of oil equivalent; Gt = gigatonnes.

schen in Städten als im ländlichen Raum. Bereits jetzt ist absehbar, dass sich dieser Urbanisierungstrend in Zukunft noch weiter verstärken wird. So wird Prognosen der UNO zufolge der weltweite Anteil der städtischen Bevölkerung bis 2050 rund 70 Prozent erreichen. Städte sind schon heute für rund zwei Drittel des Energieverbrauchs und drei Viertel der gesamten CO_2-Emissionen verantwortlich und werden daher in Zukunft eine zentrale Rolle in der Bewältigung der energie- und umweltpolitischen Herausforderungen übernehmen.

Drei zentrale Säulen: Energieeffizienz, erneuerbare Energie und smarte Energiesysteme

Die Handlungsfelder sind dabei klar vorgezeichnet: Erstens ist eine massive Steigerung der Effizienz auf allen Infrastrukturebenen erforderlich. In Städten lässt sich aufgrund der urbanen Morphologie – hohe Bebauungsdichten, weitläufige Fernwärmenetze und gut ausgebaute öffentliche Verkehrsinfrastruktur – eine große Hebelwirkung erzielen. Eine zentrale Rolle spielt dabei der Gebäudesektor, dessen Anteil am europäischen Primärenergieverbrauch rund 40 Prozent beträgt. Durch gezielte thermische Sanierungsmaßnahmen im Gebäudebestand sowie die forcierte Umsetzung des Passivhausstandards bei Neubauten lässt sich hier der Energieverbrauch signifikant verringern. Als zweiter Schlüsselfaktor gilt die gezielte Einbindung erneuerbarer Energiesysteme im urbanen Raum. Die verstärkte Integration von Photovoltaikanlagen, Solarkollektoren oder auch Windturbinen in Fassaden und Dächern führt dazu, dass Gebäude in Zukunft zu Plusenergiehäusern mutieren. Sie produzieren also mehr Energie als sie verbrauchen und können damit selbst Strom und Wärme ins Netz einspeisen. Um diese Energie optimal speichern, verteilen und nutzen zu können, müssen Gebäude in Zukunft eng mit den thermischen und elektrischen Netzen kommunizieren. Dritte Voraussetzung für eine Smart City ist daher ein intelligentes Management des gesamten Energiesystems, um diese vielfältigen neuen Energieflüsse unter Be-

rücksichtigung von Angebot und Nachfrage gezielt steuern und lenken zu können, etwa durch die Integration von Speichern und smartes „Demand Side Management".

Systemverständnis und Transformationsprozesse

Eine Smart City lässt sich allerdings nicht auf smarte Infrastruktur und innovative Technologien reduzieren. Vielmehr muss die Stadt als Gesamtsystem betrachtet und alle Infrastrukturebenen und Energieservices berücksichtigt werden – von Gebäuden und Industrie über Energieversorgung und Netze bis hin zur Mobilität. Der Grundstein für die Smart Cities der Zukunft ist also eine gesamtheitliche Sichtweise, die auf innovatives Design und intelligenten Betrieb des gesamten urbanen Energiesystems mit all seinen Wechselwirkungen abzielt. Dies erfordert natürlich auch neue Ansätze in Bezug auf urbane Transformationsprozesse und städtische Organisationsstrukturen. Das Austrian Institute of Technology (AIT) hat das Konzept einer Smart City maßgeblich mitentwickelt, um solche Transformationsprozesse zu initiieren und Städte auf ihrem Weg in eine nachhaltige Zukunft zu begleiten. Am Beginn steht dabei die Erarbeitung einer gemeinsamen langfristigen Vision, etwa für das Jahr 2050, die als Basis für detaillierte Roadmaps (z. B. bis 2020) und konkrete Aktionspläne zur Implementierung der geplanten Maßnahmen dient. Unterstützt wird dieser Transformationsprozess durch ein breit angelegtes Wissensmanagement, Monitoring-Programme und die Schaffung der dafür benötigten finanziellen Rahmenbedingungen. So werden neuartige Finanzierungs- und Tarifmodelle für den Energiesektor basierend auf Public-Private-Partnerships (PPP) und Ko-Finanzierung seitens der EU notwendig sein, um großflächige Investitionen im Infrastrukturbereich innovativ zu gestalten. Von großer Bedeutung ist in diesem Kontext auch die Initiierung breiter Stakeholder- und Innovationsprozesse, um alle relevanten Akteure mit ihren unterschiedlichen Interessen und Kompetenzen einzubinden.

Abbildung 5: CO$_2$-Reduktion durch verstärkten Einsatz erneuerbarer Energiequellen in der Stromproduktion (IEA 2012b)

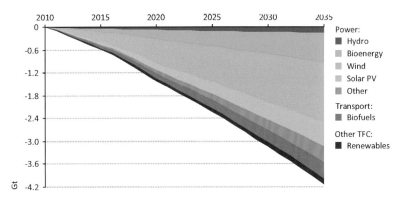

F&E im Bereich Smart Cities – Österreich als Vorreiter in Europa

Die Entwicklung und Umsetzung der für die Erreichung der „20-20-20"-Ziele und die Schaffung von Smart Cities benötigten Technologien, Konzepte und Prozesse erfordert tiefgreifende Innovationen und klare Strategien in Forschung und Entwicklung (F&E). Vor diesem Hintergrund hat die EU 2007 den Europäischen Strategieplan für Energietechnologie (SET-Plan) ins Leben gerufen, der die europäische F&E-Politik zum Thema Energie in den nächsten Jahren nachhaltig bestimmen wird. Während sich die Europäischen Industrieinitiativen (EII) vor allem auf technologische Problemstellungen im Bereich erneuerbare Energiequellen, aber auch z. B. Carbon Capture and Storage konzentrieren, widmet sich die Europäische Innovationspartnerschaft (EIP) für „Smart Cities and Communities" in diesem Rahmen vorrangig Fragen der Energieeffizienz, der Integration erneuerbarer Energien in Städten, aber auch des intelligenten Energiemanagements und der integrierten Betrachtungsweise von urbaner Infrastruktur und Energiedienstleistungen. In Zukunft sollen Forschungsstrategien in den Bereichen Energie, Verkehr und Informations- und Kommunikationstechnologie (IKT) koordiniert werden, um Demonstrationsprojekte in Partnerschaft mit Städten umzusetzen und den wirtschaftlichen und sozialen Wandel in urbanen Gebieten durch Innovationen zu forcieren. Österreich spielt in der EIP Smart Cities eine ebenso zentrale Rolle wie in anderen europäischen Initiativen, etwa der Joint Programming Initiative Urban Europe, der vom Bundesministerium für Verkehr, Innovation und Technologie (BMVIT) koordinierten Member States Initiative Smart Cities oder dem Joint Programme Smart Cities im Rahmen der European Energy Research Alliance (EERA). Unter der wissenschaftliche Leitung und Koordination von AIT investieren hier mehr als 60 Forschungseinrichtungen aus ganz Europa jährlich rund 190 Personenjahre, um neue Methoden und Tools für die Transformation der europäischen Städte in Smart Cities zu entwickeln.

Damit übernimmt unser Land bei der Forschung im Bereich Smart Cities bereits jetzt eine Vorreiterrolle in Europa. Österreich hat als erstes europäisches Land Forschungs- und Demonstrationsprojekte für die Umsetzung von Smart Cities auf nationaler Ebene durch gezielte Förderungen unterstützt. Einen wichtigen Beitrag leistet hier der Klima- und Energiefonds mit seinem Förderungsprogramm „Smart Cities – FIT for SET", das sich zum Ziel gesetzt hat, konkrete Demonstrations- und Pilotprojekte für Energieeffizienz und CO$_2$-Reduktion in Städten zu forcieren, um so das enorme Potenzial von intelligenten Städten für Klimaschutz und Innovation aufzuzeigen. Zahlreiche österreichische Städte haben sich in diesem Programm in den vergangenen Jahren bereits engagiert – darunter Wien, Salzburg, Innsbruck, Linz und Graz – und den Transformationsprozess durch Erarbeitung einer Vision, einer Roadmap und eines konkreten Aktionsplans eingeleitet. So hat sich Wien in seiner Vision zum Beispiel das Ziel gesetzt, die Treibhausgasemissionen bis 2050 auf weniger als 20 Prozent des Ausstoßes von 1990 zu senken und den Energieverbrauch pro Kopf im Vergleich zu 2005 zu halbieren. Durch konsequente thermische Sanierung soll der Energieverbrauch der bestehenden Gebäude deutlich gesenkt werden, während die ab 2025 neu errichteten Plusenergiegebäude sogar Überschüsse produzieren und diese in „smarte" Netze einspeisen sollen. Durch die Schaffung regionaler Energieverbände soll es zudem gelingen, den Anteil an erneuerbarer Energie im Ballungsraum Wien auf mehr als 50 Prozent der benötigten Energie zu steigern (Homeier-Mendes 2012).

Herausforderungen für die heimische Forschungs- und Technologiepolitik

Wie werden sich die oben skizzierten Entwicklungen, Visionen und Szenarien für nachhaltige Energiesysteme auf Österreich auswirken und wie müssen wir uns positionieren, um einerseits die Klimaschutzziele zu erreichen, gleichzeitig aber auch den Wirtschaftsstandort zu sichern? Nicht nur die Europäische Kommission zielt in ihrer Road-

Abbildung 6: Ausgaben der öffentlichen Hand für die Energieforschung in Österreich von 1977 bis 2011 (BMVIT 2011)

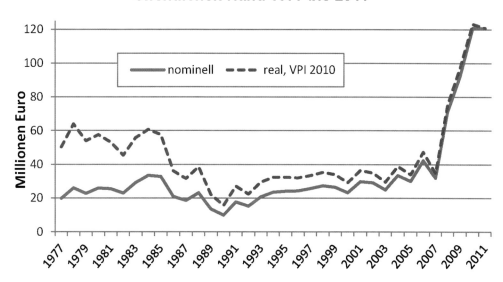

Energieforschung in Österreich – Ausgaben der öffentlichen Hand 1977 bis 2011

Quelle: Austrian Energy Agency (AEA) und Bundesministerium für Verkehr, Innovation und Technologie (BMVIT)

map 2050 dezidiert auf eine CO_2-arme und wettbewerbsfähige Wirtschaft ab, auch in Österreich herrscht Konsens auf allen Ebenen, dass diese beiden Aspekte untrennbar miteinander verbunden sind. So definiert der Rat für Forschung und Technologieentwicklung die prioritäre Aufgabe der Energieforschung darin, den innovationsseitigen Umbau des Energiesystems voranzutreiben, vor allem durch Steigerung der Energieeffizienz und den Ausbau erneuerbarer Energie. Auch hier gilt es, energiepolitische Ziele wie Versorgungssicherheit, Umweltverträglichkeit und Leistbarkeit mit den forschungs- und technologiepolitischen Zielen zur Stärkung des Wirtschaftsstandorts in Einklang zu bringen. Für den Rat vorrangig sind dabei Maßnahmen, die zur Erreichung mehrerer Ziele beitragen und damit einen Win-Win-Effekt für Klima und Wirtschaft erzielen (RFTE 2010). Damit sollen sowohl die in der „Energiestrategie Österreich" (BMWFJ, BMLFUW 2010) angestrebten Ziele für 2020 (Stabilisierung des Endenergieverbrauchs auf 1.100 Petajoule (PJ), Mindestanteil von 34 Prozent erneuerbare Energien, Sicherung einer langfristigen Energieversorgung) erreicht als auch die Vision des Rats für 2050 realisiert werden: „Im Jahr 2050 ist Österreich aufgrund engagierter Forschung und Technologieentwicklung im Bereich nachhaltiger Energiesysteme führend...." (RFTE 2010).

Um diese Vision zu realisieren, sind konsequente Investitionen in Forschung, Technologie und Innovation erforderlich. Die Ausgaben der öffentlichen Hand im Bereich Energieforschung sind in den letzten Jahren kontinuierlich gestiegen (siehe Abbildung 6). Seit 2007 haben sich die Mittel sogar vervierfacht, wobei ein Großteil der Forschungsausgaben auf Energieeffizienz und erneuerbare Energie ent-

fällt. Diese gezielte Forschungsförderung hat entscheidend dazu beigetragen, dass österreichische ForscherInnen, Unternehmen und Technologien eine hohe internationale Sichtbarkeit erreicht haben und teilweise bereits zur Gruppe der Innovation Leader zählen.

Die klimapolitischen Ziele werden auch von der österreichischen Industrie unterstützt, der es in den vergangenen Jahren gelungen ist, den Energiebedarf der erzeugten Produkte und erbrachten Dienstleistungen deutlich zu reduzieren. In ihrem Strategiepapier „Umwelt 2020" (IV 2008) bekennt sich die Industriellenvereinigung weiterhin dazu, einen Beitrag zur Eindämmung des Klimawandels und der Sicherung einer nachhaltigen Energieversorgung zu leisten. Aus Sicht der Wirtschaft trägt die Entwicklung innovativer heimischer Technologien und deren Einsatz weltweit nicht nur dazu bei, die Emissionen von Treibhausgasen insgesamt zu reduzieren, sondern sichert auch die Exportchancen österreichischer Unternehmen auf dem globalen Markt. Vor allem Zukunftstechnologien in den Bereichen Energieeffizienz, erneuerbare Energie und intelligente Verkehrs- und Energieinfrastruktur bieten der heimischen Industrie die Möglichkeit, sich frühzeitig in Zukunftsmärkten zu positionieren. Erklärtes Ziel der Industrie ist es daher, Österreich in der Energieforschung bis 2020 unter den Top 3 zu positionieren – damit stehen die Ziele der Wirtschaft im Einklang mit den forschungspolitischen Zielen der Bundesregierung, die in ihrer Strategie für Forschung, Technologie und Innovation (Republik Österreich 2011) ebenfalls einen hohen Anspruch stellt: den Vorstoß in die Gruppe der führenden Innovationsnationen in der EU bis zum Jahr 2020, die Stärkung der Wettbewerbsfähigkeit der österreichischen Wirtschaft, die Steigerung des Wohlstandes der Gesellschaft sowie die Bewältigung der großen gesellschaftlichen und wirtschaftlichen Herausforderungen der Zukunft.

Potenziale für die Zukunft heben

Die großen Herausforderungen, die sich aus der nachhaltigen Sicherung der Energieversorgung für die Zukunft ergeben, bergen auch große Potenziale für den Wirtschaftsstandort Österreich. Die Ausgangslage dafür ist sehr gut, denn österreichische Technologien zählen bereits heute in vielen Bereichen zur Spitze und auch heimische ForscherInnen haben in Europa mittlerweile hohe Sichtbarkeit erlangt, etwa in den zentralen Infrastrukturthemen Smart Grids und Smart Cities. Um in die Gruppe der Innovation Leader in Europa vorzustoßen und diese Technologieführerschaft zu einem zentralen Standortvorteil auszubauen, ist in den nächsten Jahren eine akkordierte Vorgangsweise der wesentlichen Akteure auf unterschiedlichen Ebenen erforderlich. Im Projekt E-Trans (Rohracher 2011) wurden solch übergreifende Handlungsansätze anhand einiger ausgewählter Themenfelder untersucht, wie z. B. „Energie und Raum". Es gilt als erwiesen, dass sich räumliche Strukturen sehr stark auf Konzepte der Energieversorgung (insbesondere bei Nutzung dezentraler erneuerbarer Energien), Energieeffizienz und Mobilität auswirken. Die große Herausforderung besteht darin, technologie-, finanz- und wirtschaftspolitische Maßnahmen entsprechend zu koordinieren und so ein innovatives Governance-System von völlig neuer Qualität zu schaffen. Dieses Umfeld muss einerseits internationale Spitzenforschung ermöglichen, andererseits aber auch optimale Bedingungen bieten, um die erarbeiteten Innovationen auch im Heimmarkt rasch umsetzen und der heimischen Wirtschaft und Forschung als Showcase und „Living Lab" zur Verfügung stellen zu können. Das bedeutet, dass Spitzeninnovation im Bereich Infrastruktursysteme ein gesamtgesellschaftliches innovatives Klima erfordert. Für die Schaffung dieses Systems sind Forschung und Innovation unerlässlich.

Innovative Infrastrukturforschung muss per se interdisziplinär und sektorübergreifend gestaltet sein (siehe Smart Cities), benötigt gleichzeitig aber auch eine breitere Einbettung und Integration in das gesamte relevante Governance-System. Ein hochinnovatives Gesamtsystem dieser Prägung resultiert in einem zentralen Wettbewerbsvorteil und Innovationsvorsprung. Erfolgreiche interdisziplinäre und sektorübergreifende Forschung, die auch auf ein innovatives Innovationssystem zurückgreift ist in ihrer Gesamtheit schwer erfolgreich kopierbar.

Zusammenfassend kann gesagt werden, dass sich Österreich in den vergangenen Jahren eine gute Ausgangsposition auf dem Weg zum Innovation Leader erarbeitet hat. Öffentliche Hand, Wirtschaft und Forschung sind nun aufgerufen, gemeinsame Strategien zur Realisierung dieser Vision zu entwickeln und mit Nachdruck zu implementieren. ∎

Literaturhinweise

BMVIT (2011): Energieforschungserhebung 2011

BMWFJ, BMLFUW (2010): Energie Strategie Österreich

EU-Kommission (2011a): A Roadmap for moving to a competitive low carbon economy on 2050. COM (2011), 112 final.

EU-Kommission (2011b): Energy Roadmap 2050. COM (2011), 855/2.

Homeier-Mendes, I. (2012): smart city Wien: Vision 2050 – Roadmap for 2020 and beyond, Action Plan 2012–15. Schriftenreihe der Stadt Wien, Magistratsabteilung 18 – Stadtentwicklung und Stadtplanung

IEA (2012a): World Energy Outlook 2012

IEA (2012b): Energy Technology Perspectives 2012

Industriellenvereinigung (2008): Umelt 2020 – Energie/Effizient/Wachsen. Die Industrie als Motor für energieeffizientes und umweltfreundliches Wachstum.

Meadows, D. et al (1972): Die Grenzen des Wachstums.

Rat für Forschung und Technologieentwicklung (2010): Energieforschungsstrategie

Republik Österreich (2011): Strategie der Bundesregierung für Forschung, Technologie und Innovation, 2011

Rohracher, H.; Schreuer, A.; Späth, Ph.; Knoflacher, M.; Kubecko, K. (2011): E-Trans 2050 – Nachhaltige Energie der Zukunft: Soziotechnische Zukunftsbilder und Transformationspfade für das österreichische Energiesystem (Endbericht). Wien; im Auftrag von: Österr. Klima- und Energiefonds.

Weltkommission für Umwelt und Entwicklung (1987): Unsere Gemeinsame Zukunft.

Die Autorin

Brigitte Bach ist Prokuristin der AIT Austrian Institute of Technology GmbH und Leiterin des AIT Energy Departments, wo sie für strategische Entwicklung, Personal und Finanzen verantwortlich ist. Bach schloss 1992 ihr Doktoratsstudium der technischen Physik an der Technischen Universität Wien ab und absolvierte ein postgraduales Studium in „Management Development and Communication" an der Donauuniversität Krems. Sie begann ihre Karriere bei AIT 1999 und übernahm im Jänner 2009 die Leitung des Energy Departments. Die Forschungsschwerpunkte des Departments liegen in den Bereichen „Electric Energy Infrastructure" und „Energy for the Built Environment". In einem integrativen Ansatz werden hier zentrale Fragen der Energie-Infrastruktur erforscht und Gesamtlösungen für die Energiesysteme der Zukunft entwickelt. Das Department verfügt über international anerkanntes Know-how in den Bereichen Smart Grids und Smart Cities. Brigitte Bach ist Mitglied des EERA (European Energy Research Alliance) Executive Committee sowie Koordinatorin des Joint Programme Smart Cities. Weiters zählt sie zum ExpertInnenbeirat Smart City Wien. Im Herbst 2009 wurde Brigitte Bach der von der Tageszeitung „Die Presse" und dem ORF vergebene Preis „Österreicherin des Jahres 2009" in der Kategorie „Forschung" verliehen.

DAS DESERTEC-KONZEPT – VON DER VISION ZUR REALITÄT

Thiemo Gropp

Wir wissen, dass die Menschheit im 21. Jahrhundert vor nicht unerheblichen Herausforderungen steht. Auf welche Weise wir diesen begegnen und sie bewältigen werden, wird entscheidend dafür sein, wie die Menschen in der Weltgemeinschaft in Zukunft leben werden. Die Erkenntnisse zahlreicher wissenschaftlicher Analysen und Studien zeigen auf, dass das anhaltende Bevölkerungswachstum, der fortschreitende Klimawandel und die Übernutzung der natürlichen Ressourcen zu möglicherweise unabsehbaren Folgen für die Entwicklung der Gesellschaften führen werden. Jared Diamond schildert in seinem Buch „Kollaps – Warum Gesellschaften überleben oder untergehen" eindrücklich, welche Folgen es haben kann, wenn Gesellschaften nicht mehr über ausreichend Ressourcen verfügen, um ihren Bedarf an Wasser, Nahrung, Energie, Information etc. zu decken. Er greift dazu in der Analyse auf die Erfahrungen von Kulturgesellschaften wie jene der Anasazi, der Maya oder der Wikinger zurück (Diamond 2005).

Das DESERTEC-Konzept skizziert einen Lösungsansatz für die Herausforderungen, vor denen die Menschheit steht. Es begreift die „Symptome" als interdependent und verfolgt daher einen integrierten Ansatz, der wesentliche Ursachen in den Blick nimmt. Der DESERTEC-Ansatz hat das Potenzial, den oben genannten Herausforderungen wirksam und langfristig zu begegnen. Denn beginnend mit einer sicheren und sauberen Energieversorgung, erzielt das Konzept auf verschiedenen Ebenen Wirkung. Durch die Bereitstellung ausreichend vorhandener CO_2-neutraler Energie, erhöht es gleichzeitig die Chancen zur Verbesserung der Trinkwasser- und Nahrungsversorgung sowie der Hygiene- und Gesundheitsbedingungen. Es unterstützt die Entwicklung der Gesellschaften durch ein Mehr an Bildung, Arbeit und Entwicklung in den beteiligten Regionen. Dementsprechend ist das DESERTEC-Konzept wesentlich mehr als ein „Strom aus der Wüste"-Konzept oder ein technokratischer Ansatz, um saubere Energie zu erzeugen.

Ausgangsbedingungen: Bevölkerungsentwicklung und Klimawandel

Zur Versorgung der Weltbevölkerung benötigen wir immer mehr Ressourcen, um die Bedürfnisse der Menschen auf dem Globus zu stillen. Derzeit übernutzen wir die natürlichen Ressourcen schon etwa um den Faktor 1,5. Das bedeutet, dass die Erde schon heute rund 1,5 Jahre benötigt, um die Ressourcen, die die Menschheit zur Deckung ihres Bedarfs pro Jahr heranzieht, wieder zu generieren (Global Footprint Network 2013). Dieser Bedarf wird weiter wachsen. Das liegt einerseits an einem wachsenden Pro-Kopf-Verbrauch, andererseits an der wachsenden Zahl der Menschen, die auf der Erde leben.

Umfasste die gesamte Weltbevölkerung im Jahr 1950 noch rund 2,5 Mrd. Menschen, war sie bis zum Jahr 2012 auf rund 7 Mrd.

Menschen angewachsen. Einer mittleren Schätzung der Vereinten Nationen zufolge werden im Jahr 2100 rund 10 Mrd. auf der Erde leben, also rund viermal so viele Menschen als noch 150 Jahre zuvor. Weniger als 15 Prozent der dann lebenden Weltbevölkerung werden in den heute schon entwickelten Ländern leben, mehr als 85 Prozent hingegen auf die Länder entfallen, die heute dem westlichen Lebensstil nacheifern (UNO 2011; UNDP 2011). Nicht nur Energie, sondern auch Wasser, Nahrung, Wohnraum, Bildung und Arbeit, Information und Kommunikation, Transport und Mobilität sind Bedürfnisse, die folglich von immer mehr Menschen auf der Welt nachgefragt werden (UNDP 2011).

Gleichzeitig steigt der globale CO_2-Ausstoß weiter an und befördert den anthropogenen Klimawandel. Der zwischenstaatliche Ausschuss der Vereinten Nationen (Intergovernmental Panel on Climate Change, IPCC) hat Ursachen und Folgen des anthropogenen Klimawandels umfassend betrachtet. In einigen Regionen der Welt sind erste Auswirkungen schon heute deutlich sichtbar. Vulnerable ökologische Gebiete wie die Sahelzone beklagen z. B. länger anhaltende Dürreperioden und eine zunehmende Aridität (Desertifikation). Stellenweise, z. B. im Pazifik, lassen sich stark ansteigende Meeresspiegel, veränderte Niederschlagsverteilung und zunehmende Überschwemmungen beobachten (IPCC 2007). In seinen Berichten skizziert der IPCC verschiedene Szenarien über die weiteren Entwicklungen („Entwicklungspfade"), angepasst an die jeweils zugrunde gelegten Annahmen über die weitere Entwicklung der Treibhausgasemissionen. Die Szenarien fallen unterschiedlich aus, je nachdem ob aktiver Klimaschutz betrieben wird, das Bevölkerungswachstum abnimmt oder stagniert oder die gegenwärtigen Trends fortgesetzt werden (IPCC 2007). Ein unkontrollierbarer Klimawandel birgt jedoch ohne Zweifel erhebliche Gefahren für unsere Gesellschaft. Somit haben sich die Vereinten Nationen anlehnend an die Empfehlungen des IPCC auf die Einhaltung des „2-Grad-Ziel" bis zum Jahr 2100 verständigt. Im Jahr 2010 wurde beschlossen, alles zu tun, um den maximalen Anstieg der globalen Temperatur auf 2 Grad Celsius zu begrenzen. Dazu ist es erforderlich, die CO_2-Konzentrationen in der Atmosphäre bei 450 part per million (ppm) zu stabilisieren (IPCC 2007), was eine drastische Reduktion der Treibhausgasemissionen voraussetzt. Nach Angaben des Wissenschaftlichen Beirates Globale Umweltveränderungen der deutschen Bundesregierung dürften von 2010 bis zum Jahr 2050 weltweit noch maximal 750 Gigatonnen CO_2 emittiert werden, um das 2-Grad-Ziel mit einer Wahrscheinlichkeit von 67 Prozent zu erreichen. Bei Überschreiten nimmt die Wahrscheinlichkeit deutlich ab, bei Unterschreiten dieser Marke deutlich zu (WBGU 2009). Derzeit sind wir noch weit davon entfernt, die gesteckte Zielmarke zu erreichen und die Stimmen, die sagen, dass die Einhaltung des politisch gesetzten Ziels schon nicht mehr möglich sei, werden lauter (World Bank 2012).

Das DESERTEC-Konzept als Teil der Lösung

Die Verfügbarkeit von Energie ist elementarer Bestandteil moderner Gesellschaften. Energie wird nicht nur zur Produktion von Wirtschafts- und Konsumgütern benötigt, sondern auch für die Aufbereitung von Trinkwasser, Hygiene- und Gesundheitsleistungen, Information, Kommunikation und Bildung, Mobilität usw.. Der Sonderbericht „Renewable Energy Sources and Climate Change Mitigation" stellt daher fest, dass die Umstellung der globalen Energieversorgung auf erneuerbare Energien ein wesentlicher Hebel ist, um die Emission von Treibhausgasen deutlich zu reduzieren und nachhaltige Entwicklung zu ermöglichen. Der Anstieg der Treibhausgasemissionen seit Beginn der Industrialisierung, insbesondere von CO_2, geht vor allem auf die Verbrennung fossiler Brennstoffe zurück. Öl, Gas und Kohle halten mit rund 85 Prozent den Löwenanteil der Primärenergieträger, die im Jahr 2008 erforderlich waren, um den Weltenergiebedarf zu decken (IPCC 2012), und wir müssen von einem weiter steigenden Energiebedarf ausgehen. Nach Studien des Deutschen Zentrums für Luft- und Raumfahrt (DLR) wird allein der Strombedarf in der Region Europa-Naher Osten-Nordafrika (EUMENA) bis zum Jahr 2050 um etwa weitere 4.500 Terawattstunden (TWh) pro Jahr anwachsen (Bezugsjahr 2010; DESERTEC 2009). Um Energie für den heutigen Bedarf bereit zu stellen und einen weiteren Anstieg zu bewältigen, ohne zusätzliche CO_2-Emissionen zu emittieren oder die unkalkulierbaren Risiken der Nukleartechnologie weiter auszubauen, ist die Umstellung der Energieversorgung auf erneuerbare Energien die beste Option. Betrachtet man die rein rechnerisch verfügbaren Potenziale, ist die Versorgung der Menschheit auf der Grundlage der erneuerbaren Energien möglich. In den bereits genannten DLR-Studien wurden die Potenziale für die erneuerbaren Energien in der EUMENA beziffert (Trieb 2005):

- Sonnenenergie: 630.000 TWh / Jahr

- Wind: 1.950 TWh / Jahr

- Wasserkraft: 1.350 TWh / Jahr

- Biomasse: 1.350 TWh / Jahr

- Geothermie: 1.100 TWh / Jahr

Der Anteil der erneuerbaren Energien am Endenergieverbrauch lag im Jahr 2010 bei 8,2 Prozent, schließt man die traditionelle Nutzung der Biomasse aus den in der Literatur gemachten Angaben aus (REN 21 2012). Das DESERTEC-Konzept fordert daher den Ausbau aller erneuerbaren Energien (Sonne, Wind, Wasser, Erdwärme und Biomasse). Ihr Anteil an der Energieversorgung soll deutlich gesteigert werden, um fossile und nukleare Energieträger schnell und zu einem großen Anteil zu ersetzen. Die erneuerbaren Energien sollen nachhaltig ausgebaut werden, d. h. ökologisch verträglich, ökonomisch optimiert und mit gesellschaftlichem Nutzen für die lokale Bevölkerung. Potenziale sollen daher vor allem dort genutzt werden, wo die Standortbedingungen möglichst optimal sind. So kann eine hohe Zahl an Volllaststunden bei der Energiegewinnung erreicht werden, was den ökonomischen Nutzen pro erzeugter Kilowattstunde Strom maximiert und den Naturverbrauch bzw. die Umweltwirkung minimiert. Sonnen- und windreiche Orte sind insofern bevorzugt, weil Energie dort mit hoher Effizienz „geerntet" werden kann. Die ariden Wüstenregionen haben dabei besondere Bedeutung, denn die Potenziale von Solar- aber auch Windenergie sind dort immens. Die Wüsten der Erde, die sich in einem Gürtel nördlich und südlich des Äquators rund um den Globus erstrecken, empfangen in sechs Stunden mehr Energie von der Sonne als die Menschheit in einem ganzen Jahr verbraucht. Das DESERTEC-Konzept ist modellhaft für die EUMENA Region entwickelt worden, ist jedoch auch in anderen Teilen der Welt wie Asien, Australien, Amerika etc. anwendbar.

Das Konzept wurde von WissenschaftlerInnen, PolitikerInnen und ExpertInnen aus Europa, Nordafrika und dem Nahen Osten gemeinsam entwickelt. Sowohl Europa als auch Nordafrika besitzen erhebliche Potenziale an erneuerbaren Energien. Die Länder Europas verfügen überwiegend über Sonnen- und Windenergie, die zumeist von dezentralen Produzenten eingespeist wird und mit den jeweiligen Wetterbedingungen schwankt. Zur Gewährleistung einer stabilen Energieversorgung ist daher eine Ergänzung durch lastfolgefähige und leicht regelbare Energieerzeuger, z. B. aus Gaskraftwerken, die mit fossilen Energien oder auch Biomasse befeuert werden, erforderlich. Die nordafrikanischen Länder und die Länder des Nahen Ostens hingegen verfügen über einen hohen Anteil erneuerbarer Energien, die geringeren saisonalen Schwankungen unterliegen, lastfolgefähig und regelbar sind. In einem staatenübergreifenden Stromverbund können sie die erneuerbaren Energien in Europa optimal ergänzen und so den gesamten Ausbau der erneuerbaren Energien unterstützen.

Auch in Nordafrika und dem Nahen Osten besteht ein kontinuierlich steigender Energiebedarf. Viele der betroffenen Regionen leiden darüber hinaus schon heute unter einem Mangel an Trinkwasser oder laufen durch die Übernutzung fossiler Trinkwasserspeicher auf einen solchen zu (Trieb 2007). Die Bereitstellung von frischem Trinkwasser durch Meerwasserentsalzung kann Abhilfe schaffen, ist jedoch energieintensiv. Bei hoher Abhängigkeit von Energieimporten wie es unter anderem in Marokko der Fall ist, und stark schwankenden Rohölpreisen am Weltmarkt, kann die Unzuverlässigkeit der Energieversorgung und auch die ungenügende Wasserversorgung insbesondere für „nachholende" Länder zum Entwicklungshemmnis für Wirtschaft und Gesellschaft werden. Der Ausbau der erneuerbaren Energien kann somit auch dort Lösungen für drängende Probleme bieten und sowohl dem wachsenden Energiebedarf als auch der wachsenden Nachfrage nach sauberem Trinkwasser entgegenkommen. Das DESERTEC-Konzept wurde daher als ganzheitlicher Ansatz entwickelt, bei dem es nicht nur um erneuerbare Energie und Klimaschutz geht, sondern auch um regionale Entwicklung.

Zur Realisierung des DESERTEC-Konzeptes ist die Einbindung der verschiedenen Formen der Energieerzeugung in einen staatenübergreifenden Stromverbund vorgesehen. Ein Smart-Grid, in dem Strom aus erneuerbaren Energien von Orten der Produktion zu Orten des Verbrauchs auch über längere Distanzen transportiert werden kann, ermöglicht den Ausgleich von Schwankungen – vor allem durch fluktuierende Produktion. Durch Integration von Puffer- und Speichertechnologien, u. a. in Form von Wärmespeichern, chemischen Speichern oder auch Pumpspeicherkraftwerken wie sie in gebirgsreichen Regionen wie z. B. in Norwegen, Mitteldeutschland oder Österreich vorhanden sind, wird die Stabilität der Netze durch den flexiblen Ausgleich von Schwankungen erhöht und Energie kann auch zu den Zeiten bereitgestellt werden, zu denen z. B. kein Wind weht oder die Sonne nicht scheint.

Das Potenzial des Konzepts wurde in den Jahren 2004 bis 2007 mit mehreren Studien seitens des Deutschen Zentrums für Luft- und Raumfahrt sowie durch eine aktuelle Studie der Dii GmbH aus 2012 belegt (Trieb 2007, 2006, 2005; Dii GmbH 2012).

Die Schlüsseltechnologien

Das DESERTEC-Konzept ist grundsätzlich technologieoffen, da alle erneuerbaren Energien gleichermaßen in der Betrachtung berücksichtigt werden. Alle Technologien, die im DESERTEC-Konzept zum Einsatz kommen sollen, sind bereits vorhanden und erprobt und die Stromgestehungskosten aus erneuerbaren Energien sinken mit zunehmender Anwendung kontinuierlich (Kost 2012).

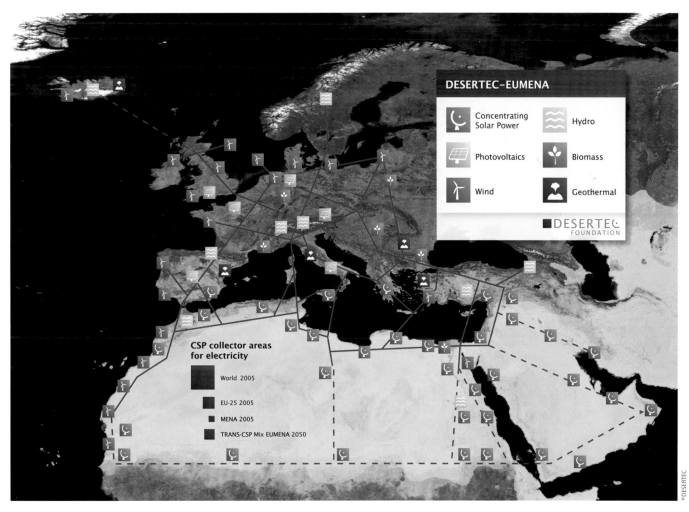

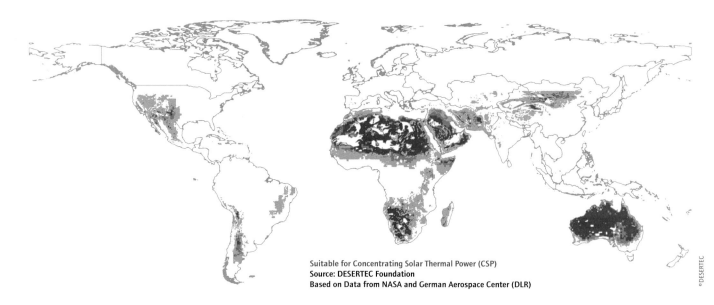

Suitable for Concentrating Solar Thermal Power (CSP)
Source: DESERTEC Foundation
Based on Data from NASA and German Aerospace Center (DLR)

©DESERTEC

Solarthermische Kraftwerke ,so genannte Concentrated Solar Power (CSP; Trieb 2006), haben besondere Bedeutung innerhalb des DESERTEC-Konzepts. Als large-scale Technologie kann CSP große Mengen elektrischer Energie bereitstellen und darüber hinaus auch zusätzlich zur Entsalzung von Meerwasser eingesetzt werden (Trieb 2007). In Kombination mit thermischen Speichern können CSP-Kraftwerke rund um die Uhr regelbaren Strom liefern und damit auch Lastspitzen verlässlich abfangen. Schwankungen aus der Windenergie und Photovoltaik können zuverlässig ausgeglichen werden und ein höherer Anteil fluktuierender erneuerbarer Energie im zukünftigen Strom-Mix wird möglich.

CSP ist eine erprobte Technologie, die seit mehr als 20 Jahren erfolgreich eingesetzt wird, z. B. in der Mojave-Wüste in den USA mit einer Kapazität von rund 350 Megawatt (MW). Beim Betrieb von CSP wird mit Sonnenenergie ein Trägermedium erhitzt (z. B. Wasser oder ein entsprechend geeignetes Thermo-Öl) und über Wärmetauscher Dampf erzeugt, der über Turbinen zur Stromerzeugung verwendet wird. Die dabei anfallende Prozesswärme kann direkt zur Entsalzung von Meerwasser genutzt werden. Ein Teil der eingestrahlten Sonnenenergie kann in thermischen Speichern (z. B. Flüssigsalzspeicher) gespeichert und während der Nachtstunden zur Stromerzeugung verwendet werden (Hueck 2011; Romera-Alvarez 2013).

Bei den vorhandenen CSP-Technologien können zwei Bauformen unterschieden werden. Jene, die das Sonnenlicht linear bündeln (Parabolrinne, Linear Fresnel), und jene, die es auf einen Punkt (Paraboloid, Solarturm) konzentrieren. Beim Betrieb der Anlagen werden zwischen 400 und 1000 Grad Celsius erreicht (Greenpeace 2009), wobei die Betriebstemperaturen umso höher werden, je kleiner die Fläche ist, auf die die Sonnenenergie konzentriert wird

(Romera-Alvarez 2013). Weltweit sind vor allem in Spanien (2,3 Gigawatt bis 2013) und den USA (13 Gigawatt bis 2013) CSP in Betrieb oder in Bau und weitere Ausbaukapazitäten geplant (IHS 2010). Nach Angabe der Weltbank haben sich derzeit auf dem globalen Markt vor allem die Parabolrinne und der Solarturm durchgesetzt und sind dementsprechend im Ausbau führend (World Bank 2011). Auch die anderen Formen der Nutzung werden weiterentwickelt, insbesondere auch Linear Fresnel. Bisher ist die Technologie jedoch noch zu wenig erprobt.

Die Auswahl der Technologie und vor allem auch die weitere Entwicklung des Ausbaus von CSP-Kraftwerken hängt davon ab, wie sich die Kosten für Bau und Betrieb entwickeln werden. Die Investitionskosten für ein solarthermisches Kraftwerk sind im Vergleich zu photovoltaischen Anlagen deutlich höher und auch die Betriebs- und Wartungskosten sind höher anzusetzen. Kraftwerke dieser Größenordnung werden sich vor allem in Regionen hoher und permanenter Sonneneinstrahlung wettbewerbsfähig einsetzen lassen. In einer Studie des Fraunhofer-Instituts für Solare Energiesysteme (ISE) aus dem Jahr 2012 werden die Stromgestehungskosten für CSP unter der Annahme einer Mindesteinstrahlung von 2000 Kilowattstunden (kWh) pro Quadratmeter pro Jahrmit 0,18–0,24 Euro/ kWh angegeben, während die Stromgestehungskosten für Photovoltaik im Freiflächenbereich bereits auf 0,10 Euro/kWh gesunken sind (Kost 2012). Allerdings sind dabei die Vorteile einer CSP-Anlage wie der kontinuierliche Betrieb auch in den Nachtstunden und die Nutzung der Abwärme für Wasserentsalzung nicht berücksichtigt.

Die zunehmende Einbindung von erneuerbaren Energien erfordert auch einen weiteren Ausbau der Netze. Während elektrische Energie bei der Produktion durch konventionelle Kraftwerke oftmals über deutlich kleinere Distanzen transportiert werden muss, wird elektrische Energie aus erneuerbaren Energien oftmals weitere Strecken bis zum Verbraucher zurücklegen müssen. Die Energie muss von den für die Produktion am besten geeigneten Standorten über größere Distanzen zu den Standorten des Verbrauchs transportiert werden. Mit Hochspannungs-Gleichstrom-Übertragung (HGÜ) wird der verlustarme Transport über weite Strecken möglich. Auch diese Technologie ist bereits seit dem späten 19. Jahrhundert bekannt und folglich ausreichend erprobt. Es gibt weltweit schon viele ausgebaute Leitungen, auch in Europa. Die größte existierende HGÜ-Leitung führt heute in China von Yunnan nach Guangdong. Sie transportiert elektrische Energie aus Wasserkraftwerken in der Provinz Yunnan über 1.400 Kilometer in die Metropolregion an der Küste, mit einer Übertragungsleistung von 5.000 MW (Hueck 2011).

HGÜ bietet gegenüber Wechselstromübertragung (AC) Vorteile von geringen Leitungsverlusten und höheren Übertragungsleistungen auf langen Distanzen. Es fallen bei HGÜ Verluste von nur etwa drei Prozent je 1.000 Kilometer an und Spannungen von bis zu 800 Kilovolt (kV) können bisher erreicht werden. Dementsprechend kann mit einer HGÜ-Leitung auch deutlich mehr Strom übertragen werden als das mit einer AC-Leitung der Fall wäre. Die Mehrkosten für HGÜ sind dabei mit 1 bis 2 Cent pro Kilowattstunde überschaubar und je größer die zu überwindende Distanz und je besser die Auslastung, desto höher ist auch der Kostenvorteil gegenüber Alternativen (Siemens 2008). Geht man weiter davon aus, dass rund 90 Prozent der Menschen weniger als 3.000 Kilometer von der Wüste entfernt leben, wäre es also theoretisch möglich, einen großen Teil der Weltbevölkerung nur mit Strom aus der Wüste zu versorgen.

Eine weitere Schlüsselkomponente für die Nutzung von erneuerbaren Energien zur globalen Energieversorgung sind geeignete Speicherlösungen, die Energie über einen ausreichenden Zeitraum und in ausreichenden Kapazitäten speichern können. Thermische Speicher wie z. B. die Flüssigsalzspeicher, die in Verbindung mit CSP-Kraftwerken eingesetzt werden, chemische Speicher, also Akkus, wie wir sie heute in Mobiltelefonen, Notebooks oder auch Elektroautos verwenden, mechanische Speicher, wie Pump- oder Hubspeicherkraftwerke (Wikipedia.de 2013), oder auch die Überführung in Trägerstoffe wie Wasserstoff, Ethanol, Methan etc. („Power-to-Gas"), sind Möglichkeiten, an denen geforscht und deren Eignung für diverse Anwendungen betrachtet werden (DLR 2012).

Die DESERTEC Foundation

Die DESERTEC Foundation ist eine zivilgesellschaftliche Initiative zur Gestaltung einer nachhaltigen Zukunft, die sich für diese Umsetzung kontinuierlich einsetzt. Als gemeinnützige Stiftung ist sie global aktiv, gemeinsam mit vielen regional aktiven Länderkoordinatoren sowie einer Anhängerschaft von Unterstützern rund um den Globus. Sie arbeitet weltweit daran, dass das DESERTEC-Konzept Umsetzung findet, indem sie:

- die Zivilgesellschaft und Politiker über das DESERTEC-Konzept informiert;
- die Schaffung und Herausbildung geeigneter Rahmenbedingungen vorantreibt;
- den Wissenstransfer und die wissenschaftliche Kooperation rund um das Thema erneuerbare Energien fördert;
- einen intensiven Austausch und Kooperationen mit Partnern aus der Wirtschaft pflegt;
- Projekte initiiert und evaluiert, die als exemplarisches Vorbild dienen können.

Die Stiftung bindet Menschen überall auf der Welt ein, insbesondere auch in den Wüstenregionen und eröffnet die Möglichkeit auf gesellschaftliche und wirtschaftliche Teilhabe. Interessierte können Teil dieser Bewegung werden, die sich für die Energiewende und eine nachhaltige Entwicklung stark macht.

DESERTEC Austria und der regionale Beitrag Österreichs zum DESERTEC-Konzept

Der Verein DESERTEC Austria e.V. ist bereits Teil dieser Bewegung. Er wurde im März 2012 als erste eigenständige Landesorganisation in Salzburg gegründet. Die Gründungsmitglieder sind engagierte Bürger, die sich zum Ziel gesetzt haben, das DESERTEC-Konzept in ihrem direkten Umfeld zu verbreiten und bekannt zu machen. Ihr Einsatz für die Schaffung eines Netzwerks in Österreich soll nicht nur die Unterstützung von Pilotprojekten der DESERTEC Foundation in anderen Regionen der Welt ermöglichen, sondern neben den globalen Lösungsansätzen gleichwertig den regionalen und lokalen Ausbau der erneuerbaren Energien unterstützen. Es geht auch darum, eine langfristige und dauerhafte Umstellung auf erneuerbare Energien und einen energiepolitischen Paradigmenwechsel in Österreich zu forcieren.

Wie andere EU-Länder hat sich auch Österreich den EU-2020 Zielen verschrieben. Die Zielvereinbarung für Österreich sieht eine Steigerung des Anteils der erneuerbaren Energien am gesamten Endenergieverbrauch bis zum Jahr 2020 auf 34 Prozent vor (Basisjahr 2005). Bisher werden in Österreich vor allem „traditionelle" Formen der erneuerbaren Energien, also Wasserkraft und Biomasse, eingesetzt. Sie machen rund 80 Prozent des Endenergieverbrauchs aus erneuerbaren Energien aus (Biermayer 2011). Während die Potenziale der großen Wasserkraft jedoch weitgehend ausgebaut sind (Vogl/Jank 2009), weisen andere Formen noch Ausbaupotenzial auf. Vor allem die Photovoltaik (81,6 Prozent) und die Solarwärme (33,2 Prozent) wiesen in den Jahren 2009–2010 hohe Wachstumsquoten auf. Dennoch stieg der Anteil der erneuerbaren Energien am Endenergieverbrauch in dieser Zeit nicht und blieb konstant bei 30,8 Prozent (Biermayer 2011).

Durch Informationsveranstaltungen macht DESERTEC Austria auf die Möglichkeiten des DESERTEC-Konzeptes aufmerksam. Österreich könnte durch Partizipation an dem Konzept durchaus profitieren. Der Energiebedarf Österreichs wächst kontinuierlich, derzeit schneller als Versorgungskapazitäten zugebaut werden können. Der zur Stromdeckung erforderliche Energieimport wächst damit ebenfalls (Biermayer 2011). Der Ausbau der erneuerbaren Energien und der Import erneuerbarer Energien anstelle fossiler Energien wären Optionen, um die Energiebilanz Österreichs zu verbessern und auch das EU-2020 Ziel zu erreichen. Erneuerbare Energien wie sie im DESERTEC-Konzept vorgesehen sind, hätten auch den Vorteil, dass ihre Preisgestaltung langfristig nicht von schwankenden und in der Regel steigenden Weltmarktpreisen abhängig ist. Die Pumpspeicherkraftwerke über die Österreich verfügt, bieten darüber hinaus erforderliche Speicherkapazitäten, um ein „Super-Grid" mit einem hohen Anteil erneuerbarer Energieträger, regelbarer und fluktuierender, ausbauen zu können.

Durch den Ausbau der erneuerbaren Energien kann einerseits ein Beitrag zum effektiven Klimaschutz geleistet werden, anderseits profitiert die lokale Wirtschaft von regionalen Projekten. Auf diese Weise wird DESERTEC Austria den ganzheitlichen Ansatz von DESERTEC in der direkten Nachbarschaft voranbringen. ∎

Literaturhinweise

Biermayer, P. (2011). Erneuerbare Energien in Zahlen, Die Entwicklung erneuerbarer Energien in Österreich. Wien: Bundesministerium für Land- und Forstwirtschaft, Umwelt und Wasserwirtschaft.

DESERTEC Foundation. (2009). Clean Power from the Deserts (Whitebook 4th edition). Hamburg: DESERTEC Foundation.

Diamond, J. (2005). Kollaps – Warum Gesellschaften überleben oder untergehen. Frankfurt am Main: Fischer Verlag.

Dii GmbH (2012). 2050 DESERT Power. Argumente für den Wüstenstrom. Zusammenfassung des Berichts „DESERT Power 2050. Perspectives on a Sustainable Power System for EUMENA. München.

German Advisory Council on Global Change (WBGU). (2009). Solving the climate dilemma: The Budget Approach (Special Report). Berlin: German Advisory Council on Global Change (WBGU).

German Aerospace Center (DLR). (5. März 2012). Für die Energiewende brauchen wir dringend Speicher. Abgerufen am 19. März 2013 von http://www.dlr.de/dlr/desktopdefault.aspx/tabid-10202/334_read-2862//year-all/

Global Footprint Network. (2013). Global Footprint Network. Abgerufen am 14. Februar 2013 von Global Footprint Network: http://www.footprintnetwork.org

Green Peace. (2009). Concentrating Solar Power – Global Outlook 2009; Why Renewable Energy is hot. Amsterdam: Greenpeace International.

Hueck, U. (13. 12 2011). Solar-Vision DESERTEC – Wenn Ingenieure darüber nachdenken. Präsentation. Hamburg: Blue Engineer AG (Vortrag).

IHS Emerging Energy Research. (2010). Global Concentrated Solar Power Markets and Strategies: 2010–2025. o. A.: IHS Emerging Energy Research.

Intergovernmental Panel on Climate Change (IPCC). (2007). Climate Change 2007 – Synthesis Report.

Intergovernmental Panel on Climate Change (IPCC). (2012). Renewable Energy Sources and Climate Change Mitigation (Special Report). New York: Cambridge University Press.

Kost, C. et. al. (2012). Studie Stromgestehungskosten Erneuerbare Energien. Freiburg: Frauenhofer Institut für Solare Energiesysteme ISE .

Renewable Energy Policy Network for the 21st Century. (2012). Renewables 2012 – Global Status Report. Paris: Renewable Energy Policy Network for the 21st Century.

Romero-Alvarez, M. and Zarza, E. (kein Datum). Concentrating olar Thermal Power. Abgerufen am 15. März 2013 von http://203.158.253.140/media/e-Book/Engineer/Energy/Energy%20Conversion/44311_c019.pdf

Siemens. (2008). High Voltage Direct Current Transmission; Proven Technology for Power Exchange. Siemens.

The World Bank. (2012). Turn down the Heat – Why a 4 °C Warmer World Must be Avoided. A Report for the World Bank by the Potsdam Institute for Climate Impact Research and Climate Analytics. Washington: International Bank for Reconstruction and Development / The World Bank.

Trieb, F. (2005). Concentrating Solar Power for the Mediterranean Region. Stuttgart: German Aerospace Center (DLR).

Trieb, F. (2006). Trans-Mediterranean Interconnection for Concentrating Solar Power. Stuttgart: German Aerospace Center (DLR).

Trieb, F. (2007). Concentrating Solar Power for Seawater Desalination. Stuttgart: German Aerospace Center (DLR).

United Nations. (2011). World Population Prospects – The 2010 Revision, Highlights and Advance Tables. New York: Department of Economic and Social Affairs – Population Division.

United Nations Development Programme. (2011). United Nations Development Report, Sustainability and Equity – A better Future for All. New York: United Nations Development Programme.

Vogl, B., & Jank, W. (2009). Erneuerbare Energien 2020. Potenziale und Verwendung in Österreich. Wien: Bundesministerium für Land- und Forstwirtschaft, Umwelt und Wasserwirtschaft.

Wikipedia.de. (kein Datum). Energiespeicher. Wikipedia. Abgerufen am 17. März 2013 von http://de.wikipedia.org/wiki/Energiespeicher

Worldbank . (2011). Middle East and North Africa Region Assessment of the Local Manufacturing Potential for Concentrated Solar Power (CSP) Projects. World Bank.

Der Autor

Thiemo Gropp, *geb. 1969 in Pforzheim, studierte Physik in Karlsruhe und in Tucson. Seine Doktorarbeit absolvierte er am Max-Planck-Institut für Biophysik in Frankfurt und wurde im Fach Biochemie an der Universität Frankfurt promoviert. Nach zehnjähriger Tätigkeit als Gründer, Vorstand und Aufsichtsratsmitglied in verschiedenen Biotechnologie-Firmen, wandte er sich dem Bereich der erneuerbaren Energien zu, einem Feld, das ihn von jeher faszinierte. 2009 wurde er zum Mitgründer der DESERTEC Foundation, deren Vorstand er seit 2010 ist. Thiemo Gropp setzt sich für die Verwirklichung des DESERTEC-Konzepts als Lösungsansatz für eine globale Energiewende ein. Darüber hinaus arbeitet er daran, DESERTEC als eine Bewegung der globalen Zivilgesellschaft zu entwickeln, um damit eine nachhaltige Zukunftsgestaltung zu erreichen.*

KAPITEL 7:
FORESIGHT UND ALLGEMEINE, GLOBALE ENTWICKLUNGEN

GLOBALE GEOSTRATEGISCHE ENTWICKLUNG

Othmar Commenda

Einleitung

Die Funktionsfähigkeit komplexer sozialer und wirtschaftlicher Systeme in einer mehr und mehr globalisierten Welt ist abhängig von der Beschaffenheit einer Anzahl von kritischen Faktoren. Unbestreitbar wird der Faktor „Sicherheit" in seiner geostrategischen Dimension diese Funktionsfähigkeit auch in einer längerfristigen Perspektive weiterhin entscheidend beeinflussen.

Dieser Beitrag widmet sich der Frage der Entwicklung entscheidender Faktoren der globalen Sicherheit und Stabilität bis zur Mitte dieses Jahrhunderts und versucht eine Antwort darauf zu geben, wie Strategien zur Aufrechterhaltung von Sicherheit verändert werden können. Die Basis dieser in die langfristige Zukunft gerichteten Lagebeurteilung stellen allgemein anerkannte Prognosen über die vermutliche Entwicklung anderer wesentlicher Faktoren (Klimawandel, Innovation, Globalisierung, Demographie, Zugang zu Ressourcen u. a.) dar. Die in diesem Beitrag identifizierten Trends stellen Aussagen zu einer möglichen Zukunft des Bereiches Sicherheit in seiner geostrategischen Dimension innerhalb einer zulässigen Bandbreite der Beurteilbarkeit dar.

Während im Allgemeinen das Niveau an Sicherheit unter einem geostrategischen Blickwinkel nicht signifikant ansteigen wird, bleibt gleichzeitig jedoch die Wahrscheinlichkeit der Bedrohung Österreichs durch einen konventionellen Landkrieg im Beurteilungszeitraum bis 2050 voraussichtlich auf niedrigem Niveau. Dieser Umstand hat weitreichende Implikationen für Österreich als Standort einer exportorientierten Wirtschaft, die durch tendenziell steigenden Bedarf hinsichtlich Zugang und Verfügbarkeit von zu importierenden Ressourcen aus potenziellen globalen Konfliktregionen gekennzeichnet sein wird. Über das damit in Abhängigkeit stehende Wirtschaftswachstum ist in direkter und indirekter Weise die soziale und politische Stabilität in Österreich betroffen. Daraus ergeben sich spezifische Herausforderungen für das Handeln des Staates in sicherheitspolitischer Hinsicht.

Globale geostrategische Lage um 2050

Die Tatsache, dass die Daseinsform der Welt und die Sicherheitslage in einer 35 Jahre vor uns liegenden Zukunft nur ansatzweise präzise beurteilt werden kann, mag erschreckend erscheinen. Eine Beurteilung möglicher Korrelationen und Kombinationen einer Anzahl von Faktoren, die sich in unterschiedlicher Abhängigkeit voneinander dynamisch entwickeln, erlaubt theoretisch die Beschreibung einer Anzahl an zukünftigen Szenarien. Eine Ableitung von Konsequenzen für nationale Strategien und Handlungsfelder ist daraus jedoch nur mit einer eingeschränkten Relevanz möglich.

Es erscheint daher zielführend, eine Beurteilung von wesentlichen Entwicklungslinien jener kritischen Faktoren heranzuziehen, welche den Bereich der geostrategischen Sicherheit bis 2050 am stärksten beeinflussen.

Obwohl sich aus der Entwicklung der Demographie bis 2050 alleine keine eindeutigen Implikationen für die globale Sicherheit ableiten lassen, werden die diesbezüglichen Trends die Beziehungen zwischen Regionen im globalen Maßstab stark beeinflussen, wenn nicht determinieren. Die gegenläufige Entwicklung der Alterspyramide zwischen der westlichen Welt und anderen global relevanten Regionen, namentlich in Afrika und Asien, die damit eng verbundene grenzüberschreitende Migration auch mit Zielrichtung Europa sowie die zunehmende Verstädterung der Gesellschaften vor allem in Asien, Afrika und Südamerika werden sich direkt auf das europäische Sicherheitsumfeld auswirken. Als indirekt relevante Effekte können darüber hinaus regional begrenzte Wanderungsbewegungen die Stabilität betroffener Staaten untergraben, regionale Verteilungskonflikte auslösen bzw. zur Verschärfung der Auseinandersetzung um die Kontrolle von natürlichen Ressourcen beitragen.

Eng verbunden mit der globalen Bevölkerungsentwicklung wird dem Zugang zu Nahrung und sauberem Wasser entscheidende Bedeutung zukommen. Die in Zukunft erforderlichen Maßnahmen zur Gewährleistung des gesicherten Zugangs zu Energie und der Umstieg auf erneuerbare Energieformen stehen bereits heute im Konflikt mit der Nahrungssicherheit von Teilen der Weltbevölkerung. Diese Konfrontation könnte sich tendenziell verstärken und negative Auswirkungen auf den Faktor Demographie/Migration mit sich bringen. Der anhaltende Klimawandel und der damit im Zusammenhang stehende und mit hoher Wahrscheinlichkeit anhaltende Trend zur Vernichtung menschlicher Lebensräume, einschließlich des Raumes zur Erzeugung von Lebensmitteln, werden sich negativ auf die Verfügbarkeit von Nahrung und Wasser für erhebliche Teile der Bevölkerung in der sich entwickelnden Welt auswirken. In den und um die vom Klimawandel vergleichsweise am stärksten betroffenen Regionen der Welt (Afrika nördlich und südlich der Sahara, der Mittlere Osten, Südasien, Zentralasien, Lateinamerika, die Karibik sowie die Arktis) ist mit einer Dynamisierung politischer und gesellschaftlicher Destabilisierungsentwicklungen zu rechnen, die bis hin zu Bürgerkriegen oder dem Zusammenbrechen von Staaten reichen können.

Der für Volkswirtschaften zum Erhalt von Produktionskapazitäten und letztlich zur Sicherung bzw. Steigerung des Wohlstandes erforderliche gesicherte Zugang zu Rohstoffen und die damit im Zusammenhang stehenden Fragen nach ihrer Sicherung werden vor allem durch globale demographische Entwicklungen, die Dynamik von sich entwickelnden Volkswirtschaften und die Begrenztheit von Ressourcen an sich bestimmt. Während die Wahrscheinlichkeit des Einsatzes etwa von Rohöl als Druckmittel durch deren Produzenten

in Zukunft eher niedrig anzusetzen ist, so kann dies bei so genannten „kritischen Rohstoffen", deren Verfügbarkeit für die Produktion von zukünftigen, hochtechnologischen Produkten von wesentlicher Bedeutung ist, nicht ausgeschlossen werden. Eine solche Entwicklung wird zu Versorgungsunsicherheit nicht nur in westlichen Industrienationen führen, sondern birgt auch das Risiko von Verteilungskämpfen zwischen Exporteuren und Importeuren im Allgemeinen in sich.

Durch die mit hoher Wahrscheinlichkeit weiter zunehmende Ungleichheit in der Verteilung von Macht und Reichtum, sowohl zwischen Individuen als auch zwischen Gruppen einer Gesellschaft, auch im globalen Maßstab, wird die Instabilität innerhalb von und zwischen Bevölkerungsgruppen erhöhen. Damit einhergehend ist mit hoher Wahrscheinlichkeit mit einem Anstieg von Gewaltphänomenen, welche die Sicherheit bedrohen, zu rechnen. Als Beispiele können grenzüberschreitende Kriminalität, Terrorismus oder Aufstandsbewegungen genannt werden.

Ein sich bis zum Jahr 2050 ständig vergrößernder Anteil der Weltbevölkerung wird Zugang zu materiellem Wohlstand im Sinne einer Mittelklasse haben. Damit einher gehen wird ein geändertes Konsumverhalten mit steigendem Bedarf an Nahrung, Wasser, Energie und Rohstoffen. Vor allem die sich in diesem Kontext rasch entwickelnden Länder wie Indien, China oder Brasilien werden daher einen starken Effekt auf verbundene Entwicklungsstränge mit all ihren Konsequenzen ausüben.

Der Trend zur zunehmenden Globalisierung wird vermutlich auch bis 2050 anhalten. Während dadurch einerseits die Lebensbedingungen und -qualität für Millionen von Menschen verbessert werden, ist es wahrscheinlich, dass erhebliche Teile der Weltbevölkerung in einem zunehmend von Unsicherheit und geringer Planbarkeit beherrschten Umfeld leben werden. Lokale politische Entscheidungen könnten, um diesen Umständen entgegen zu wirken und betroffene Bevölkerungsgruppen zu schützen, einen verzögernden Effekt im Rahmen der Globalisierung erzeugen. Wahrscheinlich ist jedoch, dass sich durch die Globalisierung die gegenseitigen wirtschaftlichen Abhängigkeiten zwischen Staaten und global relevanten Regionen verstärken werden, was wiederum zu einem verstärkten Einengen des politischen Handlungsspielraumes führen könnte. Andererseits könnte eine solche Entwicklung auch global agierenden Sicherheitsarchitekturen mehr Einflussmöglichkeiten verschaffen.

Mit einem Ansteigen der Innovationsgeschwindigkeit u. a. in den Bereichen Informations- und Kommunikationstechnologie, Biotechnologie, Medizintechnik, Robotik, der Neuro- oder der Nanotechnologie ist zu rechnen. Mit der sich beschleunigenden Innovation in diesen Bereichen wird die Vernetzung von Forschung und Entwicklung zur Schaffung von kollaborativen Umfeldern stark zunehmen. Die Tendenz, dass unregulierte bzw. unkontrollierte Bereiche von sich rasant entwickelnden Technologien durch potenzielle Angreifer genutzt werden, kann als stark steigend bewertet werden. Der Nutzung des Cyberspace und dem Schutz der durch dieses Medium angreifbaren Funktionsfähigkeit von Gemeinschaften werden stark erhöhte Bedeutungen zukommen.

Während im Beurteilungszeitraum vom Eintreten von strategischen Schockereignissen auszugehen ist, können die Art der Ereignisse und die Zeitpunkte ihres Auftretens nicht im Voraus beurteilt werden. Gemeinwesen, deren Organisation auf Vielseitigkeit und Flexibilität aufgebaut ist, werden mit hoher Wahrscheinlichkeit in der Lage sein, strategische Schockereignisse erfolgreich zu überwinden.

Macht und Einfluss im globalen Maßstab – Tendenzen der Entwicklung

Die zukünftige Verteilung von Macht und Einfluss im globalen Maßstab

Die Anpassung der Verteilung von Macht und Einfluss im globalen Maßstab wird durch eine sich vergrößernde Zahl von mittelgroßen Machtzentren mit überregionaler Dimension bei gleichzeitiger Neudefinition der Rolle der USA, als dem derzeit einzigem globalen Hegemon, gekennzeichnet sein.

Während aktuell globale militärische Macht in den Händen einiger weniger Staaten konzentriert ist, lässt sich wirtschaftliche Macht wesentlich breiter verteilt und auch im Bereich von nicht-staatlichen Akteuren erkennen. Mit dem Einsetzen der globalen Machtverschiebung nach Asien hin hat sich ein sicherheitsrelevanter Prozess in Gang gesetzt, welcher mit einer erhöhten Wahrscheinlichkeit einen gesteigerten Grad an Unsicherheit und Instabilität im Rahmen internationaler Beziehungen mit sich bringen wird.

Diese Entwicklung, vor allem in Asien und Südamerika, wird kein einfacher und linearer Prozess sein, welcher automatisch in allen Dimensionen von Macht zu gesteigerten Handlungsmöglichkeiten der betreffenden Akteure führen wird. Aufstrebende Staaten, obschon sie individuell an Macht und Einflussmöglichkeiten gewinnen werden, stehen vor der Herausforderung, diesen Zuwachs im Rahmen eines internationalen Beziehungssystems global nutzbar zu machen. Zunehmend ist damit zu rechnen, dass internationale Beziehungen im Rahmen der sich abzeichnenden Entwicklung zu einer multi-polaren Welt vorerst davon gekennzeichnet sein werden, dass Staaten durch permanente Neuausrichtung der dynamischen Entwicklung des strategischen Umfeldes Rechnung tragen („nicht-polarität").

Global relevante Institutionen wie die UNO oder die Welthandelsorganisation werden mit hoher Wahrscheinlichkeit ihre Relevanz beibehalten, v.a. in der Rolle als „Vermittler" in der Lösung von Problemen der zunehmend globalisierten und von gegenseitigen Abhängigkeiten geprägten Welt („global governance"). Eine Entwicklung hin zu einer „Weltregierung" oder die freiwillige Abgabe von Macht an globale Institutionen von bestehenden Machtzentren können als wenig wahrscheinlich beurteilt werden.

Die Entwicklung bestehender Machtzentren

Nach dem Zerfall der Sowjetunion stiegen die USA am Ende des 20. Jahrhunderts zum globalen Hegemon auf. Sie werden mit hoher Wahrscheinlichkeit bis zum Jahr 2050 in der Lage sein, ihre dominierende militärische Machtstellung aufrecht zu halten. Die beherrschende Position der USA und der mit dieser im weitesten Sinne unter ökonomischen und militärischen Aspekten verbundenen Partner wird sich zu Gunsten von aufstrebenden Staaten abschwächen, im Allgemeinen jedoch vorherrschend bleiben. Die Beurteilung wesentlicher Faktoren der Entwicklung der Vereinigten Staaten lassen den Schluss zu, dass die USA als globaler Machtfaktor erhalten bleibt. Das Erneuern von bestehenden Allianzen und das Schmieden neuer Partnerschaften mit aufstrebenden Mächten in Regionen, in welchen die Stellung der USA durch neu entstehende Machtzentren bedroht ist, sind dabei wahrscheinliche Methoden des Machterhalts.

Die Europäische Union wird mit hoher Wahrscheinlichkeit nicht in der Lage sein, ihre v.a. auf ökonomischen Faktoren beruhende Machtstellung zu erhalten. Demographische Trends sowie unter anderem Beschränkungen durch den Anspruch der Einhaltung von im globalen Maßstab strikteren Normen führen potenziell zu einer geringeren Innnovationsgeschwindigkeit und einem damit einhergehenden allgemeinen Relevanzverlust. Die beurteilbar weiterhin geringe Geschwindigkeit der vertiefenden politischen Integration und vor allem die erwartbaren Konsequenzen der erkennbaren demographischen Entwicklungen werden die Möglichkeiten der

Konzentration und Anwendung von Machtmitteln langfristig beeinträchtigen. Als kritische interne Faktoren sind weiters die aktuellen Entwicklungen an der südlichen Peripherie Europas und eine ungleiche Geschwindigkeit der ökonomischen Entwicklung mit möglichen Auswirkungen auf Extremismus und Nationalismus von hoher Relevanz. Diese Faktoren werden mit hoher Wahrscheinlichkeit auch jene bereits bestehenden Zentrifugalkräfte innerhalb der Union stärken, welche einer stärkeren Europäischen Union als politischer Idee aber letztendlich auch als globalem Machtfaktor entgegentreten werden.

Die externe Dimension der Rolle Europas wird in hohem Maße vom Umgang mit einem aufstrebenden Russland als wesentlicher Lieferant natürlicher Ressourcen und als Partner in den Beziehungen mit Zentralasien und der Arabischen Welt beeinflusst. Darüber hinaus muss sich Europa der Frage der Instabilität im Mittelmeerraum und der aus und über diesen Raum ansteigenden illegalen Migration stellen.

Russland wird weiterhin danach trachten, seine ehemalige Rolle als globaler Machtfaktor, trotz weiterhin bestehender demographischer, sozialer und innenpolitischer Herausforderungen, wieder herzustellen. Es wird damit zu einer Herausforderung für die Sicherheit Europas, aber auch jene der USA. Während Russland versuchen wird, eine dominierende Rolle bei der Kontrolle der Arktis zu gewinnen, wird die Konfrontation mit China in Zentralasien für Russland eine zentrale Herausforderung bleiben. Die Option, dass die oben angeführten internen Herausforderungen Russland wieder in eine Periode der inneren Unruhe und Instabilität zurück führen könnten, liegt im Bereich des Möglichen. Die bestehenden zentralistischen Machtstrukturen werden eine wesentliche Hürde für Russland bei der wirtschaftlichen Weiterentwicklung bleiben und es ist eher unwahrscheinlich, dass die daraus resultierenden Herausforderungen rasch bewältigt werden können.

Japan wird als eine der größten Volkswirtschaften der Welt weiterhin eine wichtige Rolle in der globalen Machtarchitektur einnehmen. Von einem Ablegen der bestehenden konstitutionellen Schranken für die Anwendung militärischer Machtmittel außerhalb des Landes als Handlungsmöglichkeit ist mit erhöhter Wahrscheinlichkeit auszugehen. Während Japan weiterhin danach streben wird, den Einfluss des aufstrebenden Chinas durch regionale Partnerschaften und Bündnisse einzuschränken, wird das Sicherheitsbündnis mit den USA mit hoher Wahrscheinlichkeit auch in Zukunft eine wesentliche Stütze seiner Machtposition bleiben. Nicht unwahrscheinlich erscheint auch der Ansatz durch Allianzen mit anderen aufstrebenden Staaten Asiens, etwa mit Indien, den Machtgewinn und die Handlungsmöglichkeiten Chinas einzuschränken.

Die Rolle aufstrebender Staaten mit Potenzial für globale Einflussnahme

Das sich ständig vergrößernde Potenzial Chinas im wirtschaftlichen und militärischen Bereich lässt es als wahrscheinlich erscheinen, dass das Land seine bisherige Politik der Nicht-Einmischung zu Gunsten einer stärker auf die direkte Kontrolle von wesentlichen Kommunikationslinien und -räumen ausgerichteten Strategie aufgeben wird. Vor allem in den China umliegenden Seegebieten ist eine Zunahme der Intensität des Wettkampfs um die Kontrolle dieser Regionen mit den USA, Japan und Indien nicht unwahrscheinlich. Durch die fortschreitende wirtschaftliche Entwicklung wird das Land bis 2050 zur führenden Nation in Ostasien und dem westlichen Pazifik aufsteigen und in der Lage sein, seine militärische Macht in einer über diesen Raum hinaus gehenden Dimension anzudrohen und auszuüben. Während eine direkte militärische Konfrontation zwischen den bestehenden und aufstrebenden Machtzentren in Asien wenig wahrscheinlich erscheint, ist von einem permanent höheren Spannungszustand zwischen Machtblöcken auszugehen, als dies etwa in und um Europa der Fall sein wird. Während das Potenzial Chinas zur Entwicklung eines entscheidenden Machtfaktors erheblich ist, wird seine Entwicklung schlussendlich davon abhängen, ob und in welcher Form es ein stabiles innenpolitisches System schaffen kann, die bestehenden sozialen und ethnischen Spannungen auszugleichen und zu einem stärkeren inneren Zusammenhalt zu führen.

Während Indien bereits ab ca. 2040 das bevölkerungsreichste Land der Welt sein wird, sind die damit verbundenen Herausforderungen enorm und beeinflussen signifikant die Handlungsmöglichkeiten in einer regionalen und überregionalen Dimension. Indien wird vermutlich weiterhin eine „India First" Politik v. a. im Indischen Ozean und in den Europa und Asien verbindenden Kommunikationslinien verfolgen und danach streben, seine strategische Autonomie so weit als möglich zu erhalten. Es erscheint unwahrscheinlich, dass Indien in der Lage sein wird, über diese Region hinaus eine glaubhafte Herausforderung für die Interessen und die Sicherheit Chinas oder der USA darzustellen. Das Land verfügt jedoch über das Potenzial, auf Grund seiner Stellung gegenüber China, ein Bündnispartner für andere regionale Machtzentren in Asien zu werden.

Der Aufstieg Brasiliens zur Wirtschaftsmacht, abgestützt auf starke demokratische Strukturen, und eine diversifizierte Ökonomie und Rohstoffexporte, wird die Machtverhältnisse in Südamerika verändern. Dieser Aufstieg wird v. a. auch die Möglichkeiten der Einflussnahme der USA in der Region herabsetzen und könnte zu einer vertieften politischen Integration Südamerikas beitragen. Brasilien verfügt über ein herausragendes geostrategisches Potenzial und könnte zu einer Herausforderung für andere aufstrebende Staaten wie Indien oder China werden.

Der Iran wird mit hoher Wahrscheinlichkeit das stärkste Machtzentrum des Nahen und Mittleren Ostens werden und seinen Einfluss auch nach Westasien ausdehnen. Eine solche Prognose erscheint auf der Basis einer funktionierenden Wirtschaft, eines fortschrittlichen Bildungssystems, einer starken kulturellen Ausstrahlung und nicht zuletzt auf Grund der nationalen Anstrengungen im militärischen Bereich als zulässig. Dieses Streben nach einer regionalen Führungsrolle macht den Iran auch zukünftig zu einer Herausforderung für bestehende und aufstrebende Machtzentren. Der Versuch, die konventionelle militärische Überlegenheit der USA und Israels zu unterlaufen, könnte den Iran in Besitz von Atomwaffen bringen und das Land damit gleichzeitig zu einem Vorbild für aufstrebende Staaten mit ähnlichen Ambitionen werden lassen.

Dem Iran gegenüber steht Saudi Arabien als regionale Drehscheibe der Macht. Die Bevölkerung des Landes wird sich im Beurteilungszeitraum vermutlich verdoppeln, womit Saudi Arabien auch weiterhin in Verbindung mit seinem Ressourcenreichtum ein attraktiver Markt nicht zuletzt für militärische Rüstungsgüter sein wird. Der Anteil der durch Saudi Arabien bis zum Jahr 2050 kontrollierten Bestände an Rohöl wird sich relativ erhöhen und dem Land das zumindest theoretische Potenzial zur verstärkten Ausübung globaler wirtschaftlicher Macht geben.

Globale Sicherheit in der Mitte des 21. Jahrhunderts

Die Betrachtung der durch die westliche Welt in der jüngeren Vergangenheit entwickelten Strategien zur globalen Beherrschung von Sicherheit, lässt den Schluss zu, dass in der Regel ein Mangel an strategischer Voraussicht zu einer zu kurzfristigen strategischen Herangehensweise geführt hat. Dieser Umstand steht in direktem Zusammenhang mit dem Wunsch, Konflikte rasch einer stabilen Situation zuzuführen und dabei größere politische Risiken zu vermeiden. Kleinere Staaten wie etwa Österreich werden vor der Herausforderung stehen, ihre national zu definierenden strategischen Zielsetzungen im Kontext von sich verschiebender globaler Machtverteilung umsetzen zu müssen.

Wie schon in der Vergangenheit wird auch in der Zukunft die Entwicklung im Bereich globaler Sicherheit nicht ausschließlich einer linearen Entwicklung unterliegen. Es ist als Tatsache anzusehen, dass Konflikte in Zukunft in einer nur ungenau prognostizierbaren Art und Weise ausgetragen werden. Die Entwicklung von langfristig wirksamen Strategien zur Sicherung der Funktionsfähigkeit von Gemeinwesen muss sich daher von kurzfristig ausgerichteten ideologischen Fesseln befreien und das Reagieren auf die unterschiedlichen zukünftigen Erscheinungsformen von Konflikten zulassen. Das Vorhalten von größeren militärischen Potenzialen zur Konfliktbewältigung erscheint schon auf Grund der dafür aufzuwendenden finanziellen und personellen Ressourcen wenig zweckmäßig.

Die zunehmende Vernetzung der Welt wird es zusehends schwieriger gestalten, die Austragung von Konflikten auf bestimmte geographische Räume einzuschränken. Konsequenzen auch von regionalen Auseinandersetzungen erhalten in der Regel eine globale Dimension mit Implikationen auch für Österreich. Die Bandbreite möglicher Konfliktgegner mit globaler Dimension reicht von leistungsfähigen militärischen Streitkräften bis hin schlecht organisierten Gruppen oder sogar Einzelpersonen. Eine Unterscheidung zwischen staatlichen und nicht staatlichen Akteuren bleibt weiterhin schwierig, mit allen daraus abzuleitenden Konsequenzen für Akteure, welche auf Grund der Notwendigkeit der Einhaltung von rechtlichen Normen in ihren Handlungsmöglichkeiten beschränkt sein werden.

Staaten und Staatengemeinschaften werden aus diesem Grund mit hoher Wahrscheinlichkeit in Zukunft alternative Strategien zur Beherrschung von geostrategischen Risiken anwenden müssen. Der Einsatz von militärischen Kräften zur Wahrung vitaler Sicherheitsinteressen war, im Verständnis der westlichen Welt, aufgebaut auf einem überlegenen Organisationsgrad von Streitkräften und abgestützt auf die bestehende technologische Überlegenheit. Unter Bedachtnahme der wahrscheinlichen Entwicklung von aufstrebenden Machtzentren erscheint dieser Ansatz nicht zuletzt auf Grund des sich ausgleichenden technologischen Vorsprungs, zunehmend problematisch.

Zukünftige geostrategische Sicherheitsherausforderungen werden mit sehr geringer Wahrscheinlichkeit durch die Anwendung militärischer Mittel oder einem unilateralen Ansatz gemeistert werden können. Staaten und Staatengemeinschaften werden sehr wahrscheinlich danach trachten, ihre Machtmittel einer vertieften Integration zuzuführen und neue Allianzen und Partnerschaften werden sich herausbilden. Österreich wird gefordert sein, seine geographische Lage in der Mitte Europas mit den sich bietenden Möglichkeiten der geostrategischen Entwicklung zu verbinden und dabei gemeinsam mit seinen Partnern im globalen Kontext die im Entstehen begriffenen Risiken zu minimieren. ■

Der Autor

Nach seinem Präsenzdienst, der anschließenden Offiziersausbildung an der Theresianischen Militärakademie und seinem Einsatz im Rahmen der UNDOF-Mission der Vereinten Nationen auf den Golanhöhen absolvierte General-leutnant **Othmar Commenda** *eine Vielzahl militärischer und ziviler Ausbildungen, u.a. an der Landesverteidigungsakademie, am „War College" der US Army in Carlisle/USA sowie an der Führungsakademie der Bundeswehr in Hamburg/ Deutschland. Ab 2001 war er Leiter der Stabsabteilung im Kabinett des Verteidigungsministers und ab 2003 mit der Leitung des Kabinetts betraut. Ab 2008 war Commenda Stellvertretender Generalstabschefs. Im Mai 2013 wurde er vom Bundesminister für Landesverteidigung zum Generalstabschef ernannt. Commenda ist Experte in Fragen internationaler Entwicklungen und – als ehemaliger Leiter des Projektmanagements der Bundesheerreformkommission (2003–2004) sowie Leiter des Managements ÖBH 2010 (2004–2008) – auch in Fragen des Managements.*

Österreich in Europa

Anton Pelinka

Österreich ist mit Europa eng verflochten: wirtschaftlich, kulturell, politisch. Die Mitgliedschaft in der Europäischen Union hat diese schon vor 1995 existierende deutliche Verflechtung noch beschleunigt. Diese Rahmenbedingung wird auch die Entwicklung in Österreich für weitere Jahrzehnte bestimmen. Und Österreich wird nicht allein von der Entwicklung der Europäischen Union bestimmt: Alle Mitgliedstaaten verlieren politische und wirtschaftliche Gestaltungsfreiheit. Die Europäische Union zieht – bald langsam, bald schneller – Kompetenzen an sich, zu lasten der Mitgliedsstaaten.

Diese Tendenz wird zwar durch die europäische Integration verdichtet, aber nicht ausgelöst. Unter dem Begriff „Globalisierung" können analoge Tendenzen weltweit beobachtet werden. Das Konstrukt souveräner Staatlichkeit wird von der Realität immer mehr ausgehöhlt. Der Zusammenschluss europäischer Staaten zu einer Union ist die Antwort auf diesen Prozess eines umfassenden Kompetenz- und Machtverlustes der Staaten. Deshalb ist die Entwicklung Europas der entscheidende Rahmen für Österreichs Zukunft. Dabei ist die Entwicklung Europas zuallererst als Entwicklung der Europäischen Union zu verstehen. Deren Zukunft beeinflusst entscheidend die Zukunft Österreichs.

Das ist nicht mit einer Fremdbestimmung gleichzusetzen, denn Österreich als Teil der Union bestimmt ja die Gestaltung Europas mit. In Österreich frei gewählte Abgeordnete bestimmen im Europäischen Parlament den Kurs Europas ebenso mit wie die VertreterInnen der österreichischen Bundesregierung, die im Rat der EU Sitz und Stimme haben. Die Zukunft der EU ist die Zukunft Österreichs, und wie diese aussehen wird, bestimmt Österreich mit.

In Form von zwei Szenarien – von zwei unterschiedlichen, aber möglichen Zukunftsperspektiven der EU – sollen die wahrscheinlichen Eckdaten dieser Zukunft Österreichs im Europa der Union dargestellt werden.

Diese Szenarien beruhen auf einer Zusammenschau der zu beobachtenden langfristig wirkenden Trends im Sinne genereller Trendextrapolationen:

- der globalen demographischen Entwicklungen, die das Gewicht Europas insgesamt und damit der einzelnen europäischen Staaten bis 2050 verändern;

- der globalen ökonomischen Entwicklungen, die Wohlstand und Dynamik aus dem europäisch-atlantischen mehr und mehr in den asiatisch-pazifischen Raum verlagern;

- der globalen politischen Entwicklung, die auf eine abnehmende Steuerungskapazität von Staaten und insbesondere von kleineren Staaten hinausläuft.

Szenario 1: Mehr Europa

Die europäische Integration schreitet in den nächsten Jahrzehnten voran: in verschiedenen Schüben, die von Phasen des Steckenbleibens immer wieder unterbrochen werden. Die Europäische Union 2050 ist daher:

- weitgehend identisch mit dem Europa der Geographie (Erweiterung);

- einem Bundesstaat deutlich nahe gekommen (Vertiefung).

Erweiterung bedeutet, dass die EU jedenfalls die Staaten des Westbalkan zu ihren Mitgliedern zählt, möglicherweise auch die Türkei und die Ukraine. Die Union ist 2050 noch mehr als 2013 mit dem geographischen Europa deckungsgleich. Damit ist aber die Erweiterungsdynamik an einem logischen Endpunkt angelangt, auch wenn Grenzfälle (wie die Türkei) auch 2050 noch offen sein werden.

Mit den benachbarten Regionen Europas (wie etwa dem südlichen Mittelmeerraum oder der Russischen Föderation) wird die EU kooperieren – aus wirtschaftlichem, aber auch aus sicherheitspolitischem Interesse: zur kooperativen Kontrolle der Wanderungsströme und zur Ausweitung der Friedensfunktion der EU über ihre eigentlichen Grenzen hinaus.

Vertiefung bedeutet, dass das politische System der EU noch und deutlich stärker als am Beginn des 21. Jahrhunderts vom Prinzip geteilter Souveränität bestimmt wird. Auch in den Bereichen, in denen die Mitgliedsstaaten 2013 – noch – entscheidende Vorrechte besitzen (z. B. Außen-, Sicherheits-, Verteidigungs- oder auch Migrationspolitik), haben sich die Gewichte in Richtung Union verschoben.

Die Europäische Union tritt weltpolitisch und weltwirtschaftlich als ein Akteur auf – auf Augenhöhe mit den USA, mit China, Indien, Russland. Bestimmte Sonderrechte und Sonderinteressen (wie z. B. die österreichische Neutralität) haben entweder in aller Form zu existieren aufgehört, oder aber existieren als Teil einer bloß symbolischen Politik weiter – ohne inhaltliche Bestimmungskraft. Eine österreichische (oder deutsche oder französische oder polnische) Volkswirtschaft wird zwar noch beschworen, aber sie alle sind von einer europäischen Volkswirtschaft überlagert.

Unter diesen Bedingungen des ersten Szenarios werden die Folgen für Österreich 2050 folgendermaßen sein:

- Österreichische Sonderwege (z. B. Neutralität) haben real zu existieren aufgehört, auch wenn Lippenbekenntnisse dazu noch möglich sind. Sobald die sich verdichtende gemeinsame Außen- und Sicherheitspolitik einen institutionellen Konsens mit historischen Paralleleinrichtungen wie der NATO findet, hat die Neutralität eines Mitgliedsstaates der EU auch den Rest jeder realen Bedeutung eingebüßt.

- Österreichs Bildungssystem (von der Vorschule über die Sekundarstufe eins bis hin zur Frage des Universitäts- und Fachhochschulzuganges) hat weitgehend seine spezifischen Merkmale zugunsten einer Anpassung an ein europäisches Bildungssystem verloren. Ein intensiver werdender Wettbewerbsdruck veranlasst Österreichs Bildungssystem zu dieser Anpassung. Österreich nützt seine Begabungsreserven aus Eigeninteresse (etwa durch das Ende einer Selektierung, die weniger auf individueller Begabung und mehr auf sozialer Herkunft beruht), um im internationalen Wettbewerb besser bestehen zu können.

- Österreichs politisches System ist weitgehend europäisiert: Die Parteien sind eingebettet in europäische Parteien, sie sind zu autonomen Teilorganisationen geworden. Österreichische PolitikerInnen machen auf europäischer Ebene auch Karrieren mit anderen als einer österreichischen Etikette, ebenso machen Angehörige anderer Staaten – in einigen Fällen – ihre politische Laufbahn in Verbindung mit österreichischen Parteien. (Die Fälle Otto Habsburg und Daniel Cohn-Bendit machen dies vor.)

- Wahlen in die Institutionen des europäischen Bundesstaates werden mindestens so wichtig genommen wie Wahlen in die Institutionen der Republik Österreich. Die Wahlbeteiligung in Österreich ist bei der Wahl des Europäischen Parlaments höher als bei der Wahl des Nationalrates, die Parteien (europäisch verflochten) konzentrieren sich finanziell auf die europäische Ebene, Wahlen in österreichische Institutionen werden nur als Wahlen „zweiter Ordnung" wahrgenommen. In den österreichischen Medien nimmt Europapolitik einen zentralen Stellenwert ein, zwischen „EU-Bashing" und positiver Projektion.

- Eine gemeinsame Außen- und Sicherheitspolitik der EU überlagert die deutlich relativierte Eigenständigkeit österreichischer Außenpolitik. Österreich beteiligt sich als Teil der EU an den Aktivitäten der Vereinten Nationen und versteht sich auch in den Bretton Wood-Institutionen (Weltbank, Internationaler Währungsfonds) als Teil der Union. Die Beziehungen zu Österreichs Nachbarländern werden als Teil einer europäischen Innenpolitik wahrgenommen.

Szenario 2: Weniger Europa

Die europäische Integration kehrt sich um, Re-Nationalisierung bestimmt die nächsten Jahrzehnte. Die Europäische Union 2050 ist daher

- auf die Funktionen der Europäischen Freihandelsassoziation EFTA zurückgefallen, im Wesentlichen eine Freihandelszone. Statt einer Vertiefung der Union hat sich diese teilweise aufzulösen begonnen;

- einem Staatenbund gleich, der auf der Grundlage von Vereinbarungen souveräner Mitgliedsstaaten agiert.

Der Europäische Binnenmarkt ist durch Einzelbestimmungen ausgehöhlt, das Schengen-Abkommen gilt nur noch für einen geschrumpften Kernbereich der Union, und die Währungsunion hat zu bestehen aufgehört. Nationale Währungen ermöglichen eine national orientierte Wirtschaftspolitik, und auf dem Weltmarkt ist Europa als Einheit nicht wahrnehmbar.

In der Weltpolitik spielen die größeren europäischen Staaten die Rolle von Mittelmächten, und die Rolle von Frankreich und dem Vereinigten Königreich als ständige Mitglieder des UN-Sicherheitsrates gilt als bald liebenswerter, bald lästiger Anachronismus. Die globale Politik wird von den Großmächten USA, China, Indien, Russland und Brasilien bestimmt. Europa ist weltpolitische Peripherie.

Die Folgen für Österreich:

- Österreich hat seine Sonderwege nicht nur bewahrt, sondern ausgebaut. Mit dem Beharren auf dem Rechtsstatus der immerwährenden Neutralität hat Österreich bei der Verhinderung einer gesamteuropäischen sicherheitspolitischen Rolle mitgewirkt. Österreich nimmt an der Weltpolitik kaum Anteil, internationale Einsätze im Rahmen von „Peace Keeping" sind weitgehend Teil der österreichischen Geschichte.

- Österreich entsendet Personen in die Institutionen der EU, die ausschließlich als VertreterInnen österreichischer Sonderinteressen wahrgenommen werden. Die österreichischen Parteien beharren auf ihrer Unabhängigkeit gegenüber den nur auf dem Papier stehenden europäischen Parteien. Europapolitik kommt in der Rangordnung der Aktivitäten deutlich hinter den meisten anderen Politikfeldern. In österreichischen Medien wird Europa nur als Randthema diskutiert. Der Tenor ist: ein gescheitertes oder zumindest steckengebliebenes Experiment.

- Wahlen in das Europäische Parlament haben an Bedeutung verloren, andere Wahlen auf europäischer Ebene finden nicht statt. Die österreichischen Parteien nominieren Personen für die Wahl des Europäischen Parlaments, die auf österreichischer Ebene kein besonderes Gewicht haben.

Die Europäische Union

Mitgliedsstaaten der Europäischen Union (2013)

Kandidaten und potentielle Kandidaten für den EU-Beitritt

- Der Schengen-Vertrag ist ausgehöhlt und hat teilweise überhaupt zu existieren aufgehört. Österreich versteht sich als Nationalstaat, der sich gegenüber den europäischen und globalen Trends vor allem zu schützen hat. Die Wiederkehr der Grenzkontrollen innerhalb Europas bedeutet eine Renaissance des Bundesheeres als bewaffnete Grenztruppe.

- Das österreichische Bildungswesen ist in seiner Besonderheit bestärkt. Europäische Erfahrungen, kritische Studien der Organisation für wirtschaftliche Zusammenarbeit und Entwicklung (OECD), und Stimmen aus der international orientierten Wissenschaft werden kaum wahrgenommen. Österreichs Bildungssystem ist zu einer quasi-touristisch bestaunten Welt von gestern geworden. Ambitionierte junge Menschen in Österreich tendieren dazu, das Land zu verlassen. Ambitionierte junge Menschen von außerhalb des Landes zeigen immer weniger Neigung, nach Österreich zu kommen.

- Unter dem Druck protektionistischer Interessen ist Österreich wirtschafts- und sozialpolitisch auf einem national definierten Kurs, der „geschützten Werkstätten" kurzfristig Nutzen bringt, langfristig aber Österreich auf dem Weltmarkt marginalisiert. Der österreichische Sozial- und Wohlfahrtsstaat ist kaum noch zu finanzieren.

Was tun?

Was kann Österreich 2013 tun, um die Entwicklung in die eine oder andere Richtung zu beeinflussen? Den folgenden Ausführungen liegt die Annahme zugrunde, dass Österreich von „Mehr Europa" profitieren würde, „Weniger Europa" jedoch von Nachteil wäre.

- Segeln mit und nicht gegen den europäischen Wind

Österreich als relativ kleiner, aber auch relativ wohlhabender Mitgliedsstaat der Union hat Möglichkeiten zur Mitgestaltung der Zukunft Europas. Der wichtigste Beitrag wäre, dass sich Österreich der Entwicklungsdynamik der EU nicht in den Weg stellt. Da die EU in ihrer Verfasstheit nach dem Lissabon-Vertrag bei allen Vertragsänderungen nach wie vor das Einstimmigkeitsprinzip kennt und jede wesentliche strukturelle Innovation eine Vertragsänderung bedingt, müssen Österreichs Regierungsvertreter im EU-Rat und die österreichischen Abgeordneten im Europäischen Parlament die Entwicklungen mittragen.

Die Erfahrungen in Österreich und anderen Mitgliedsstaaten (z. B. Irland, Frankreich, Niederlande) zeigen, dass die Mitwirkung und Zustimmung im Rat und im Parlament keine großen Probleme aufwirft: Hier können ja die PolitikerInnen Form und Inhalt beeinflussen und so die Voraussetzungen für ihre Zustimmung schaffen. Die

Erfahrungen zeigen, dass die Ratifizierung von EU-Verträgen und Vertragsänderungen das Problem sind: Ratifizierungen werden rasch zum Spielball der Innenpolitik, in der die verschiedenen Interessen die EU in Geiselhaft zu nehmen drohen.

Die Gründe dafür sind etwa das Oppositionskalkül – Parteien, die auf nationaler Ebene in Opposition sind, verwenden die von der regierenden Mehrheit ihres Landes mitgestaltete Europapolitik als Instrument, innenpolitisch zu mobilisieren. Die dabei bevorzugten Instrumente sind die des Populismus – also der Vereinfachung und der Konstruktion von Feindbildern. Im Fall Österreich besteht die Versuchung, das bei jeder Vertragsänderung (und auch bei den Budgetbeschlüssen) bestehende Vetorecht Österreichs im Rat innenpolitisch ins Spiel zu bringen, also die „Vetokeule" zu schwingen. Diese Versuchung ist gefährlich, weil ja – wie die Nicht-Ratifizierung des Verfassungsvertrages durch Frankreich und die Niederlande – immer die Möglichkeit besteht, dass innenpolitische Spiele in einzelnen Staaten Europas Zukunft blockieren. Im Fall Österreich ist das schon jetzt immer wieder benützte Argument, „unser Geld" (also die insgesamt bescheidenen Mittel, die ein wohlhabendes Land als „Nettozahler" beisteuert) sollte nicht „nach Brüssel" überwiesen werden.

Im Sinne des europäischen Funktionalismus bewegt sich die Union in Richtung einer vertieften Gemeinschaft. Jede Krise hat – bisher – ein Stück „Mehr" und nicht ein Stück „Weniger" Europa gebracht. Wenn dieses „Mehr" auch und gerade im österreichischen Interesse ist, dann sollte Österreich mitwirken, die in der de-facto Verfassung der Union (dem Vertrag von Lissabon) angelegte Blockademöglichkeit zu relativieren oder ganz zu beseitigen. Eine (weitere) Verstärkung des Mehrheitsprinzips im EU-Rat und ein Mechanismus zur Vereinfachung von Vertragsveränderungen würden die Versuchung reduzieren, aus innenpolitischen Motiven die Entwicklung der EU zu blockieren.

- Bildungspolitik als Aufklärung

Die Studien über Ausmaß und Ursache des Euroskeptizismus haben einen kausalen Zusammenhang zwischen der Einstellung zur europäischen Integration und dem Bildungsgrad unterstrichen: Bildung hilft, Menschen davon zu überzeugen, dass die Europäische Union und ihre Vertiefung in ihrem persönlichen Interesse ist. Bildung korreliert positiv mit der europäischen Entwicklungsdynamik.

Dieser Zusammenhang hat einen sehr gut nachvollziehbaren Kern: Bildung stärkt die Fähigkeit eines Menschen, sich in einem komplexen Umfeld durchzusetzen. Bildung stärkt insbesondere die Fähigkeit, in einem Europa der Mehrsprachigkeit, des Binnenmarktes und der offenen Grenzen die eigenen Lebenschancen zu maximieren. Bildung ist daher die Grundlage für ein Europa, das sich fortentwickelt – und nicht abwickelt.

Die Bildungspolitik ist 2013 zwar von europäischen Impulsen mehr und mehr beeinflusst: Beispiele sind der Bologna-Prozess und die zunehmenden Vereinbarungen über die wechselseitige Anerkennung von Qualifikationen. Doch Bildung ist grundsätzlich nach wie vor von der nationalen Ebene bestimmt. Ob und in welchem Ausmaß Bildung forciert wird und welchen prioritären Inhalten das Bildungssystem folgt – das alles ist in der Verantwortung österreichischer Politik. Dies bedeutet, wenn im österreichischen Interesse „mehr" statt „weniger" Europa gefördert werden soll, sowohl strukturelle als auch inhaltliche Prioritäten:

- Strukturell muss Österreichs Bildungspolitik auf Europäisierung und darf nicht auf Austrifizierung des Systems setzen. Das gilt vor allem für die Optimierung der Bildungschancen für Kinder aus sozial schwachen Schichten durch eine Verbesserung des Zuganges zur höheren Bildung, unabhängig von der sozialen Herkunft. Dazu zählt auch die Verbesserung der Ausstattung der beiden Sektoren, die am Beginn und am Ende des Bildungsprozesses stehen und die in Österreich vergleichsweise schlecht entwickelt sind: das Bildungsangebot für Kinder vor dem 6. Lebensjahr und die postsekundäre Forschung und Lehre.

- Inhaltlich muss Österreichs Bildung auf die Vermittlung von Wissen setzen, das – schon erkennbar – im Europa des Jahres 2050 besonders nachgefragt sein wird. Dazu zählt sicherlich die Erweiterung des Zuganges zu technisch-naturwissenschaftlichen Bildungssträngen durch Abbau des Gender- Ungleichgewichts, d. h. durch die Verbesserung des Zuganges von Frauen zu diesen Ausbildungen. Inhaltlich muss auch das Thema Europa forciert werden, und zwar weniger mit Bezug auf Europa als Idee und mehr mit Berufung auf den Zusammenhang mit den spezifischen österreichischen Interessen.

Resümee

Das Österreich des Jahres 2050 wird entscheidend vom Europa des Jahres 2050 bestimmt sein. Die damit verbundene zentrale Frage ist, ob es ein verdichtetes, in seiner föderalen Natur gestärktes – oder ein sich rückentwickelndes Europa sein wird. Die Weichenstellung in die eine oder die andere Richtung kann – in Grenzen – von Österreich beeinflusst werden.

Der Beitrag Österreichs liegt vor allem im Zulassen und Fördern der weiteren Europäisierung des Landes. Österreich kann gezielt strukturelle Voraussetzungen dafür schaffen, dass die Verdichtung Europas nicht an Österreich scheitert. Dies kann durch Bildung, beeinflusst werden, durch eine politische Aufklärung, die Zusammenhänge aufzeigt; die globale und europäische Dynamik, der sich Österreich nicht entziehen kann.

Österreich kann als ein auf seine Souveränität bedachter Nationalstaat sicherlich auch 2050 existieren. Die globale Entwicklung lässt aber eine tendenzielle politische und wirtschaftliche Isolation nicht attraktiv erscheinen. Die Entwicklung der Weltbevölkerung bedeutet einen langfristigen Bedeutungsverlust aller europäischer Staaten. Die Weltökonomie reduziert die korrigierenden Eingriffsmöglichkeiten von Staaten insgesamt. Der Verlust der Politikfähigkeit von Staaten überhaupt macht es sinnvoll, auf transnationale Politik zu setzen. Diese findet Österreich auch vor – in Form eines nicht vollentwickelten europäischen Bundesstaates.

Je weiter die Bundesstaatlichkeit Europas im Jahr 2050 fortgeschritten sein wird, desto besser ist es für die Fähigkeit Europas insgesamt, in der Weltökonomie und der Weltpolitik sich Gehör zu verschaffen. Ein auf sich allein gestellter Nationalstaat – in „splendid isolation" – ist 2050 zur Politikunfähigkeit verurteilt. ∎

Literaturhinweise

Bruter, Michael: Citizens of Europe? The Emergence of a Mass European Identity. London 2005.

Checkel, Jeffrey T., Katzenstein, Peter J. (eds.): European Identity. Cambridge 2009.

Leconte,Cécile: Understanding Euroscepticism. London 2010.

McCormick, John P.: Weber, Habermas, and Transformations of the European State. Cambridge 2009.

Pelinka, Anton: Europa. Ein Plädoyer. Wien 2011.

Taylor,Paul: The End of European Integration. Anti-europeanism examined. London 2008.

Der Autor

Anton Pelinka, *geboren 1941 in Wien, Promotion zum Doktor der Rechtswissenschaften an der Universität Wien 1964, Universitätsdozent (Politikwissenschaft, Universität Salzburg) 1972, von 1975–2006 o. Univ.-Prof. Universität Innsbruck (Politikwissenschaft), seit 2006 Professor of Nationalism Studies and Political Science, Central European University, Budapest. Gastprofessuren u. a. Stanford University, University of Michigan (Ann Arbor), Hebrew University (Jerusalem). Publikationen zur Demokratietheorie (z. B. „Politics of the Lesser Evil", 1999), zum politischen System Österreichs (z. B. „Austria: Out of the Shadows of the Past", 1998), zur europäischen Integration (z. B. „Europa: Ein Plädoyer", 2011).*

WACHSTUM UND WOHLFAHRT DURCH WANDEL

Christian Keuschnigg

In Hochlohnländern wie Österreich erfordern Wachstum und Wohlfahrt strukturellen Wandel, da aufstrebende Schwellenländer die Zukunft der Weltwirtschaft prägen werden. Ihr Anteil am Welteinkommen wird stark zunehmen und ihre Bedürfnisse und relativen Stärken werden zunehmend den Welthandel dominieren. So wird Prognosen zu Folge der Anteil Chinas an der weltweiten Wirtschaftsleistung von 8 Prozent im Jahr 2010 auf etwa 24 Prozent im Jahr 2050 ansteigen (EU 2012). Unter der Annahme, dass China, Indien und Brasilien im Pro-Kopf-Einkommen im Vergleich zur restlichen Welt vollständig aufholen, würde deren Anteil am Welteinkommen bei konstantem Bevölkerungsanteil 40 Prozent statt wie gegenwärtig 15 Prozent betragen. Für hoch entwickelte Volkswirtschaften stellt der Aufstieg der Schwellenländer Chance und Gefahr zugleich dar. Die neuen Exportmärkte werden stark wachsen. Gleichzeitig werden diese Länder viele Produkte und Dienstleistungen wesentlich billiger herstellen, als es bei uns je möglich wäre. Der Zugang der Konsumenten zu preisgünstigen Endprodukten und die Kosteneinsparungen der Unternehmen bei importierten Vorleistungen stärken die Kaufkraft und stellen zentrale Wohlstandsgewinne dar. Gleichzeitig verdrängen billige Importe teure heimische Produktion. Traditionelle Branchen müssen schrumpfen, Produktion und Beschäftigung werden abwandern. Es ist nicht möglich, auf Dauer von neuen Exportmärkten zu profitieren, ohne Importkonkurrenz und Verdrängung zu akzeptieren. Daher muss die heimische Wirtschaft mit permanenter Innovation neue Produktionen in anderen, stark wachsenden und exportintensiven Branchen erschließen, um Beschäftigung zu erhalten.

In Zeiten der Globalisierung und eines rasanten technologischen Fortschritts sind klassische Ansätze strukturellen Wandels im Sinne einer sukzessiven Entwicklung etwa von der Agrar- über die Industrie- zur Dienstleistungsgesellschaft zu hinterfragen. Um Vollbeschäftigung, hohe Löhne und weiteres Lohnwachstum in Österreich zu sichern, muss vielmehr ein permanenter Strukturwandel in Form von „kreativer Zerstörung" zugelassen werden. Dieser ständige Wandel wird durch den intensiven Wettbewerb in einer globalisierten Welt erzwungen und findet in den Unternehmen statt. Neue Produkte und Dienstleistungen durchlaufen einen typischen Lebenszyklus. In der ersten Phase sind Wertschöpfung und Rentabilität am höchsten. Aufgrund des hohen Innovationsgrades können die Unternehmen in spezialisierten Marktnischen trotz hoher Lohnkosten eine dominierende Stellung behaupten. Mit fortschreitender technologischer Reife hängt die Wettbewerbsfähigkeit zunehmend von Lohnkostenvorteilen ab und verschiebt sich unweigerlich zugunsten aufstrebender Schwellenländer. In einer wissensbasierten Wirtschaft kommt der internationalen Wettbewerbsfähigkeit des Forschungs- und Produktionsstandorts zentrale Bedeutung zu. Reiche Länder wie Österreich können einen Lohnwettbewerb nicht gewinnen. Angesichts hoher Lohnkosten können große Unternehmen im Preiswettbewerb ihre Konkurrenzfähigkeit nur behaupten, indem sie lohnintensive Teile der Wertschöpfung mittels Outsourcing und Direktinvestitionen in das lohngünstige Ausland verlagern und daher nur mehr besonders bildungs- und technologieintensive Teile im Inland fertigen. Andere wirtschaftliche Aktivitäten müssen ganz aufgegeben werden und durch Neues ersetzt werden.

Die Globalisierung der Weltwirtschaft mit einem zunehmenden Gewicht der Schwellenländer in der Produktion mit traditionellen Technologien erzwingt also einen permanenten Strukturwandel in den Hochlohnländern. Es ist ein Prozess der „kreativen Zerstörung" zu bewältigen. Die Ressourcen müssen von etablierten und weniger rentablen Industrien auf neue Produktionen mit höherer Wertschöpfung umgelenkt werden. Unternehmen und Branchen mit traditionellen Technologien müssen schrumpfen, damit innovative Wachstumsunternehmen und technologieintensive Branchen expandieren können. Um die Bedingungen für einen permanenten Strukturwandel und innovationsgetriebenes Wachstum zu verbessern, sind mehrere Politikfelder gleichzeitig angesprochen: Bildung auf allen Stufen, Grundlagenforschung und Wissenstransfer sowie private Forschung und Entwicklung (F&E) in den Unternehmen. Strukturwandel erfordert, dass Arbeit und Kapital dorthin wandern, wo die Einkommenschancen am höchsten sind. Der einkommenssteigernde Strukturwandel kann nur dann gut gelingen, wenn ein funktionierender Kapitalmarkt und ein flexibler Arbeitsmarkt die Umlenkung von Arbeit und Kapital von schrumpfenden zu wachsenden Branchen unterstützen.

Die genannten Politikfelder ergänzen und verstärken sich gegenseitig. Diese Politikkomplementarität muss erkannt und genutzt werden. Ähnlich wie die Speichen eines Rades, müssen alle Politikfelder gleichmäßig stark ausgeprägt sein. Denn eine Schwäche in einem der Politikfelder behindert die Wirksamkeit der anderen Maßnahmen. Das Rad läuft nicht mehr rund und verliert an Schwung. Ein Zurückfallen Österreichs im globalen Wettstreit wäre die Folge. Vor diesem Hintergrund werden im Folgenden die komplementären Politikfelder dargestellt, die in einer sich verändernden Weltwirtschaft Wachstum und Wohlfahrt durch Wandel sichern.

Bildung und Grundlagenforschung

Für Innovation und technologischen Fortschritt im globalen Wettbewerb spielt Bildung eine zentrale Rolle. Um die hohen privaten und sozialen Bildungsrenditen und damit den Einfluss der Bildung auf Wachstum und Wohlfahrt auszuschöpfen, nennt die Bildungsökonomie drei Faktoren (Hanushek/Wößmann 2008): Die Schaffung und Erhaltung des allgemeinen Qualifikationsniveaus des Arbeitskräftepotenzials, um die Produktivität zu steigern, die Schaffung neuen Wissens über neue Technologien, Verfahren und Produkte, um die Innovationsfähigkeit der Wirtschaft zu steigern, sowie die Stärkung der Verbreitung und Umsetzung von Grundlagenwissen, um neue Technologien zu übernehmen und produktiv zu nutzen.

Bildung ist ein zentraler Wachstumstreiber. Investitionen in das Humankapital sind eine wichtige Voraussetzung für eine erfolgreiche Umsetzung von neuen Technologien in neue Produkte und Verfahren (Hanushek/Wößmann 2008). Daher spielt die Struktur des Bildungswesens sowie dessen Anpassungsfähigkeit an geänderte gesellschaftliche Bedingungen eine zentrale Rolle. Allerdings ist der Zusammenhang zwischen Bildung und Wachstum in verschiedenen Ländern unterschiedlich stark ausgeprägt und schwächt sich mit steigendem Entwicklungsniveau ab, da entwickelte Länder sich einander annähern und damit der Wettbewerbsvorteil einzelner Länder schwindet (Vandenbussche/Aghion/Meghir 2006). Die Verbreitung und Umsetzung von existierenden Technologien reichen jedenfalls nicht für stetiges Wachstum und das Halten eines hohen Wohlstandsniveaus aus. Vielmehr ist neben der bloßen Verwertung vorhandener Technologien eine zweite Säule wichtig, nämlich die „reine" bzw. „radikale" Innovation. Der Einfluss des nachahmenden und des kreativen Humankapitals auf das Wirtschaftswachstum ist dabei abhängig vom Niveau des technologischen Entwicklungsstandes eines Landes und von länderspezifischen Produkt- und Dienstleistungsmärkten.

Das Bildungswesen ist letztlich mit einem Dualismus von Imitation und Innovation konfrontiert. Auf den primären und sekundären Bildungsstufen, sowie auf der Ebene beruflicher Weiterbildung sind die erforderlichen Qualifikationen zu vermitteln, welche die Diffusion vorhandener Technologien ermöglichen. Im Hochschulbereich der tertiären Ebene sind dagegen die nötigen Voraussetzungen für Innovationen zu schaffen. Dabei gilt es zu berücksichtigen, dass in informationsbasierten Ökonomien die Qualifikationsanforderungen zunehmend heterogener und sowohl zwischen als auch innerhalb einzelner Industrien immer weniger substituierbar werden (Tassey 2012). Das hat Folgen für die formalen und nichtformalen Ausbildungssysteme. Die Herausforderung besteht dabei darin, das allgemeine Ausbildungsniveau zu heben und dabei auf der Sekundarstufe sowie auf tertiärer Ebene naturwissenschaftliche bzw. technische Studienrichtungen attraktiver zu machen. Selbst für die hinsichtlich Hochschulabschlüssen einst führenden USA ergibt sich ein hoher Reformbedarf des Bildungswesens, zumal das Land bei den High-School-Abschlüssen den Anschluss an führende Länder verloren hat und die Abschlüsse auch nicht mehr die für den Eintritt in Hochschulen (Colleges) erforderlichen Qualifikationen garantieren (Tassey 2012). Anhand eines internationalen Vergleiches von Innovationsindikatoren tertiärer Bildung wird der Rückstand westlicher Industrienationen bei naturwissenschaftlichen (NAWI) und technischen Abschlüssen deutlich (siehe Abbildung 1). Österreich weist im Vergleich der Länder der Organisation für wirtschaftliche Zusammenarbeit und Entwicklung (OECD) zwar überdurchschnittliche Werte auf, allerdings liegt das Niveau der Hochschulzugänge mit 42 Prozent bezogen auf die jeweilige Jahrgangsgruppe der Bevölkerung insgesamt deutlich unter dem OECD-Durchschnitt. Darüber hinaus liegt Österreich im tertiären Bildungs-

segment auch hinsichtlich der Abschlussquoten (42 Prozent) im internationalen Vergleich zurück.

Das allgemeine innovationsrelevante Qualifikationsniveau ist in Österreich durch eine zu geringe Beteiligung der Bevölkerung an tertiärer Bildung („Zugangsquoten") also vergleichsweise niedrig. Ein Faktor dafür ist der Einfluss des Bildungshintergrundes der Eltern. So ist in Österreich der Anteil jener Studierenden, deren Eltern einen niedrigen Bildungsabschluss aufweisen, mit 7 Prozent sehr niedrig („Bildungsferne Studierende") und liegt klar unter dem OECD-Durchschnitt (17 Prozent). Die Chancengerechtigkeit des Bildungssystems ist von daher also nicht sehr ausgeprägt. Daher ist auch dessen arbeitsmarktrelevantes Aktivierungspotenzial begrenzt. Um die Innovations- und Wettbewerbsfähigkeit zu sichern, wäre die Leistungsfähigkeit des Bildungssystems im Hinblick auf die Vermittlung ausreichender Basiskompetenzen für alle SchülerInnen zu verbessern. So werden Jugendliche, die derzeit am Ende ihrer Pflichtschulzeit stehen, im Jahr 2050 mit knapp über 50 Jahren im besten Erwerbsalter sein. Wenn nun im Laufe der Schulpflicht nur unzureichende Kompetenzen vermittelt werden konnten, bleibt wertvolles Potenzial ungenutzt. Angesichts der demografischen Entwicklung birgt das zusätzliche Brisanz. Jüngere Forschungen haben gezeigt, dass die frühkindliche Förderung wesentlich zum späteren schulischen Erfolg beitragen kann, insbesondere wenn nachteilige Hintergrundfaktoren – etwa bei Kindern aus sozio-ökonomisch schwachen Familien – vorhanden sind (Heckmann 2011). Wie v. a. die Arbeiten von Heckman und Kollegen gezeigt haben, erzielt frühkindliche Bildung bei diesen Kindern große positive Effekte. Die Beteiligung und der Erfolg im weiterführenden Schul- und Hochschulwesen hängen von den vorangegangenen Bildungserfahrungen ab. Die positiven Auswirkungen der frühkindlichen Förderung lassen sich in weiterer Folge sogar in den Erfolgen am Arbeitsmarkt, in der Produktivität, im Lernen am Arbeitsplatz sowie im sozialen Verhalten nachweisen.

Je früher im Lebensverlauf die Bildung gefördert wird, desto höher ist sowohl die kompensatorische Wirkung auf Benachteiligungen durch die Herkunft als auch auf die Effizienz des Mitteleinsatzes. In den USA konnte gezeigt werden, dass die späteren Erträge spezifischer vorschulischer Programme für Kinder aus einkommensschwachen Familien die Kosten des Programms um das Siebenfache übersteigen. Am PISA-Test der OECD lässt sich ablesen, dass SchülerInnen, die vor dem Schuleintritt eine frühkindliche Bildungs- bzw. Erziehungseinrichtung besucht haben, im Alter von 15 Jahren bessere Fähigkeiten aufweisen als andere SchülerInnen. In Österreich haben insbesondere MigrantInnen der ersten Generation eine deutlich geringere Wahrscheinlichkeit, eine frühkindliche Bildungseinrichtung zu besuchen. Laut der PISA-Studie haben 39 Prozent der 15-Jährigen der ersten Generation nicht oder nur für maximal ein Jahr einen Kindergarten besucht. Bei Kindern ohne Migrationshintergrund bzw. der zweiten Generation ist dieser Prozentsatz mit

Abbildung 1: Innovationsindikatoren tertiärer Bildung: Zugang, Abschluss, Nawi/Technik.

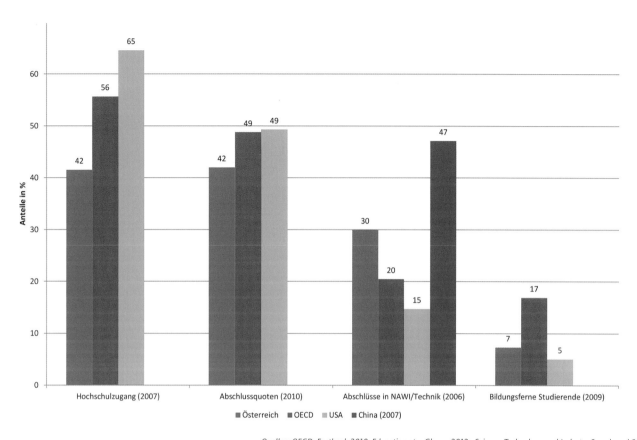

Quellen: OECD: Factbook 2010; Education at a Glance 2012; Science, Technology and Industry Scoreboard 2009.
Anmerkung: Hochschulzugang und Bildungsferne Studierende in % der jeweiligen Jahrgangsgruppe der Bevölkerung; Abschlussquoten und Abschlüsse in % der Studierenden, NAWI/Technik in % aller Erstabschlüsse.

jeweils knapp 14 Prozent deutlich niedriger. Wie aus Abbildung 2 hervorgeht, profitieren gerade die Kinder der ersten Migrantengeneration von frühkindlicher Erziehung, denn der Leistungsunterschied nach Kindergartenbesuch ist mit mehr als 50 Punkten in allen drei Gegenständen (Lesen, Rechnen, Naturwissenschaften) besonders groß. Dieser Unterschied übertrifft den durchschnittlichen Leistungszuwachs eines ganzen Schuljahres, der auf etwa 30 bis 40 Punkte geschätzt wird, deutlich. Allerdings hängt der Erfolg der frühkindlichen Intervention nicht nur von der Besuchsdauer, sondern vor allem von der pädagogischen Qualität ab. Eine bedarfsgerechte mehrjährige und qualitativ hochwertige frühkindliche Bildung und Erziehung ist eine wichtige Grundlage für die Steigerung der Innovations- und Wettbewerbsfähigkeit.

Grundlagenforschung in der tertiären Ausbildungsstufe spielt für den Innovationsprozess eine wesentliche Rolle. Mit den individuell erworbenen Qualifikationen der Studienabgänger fließen die an Hochschulen erzielten Forschungsergebnisse auch in die innovative Privatwirtschaft. Und das gleich in mehrfacher Hinsicht. Um diesen Zusammenhang zu zeigen, ist Grundlagenforschung per definitionem zunächst von angewandter und experimenteller Forschung zu unterscheiden (Schibany/Gassler 2010a). In der OECD-Definition nach dem „Frascati-Manual" geht Grundlagenforschung allgemeinen natur- und geisteswissenschaftlichen Fragestellungen mit dem Ziel nach, Hypothesen, Theorien und Gesetzmäßigkeiten zu formulieren (OECD 2002). In dieser Phase kann eine etwaige kommerzielle Verwertung noch nicht antizipiert werden. Daher ist prinzipiell auch

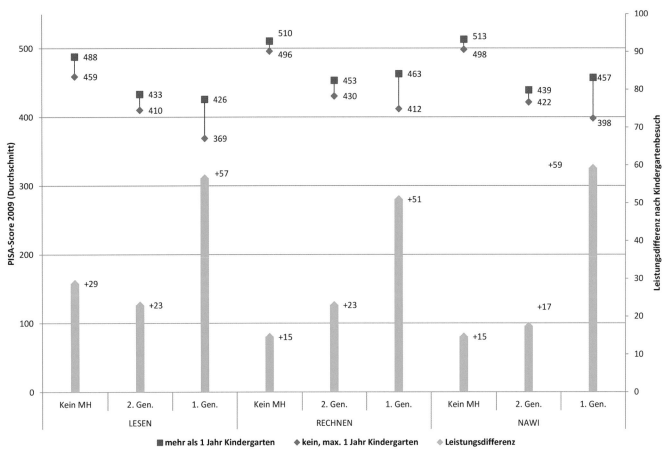

Quelle: OECD PISA-Erhebung 2009
Anmerkung: MH: Migrationshintergrund; kein MH: Schüler und Eltern in Österreich geboren. 1. Generation: Schüler und Eltern im Ausland geboren.
2. Generation: Schüler in Österreich, Eltern im Ausland geboren.

noch kein unmittelbares privatwirtschaftliches Interesse gegeben. Allerdings ist eine Differenzierung in reine (pure) und gerichtete (oriented) Grundlagenforschung möglich. Während erstere die zweckfreie, ausschließlich mit wissenschaftlichen Zielen motivierte Forschung meint, erfolgt letztere schon mit einer bewussten Ausrichtung auf mögliche künftige Anwendungen.

Öffentliche Forschungsprogramme im Bereich der Nanotechnologie sind ein Beispiel dafür. Dabei besteht der Anspruch, dass das erarbeitete Wissen zur Lösung anstehender bzw. künftiger Probleme etwa im Energiebereich beitragen soll. Es ergeben sich Schnittstellen zur kommerziellen Nutzung und Verwertung. Gerade in wissensbasierten Ökonomien geht es nicht mehr nur um einen reinen Wissenstransfer von forschenden Hochschulen zu verwertenden Unternehmen, sondern zunehmend um ein wechselseitiges interdependentes Zusammenspiel von Forschung und produktrelevanter Umsetzung. Der Erfolg einer auf Innovation gestützten Wirtschaft wird im globalen Wettbewerb auch wesentlich davon abhängen, ob und inwieweit ein funktionierendes Zusammenspiel etabliert

werden kann. Dieses Zusammenspiel aller beteiligten Bildungs-, Forschungs- und Verwertungsinstanzen kann eine im globalen Wettbewerb relevante Standortqualität fördern, die mit dem Begriff „Absorptionspotenzial" gut umschrieben ist (Schibany/Gassler 2010b). Die Entwicklung, Nutzung und Verwertung vorhandenen Grundlagenwissens im wechselseitigen Zusammenspiel zwischen Hochschulen und Privatwirtschaft erfordert öffentliche Investitionen in forschungsrelevante Ausbildung und Infrastruktur. Eine wesentliche Grundlage eines solchen Umfeldes ist ein finanziell ausreichend dotierter Hochschulsektor, der den Anforderungen einer anschlussfähigen Spitzenforschung als Teil einer innovationsgetriebenen Wirtschaft gerecht wird.

Private Forschung und Wissenstransfer

Neben den Erkenntnissen und Erfindungen (Inventionen) der Grundlagenforschung ist vor allem die private Forschung in den Unternehmen eine Voraussetzung für die Kommerzialisierung von

Abbildung 3: Innovationsaktive Unternehmen und Bruttoinlandsprodukt pro Kopf in Kaufkraftparitäten, 2010

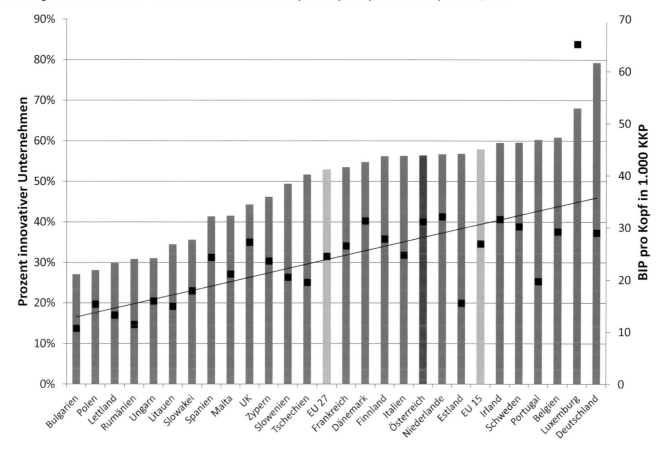

Quelle: Eurostat, Community Innovation Survey, 2010. Abgerufen März 2013.

Forschungsergebnissen (Innovationen) im privaten Sektor. Abbildung 3 zeigt, dass Länder mit einem höheren Anteil innovationsaktiver Unternehmen im Schnitt ein höheres Bruttoinlandsprodukt pro Kopf aufweisen. Für Österreich besteht hier verglichen mit anderen Ländern der EU noch Potenzial. Als zentrale Inputs für Innovationen im Unternehmenssektor zählen hier neben hochqualifiziertem Personal auch die Höhe der F&E-Ausgaben einer Volkswirtschaft (Crepon/Duguet/Mairessec 1998).

Der Unternehmenssektor ist dabei ein zentraler Pfeiler des Innovationssystems einer entwickelten Volkswirtschaft, da ein großer Teil an F&E dort stattfindet. In Österreich wurden 2009 etwa 63 Prozent aller F&E-Mittel im Unternehmenssektor eingesetzt, wobei etwa 47 Prozent der F&E-Gesamtausgaben aus dem Unternehmenssektor heraus finanziert wurden (Statistik Austria 2013). Wie Abbildung 4 zeigt, ist international der Unternehmenssektor (inkl. Ausland) die treibende Kraft hinter einer hohen F&E-Quote. In Österreich sind die heimischen Unternehmen 2011 für 45 Prozent der F&E-Ausgaben verantwortlich. Rechnet man das Ausland hinzu

(für Österreich vor allem ausländische Unternehmen), so steigt der Anteil auf knapp 60 Prozent an. Die vergleichsweise hohe F&E-Quote Österreichs lässt sich somit auch auf das starke Engagement ausländischer, insbesondere deutscher Unternehmen zurückführen.

Der Unterschied zwischen Finanzierung und Verwendung lässt sich damit rechtfertigen, dass sich auch in der privaten Forschung die Erträge nicht nur auf das investierende Unternehmen selbst beschränken, sondern zusätzliche ökonomische Vorteile für andere Unternehmen entstehen, die im Preis nicht abgegolten werden können. Diese in der Literatur als Wissens-Spillover (Griliches 1992). bezeichneten externen Erträge fallen an, da der Zugriff auf neues Wissen nie gänzlich auf das innovierende Unternehmen eingeschränkt werden kann. So kommt es z. B. im Zuge von MitarbeiterInnenwechsel zu einem Transfer unternehmensspezifischen Wissens. Andere Marktteilnehmer oder neu auf den Markt eintretende Unternehmen haben zudem Anreize, erfolgreiche Innovationen zu imitieren und profitieren somit von den F&E-Aufwendungen anderer Unternehmen. Aus diesen Gründen übersteigt die soziale Ertragsrate der Forschung die private, was dazu führt, dass die privaten Aufwendungen für F&E nicht das volkswirtschaftlich richtige Niveau erreichen. Diese externen Erträge rechtfertigen deshalb staatliche Interventionen in Form von Förderungen, welche als direkte Subventionen für spezifische Projekte und für den Aufbau von Kooperationen und Netzwerken oder als generelle Steuererleichterungen für F&E-Ausgaben erfolgen können.

Neben den externen Erträgen für die gesamte Volkswirtschaft zeigt sich auch, dass innovative Unternehmen tendenziell eine höhere Wahrscheinlichkeit haben, Außenhandel zu betreiben (Becker/Egger 2013) bzw. höhere Exportquoten als nicht-innovative Unternehmen aufweisen. (Lachenmaier/Wößmann 2006). In einer kleinen offenen Volkswirtschaft wie Österreich ist Export ein zentrales Wachstumselement. Im Jahr 2011 exportierte Österreich Waren und Dienstleistungen im Wert von 172 Mrd. Euro, was in etwa 57 Prozent der gesamten Wirtschaftsleistung entspricht (Statistik Austria 2013). Nach Berechnungen der Oesterreichischen Nationalbank waren im Jahr 2010 knapp 1 Mio. Arbeitsplätze direkt oder indirekt von den österreichischen Ausfuhren abhängig (ÖNB 2011). Eine Erhöhung der unternehmerischen Innovationsaktivitäten stellt somit

einen zentralen Faktor für die internationale Wettbewerbsfähigkeit Österreichs dar.

Ein wichtiger Hebel zur Steigerung der Innovationsleistungen ist der Wissens- und Technologietransfer von Universitäten zu privaten Unternehmen. In Österreich besteht eine Vielzahl an Förderschienen, die sich einer Stärkung der Zusammenarbeit und dem Wissenstransfer zwischen Forschung und Industrie widmen (beispielsweise die Programme der Österreichischen Forschungsförderungsgesellschaft (FFG) COIN, COMET oder die Christian Doppler Forschungsgesellschaft sowie auch die Gründungsprogramme der Austria Wirtschaftsservice „PreSeed", „Seed-financing" und „Management auf Zeit"). Durch Technologieparks und Gründerzentren im Umfeld leistungsstarker öffentlicher Forschungszentren können innovative Unternehmensgründungen erleichtert werden (für Österreich ist hier das Förderprogramm AplusB zu nennen, welches äußerst positiv bewertet wurde; Heydebreck/Petersen 2008). Diese Zentren können für einen besseren Zugang zu Rechtsberatung, spezialisierten Finanzierungsquellen, Managementausbildung und Beratung sorgen, und zu wichtigen Netzwerken wachsen. Nachdem akademische und Spin-off Unternehmensgründer zu Beginn vor allem eine starke

Abbildung 4: F&E-Quote und Anteil des Unternehmenssektors und Auslands an den F&E-Gesamtausgaben

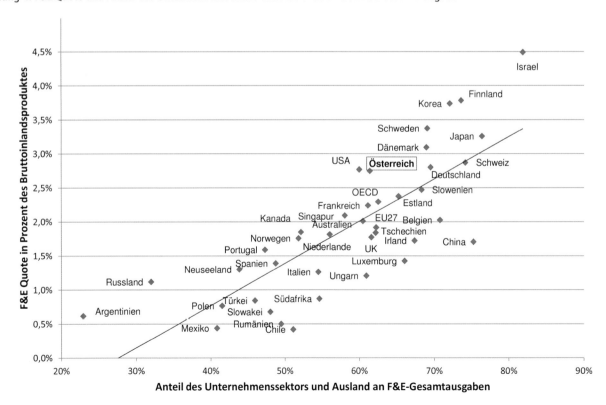

Quelle: OECD, Main Science and Technology Indicators. Abgerufen im März 2013.
Anmerkung: Daten der meisten Länder sind für die Jahre 2009, 2010 oder 2011. Daten für Österreich sind aus dem Jahre 2011, Daten für die Schweiz aus dem Jahre 2008.

technische Kompetenz, aber vergleichsweise wenig Praxis- und Managementerfahrung haben, können Gründerzentren Informationsdefizite beseitigen und die rasche Professionalisierung junger Unternehmen fördern. Empirische Studien für Österreich zeigen, dass etwa 15 Prozent der neu gegründeten Unternehmen das erste Jahr nicht überstehen. Nach drei Jahren bestehen dann im Schnitt meist nur noch 50 Prozent der Neugründungen (Hölzl et al. 2006). Im Jahr 2011 waren Managementfehler für 60 Prozent der Insolvenzen in Österreich verantwortlich (KSV1870 2011). Es wurde dabei oft unterlassen, sich ausführlicher mit den äußeren Rahmenbedingungen des Unternehmens zu befassen (Nachfrageverschiebungen, Preisentwicklungen, etc.). Oft bleiben Korrekturmaßnahmen für bestehende Fehlentwicklungen aus oder erfolgen zu spät. Maßnahmen zur stärkeren Professionalisierung können daher die Erfolgschancen und Wachstumsaussichten von Neugründungen steigern. Nur so kann sichergestellt werden, dass aus den zahlreichen jährlichen Neugründungen auch ein hoher Anteil der Unternehmen am Markt bestehen bleibt und erfolgreich ist.

Ein aktiver Wissenstransfer aus den Universitäten unterstützt zudem auch bestehende und große Unternehmen, da diese universitäre Patente für die Weiterentwicklung und anschließende kommerzielle Verwertung erwerben. Unternehmen können die Produktivität ihrer eigenen F&E durch den Zugang zu neuen Forschungsergebnissen an den Universitäten steigern. Der Transfer von Wissen kann aktiv gestärkt werden, wenn an den Universitäten und außeruniversitären Zentren der Grundlagenforschung entsprechende Anreize für WissenschaftlerInnen geschaffen werden, ihre Ergebnisse kommerziell zu verwerten. In den USA wurde bereits vor mehr als 30 Jahren mit dem „Bayh-Dole Act" der gesetzliche Rahmen geschaffen, den Universitäten und außeruniversitären Forschungseinrichtungen die Nutzung ihres geistigen Eigentums in Form von Patenten zu ermöglichen. Empirische Studien haben gezeigt, dass solche Maßnahmen die Zahl der Patente (Thursby/Thursby 2011) in den Universitäten deutlich steigern können und in bestimmten technologischen Bereichen nicht unerhebliche Zusatzeinnahmen der Universitäten erschließen (Sherer/Harhoff 2000). Seit dem Universitätsgesetz 2002 bestehen in Österreich die rechtlichen Grundlagen zur Nutzung der eigenen Forschungsergebnisse an den Universitäten. Mit dem Förderprogramm uni:invent wurden erste Schritte unternommen, ein professionelles geistiges Eigentumsmanagement und eine nachhaltige Verwertungskultur an den Universitäten in Österreich zu etablieren (Schibany/Streicher 2011). Jedoch zeigen sich in internationalen Vergleichen immer noch starke Performance-Unterschiede zwischen den USA und der EU, besonders hinsichtlich der von Universitäten aus Patenten und Lizenzen erzielten Einkünfte. Österreichische Universitäten liegen bei diesen Einnahmen deutlich unter dem europäischen Durchschnitt, was zum Teil auf die institutionelle Qualität der Patentverwertung der Universitäten zurückzuführen ist (Conti/Gaule 2011). Ein gemeinsames Patentverwertungsbüro zur Risikostreuung und als Schnittstelle zwischen universitären Patenten und kommerzieller Anwendung könnte in Österreich die monetäre Verwertbarkeit für Universitäten erhöhen.

Eine weitere Möglichkeit die Innovationsleistung des privaten Sektors zu stärken sind direkte oder steuerliche F&E-Förderungen. Bei der Beurteilung der Vorteilhaftigkeit dieser beiden Förderungen sind grundsätzliche Unterschiede zwischen kleinen und großen Unternehmen zu beachten. Im Jahr 2009 entfielen in Österreich etwa 71 Prozent der gesamten F&E-Ausgaben auf Unternehmen mit mehr als 250 Beschäftigten (Statistik Austria 2011). Auch hinsichtlich der Innovationstätigkeiten gaben 2010 etwa 88 Prozent der Großunternehmen an, innovationsaktiv zu sein, verglichen mit 51 Prozent der Unternehmen mit 10–49 Beschäftigten (Statistik Austria 2012). Ein wichtiger wirtschaftspolitischer Ansatzpunkt zur Unterstützung von Großunternehmen ist vor allem die Stärkung der heimischen Standortattraktivität. Während eine Vielzahl empirischer Untersuchungen darauf hindeutet, dass eine hohe effektive Steuerbelastung ein wichtiges Kriterium zur internationalen Standortauswahl darstellt (Devereux/Griffith 2002; de Mooij/Ederveen 2001) und auch hemmend auf F&E-Investitionen wirken kann (Hines 1993; Bloom/Griffith 2001), rücken als Auswahlkriterium internationaler F&E-Standorte vor allem Faktoren wie ein guter Zugang zu hochqualifiziertem F&E-Personal, die Ausgestaltung des geistigen Eigentumsschutzes, die Nähe zu renommierten Grundlagenforschungsinstituten und das Marktpotenzial in den Vordergrund (Thursby/Thursby 2006; Siedschlaga/Smitha/Turcub/Zhanga 2010). Obwohl öffentlichen F&E-Förderungen und fiskalischen Anreizen in der F&E-Standortwahl von Großunternehmen eine geringere Rolle zukommt, werden diese oft als wichtige Faktoren zur Bestimmung des Ausmaßes von Innovationsaktivitäten genannt (European Commission 2010). Sind einmal die Bedingungen für einen attraktiven F&E-Standort geschaffen, können steuerliche Förderungen die F&E- und Innovationstätigkeit in Großunternehmen stimulieren. In Österreich wird es Unternehmen derzeit ermöglicht, mittels der Forschungsprämie 10 Prozent ihrer F&E-Ausgaben bis zu 1 Mio. Euro abzusetzen.

Im Gegensatz zu Großunternehmen sind kleine und mittlere Unternehmen (KMU), wie auch innovative Neugründungen, zwar nur für einen geringeren Teil der nationalen F&E-Ausgaben verantwortlich, jedoch erweisen sie sich pro eingesetztem Euro an F&E-Ausgaben als besonders effektiv (Audretsch 2002; Carree/Thurik 2003). Nach einer Studie (Egeln/Fryges/Gottschalk/Rammer 2007) zu akademischen und Spin-off Gründungen in Österreich weisen innovative Neugründungen eine signifikant höhere F&E-Intensität und höhere Patentanmeldungen auf. Obwohl ähnliche Beschäftigungs- und Umsatzdynamiken wie bei traditionellen Unternehmensgründungen zu beobachten sind, weisen akademische Ausgründungen eine höhere Überlebenswahrscheinlichkeit auf. Da bei KMU und Neugründungen häufiger Probleme bei der Finanzierung von F&E

und Innovationen bestehen und in der Anfangszeit meist keine Gewinne erzielt werden, können hier vor allem Finanzierungsförderungen (in Österreich bspw. die AWS-Programme PreSeed, Seedfinancing bzw. Zinszuschüsse und Haftungsübernahmen) und direkte F&E-Förderungen unterstützend wirken. Als direkte F&E-Förderungen gibt es eine Reihe thematischer Schwerpunktprogramme, das FFG-Basisprogramm, die bereits erwähnten Wissenstransfer- und Gründerprogramme und der Innovationsscheck (Good/Tiefenthaler 2011). Dieser ermöglicht es Unternehmen, Kosten für Leistungen externer Forschungseinrichtungen bis zu einer bestimmten Höhe zu bezahlen. Solche direkten Förderungen sollten speziell auf KMU und Neugründungen abzielen und versuchen traditionelle Unternehmen für Innovationsaktivitäten zu begeistern. Idealerweise sollte daher eine intelligente Ausgestaltung der F&E-Förderpolitik im Stande sein, echte F&E-Ausgaben zu identifizieren und zu fördern, weitere private F&E-Ausgaben zu stimulieren (Hebelwirkung, Komplementarität) und durch einen ausgewogenen Instrumentenmix aus indirekten und direkten Fördermaßnahmen gleichermaßen KMU und Großunternehmen anzusprechen. Ergänzende Maßnahmen sollten dann speziell darauf abzielen, innovativen Neugründungen den Zugang zum Kapitalmarkt zu erleichtern.

Kapitalmarkt

Die Rolle des Kapitalmarkts besteht darin, für eine effiziente Allokation des Kapitals zu sorgen. Daher sollte das Kapital in jene Unternehmen und Sektoren fließen, wo es bei gleichem Risiko eine höhere Rendite erwirtschaftet. Empirische Ergebnisse deuten darauf hin, dass Kapital in Ländern mit gut entwickelten Kapitalmärkten effizienter zugeteilt wird (Wurgler 2000). Damit Inventionen nicht nur zu Patenten, sondern zu einer kommerziellen Nutzung führen und damit mehr Beschäftigung und höhere Wertschöpfung bringen, ist es unabdingbar, dass die innovierenden UnternehmerInnen Zugang zu Kapital haben. Sofern diese Innovationen unter dem Dach multinationaler Konzerne oder größerer Unternehmungen stattfinden, ist wohl in den meisten Fällen eine ausreichende Kapitalaufbringung sichergestellt (Hall/Lerner 2010). Die vorausgehende Kreditwürdigkeitsprüfung – zumeist durch Geschäftsbanken – wird positiv ausgehen, wenn das Unternehmen ausreichend Eigenkapital und sonstige Sicherheiten bieten kann und sofern die Wachstumschancen intakt sind.

Im Jahr 2006 berichteten etwa 7 Prozent der innovationsaktiven österreichischen Unternehmen mit 250 oder mehr Beschäftigten, Probleme bei der externen Finanzierung von Innovationsaktivitäten zu haben (Statistik Austria 2008). Im Vergleich dazu klagten 18 Prozent der Unternehmen mit 10–49 Beschäftigten über externe Finanzierungsprobleme. Bei den kleineren, sehr innovativen und jungen Wachstumsunternehmen sind die Finanzierungsprobleme am größten. Eine Kreditwürdigkeitsprüfung bei Jungunternehmen ist außer-

ordentlich schwierig, da sie aufgrund der kurzen Lebenszeit nur wenige bankfähige Sicherheiten anzubieten haben. Zudem sind sie meist von einer dominierenden UnternehmerInnenpersönlichkeit und ihrer/seiner Geschäftsidee abhängig, oft gepaart mit mangelnder Erfahrung im Management. Obwohl diese Unternehmen im Erfolgsfall die größten Wachstumschancen haben, sind sie für die Banken zu riskant und haben daher trotz hoher Rentabilität Probleme mit dem Kapitalmarktzugang. Wenn gerade diesen Unternehmen mit hohen Ertragsaussichten der Kapitalmarktzugang verweigert wird, kann das volkswirtschaftliche Potenzial nicht zur Gänze ausgenützt werden.

Die private Lösung für die Finanzierungsprobleme von innovativen Jungunternehmen ist Venture Capital (VC), sprich Wagniskapital. Venture Capital ist sehr betreuungsintensiv, so dass eine VC-Gesellschaft nur relativ wenige Portfoliounternehmen finanziert. VC-Gesellschaften haben wesentlich mehr unternehmerische Kompetenz und Industrieerfahrung als Geschäftsbanken und können daher diese Unternehmen leichter beurteilen. Aus demselben Grund können sie das Unternehmenswachstum und die Überlebenswahrscheinlichkeit durch Management-Beratung fördern und auftauchende Fehlentwicklungen durch Einflussnahme auf die Geschäftsführung frühzeitig abwenden. Damit höchst innovative, aber riskante Projekte nicht nur Forschungsmittel aufzehren, sondern einen wichtigen Beitrag zu Wachstum und Wohlstand leisten können, dürfen sie nicht von der Kapitalversorgung abgeschnitten werden. Ein gut funktionierender VC-Markt ist für innovative Wachstumsunternehmen unabdingbar (Keuschnigg/Nielsen 2001).

Für die Private Equity- und Venture Capital-Industrie stellt die Investition in ein Jungunternehmen allerdings nur eine Seite der Geschäftstätigkeit dar. Die andere Seite betrifft die Entscheidung über die sogenannte Desinvestition, also den Verkauf der Anteile an dem Jungunternehmen nach einer gewissen Zeitspanne. Laut Branchen-Organisation AVCO (Austrian Private Equity and Venture Capital Organisation) stellt der IPO (Initial Public Offering), also der Börsengang des Unternehmens, die beste Exit-Option dar (AVCO 2012). Mit dem rechtzeitigen Ausstieg wird Kapital freigesetzt, das wieder in neue Startunternehmen investiert werden kann. Der Vorteil von VC liegt insbesondere in der Frühphase der Unternehmensentwicklung, in der die Finanzierung durch Banken schwierig ist und Beratung und Kontrolle besonders wichtig sind. Mit fortschreitendem Unternehmenswachstum wird der Zugang zu anderen Finanzierungsquellen sukzessive erleichtert, so dass der relative Vorteil von VC abnimmt. Daher sind der rechtzeitige Ausstieg (Desinvestition) und die Neuinvestition von VC in andere Startunternehmen wichtig. Dieser Kapitalumschlag wird durch ein ausreichendes Marktvolumen für VC mit einer liquiden Börse für Jungunternehmen unterstützt.

Um die Bedeutung des Kapitalmarktes in Österreich im internationalen Vergleich zu veranschaulichen, stellt Abbildung 5 das

Volumen an VC (vertikale Achse) der Börsenkapitalisierung[1] (horizontale Achse) und dem BIP (Fläche) gegenüber. Es wird deutlich, dass Österreich im europäischen Vergleich sowohl hinsichtlich des Marktvolumens an VC als auch hinsichtlich der Börsenkapitalisierung, die die Fähigkeit zur Desinvestition maßgeblich bestimmt, noch deutlich Entwicklungspotenzial aufweist.

Wie in jedem anderen Markt gibt es auch auf dem Private Equity-Markt nachfrageseitige und angebotsseitige Faktoren. Angebotsseitig muss seitens der Politik dafür gesorgt werden, dass Anbietern von VC in Österreich keine Hindernisse im Weg stehen. Mögliche Maßnahmen zur Verbesserung des Standortfaktors Kapitalmarkt wie z. B. ein verbesserter Investorenschutz, Garantien für Risikokapitalinvestitionen sowie die Umsetzung einheitlicher internationaler Richtlinien werden von verschiedensten Seiten angemahnt (WIFO, Prognos, Convelop, KMU Forschung Austria 2009). Nachfrageseitig können Akzente gesetzt werden, indem Startunternehmen

stärker unterstützt, das Insolvenzrecht überprüft, der Unternehmergeist gestärkt und ausreichend Risikokapital zur Verfügung gestellt werden.

Arbeitsmarkt und Sozialstaat

Ein permanenter Strukturwandel in einer innovativen Wirtschaft erfordert nicht nur eine ungehinderte Reallokation des Produktionsfaktors Kapital, sondern auch einen funktionierenden Umschlag des Faktors Arbeit. Die zentrale Herausforderung für die Gestaltung des Wohlfahrtsstaates ist es, Innovation und Strukturwandel zuzulassen und dennoch Sicherheit zu bieten. Innovationen verdrängen herkömmliche Technologien und Beschäftigungsformen. Innovationsgetriebenes Wachstum durch „kreative Zerstörung" bedeutet auf dem Arbeitsmarkt einen schnelleren Umschlag von Arbeitsplätzen und einen häufigeren Jobwechsel. Wenn der Strukturwandel durch Innovation gelingen soll, muss die Umlenkung der Arbeit von

Abbildung 5: Private Equity Märkte im internationalen Vergleich, 2011

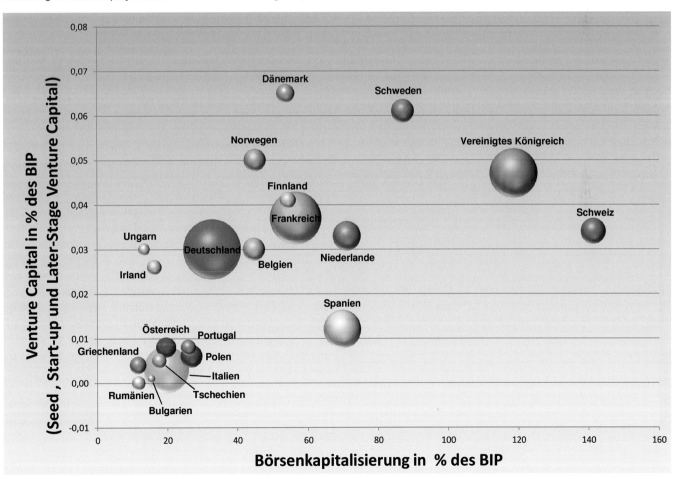

Quelle: Eurostat, EVCA, Weltbank, Darstellung IHS.

schrumpfenden zu wachsenden Unternehmen mit höherer Produktivität möglich sein. Wenig rentable Unternehmen müssen schrumpfen und ArbeitnehmerInnen freisetzen, damit innovative Unternehmen mit hoher Wertschöpfung expandieren können.

Am österreichischen Arbeitsmarkt herrscht eine im internationalen Vergleich relativ hohe Dynamik hinsichtlich der Personenflüsse zwischen Beschäftigung, Arbeitslosigkeit und Inaktivität. So wurden seit 2004 jährlich rund 900.000 Neuaufnahmen und auch Beschäftigungsbeendigungen verzeichnet (Stiglbauer 2012). Innerhalb des Euroraums weist Österreich damit eine hohe Rate an Beschäftigungsaufnahmen auf. Weiters liegt Österreich im Spitzenfeld hinsichtlich des Übergangs von Arbeitslosigkeit in Beschäftigung (Task Force of the Monetary Policy Committee of the European System of Central Banks 2012). Bei diesen internationalen Vergleichen ist aber die hohe Saisonalität am österreichischen Arbeitsmarkt zu berücksichtigen.

Die schnelle Abfolge von Perioden der Beschäftigung und der Arbeitslosigkeit schaffen neue Herausforderungen für den Sozialstaat. Einerseits ist der Sozialstaat mehr gefordert, wenn die ArbeitnehmerInnen häufiger mit Arbeitslosigkeit konfrontiert sind. Nachdem viele ArbeitnehmerInnen nicht ausreichend selbst Vorsorge treffen können oder wollen, ist es die grundlegende Aufgabe der Arbeitslosenversicherung, sie vor existenziellen Einkommensrisiken zu schützen und den Wohlstand auch bei Arbeitslosigkeit zu erhalten (Konsumglättung). Andererseits mindert eine großzügige Versicherung den Anreiz, intensiv nach neuen Jobs zu suchen und so die Arbeitslosigkeit kurz zu halten. Wenn weniger Leute tatsächlich nach neuer Beschäftigung suchen, bleiben mehr arbeitslos. Damit wird der Wohlfahrtsstaat mit zur Ursache des Problems, dessen Folgen er lindern sollte.

Die Entmutigung der Jobsuche und Erwerbsbeteiligung kann durch den sogenannten Teilnahmesteuersatz gemessen werden. Für eine Arbeitslose/einen Arbeitslosen bedeutet eine Beschäftigungsaufnahme nicht nur eine Belastung durch Steuern und Sozialversicherungsbeiträge, sondern auch den Verlust des Arbeitslosengeldes. Das Spiegelbild davon ist, dass eine Arbeitslose/ein Arbeitsloser weniger für den Staat ein doppelter Gewinn ist, denn es gibt dann einen Leistungsempfänger weniger und einen Steuer- und BeitragszahlerIn mehr. Laut Immervoll et al. (2007) beträgt der Teilnahmesteuersatz in Österreich bereits bei GeringverdienerInnen (unterstes Einkommensdezil) rund 50 Prozent, steigt dann bis zum vierten Einkommensdezil auf 65 Prozent und bleibt dann auf diesem Niveau. Damit ist der Teilnahmesteuersatz in Österreich zwar niedriger als in den Skandinavischen Ländern oder in Frankreich bzw. Belgien, aber immer noch hoch.

Aufgrund der hohen Kosten der Arbeitslosigkeit in ausgebauten Wohlfahrtsstaaten rentieren sich die Ausgaben für aktive Arbeitsmarktpolitik, indem sie die Wiedereingliederung in die Beschäftigung unterstützen und beschleunigen. Solche Maßnahmen sind Umschulungen, Training, Informations- und Jobbörsen etc., aber auch Sanktionen bei Missbrauch und Nichtannahme von Beschäftigungsangeboten. Seit dem Beitritt zur EU hat die aktive Arbeitsmarktpolitik in Österreich merklich an Bedeutung gewonnen. 2010 wurden 0,84 Prozent des BIP für aktive und aktivierende Arbeitsmarktpolitik ausgegeben (OECD 2012). Unter Berücksichtigung der unterschiedlichen Arbeitslosigkeitsquoten befindet sich Österreich unter den Top 5 der OECD-Staaten (BMASK 2012). Hinsichtlich der Struktur der Programme liegt in Österreich im internationalen Vergleich ein starker Schwerpunkt auf den Qualifizierungsmaßnahmen (Hofer/Weber 2006). Internationale Untersuchungen über die Effektivität der Programme zeigen eine deutliche Heterogenität nach Programmtyp und Dauer des Maßnahmeneffekts. So gehen laut der Metastudie von Card et al (Card/Kluve/Weber 2010) von Maßnahmen zur Unterstützung der Arbeitssuche lediglich kurzfristig positive Effekte aus, hingegen sind die mittelfristigen Effekte von Trainingsmaßnahmen besser als die kurzfristigen. Öffentliche Beschäftigungsprogramme schneiden am schlechtesten ab. Simulationen mit dem IHS-Modell Tax-Lab ergeben, dass in Österreich ausgewählte Maßnahmen der aktiven Arbeitsmarktpolitik in den Jahren 2005–2009 das BIP um 0.26 Prozent gesteigert und die Arbeitslosigkeit um 0,3 Prozentpunkte reduziert haben (Berger 2010). Diese positiven Effekte werden durch die verbesserte Matching-Effizienz verursacht.

Weiters gehen auch von der Ausgestaltung des Kündigungsschutzes (Employment Protection Legislation) wesentliche Wirkungen auf die Höhe der Arbeitslosigkeit und die Produktivitätsentwicklung einer Volkswirtschaft aus.[2] Kündigungsschutz und Abfertigungszahlungen sollen Kündigungen reduzieren und damit den Zufluss in die Arbeitslosigkeit mindern. Allerdings steigen damit auch die Kosten der Unternehmen, neue Arbeitsplätze einzurichten, denn wenn sie später unrentabel werden, können sie nur mehr mit hohen Kosten aufgelöst werden. Ein hoher Kündigungsschutz führt dazu, dass Beschäftigungsverhältnisse länger dauern und nicht mehr aufgelöst werden, auch wenn sie vielleicht schon unrentabel sind. Damit reduziert sich zwar die Zahl der Kündigungen, aber auch die Zahl der Einstellungen, so dass der Nettoeffekt auf die Arbeitslosigkeit unklar ist. Auf alle Fälle behindert der Kündigungsschutz den Strukturwandel durch Umlenkung der Arbeit von schrumpfenden zu wachsenden Unternehmen mit höherer Wertschöpfung und erschwert Produktivitätssteigerung durch Innovation und technischen Fortschritt. Bassanini et al. (2009) zeigen, dass in Industriezweigen mit hohem Arbeitskräfteumschlag, Arbeitsproduktivität bzw. Wachstum der totalen Faktorproduktivität negativ mit dem Kündigungsschutz korrelieren. In Ländern mit strikten Kündigungsschutzregelungen sind riskante aber hoch innovative Branchen deutlich kleiner als in Staaten mit geringer Regulierung (Bartelsman/Gautier/de Wind 2011).

Laut dem Indikator der OECD über die Stärke des Kündigungsschutzes findet sich Österreich im Mittelfeld der OECD-Staaten (Martin/Scarpetta 2011). In der Praxis sind Anfechtungen von Kündigungen sehr selten und enden meist mit einer Abfertigungszahlung. Internationale Aufmerksamkeit hat die Reform der Abfertigungsregelungen im Jahre 2002 erregt. Das alte System wurde durch individuelle Sparkonten mit Veranlagung am Kapitalmarkt ersetzt. Die ArbeitgeberInnen zahlen monatlich 1,53 Prozent des Bruttolohns in sogenannte Abfertigungskassen ein. Bei Pensionsantritt besteht die Wahlmöglichkeit, die Abfertigung ausbezahlt zu bekommen oder in eine Pension umzuwandeln. Wechselt die Arbeitnehmerin/der Arbeitnehmer den Betrieb, dann wird der Abfertigungsanspruch mitgenommen. Aus theoretischen Überlegungen folgt, dass die neue Abfertigungsregelung die Mobilität am Arbeitsmarkt erhöht. Aus Sicht der ArbeitgeberInnen sind die (zu erwartenden) Entlassungskosten bereits bei Aufnahme des Beschäftigungsverhältnisses bekannt und geringer als bei der alten Regelung. Bei den ArbeitnehmerInnen fällt der mobilitätshemmende Verlust der Abfertigung bei Selbstkündigung weg. Hofer et al. (2011) finden Hinweise darauf, dass die Reform die Beschäftigungsdynamik erhöht hat. Kritisch ist aber zu bemerken, dass die Art der Beendigung des Beschäftigungsverhältnisses keinen Einfluss auf Höhe und Entstehung des Abfertigungsanspruchs hat, also die „Abfertigung Neu" keine Anreize zur Vermeidung von Kündigungen mehr beinhaltet. Insgesamt gesehen erscheinen die arbeitsrechtlichen Regelungen vor dem Hintergrund der hohen Dynamik am österreichischen Arbeitsmarkt hinreichend flexibel, um die erforderlichen Reallokationsprozesse nicht mit prohibitiv hohen Kosten zu belasten (Hofer/Winter-Ebmer 2007).

Innovationsgetriebenes Wachstum bedeutet neue Herausforderungen auch für die Gestaltung des Wohlfahrtsstaats in Österreich. Das hohe Lohnniveau kann langfristig nur aufrechterhalten werden, wenn die Produktivität durch Innovation gesteigert wird. Neue Produktion verdrängt technologisch veraltete Produktion, was nicht ohne Umlenkung der Arbeit von weniger rentablen und schrumpfenden zu hoch rentablen und stark wachsenden Unternehmen möglich ist. Das Konzept dazu ist „Flexicurity" und besteht aus drei Elementen, nämlich Sicherheit, Flexibilität und aktiver Arbeitsmarktpolitik (Keuschnigg/Davoine 2010). Sicherheit wird mit einer relativ großzügigen Arbeitslosenversicherung geboten, damit die ArbeitnehmerInnen auch bereit sind, risikoreichere und kurzlebigere Arbeitsverhältnisse zu akzeptieren. Sonst müssten die innovativsten und riskantesten Unternehmen umso höhere Löhne zahlen, um die ArbeitnehmerInnen mit einer Risikoprämie relativ zu sicheren Jobs zu kompensieren. Flexibilität bedeutet, dass Beschäftigungsverhältnisse leichter aufgelöst werden können, wenn sie einmal unrentabel geworden sind. Übertriebener Kündigungsschutz und hohe Abfertigungszahlungen sind damit nicht vereinbar. Bei eintretender unfreiwilliger Arbeitslosigkeit werden die ArbeitnehmerInnen nicht nur mit einer relativ großzügigen Ersatzquote gegen hohe Einkommensverluste geschützt, sondern mit Maßnahmen der aktiven Arbeitsmarktpolitik in der Jobsuche (Informationsangebote, Sanktionen etc.) und Vorbereitung auf neue Jobs (Training, Umschulungen etc.) unterstützt. Dadurch wird die Reallokation der Arbeit und damit der Strukturwandel erleichtert, damit mehr Innovation und nachhaltige Produktivitätssteigerungen möglich werden.

Vision Österreich 2050

Um auch in Zukunft den Wohlstand und das hohe Lohnniveau in Österreich zu sichern, müssen die Herausforderungen einer globalisierten Wirtschaft in Zeiten rasanten technologischen Wandels gemeistert werden. Für ein wirtschaftlich hoch entwickeltes Land wie Österreich stellen vor allem Bildung und Innovation die Quellen des Wohlstands dar. Ein ständiger Prozess der kreativen Zerstörung und des strukturellen Wandels erfordert einen systemischen wirtschaftspolitischen Ansatz, in welchem verschiedene Politikfelder ergänzend und komplementär wirken müssen. Dafür braucht es ein leistungsfähiges Bildungssystem, eine gutfinanzierte Grundlagenforschung, einen innovativen und leistungsstarken Unternehmenssektor, einen gut entwickelten Kapitalmarkt und einen aktivierenden, unterstützenden Sozialstaat. Im Zusammenspiel bilden diese Faktoren die Voraussetzungen dafür, flexibel auf nicht vorhersehbare globale Entwicklungen und geänderte Rahmenbedingungen reagieren zu können.

Österreich ist als kleine offene Volkswirtschaft mit zunehmender globaler Konkurrenz (vor allem aus Asien und Südamerika) konfrontiert. Schwellenländer sind einerseits nach wie vor durch Lohnkostenvorteile begünstigt und werden andererseits zunehmend als Forschungs- und Innovationsstandort attraktiv. Die Herausforderung für Österreich besteht vor allem darin, international wettbewerbsfähig zu bleiben. Das Land muss auf die laufenden Verschiebungen im Welthandel mit permanentem Strukturwandel reagieren, um Vollbeschäftigung bei hohen Einkommen zu erhalten. Marktfriktionen auf den Kapital- und Arbeitsmärkten müssen beseitigt werden, damit Kapital und Arbeit ungehindert von schrumpfenden zu wachsenden Branchen und Unternehmen fließen können. Vor allem muss das Land ein attraktiver Forschungs- und Produktionsstandort bleiben. Ein leistungsfähiges Bildungssystem und ein innovativer Unternehmenssektor benötigen klare institutionelle Rahmenbedingungen und müssen sicherstellen, dass neue und wertschöpfungsintensive Formen der Beschäftigung und Produktion in hoher Geschwindigkeit und Verlässlichkeit entstehen, um traditionelle Produktionen zu ersetzen, die in den Schwellenländern viel preisgünstiger erfolgen können. Dies erfordert eine flexible und zukunftsträchtige Ausgestaltung der nationalen Strategie Österreichs für Forschung, Technologie und Innovation (FTI) und eine verstärkte Zusammenarbeit in Bildung, Forschung und Innovation innerhalb der Europäischen Union. ■

Anmerkungen

[1] Die Börsenkapitalisierung ist die Summe aller emittierten Wertpapiere multipliziert mit ihrem jeweiligen Kurs (gemessen mit Jahresende 2011).

[2] Siehe für einen Überblick hinsichtlich der empirischen Zusammenhänge zwischen Kündigungsschutz, Arbeitskräftereallokation und Produktivitätsentwicklung etwa Martin/Scarpetta (2011): Setting it Right: Employment Protection, Labour Reallocation and Productivity, IZA Policy Paper 27, Bonn

Literaturhinweise

Audretsch, D. B. (2002): The Dynamic Role of Small Firms: Evidence from the U.S. In: Small Business Economics 18, 13–40

Austrian Private Equity and Venture Capital Organisation (2012): Private Equity Exit mittels IPO and der Wiener Börse – Pro & Contra

Bassanini A. / Nunziata; L. / Venn, D. (2009): Job protection legislation and productivity growth in OECD countries. In: Economic Policy, 24, 349–402.

Bartelsman, E. J. / Gautier, P. A. / de Wind, J. (2011): Employment Protection, Technology Choice, and Worker Allocation. In: DNB Working Papers 295, Netherlands Central Bank, Research Department.

Becker, S. / Egger, P. (2013): Endogenous product versus process innovation and a firm's propensity to export. In: Empirical Economics 44:329–354.

Berger, J. (2010): Labour Market Policies, Chapter 3.3 in: WIFO/IHS (2010): Assessing the Lisbon Strategy 2005–2010 and Estimating Expected Effects from Reaching the EU 2020 Goals. Study commissioned by the Federal Chancellery and the Federal Ministry of Economy, Family and Youth, WIFO, IHS, 82–97.

Bloom, N. / Griffith, R. (2001), The Internationalisation of UK R&D. In: Fiscal Studies 22, 337–355.

BMASK (2012): Arbeitsmarktpolitik im Jahr 2011. Wien.

Card, D. / Kluve, J. / Weber, A. (2010): Active Labour Market Policy Evaluations: A Meta-Analysis. In: Economic Journal, 120, F452–F477.

Carree, M. A. / Thurik, R. A. (2003): The Impact of Entrepreneurship on Economic Growth. In: Acs, Z. / Audretsch, D. (Hg.): Handbook of Entrepreneurship Research. Dordrecht: Kluwer Academic Publishers, 437–471.

Conti, A. / Gaule, P. (2011): Is the US outperforming Europe in university technology licensing? A new perspective on the European Paradox. In: Research Policy 40 (2011) 123–135.

Crepon, B. / Duguet, E. / Mairessec, J. (1998): Research, Innovation and Productivity: An Econometric Analysis at the Firm Level. In: Economics of Innovation and New Technology, Taylor and Francis Journals, vol. 7(2), pages 115–158.

Devereux, M. P. / Griffith, R. (2002): The Impact of Corporate Taxation on the Location of Capital: A Review. In: Swedish Economic Policy Review 9, 79–102.

Egeln, J. / Fryges, H. / Gottschalk, S. / Rammer, C. (2007): Dynamik von akademischen Spinoff-Gründungen in Österreich. In: ZEW Discussion Papers, No. 07–021.

European Commission (2010): The 2009 EU Survey on R&D Investment Business Trends. Brussels.

European Commission (2012): Global Europe 2050. Brussels.

Good, B. / Tiefenthaler, B. (2011): Zwischenevaluierung des Programms Innovationsscheck, Technopolis, Wien.

Griliches, Z. (1992): The Search for R&D Spillovers. In: Scandinavian Journal of Economics 94, 29–47.

Hall, B. H. / Lerner, J. (2010): The Financing of R&D and Innovation. In: Hall, B.H. / Rosenberg, H. (Hg.): Handbook of the Economics of Innovation. Amsterdam: North-Holland.

Hanushek, E.A / Wößmann, L. (2008): The Role of Cognitive Skills in Economic Development. In: Journal of Economic Literature 2008, S 607–668.

Heckman, J. (2011): The Economics of Inequality: The Value of Early Childhood Education. American Educator Spring: 31–47

Heydebreck, P. / Petersen, K. (2008): Zwischenevaluierung – AplusB Academia Business Spin-off Gründerprogramm; inno, im Auftrag des bmvit, Karlsruhe

Hines, J. R. Jr. (1993): On the Sensitivity of R&D to Delicate Tax Changes: The Behaviour of US Multinationals in the 1980s. In: Giovanni, A.R. / Hubbard, G. / Slemrod, J.B. (Hg.): Studies in International Taxation. Chicago: Chicago University Press.

Hofer, H. / Weber, A. (2006): Active Labor Market Policy in Austria: Practice and Evaluation Results. In: Vierteljahrshefte zur Wirtschaftsforschung, DIW, 75, 2006, 155–167.

Hofer, H. / Winter-Ebmer, R. (2007): Regulation of the Austrian Labor Market. In: Federal Ministry of Economics and Technology (Hg.): Growth Aspects of Labor Market Policy, Expert Report for the Federal Ministry of Economics and Technology, Bonn, 28–51.

Hofer, H. / Schuh, U.A. / Walch, D. (2011): Effects of the Austrian Severance Pay Reform. In: Holzmann, R. / Vodopivec, M. (Hg.): Reforming Severance Pay: An International Perspective. World Bank, 177–194.

Hölzl et al. (2006): Neugründung und Entwicklung von Unternehmen. Teilstudie 20: WIFO Weißbuch.

Immervoll, H. / Kleven, J., H. / Kreiner, C. T. / Saez, E. (2007): Welfare Reform in European Countries: A Microsimulation Approach. In: Economic Journal, 117, 1–44.

Keuschnigg, C. / Nielsen, S. B. (2001): Public Policy for Venture Capital. In: International Tax and Public Finance 8, 557–572.

Keuschnigg,C. (2004): Venture Capital Backed Growth. In: Journal of Economic Growth 9, 234–261.

KSV1870 (2011): Insolvenzursachen 2011, Pressemitteilung vom 18. 5. 2011.

Lachenmaier, S. / Wößmann, L. (2006): Does innovation cause exports? Evidence from exogenous innovation impulses and obstacles using German micro data. In: Oxford Economic Papers 58, 317–350.

Martin J. P. / Scarpetta, S. (2011): Setting it Right: Employment Protection, Labour Reallocation and Productivity. In: IZA Policy Paper 27, Bonn.

Mooij, R.A. / Ederveen, S. (2001): Taxation and foreign direct investment: A synthesis of empirical research. In: CPB Netherlands Bureau for Economic Policy Analysis Discussion Paper 3.

OECD (2002): Frascati Manual - Proposed Standard Practice for Surveys on Research and Experimental Development. Paris.

OECD (2012): Employment Outlook 2012. Paris.

ÖNB (2011): Presseaussendung vom 16.5.2011: „Exporte sichern Wachstum und Beschäftigung – knapp 1 Mio. Arbeitsplätze in Österreich von Ausfuhren abhängig", Presseaussendungen, 1. Quartal, 2011.

Quadris Consulting (2010): Das AplusB Programm 2002–2009: Ergebnisse aus der Analyse des Gründungsmonitorings. Studie im Auftrag der FFG.

Siedschlaga, I. / Smitha, D. / Turcub, C. / Zhanga, X. (2010): What Determines the Location Choice of Multinational R&D Firms? In: Working Paper, Forum for Research in Empirical International Trade.

Schibany, A. / Gassler, H. (2010a): Nutzen und Effekte der Grundlagenforschung. In: Joanneum Research, Policies Research Report Nr. 98-2010, Graz-Wien 2010.

Schibany, A. / Gassler, H. (2010b): Kosten und Nutzen der (Grundlagen)-Forschung. In: Technologie-Innovation-Politik TIP-policycybrief Ausgabe 2010/06, Joanneum Research, Graz-Wien 2010.

Schibany, A. / Streicher, G. (2011): Evaluierung des Programms uni:invent. In: POLICIES Research Report Nr. 123–2011, Joanneum Research, Wien.

Sherer, F. / Harhoff, D. (2000): Technology policy in a world of skew-distributed outcomes. In: Research Policy 29, 559–566.

STATISTIK AUSTRIA (2008): Ergebnisse der Fünften Europäischen Innovationserhebung (CIS 2006). Wien.

STATISTIK AUSTRIA (2011): Erhebung über Forschung und experimentelle Entwicklung (F&E) 2009. Statistik Austria, Wien.

STATISTIK AUSTRIA (2012): Ergebnisse der Innovationserhebung CIS 2010. Wien.

STATISTIK AUSTRIA (2013): Hauptaggregate der VGR nach ESVG 1995, abgerufen im März 2013.

Stiglbauer, A. (2012): Wie hoch ist die Personendynamik auf dem österreichischen Arbeitsmarkt? In: Konjunktur Aktuell, OeNB, Dezember 2012, 37–41

Task Force of the Monetary Policy Committee of the European System of Central

Banks (2012): Euro Area Labour Markets and the Crisis. In: ECB Occasional Paper Series 138.

Tassey, G. (2012): Beyond the business cycle: The need for a technologybased growth strategy. In: Science and Policy, 2012, S. 1–23.

Thursby, J. / Thursby, M. (2006): Here or There? A Survey of Factors in Multinational R&D Location. Report to the Government – University – Industry Research Roundtable.

Thursby, J. / Thursby, M. (2011): 'Has the Bayh-Dole act compromised basic research? In: Research Policy 40 (2011).

Vandenbussche, J. / Aghion, P. / Meghir, C. (2006): Growth, Distance and Composition of Human Capital. In: Journal of Economic Growth 11: 97.127.

WIFO, Prognos, Convelop, KMU Forschung Austria (2009): Systemevaluierung der österreichischen Forschungsförderung und -finanzierung, Studie im Auftrag des BMWFJ und BMVIT.

Wurgler, J. (2000): Financial markets and the allocation of capital. In: Journal of Financial Economics 58, 187–214.

Der Autor

Christian Keuschnigg *ist Direktor des Instituts für Höhere Studien (IHS) in Wien und Professor für Nationalökonomie, insbesondere öffentliche Finanzen, an der Universität St. Gallen. Er wurde 1987 an der Universität Innsbruck promoviert und 1995 an der Universität Wien in Wirtschaftspolitik und Finanzwissenschaft habilitiert. Er war am IHS von 1984 bis 1986 Scholar des postgraduierten-Programms in Ökonomie und von 1992 bis 1997 wissenschaftlicher Mitarbeiter in der Abteilung Ökonomie. Er wurde 1997 auf eine Professur in Finanzwissenschaft an der Universität des Saarlandes in Saarbrücken berufen und lehrt seit 2000 an der Universität St. Gallen. Längere Forschungsaufenthalte haben ihn an die Universitäten Bonn 1989/90, Princeton 1994/95 und Oxford 2007/08 geführt. Seit 2009 ist er Vorsitzender des finanzwissenschaftlichen Ausschusses des Vereins für Socialpolitik. Zudem ist er Research Fellow in den Forschungsnetzwerken CEPR (Centre for Economic Policy Research, London), CESifo (Center for Economic Studies und Ifo Institut, München), Oxford University Centre for Business Taxation und NetSpar (Network for Studies on Pensions, Aging and Retirement, Tilburg). Er ist Herausgeber der Zeitschrift ‚FinanzArchiv/Public Finance Policy Analysis', Mitherausgeber des ‚European Economic Review' und ist im Editorial Board von ‚Journal of Pension Economics and Finance'. Seine Forschungsinteressen betreffen Steuerreform, Wachstum, Unternehmensfinanzierung und Kapitalmarktentwicklung, Wohlfahrtsstaat, Alterung und Arbeitsmarkt, Internationalisierung der Wirtschaft, Europäische Integration und andere. Er hat mehrere Bücher verfasst und unter anderem in Journal of Public Economics, Journal of Economic Growth, Oxford Economic Papers, Journal of International Economics und Economic Policy publiziert. Er engagiert sich in der Politikberatung und in der öffentlichen wirtschaftspolitischen Debatte.*

DISRUPTIVE EREIGNISSE UND WIE DIE POLITIK DAMIT UMGEHEN KANN

Hannes Leo

Johannes Gadner

Andreas Gemes

Wilhelm Geiger

Executive Summary

Dieser Beitrag zu disruptiven Ereignissen ist einer gewissen Experimentierfreude geschuldet. Das betrifft sowohl das Thema als auch den Prozess. Obwohl disruptive Ereignisse natürlich auch in den thematisch orientierten Kapiteln von „Österreich 2050" oder in diversen Foresight-Prozessen[1] behandelt werden, wurde hier versucht, die traditionellen thematischen Eingrenzungen, nach denen auch die vorliegende Publikation strukturiert ist, über Bord zu werfen. Stattdessen wurde der Blick auf all jenes gelenkt, was in den anderen Beiträgen zu „Österreich 2050" nicht angedacht oder möglicherweise nur unzureichend wahrgenommen und diskutiert wurde: Naturkatastrophen, Laborunfälle sowie alle möglichen unintendierten oder intendierten, vom Menschen verursachten, disruptiven Ereignisse. Oftmals geht es dabei mehr um Interdependenzen, Trends, schwer wahrnehmbare Entwicklungen als um ein sachlich klar abgegrenztes Gebiet. Die Natur dieser Ereignisse kann und sollte durchaus spekulativ sein. Außerdem war es ein Versuch, den engeren Kreis der ExpertInnen zu verlassen und eine breitere Öffentlichkeit in den Prozess einzubinden.

Der Prozess war daher für alle Interessierten offen, in voller Länge partizipativ und in drei Phasen gegliedert: Im Rahmen eines offenen, kollektiven Brainstormings auf der webbasierten Diskussionsplattform www.oesterreich2050.at wurden in Phase 1 von 152 registrierten TeilnehmerInnen 53 disruptive Ereignisse hochgeladen (siehe Tabelle 1). Diese wurden vom Projektteam – also den AutorInnen dieses Beitrages – analysiert, in einem Dokument zusammengefasst und wiederum zur Diskussion gestellt (Phase 2). Das Dokument wurde exakt 300 Mal kommentiert und fast 600 Mal „gevoted". In der 3. Phase wurde die Meinung zu kontroversiellen Punkten über eine Befragung erhoben, deren Ergebnisse bei der Priorisierung von potenziell disruptiven Ereignissen helfen. Insgesamt haben rund 2500 Personen die Seite besucht und die Diskussion verfolgt.

Der Schwerpunkt dieser 53 disruptiven Ereignisse lag eindeutig bei von Menschen – unintendiert oder intendiert – verursachten. Die Ereignisse sind nach Ansicht der TeilnehmerInnen zwar erkennbar, werden aber entweder nicht angegangen oder mit weitgehend unwirksamen Instrumenten bearbeitet. Klassische disruptive Ereignisse (z. B. Erdbeben, Asteroiden) spielten nur eine sehr untergeordnete Rolle.

Der Fokus der Auswertung lag dabei nicht auf der Interpretation einzelner Ereignisse (z. B. Asteroiden, Klimawandel, Ressourcenknappheit), sondern auf der Entwicklung von Lösungsansätzen und Prinzipien für den Umgang mit disruptiven Ereignissen im Allgemeinen. Im Rahmen dieser Arbeit wird daher versucht, disruptive Ereignisse zu definieren und die wesentlichen Probleme im Umgang mit ihnen aufzuzeigen, die Ergebnisse des kollektiven Brain-

stormings aus einer Metaperspektive zu analysieren und einige Schlussfolgerungen daraus abzuleiten. Mit dieser Vorgangsweise lassen sich auf Basis der Ergebnisse des Diskussionsprozesses vier Ansatzpunkte für den Umgang mit disruptiven Ereignissen finden:

Krisen- und Notfallstrategien: Soweit es sich bei den disruptiven Ereignissen nicht um schleichende Prozesse handelt, verlangen sie rasches Eingreifen im Krisenfall. Damit dies möglich ist, braucht es Notfallpläne, Strategien für den Umgang mit kritischen Infrastrukturen, Zivilschutzmaßnahmen etc., die im Idealfall alle schon ausgearbeitet und durchgespielt worden sind.

Umgang mit Komplexität: Ein zentrales und viele Kommentare verbindendes Element ist die Komplexität der Systeme – dies betrifft sowohl die vom Menschen geschaffenen Systeme als auch das Ökosystem. Allen ist gemein, dass die kaskadischen Effekte einer schleichenden oder aber auch spontanen Änderung von Systemparametern nur schwer oder – wie sich oft herausstellt – gar nicht hinreichend modelliert wurden. Es ist daher notwendig, einen stärkeren Fokus auf eine treffsichere Analyse der Vorzeichen solcher disruptiver Ereignisse zu legen und Forschungstätigkeiten zu stärken. Erfreulicherweise wurde dabei auch ein gewisser Optimismus zum Ausdruck gebracht, dass es grundsätzlich möglich ist, komplexe Prozesse und Systeme hinreichend zu verstehen.

Verbesserte gesellschaftliche Entscheidungsprozesse: In Bezug auf gesellschaftliche Entscheidungsprozesse waren drei Problemstellungen dominant: 1. Gesellschaftliche Konstellationen, bei denen eine Elite die Überschüsse aus dem System absaugt und damit die Anreize für die Entfaltung von individuellen Talenten und die Einführung von Innovationen senkt (extrahierende politische und ökonomische Institutionen bzw. Systeme), 2. der Einfluss von Partikularinteressen auf Entscheidungen und 3. die Dominanz kurzfristiger Entscheidungskalküle, die zu langfristig irrationalen Entscheidungen führen. Nicht angezweifelt wird die grundsätzliche Entscheidungsfähigkeit der Politik. Gegen diese Entwicklungen helfen nur Entscheidungsprozesse, die transparenter, partizipativer und damit offener sind, sowie allen die Teilnahme ermöglichen. Obwohl dies naheliegend ist, ist die Praxis nicht unbedingt einfach. Hier braucht es soziale Innovationen, um Entscheidungsprozesse zu verändern und auf eine breitere Basis zu stellen.

Berücksichtigung der Systemgrenzen: Ein Punkt, der in den Diskussion mitgeschwungen, aber nicht immer deutlich zu Tage getreten ist, waren die Systemgrenzen unseres Ökosystems. Es ist hinlänglich bekannt, dass die Erde ein geschlossenes System darstellt und damit alle Ressourcen begrenzt sind. Hinzu kommt, dass sich auch auf dieser Ebene Verteilungsfragen deutlich stellen: Wer konsumiert wieviele der begrenzten Ressourcen? Beide Dimensionen werden derzeit bei politischen Entscheidungen viel zu wenig berücksichtigt. Gerade die Versuche hier ein international verbindliches Regelwerk zu schaffen (Kopenhagen 2009, Rio+20) zeigen den Einfluss von Partikularinteressen. Auch die jüngste Politikumkehr in Europa – niedrigere Energiepreise, um die Wettbewerbfähigkeit zu steigern – zeigt, dass man diesen Aspekt noch nicht verstanden hat. Die Wahrscheinlichkeit für disruptive Ereignisse steigt damit deutlich an.

Definition und Dimensionen disruptiver Ereignisse

Disruptive Ereignisse verändern nachhaltig unser Leben[2]. Der Begriff „disruptiv" bedeutet soviel wie unterbrechend, auflösend, zerstörend. Mit „Ereignissen" sind an dieser Stelle sowohl punktuelle Ereignisse als auch längerfristige Entwicklungen gemeint. Disruptive Ereignisse sind also solche, durch die etwas Bestehendes zerstört oder aufgelöst und durch etwas Neues ersetzt wird. Das kann sowohl negative als auch positive Konsequenzen haben. Wesentlich ist, dass sie schwer vorhersehbar sind und daher durch ex ante Maßnahmen nur zum Teil beeinflusst werden können (vgl. Taleb 2008).

Der amerikanische Rechtstheoretiker und Ökonom Richard Allen Posner (2004) teilt negative disruptive Ereignisse in vier Kategorien ein:

1. Naturkatastrophen (Seuchen, Vulkanausbrüche, Meteoriteneinschlag etc.)

2. Wissenschaftliche Unfälle oder Laborunfälle (z. B. Freisetzung von Bakterien)

3. Unintendierte, von Menschen verursachte, Ereignisse (Klimawandel, Atomunfälle, soziale Umwälzungen, Wirtschaftskrisen, Korruption, politische Strukturen, Nahrungsmittelknappheit, „alien species", etc.) und

4. Intendierte, von Menschen verursachte, Ereignisse (Cyberkrieg, Terroranschläge, etc.) .

Diese Einteilung kann generalisiert werden, weil sich alle disruptiven Ereignisse anhand von drei Dimensionen beschreiben lassen (siehe dazu die Kommentare von User „serol 1971" (zu Absatz 29), „Pynchon" (bei Absatz 8, 11, 15) und „Johann" (Absatz 15)):

Dauer: Punktuelles Ereignis oder länger andauernde Entwicklung

Verursacher: Von Menschen verursacht oder Naturereignisse

Intention: Intendierte oder unintendierte Ereignisse

Die Bewertung, ob eine von Menschen verursachte und sich über einen längeren Zeitraum manifestierende Entwicklung ein disruptives Ereignis ist, hängt überdies stark von individuellen Werthaltungen und Lebensumständen ab. Dies gilt natürlich immer dann in besonderem Ausmaß, wenn gesellschaftliche Entwicklungen bewertet werden. So kann beispielsweise eine zunehmend ungleiche Einkommensverteilung als destabilisierend für eine Gesellschaft wahrgenommen werden oder als Anreiz dafür, sich noch mehr anzustrengen und damit ebenfalls reich zu werden.

Unintendierte Ereignisse werden – gerade in der Frühphase – unterschiedlich wahrgenommen. Dies gilt sowohl für die Wissenschaft, bei der es oft lange dauert, bis alternative Interpretationen möglich werden (siehe etwa Studien zum Paradigmenwechsel von Kuhn, 1976), als auch für individuelle Wahrnehmungen – manche Personen haben ein ausgeprägtes Sensorium für neue Entwicklungen und Veränderungen in der Gesellschaft.

Aufgrund der unterschiedlichen Einschätzung und Erkennbarkeit von disruptiven Ereignissen sind adäquate Reaktionen jedenfalls eine große gesellschaftliche Herausforderung. Dem amerikanischen Evolutionsforscher Jared Diamond (2005) zufolge, lassen sich in diesem Zusammenhang vier Konstellationen identifizieren:

1. Die Gruppe/Gesellschaft sieht ein zukünftiges Problem nicht.

2. Die Gruppe/Gesellschaft sieht ein bereits eingetretenes Problem nicht.

3. Die Gruppe/Gesellschaft erkennt das Problem, aber schafft es nicht, Lösungen zu entwickeln oder sich auf Lösungen zu verständigen.

4. Die gefundenen und angewandten Lösungen lösen das Problem nicht.

Der Prozess

Der Prozess des kollektiven Brainstormings und der öffentlichen Diskussion war in voller Länge partizipativ und virtuell. Alle interessierten Personen konnten sich an dem Prozess im Internet beteiligen. Dazu wurde die webbasierte Diskussionsplattform www.oesterreich2050.at eingerichtet. Die TeilnehmerInnen waren aufgefordert, disruptive Ereignisse zu identifizieren und zu beschreiben, die darauf aufbauende Analyse zu bewerten und zu kommentieren, sowie schließlich an einer Umfrage zu kontroversiell diskutierten Themen teilzunehmen. Im Detail wurden folgende Prozessschritte durchgeführt:

In der ersten Phase wurde ein kollektives Brainstorming durchgeführt, um Ideen für disruptive Ereignisse zu sammeln. Gefragt waren einerseits Themen, die außerhalb der Diskurse um die bekannten Grand Challenges liegen und in öffentlichen Diskussionen meist untergehen, und andererseits eine Öffnung der Diskussion,

Tabelle 1: Disruptive Ereignisse, die von den UserInnen vorgeschlagen wurden

Nr.	Disruptives Ereignis	UserIn	Wahrscheinlichkeit
1	Disruption globaler Liefernetzwerke	alfred_t	sehr wahrscheinlich
2	Massiver Cyberangriff	alfred_t	wahrscheinlich
3	Erpresserische Rohstoffverknappung	alfred_t	unwahrscheinlich
4	Pensionsausgaben als tickende Zeitbombe	ziggy stardust	sehr wahrscheinlich
5	Kleine Dosis – hohe Wirkung?	Finstergrün	wahrscheinlich
6	Financial meltdown, die Zweite	STefanT	wahrscheinlich
7	Medizin 2.0	Phil	wahrscheinlich
8	Neue Formen des Investments – Ja dürfen die das überhaupt?	Finstergrün	wahrscheinlich
9	26 Buchstaben – die Lösung für alles?	Finstergrün	Sehr unwahrscheinlich
10	Die Natur schlägt zurück	herodot	sehr wahrscheinlich
11	Meteoriteneinschlag	herodot	wahrscheinlich
12	Demographischer Wandel in Europa	Mantschilein	wahrscheinlich
13	New infectious diseases	jo	wahrscheinlich
14	Was ist der Lauf der Welt, oder der Gang der Dinge?	Skalicky	–
15	Corporate Foresight für mehr disruptive Innovationen und als Orientierung bei disruptiven Ereignissen???	AktienGesellschaft	sehr wahrscheinlich
16	Politische Revolutionen und Umstürze	AktienGesellschaft	sehr wahrscheinlich
17	Kernfusion statt Spaltung und Öl	Werner Engel	wahrscheinlich
18	Die Folgen der Ungleichheit	ziggy stardust	wahrscheinlich
19	Wissenszusammenführung	Firehorse	sehr wahrscheinlich
20	Nahrungsmittelversorgung	Fritz Gloxer	unwahrscheinlich
21	Ausfall der Informationsquellen im Netz	Fritz Gloxer	wahrscheinlich
22	Veränderte Ernährungsgewohnheiten (Umstellung auf vegetarische Ernährung)	MOMUS	wahrscheinlich
23	Geiz wird immer geiler …	Werner Engel	sehr wahrscheinlich
24	Dritter Weltkrieg	Hardy Hanappi	wahrscheinlich
25	Die Krise der österreichischen Universitäten	M.	Sehr unwahrscheinlich
26	Informationsüberangebot Grundstein neuen Aberglaubens und Entsozialisierung	Rupert Puntigam	sehr wahrscheinlich
27	Wirtschaft benötigt stets einen RESET!	Rupert Puntigam	sehr wahrscheinlich
28	Zusammenbruch der globalen Nahrungsmittelkette	JE	sehr wahrscheinlich
29	Energierohstoff Erdgas-US Konkurrenz	Fred	sehr wahrscheinlich
30	Öffentliche Institutionen verlieren an Glaubwürdigkeit	Mantschilein	wahrscheinlich
31	Energiewende	Rupert Puntigam	sehr wahrscheinlich
32	Elektromobilität	Rupert Puntigam	sehr wahrscheinlich
33	Die EU zerfällt	DIPo	–
34	Strom wird in hoher Speicherdichte wirtschaftlich speicherbar	DIpol	wahrscheinlich
35	Vernetzung führt zu Kollaps	Keal	sehr wahrscheinlich

Nr.	Disruptives Ereignis	UserIn	Wahrscheinlichkeit
36	Soziale Revolution durch Automatisierung	ziggy stardust	wahrscheinlich
37	Renaissance totalitärer Diktaturen. NEU: Jetzt mit technischer Übermacht	Hubertus H.	sehr wahrscheinlich
38	Weltsprache Englisch	Rupert Puntigam	sehr wahrscheinlich
39	STOPP der Radneuerfindung in Bildungseinrichtungen	Rupert Puntigam	unwahrscheinlich
40	Mobilität braucht zwingend flüssige Treibstoffe mit extrem hoher Energiedichte von 40000000 J/kg und mehr	Bruno Lindorfer	–
41	Der Wasserkonflikt	Nelson	sehr wahrscheinlich
42	Es wird ab 2050 zu einer großen Entschleunigung der Welt kommen	Bruno Lindorfer	wahrscheinlich
43	Was kann Österreich von „Disruptive Technologies" aus dem berühmten Buch von Prf. Clayton Christensen „The Innovator's Dillema" lernen?	Bruno Lindorfer	–
44	England könnte die Sklaverei wieder einführen	M.	wahrscheinlich
45	2050 Hochkultur Afrika und Seperatismus in Europa	M.	sehr wahrscheinlich
46	Ängstliche und konservative Strömungen bekommen Auftrieb und behindern Innovation	unbequeme Stimme	wahrscheinlich
47	Korruption zerstört Staat	unbequeme Stimme	sehr wahrscheinlich
48	Ubiguitous computing und synthetische Biologie verändern „Humanismus"	hochgerner	sehr wahrscheinlich
49	Der online-Handel braucht mehr Kontrolle	M.	wahrscheinlich
50	Rückkehr der Wölfe und Bären nach Oberösterreich, Niederösterreich, Salzburg	M.	–
51	Einwanderungswelle aus dem Süden	healthup	wahrscheinlich
52	Jung verändert und schafft NEUES – Alt …	Rupert Puntigam	–
53	Diebstahl geistigen Eigentums	M.	sehr wahrscheinlich

um neue Ideen aus einem breiteren Kreis der interessierten Öffentlichkeit zu erhalten. 53 disruptive Ereignisse wurden im Rahmen dieses Prozessschritts identifiziert (siehe Tabelle 1). Drei davon stellten keine Ereignisse im eigentlichen Sinn dar und wurden deshalb für die weitere Analyse nicht verwendet.

Für die zweite Phase wurden die hochgeladenen disruptiven Ereignisse analysiert und in die skizzierten theoretischen Kategorien eingeteilt. Die Ergebnisse dieser Analyse und daraus resultierende Überlegungen über den Umgang mit disruptiven Ereignissen wurden in einem Dokument zusammengefasst. Dieses wurde wiederum öffentlich zur Diskussion gestellt, um die Analyseergebnisse kritisch zu kommentieren und zu ergänzen.

Um zu gemeinsamen, konsensualen Schlussfolgerungen zu gelangen, wurde in der dritten Phase eine Umfrage zu kontroversiellen Fragestellungen durchgeführt. Diese diente vor allem der Klärung kontroversiell diskutierter Themen sowie der Priorisierung der Ereignisse nach disruptivem Potenzial und Eintrittswahrscheinlichkeit.

Der vorliegende Artikel ist das Resultat der nochmaligen Überarbeitung des Textes basierend auf den Kommentaren und Diskussionsbeiträgen sowie den Ergebnissen der Umfrage.

Ergebnisse und Interpretationen

Die auf www.oesterreich2050.at hochgeladenen disruptiven Ereignisse wurden in eine Matrix sortiert, bei der die vertikale Achse auf Grundlage der Klassifikationen von Posner (2004) zwischen Naturkatastrophen und vom Menschen gemachten intendierten und nicht-intendierten Ereignissen unterscheidet. Horizontal wird nach der jeweiligen Entscheidungssituation nach Diamond (2005) unterschieden (siehe Tabelle 2). Jedes Ereignis hat eine eindeutige Nummer, die dazugehörige Liste findet sich in Tabelle 1.

Wie aus Tabelle 2 ersichtlich, sind die disruptiven Ereignisse sehr unterschiedlich über die Kategorien verteilt. Deutliche Schwerpunkte gibt es bei unintendierten und intendieren, von Menschen verursachten, disruptiven Ereignissen (vertikale Dimension). Diese sind zwar er-

Tabelle 2: Matrix aus disruptiven Ereignissen und Dimensionen von Entscheidungsprozessen (nach Diamond 2005, Posner 2004)

	Zukünftiges Problem wird nicht gesehen	Existieren des Problem wird nicht gesehen	Problem wird gesehen, aber nicht reagiert	Problem wird gesehen, aber keine brauchbare Lösung gefunden
Naturkatastrophen				11, 10
Unintendierte, vom Menschen verursachte Ereignisse	45, 20, 16, 13	48, 35, 26	51, 50, 42, 39, 38, 37, 36, 33, 28, 25, 23, 8	47, 46, 41, 40, 30, 21, 18, 12, 6, 5, 4, 1
Intendierte, vom Menschen verursachte Ereignisse	44	49	53, 52, 29, 27, 24	34, 32, 31, 22, 19, 17, 15, 7, 3, 2

Quelle: eigene Erhebung, n = 50
Anmerkung: Die zu den angeführten Nummern gehörenden disruptiven Ereignisse werden in Tabelle 1 aufgelistet.

kennbar, werden aber entweder nicht angegangen oder mit weitgehend unwirksamen Instrumenten bearbeitet (horizontale Dimension). Die Hauptursache für disruptive Ereignisse ist somit der Mensch. Ein Umstand, der auch vom britischen Astronomen Martin Rees (2011) so konstatiert wird: Die Hauptgefährdung der menschlichen Spezies ist nicht mehr – wie in früheren Zeiten – die Natur, sondern der Mensch und die von ihm geschaffenen hoch komplexen Systeme.

Besonders häufig wurden „unintendierte Ereignisse" hochgeladen, die tendenziell diffuse, schleichende Prozesse beschrieben und deren Bewertung stark von individuellen Werthaltungen und Wahrnehmungsweisen abhängt. Im Vordergrund steht hier weniger das disruptive Ereignis in Form einer letztlichen Eskalation, als vielmehr die Wahrnehmung einer „potenziell disruptiven Entwicklung", deren Konsequenzen mehrheitlich negativ bewertet werden. So wird beispielsweise von User „ziggy stardust" in Beitrag 36 auf die Möglichkeit sukzessiver Veränderungen der Beschäftigungs- und somit auch Sozialstruktur aufgrund von Automatisierungsprozessen hingewiesen. Eine Thema, das unter anderem bereits auch mit dem Schlagwort der 20:80-Gesellschaft umrissen wurde, und die Frage aufwirft, wie die Gesellschaft auf eine Entwicklung reagiert, in der in letzter Konsequenz nur mehr ein kleiner Anteil der erwerbsfähigen Bevölkerung am Arbeitsmarkt beschäftigt werden kann. Beitrag 12 von User „Mantschilein" weist dazu passend auch auf die Herausforderungen des demographischen Wandels in Europa hin. Beides sind also Prozesse, die gegenwärtig bereits gut dokumentiert sind und zudem nicht unabhängig voneinander verlaufen. Diese und weitere eher prozessfokussierte Darstellungen disruptiver Ereignisse mit negativen Ausblicken bringen somit auch deutlich eine grundlegende Skepsis gegenüber bestehenden Entscheidungsstrukturen

bzw. gegenüber den verwendeten Instrumenten im Rahmen dieser Entwicklungen zum Ausdruck. Es gibt also erkennbare Zweifel, ob die Entscheidungsträger und Institutionen mit den sich abzeichnenden Herausforderungen adäquat bzw. ausreichend konsequent umgehen. Diese Einschätzung wird von der thematischen Gruppierung der disruptiven Ereignisse unterstrichen (siehe Tabelle 3).

In Tabelle 3 wird veranschaulicht, dass die Mehrheit der dargestellten disruptiven Ereignisse genuin politischer bzw. gesellschaftlicher Natur ist und somit klar im Einfluss- und Entscheidungsbereich gesellschaftlich-politischer Institutionen. Dazu zählen die disruptiven Ereignisse, die den Kategorien „Politischer Wandel", „Kollaps – Krieg", „Veränderung der Machtverteilung" zugeordnet wurden. Natürlich sind auch die anderen Ereignisbereiche mit dem gesellschaftlichen bzw. politischen System verknüpft, da es sich klarerweise (intendiert oder unintendiert) um vom Menschen verursachte Ereignisse handelt. Naturkatastrophen hingegen spielen scheinbar keine Rolle, obwohl während dieses Prozesses ein Asteroid ungewöhnlich nahe an der Erde vorbeigeflogen ist und ein weiterer über Russland explodierte. Solche Ereignisse können einfach stattfinden und das wird scheinbar auch hingenommen. Die Ergebnisse weisen daher einen sehr pragmatischen, anthropozentrischen und aufgeklärten Charakter auf. Die User haben vorwiegend Ereignisse beschrieben, auf die die Gesellschaft Einfluss nehmen kann.

Die teils explizite, teils implizite Bewertung der disruptiven Ereignisse wird ebenfalls in Tabelle 3 abgebildet: 42 von 50 Szenarien sind klar „negativ" konnotiert. Dies kann einerseits auf eine grundsätzlich eher pessimistische Einschätzung der zukünftigen Entwicklungen hindeuten. Andererseits kann es auch damit zusammen-

Tabelle 3: Thematische Kategorien und Bewertungen disruptiver Ereignisse

Kategorie	Anzahl	Negativ	Positiv
Politischer und gesellschaftlicher Wandel	11	52, 47, 48, 46, 42, 39, 37, 36, 33, 30, 25, 18, 12, 4	
Kollaps – Krieg	9	32, 27, 26, 24, 21, 20, 16, 2, 1	
Innovation – Technik – Wissen	8	7	34, 32, 31, 19, 17, 15
Veränderung der Machtverteilung	7	53, 49, 45, 44, 38	
Ressourcen	6	41, 40, 29, 28, 3	22
Klima	3	51, 50, 10	
Wirtschaftlich induzierte Ereignisse	3	23, 6	8
Krankheit – Epidemien	2	13, 5	
Naturkatastrophen	1	11	
Summe	**50**	**42**	**8**

Quelle: eigene Erhebung, n = 50

Anmerkung: Die zu den angeführten Nummern gehörenden disruptiven Ereignisse werden in Tabelle 1 aufgelistet.

hängen, dass die Frage nach disruptiven Ereignissen bzw. der Begriff selbst tendenziell negativ konnotiert ist. Dennoch untermauert auch diese Darstellung die Unzufriedenheit mit bestehenden Strukturen bzw. das latente Misstrauen gegenüber der Angemessenheit gegenwärtiger Instrumente für den Umgang mit disruptiven Ereignissen.

Zentrales Merkmal bei sechs von acht positiven Nennungen ist die Bedeutung von technischen Innovationen wie beispielsweise Energiespeicherung, E-Mobilität oder Kernfusion.[3] Hier spiegelt sich ganz deutlich die Hoffnung bzw. die Überzeugung wider, dass positive Veränderungen in erster Linie technisch herbeigeführt werden können. Dies zeigt wiederum, dass wissenschaftlichen und technischen Innovationen ein wesentlicher Beitrag zur Lösung gesellschaftlicher Probleme zugetraut wird. Auf ihnen ruhen gegenwärtig große Hoffnungen, während politische Entwicklungen tendenziell skeptisch beurteilt werden. Das Thema der „sozialen Innovationen" hingegen wurde explizit so gut wie gar nicht angesprochen, wenngleich eine implizite Forderung nach solchen sicher ein wesentliches Element der Ergebnisse darstellt.

Die im kollektiven Brainstorming formulierten disruptiven Ereignisse wurden auf Basis einer qualitativen Inhaltsanalyse (vgl. Mayring 2007) auf 15 Themen kondensiert, und im Rahmen einer Befragung auf ihr disruptives Potenzial sowie deren Eintrittswahrscheinlichkeit untersucht. Wie man in Abbildung 1 erkennen kann, zeigen das disruptive Potenzial und die Eintrittswahrscheinlichkeit der verschiedenen Ereignisse eine deutliche Korrelation. Daraus kann geschlossen werden, dass die TeilnehmerInnen nicht in jedem Fall zwischen diesen Dimensionen unterschieden haben. Aus den Er-

gebnissen kann jedoch so etwas wie eine Priorisierung abgeleitet werden. Besonders dringend sind demnach Interventionen hinsichtlich der sich vergrößernden Kluft zwischen Arm und Reich, des Klimawandels, der Endlichkeit von fossilen Brennstoffen, des Generationenkonflikts sowie des Fortdauerns der Finanz- und Wirtschaftskrise.

Besonders die Kluft zwischen Arm und Reich, also die Verteilungsfrage bzw. die Frage nach sozialer Gerechtigkeit, hebt sich dabei von den übrigen Kategorien nochmals deutlich ab. Auch der „quantitativ" in den ursprünglichen Nennungen schwach vertretene Klimawandel wird in dieser Darstellung wieder deutlicher hervorgehoben. Grundsätzlich wird den Themen, die in der medialen Berichterstattung in den letzten Jahren konstant vertreten waren, ein besonders hohes disruptives Potenzial bzw. eine besonders hohe Wahrscheinlichkeit eingeräumt. Cyberangriffen, Pandemien, unregierbaren europäischen Südstaaten, einem Zerbrechen der EU oder einem neuen Weltkrieg wird zwar ein bestimmtes disruptives Potenzial zugeordnet, die Eintrittswahrscheinlichkeit wird aber als eher niedrig bezeichnet. Mehr vegetarische Ernährung wird sowohl als wenig disruptiv als auch als wenig wahrscheinlich eingestuft.

Aus der Struktur der disruptiven Ereignisse lassen sich zwei Handlungsbereiche identifizieren, die jeweils spezifische Charakteristika und Notwendigkeiten aufweisen und in den folgenden Abschnitten behandelt werden:

• Umgang mit Komplexität

• Gesellschaftliche Entscheidungsprozesse

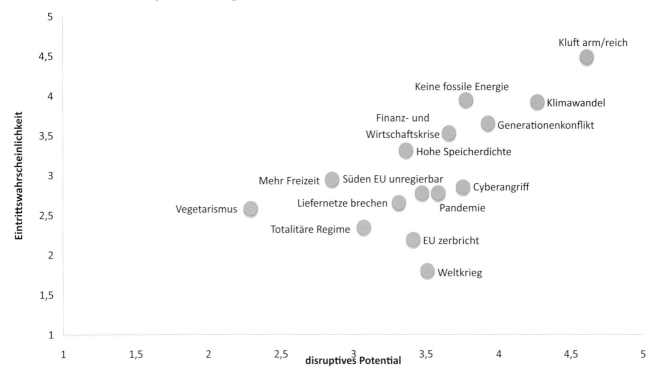

Disruptive Ereignisse – Wahrscheinlichkeit und Potenzial

Quelle: Eigene Erhebung, n=41

Darüber hinaus muss man natürlich auch Strategien für den Umgang mit singulären disruptiven Ereignissen (Naturkatastrophen, Laborunfälle, Pandemien, Terroranschläge, etc.) formulieren, die jederzeit angewendet werden können. Diese Aktionslinie wird hier nicht weiter erörtert, aber in den Schlussfolgerungen wieder aufgegriffen.

Komplexität, Systemdynamik und Prognosefähigkeit

Der Umgang mit den Ergebnissen des kollektiven Brainstormings wie mit disruptiven Ereignissen überhaupt stellt Entscheidungsträger vor große Herausforderungen. Er ist vor allem deshalb schwierig, weil sich disruptive Ereignisse in der Regel in sehr komplexen Systemen abspielen, deren Interdependenzen und die daraus resultierende Systemdynamik nur teilweise verstanden und berücksichtigt werden (konnen). Ganz zu schweigen von der Unmöglichkeit, langfristige Prognosen zu erstellen, die mehr sind, als ein Gedankenexperiment auf hohem Niveau. Trotzdem scheint es unumgänglich, sich mit der Komplexität und der Systemdynamik von potenziellen disruptiven Ereignissen auseinanderzusetzen. Die Organisation für wirtschaftliche Zusammenarbeit und Entwicklung (OECD) hat dies bereits 2011 in ihrem Bericht „Future Global Shocks: Improving Risk Governance" explizit zum Ausdruck gebracht und darauf hingewiesen, dass politische und unternehmerische Entscheidungsträger ihre Strategien für den Umgang mit unvorhergesehenen Ereignissen wie der Finanzkrise, unvorhergesehenen politischen Umbrüchen, virulenten Sicherheitsproblemen des Cyberspace etc. überdenken und neu aufstellen sollten. Dies ist in einer global vernetzten und zunehmend komplexeren Welt überlebenswichtig.

Die hohe Komplexität der vom Menschen geschaffenen Systeme führt nach Rees (2011) dazu, dass ein paar wenige Individuen, bewusst oder unbewusst, unsere gesamte Gesellschaft an den Rand des Chaos bringen können. Dies ist darauf zurückzuführen, dass unsere heutige Welt in den verschiedensten Bereichen auf komplizierten Netzwerken basiert: elektrische Ubertragungsnetze, Flugverkehrsüberwachung, internationale Finanz, „Just-in-time" Produktion, Social Media, etc. Diese Einschätzung korrespondiert weitgehend mit den in Tabelle 2 dargestellten Ergebnissen des kollektiven Brainstormings, in der deutliche Schwerpunkte bei unintendierten und intendierten, von Menschen verursachten disruptiven Ereignissen erkennbar sind.

Weite Kreise der Weltbevölkerung haben durch diese Vernetzungen stark profitiert, doch sind mögliche negative Auswirkungen zu wenig betrachtet worden. Viele und unbestreitbar positive Aspekte dieser Netzwerke können sich auch schnell – und in sehr großen Ausmaßen – negativ auswirken: Social Media kann binnen Minuten Massenpanik auslösen, Gefahren von Cyberattacken oder terroristischen Attentaten beschäftigen die Nachrichtendienste der Welt schon länger, „Wikileaks" hat uns gerade erst die Sicherheitslücken des Internets vorgeführt. User „alfred_t" hat dies in Beitrag 2 mit dem Hinweis auf die hohe Wahrscheinlichkeit von Störungen des mittlerweile alle möglichen Lebensbereiche durchdringenden Netzes durch Cyberangriffe thematisiert. „Cyber Attacks" werden vom US National Intelligence Council (2012) als Ereignisse mit großem disruptiven Potenzial eingestuft.

Den Aspekt der Gefährdung durch die zunehmende Vernetzung greift auch User „keal" in Beitrag 35 auf: „Durch die zunehmende Vernetzung wird sowohl die Geschwindigkeit der Verbreitung als auch die Anzahl der betroffenen Systeme (Energie-, Navigations-, Telekommunikations-, Verkehrs- und Finanzsysteme etc.) und damit die Anzahl der Menschen vergrößert. Dabei kann es sein, dass ein Ereignis (Entwicklung eines Virus) einen Einzelnen in die Lage versetzt, die Handlungsmöglichkeiten vieler Menschen zu beeinflussen. Durch die Komplexheit der Systeme können unerwünschte Effekte entstehen."

Laut OECD (2011) spricht vieles dafür, dass sich diese Phänomene in den nächsten Jahren noch verstärken werden. Treiber sind zum Beispiel technologischer Fortschritt, höhere Mobilität, vernetzte Produktion und Zulieferketten oder die voranschreitende Urbanisierung. Die mögliche weitere Entwicklung dieser komplexen Systeme kann durchaus „Horrorszenarien" bergen, so zum Beispiel die Verselbstständigung der allen diesen Prozessen zugrundeliegenden „Artificial Intelligence". Die Verschmelzung von neuen Möglichkeiten der Informations- und Kommunikationstechnologien mit synthetischer Biologie werden von User „hochgerner" in Beitrag 48 angesprochen. Man muss nicht so weit gehen wie Ray Kurzweil (2006) mit seinen Thesen über den Trans- oder Posthumanismus, um eine Veränderung unseres Menschenbildes als realistische mögliche Konsequenzen daraus abzuleiten.

Eine besondere Herausforderung stellt die Tatsache dar, dass sich die Auswirkungen von disruptiven Ereignissen in komplexen Systemen auch nicht linear ausbreiten (vgl. von Foerster 2002). Durch die systemischen Zusammenhänge verbreiten sich die Effekte kaskadenartig über die unterschiedlichen Stratifizierungen der globalen Systeme – ganz gleich ob es um Risiken im Bereich Gesundheit, Klima oder Finanzwesen geht. Dazu wurden im kollektiven Brainstorming auch einige Ideen gepostet. Beitrag 1 von User „alfred_t" spricht beispielsweise die mögliche Disruption globaler Liefernetzwerke an, zwei andere fokussieren auf den Zusammenbruch der globalen Nahrungsmittelversorgung – ausgelöst durch die zunehmende Instabilität des komplexen globalen Systems (Beiträge 20 und 28). Von der OECD (2011) wird diesem Themenkomplex als zweitem von insgesamt fünf sogenannten „Drivers of future global shocks" ein hoher Stellenwert eingeräumt.

Ein weiteres Phänomen in diesem Zusammenhang sind „verstärkende Effekte", die Auswirkungen in anderen Systemen vergrößern bzw. diese überhaupt auf ganz andere Systeme ausweiten. So hatte die Maul- und Klauenseuche in Großbritannien nicht nur Konsequenzen in der Landwirtschaft sondern auch in der Tourismusindustrie. Die Auswirkungen eines Kraftwerksausfalls kann man in diesem Sinne auf den verschiedenen Ebenen bis hinunter zu Kühltruhen in Haushalten verfolgen. Die Effekte der Krise des globalen Finanzsystems waren auch in der Realwirtschaft und letztlich bei den Einzelpersonen der in Folge der Entwicklungen ins Straucheln geratenen Volkswirtschaften zu beobachten. User „Fritz Gloxer" spricht in Beitrag 21 die nicht zuletzt ökonomischen Auswirkungen an, die etwa der Ausfall der Informationsquellen im Netz haben kann. Ein drastisches Beispiel liefert dazu User „Hardy Hanappi" mit dem Beitrag 24 „Dritter Weltkrieg", dessen Ursache „in der Dynamik eines Bündels an Prozessen" liegt, von denen einer zum anderen führt bzw. die mit jeweils einem oder mehreren anderen zusammenhängen.

Zur Analyse von Komplexitätsphänomen sind unterschiedliche Ansätze entwickelt worden. In den letzten Jahren hat die Bezeichnung „extreme events" oder „X-events" eine gewisse Popularität erreicht (Casti, 2012a). Damit werden extrem unwahrscheinliche Ereignisse bezeichnet, die sich als „shocks" in unserer globalisierten Welt niederschlagen. Sie sind so selten, dass keine ausreichenden Daten zu Verfügung stehen, um daraus eine sinnvolle Eintrittswahrscheinlichkeit berechnen zu können. X-events sind aber nicht nur selten, sondern auch überraschend; und sie haben große gesellschaftliche Auswirkungen (z. B. Asterioden-Einschläge oder ein nuklearer Super-GAU). Um diese X-events möglichst gut vorauszusagen, bringt der amerikanische Mathematiker John L. Casti (2012b) die „Theory of Surprise" ins Spiel. Denn X-events entstehen immer aus einer Kombination von Kontext und Zufall (man denke zum Beispiel nur an den Fall der Berliner Mauer). Der Kontext steckt die Rahmenbedingungen ab, während der Zufall das konkrete Ereignis auslöst. Da dieser Auslöser meist keinem Muster folgt und deshalb nicht vorausgesagt werden kann, fokussiert die „Theory of Surprise" auf den Kontext und sucht nach möglichen Beschleunigern und Auslösern für mögliche X-events. User „Pfliegl" weist darauf hin, dass Investitionen in eine Erhöhung der Resilienz unter anderem auch deshalb sinnvoll sind, weil viele Ereignisse nicht wirklich prognostiziert werden können.

Eine ähnliche Sichtweise hat der Finanzmathematiker Nassim Nicholas Taleb bereits 2008 in seiner Theorie des „Black Swan" entwickelt. Damit bezeichnet er sehr unwahrscheinliche und unvorhersehbare Ereignisse mit gewaltigen Auswirkungen. Die Bezeichnung „Schwarzer Schwan" geht darauf zurück, dass bis zu deren Entdeckung im 17. Jahrhundert schwarze Schwäne als Unmöglichkeit galten. Taleb argumentiert, dass „schwarze Schwäne" öfters auftreten, als wir denken: der verblüffende Erfolg von Google zählt dazu, die Terrorattacken des 9/11, aber auch der Siegeszug des Internet. Dies kommt daher, dass wir gewohnt sind, die Vergangenheit als Modell für die Zukunft zu sehen, Statistiken Glauben zu schenken, Fakten logisch zu verknüpfen und rationale – zu unseren eigenen Denkmustern passende – Argumentationen aufzubauen. Berühmtheit erlangte Taleb, als er 2007 – kurz vor deren tatsächlichen Ausbruch – vor einer globalen Finanzkrise warnte und die gegenseitigen Abhängigkeiten im Bankwesen kritisierte. Bleibt abzuwarten, ob auch das von User „STefanT" in Beitrag 6 vorgebrachte Szenario eines zweiten, noch viel dramatischeren globalen „financial meltdowns" eintreten wird.

Zur Analyse von Komplexitätsphänomenen können weiters Erkenntnisse der Systemtheorie herangezogen werden. Systeme wechseln schnell zwischen verschiedenen Gleichgewichtszuständen – die Dinge sind weniger „fix" als man annimmt (Thompson, 2008). So kann ein komplexes System kollabieren, wenn Störungen an einer ausreichenden Anzahl an Knotenpunkten des Netzwerkes auftreten. Dazu passt als Beispiel nochmals die Disruption globaler Liefernetzwerke (Beitrag 1): Unternehmen stellen heute „vitale Knoten in globalen Netzwerken" dar, weshalb sie direkt oder indirekt von anderswo auftretenden Störungen betroffen sein können, wenn etwa „die Nachfrage der Kunden infolge von Ausfällen in anderen Teilen des Netzwerkes zum Erliegen kommt". Umso wichtiger ist es folglich, die verletzbarsten Knotenpunkte ("Hubs") dieser komplexen Systeme zu identifizieren. Außerdem können aufbauend darauf Modellierungen entwickelt werden, um mögliche Folgewirkungen besser prognostizieren zu können.

Die Frage ist daher berechtigt, wie man Komplexität heutzutage überhaupt noch reduzieren kann. Die bereits erwähnte Finanzkrise 2008 war ein schönes Beispiel dafür, dass die in Theorie funktionierende Effizienz des Marktes von der zu großen Komplexität von Sicherheiten, Ratings, etc. ausgehebelt wurde. Ein möglicher Ansatz in einer solchen Situation wäre es, Komplexität durch neue technologische Lösungen zu reduzieren: Zwei europäische Wissenschaftler haben vorgeschlagen, durch Computertechnologie die Bankentransparenz zu erhöhen und die Information öffentlich zugänglich zu machen (siehe dazu Buchanan, 2013). Aber wird durch eine erneute Vernetzung über technologische Hilfsmittel dieser Art die Komplexität wirklich verringert?

Zusammenfassend kann festgehalten werden, dass die in der großen Mehrzahl der 50 disruptiven Ereignisse implizit oder explizit zum Ausdruck gebrachte Komplexität und die damit verbundene schwer prognostizierbare Systemdynamik zu den zentralen Heraus-

forderungen schlechthin für Entscheidungsträger zählen. Umso wichtiger ist es, im Zusammenhang mit disruptiven Ereignissen auch dem Thema gesellschaftlicher und politischer Entscheidungsprozesse Rechnung zu tragen. Dazu wurde im Rahmen der Umfrage in Phase 3 des Konsultationsprozesses nach entsprechenden Lösungsansätzen gefragt. Die Ergebnisse sind in Abbildung 2 wiedergegeben.

Abbildung 2 zeigt, dass die TeilnehmerInnen bei den Reaktionsmöglichkeiten für den Umgang mit komplexen System folgende Strategien forcieren: Die stärkere Analyse von ersten Vorzeichen der sich abzeichnenden Veränderungen (3,9), mehr Mittel für die Analyse komplexer Systeme (3,8), die Einrichtung von spezialisierten Institutionen für diese Ereignisse (3,7) und mehr spekulative und experimentelle Forschung (3,6). Klar verneint wird die Ansicht, dass die uns umgebenden Systeme so komplex sind, dass sie nicht sinnvoll analysiert werden können.

Der Beitrag von multidisziplinären Forschungsansätzen wird sehr kontroversiell gesehen: Hier gibt es sowohl Befürworter als auch Gegner, sodass man Aussagen zu diesem Thema mit dem hier verwendeten Generalisierungsgrad nicht sinnvoll treffen kann. Hier muss man etwas tiefer in die Materie einsteigen, um herauszufiltern, wo multidisziplinäre Ansätze Sinn machen.

Gesellschaftliche Entscheidungsprozesse

Disruptive Ereignisse sind mit hoher Unsicherheit verbunden: oft ist weder klar, ob sie überhaupt eintreten, wann sie eintreten, ob sie nicht schon da sind und welche Effekte sie auf Wirtschaft, Gesellschaft und Umwelt haben werden. Da sie potenzielle Auswirkungen auf den Status quo haben können, sind sie jedenfalls ein Bestandteil des öffentlichen Diskurses, lösen Reaktionen aus und werden – explizit oder implizit – in gesellschaftlichen Entscheidungsprozessen behandelt.

Die Unsicherheit und Komplexität von disruptiven Ereignissen sind eine Seite dieser Problematik. Die andere Seite sind die damit verbundenen kollektiven Entscheidungsprozesse. Damit ist nicht gemeint, dass man bei komplexen und unsicheren Entscheidungen von Natur aus öfters die falsche Entscheidung trifft, sondern dass der Entscheidungsprozess als solcher nicht zum richtigen Ergebnis führt, weil bestimmte Konstellationen eine gesellschaftlich optimale Entscheidung verhindern. Dafür gibt es rationale und irrationale Gründe.

Diamond (2005) identifiziert sieben Probleme bei kollektiven Entscheidungsprozessen, die auch hier verwendet werden, um die Beiträge der UserInnen zu klassifizieren, die bei rund der Hälfte der vorgeschlagenen disruptiven Ereignisse auf problematische kollektive Entscheidungsprozesse hinweisen. In rund einem Drittel davon kommt die Befürchtung zum Ausdruck, dass sich Eliten auf Kosten der Allgemeinheit bereichern und – im Fachjargon – extrahierende

Abbildung 2: Lösungsbeiträge von Strategien für den Umgang mit Komplexität

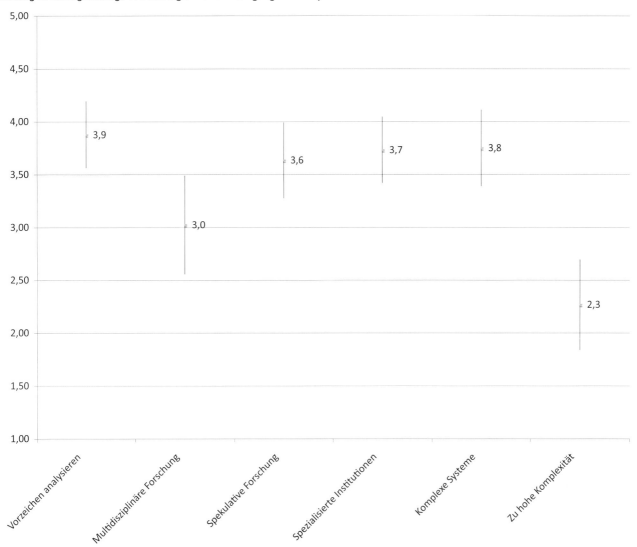

Quelle: Eigene Erhebung, n=41 | Frage: Bitte geben Sie an, welche Strategien für den Umgang mit Komplexität besonders geeignet sind? (1= gar nicht geeignet bis 5 = besonders geeignet)

politische und ökonomische Institutionen etablieren können (Acemoglu/Robinson 2012). Der Ökonom Daron Acemoglu vom Massachusetts Institute of Technolgy (MIT) und der Politologe James Robinson von der Harvard University beschreiben in ihrem Buch „Why Nations Fail" (2012), wie dadurch die Interessen der regierenden Elite in Konflikt mit den Interessen der restlichen Gesellschaft geraten (siehe dazu auch Diamond, 2005 und Olson, 1982). Anhand von historischen und aktuellen Beispielen lässt sich gut nachvollziehen, dass die Entwicklungspfade von Gesellschaften in Abhängigkeit von ihren Institutionen völlig unterschiedlich sind.

In Gesellschaften mit extrahierenden politischen und ökonomischen Institutionen gelingt es der Elite, die Überschüsse im System abzuschöpfen und damit auch die Anreize für Investitionen und Innovationen zu senken. Innovationen versucht man zu verhindern, weil durch sie auch die Machtverhältnisse verändert werden könnten. Auf individueller Ebene gibt es ebenfalls wenig Anreize, weil alle Überschüsse aus Investitions- und Innovationstätigkeit abgeschöpft werden. In einer durch extrahierende politische und ökonomische Institutionen geprägten Gesellschaft macht es für die Elite Sinn, an diesem System festzuhalten, auch wenn dadurch gesellschaftlich suboptimale Entscheidungen getroffen werden und damit die Wahrscheinlichkeit für disruptive Ereignisse steigt[4].

Gesellschaften mit inkludierenden Institutionen werden wohlhabend, weil sie es den Menschen ermöglichen, ihre Talente zu entwickeln, umzusetzen und die „Früchte ihrer Arbeit zu ernten". In diesen Gesellschaften macht es Sinn, in Bildung, Innovation und unternehmerische Aktivitäten zu investieren.

Konkret angesprochen wurden von den UserInnen die Auswirkungen von steigenden Einkommensungleichgewichten („ziggy stardust", Beitrag 18), der steigende Einfluss von totalitären Regimen („Hubertus H", Beitrag 37), Bildungsthemen („Rupert Puntigam", Beitrag 39), Korruption („unbequeme Stimme", Beitrag 47), und Generationenkonflikte („ziggy stardust", Beitrag 4). User „M" hält in Beitrag 44 eine moderne Form von Sklaverei für möglich, bei der „mittellose Personen ohne Chance durch eigene Arbeit ihre Existenz abzusichern könnten in vollkommene Abhängigkeit von Unternehmen und einer einstmals neoliberalen Elite gelangen." Mit dieser Problematik eng verbunden ist der wahrgenommene Einfluss von Partikularinteressen[5], die sich beispielsweise durch erfolgreiches Lobbying manifestieren. Dazu gehören ganz aktuell die Unterstützungen für den Bankensektor und Maßnahmen zur Regulierung dieses Bereichs („STefanT", Beitrag 7).

Die Probleme bei der Produktion öffentlicher Güter (u. a. saubere Luft, öffentliche Sicherheit, eine intakte Ozonschicht, Bildung, ein stabiles Klima oder auch die Verkehrssteuerung durch Ampeln) werden zwar nicht unter diesem Titel angesprochen, schwingen aber bei vielen hochgeladenen disruptiven Ereignissen mit. Üblicherweise geht man von einer Unterversorgung mit öffentlichen Gütern aus, weil niemand vom Konsum ausgeschlossen werden kann, es aber auch keine Rivalität beim Konsum gibt und – aufgrund dieser Eigenschaften – nur der Staat diese zur Verfügung stellen kann. Erstaunlich ist, dass von den TeilnehmerInnen der Staat weder als Produzent noch als Garant für öffentliche Güter in die Pflicht genommen wird. Die Unterversorgung mit öffentlichen Gütern – hier kann man beispielsweise Klimastabilität hernehmen – wird als eher zufälliges Produkt von Machtkämpfen gesehen, bei denen die eigentliche Frage hinter den Partikularinteressen zurückbleibt. Es fehlt der Versuch, einen gesellschaftlichen Konsens zur Produktion von öffentlichen Gütern herzustellen, und diesen dann als Maßstab für die Wirkung der Maßnahmen der Politik zu verwenden.

Konkret heißt dies, dass man den CO_2-Ausstoß tatsächlich als verbindliche Zielgröße verwendet und die möglichen Maßnahmen nach ihrem Zielerreichungsbeitrag auswählt. In der wirtschaftspolitischen Praxis der letzten Jahrzehnte wurde vor allem versucht, die Produktion privater Güter zu erhöhen, d. h. das Wachstum anzukurbeln, während mit der Aufmerksamkeit für öffentliche Güter gespart wurde. Diese Bedeutungsverschiebung wurde mittlerweile so verinnerlicht, dass keine Entscheidungen mehr getroffen werden können, die das Wachstum verlangsamen oder reduzieren könnten und damit die Produktion privater Güter behindern würden – im Zweifelsfall geht die Produktion privater Güter immer vor. Um es polemisch zu formulieren: Der Klimawandel muss noch ein bisschen warten, bis wir genügend gewachsen sind, um die notwendigen Maßnahmen zu finanzieren.

Diese skizzierten Entscheidungsprobleme werden von Diamond (2005) als rational bezeichnet, weil sie für einflussreiche Gruppen durchaus rational sind, auch wenn sie für die Gesellschaft insgesamt fatal sein können. Einzelinteressen werden also über das Gemeinwohl gestellt. Das Gegenteil sind irrationale kollektive Entscheidungen, bei denen kurzfristige anstatt langfristige Ziele priorisiert werden, überkommene Vorstellungen angewandt werden, eine Gruppe irrationale Entscheidungen trifft ("groupthink") oder anstehende Entscheidungen auf die lange Bank geschoben werden.
Bei den von den UserInnen beschriebenen disruptiven Ereignissen wird vor allem auf die hohe Bedeutung kurzfristiger Entscheidungskalküle hingewiesen („Mantschilein", Beitrag 12, „Firehorse", Beitrag 19, „JE", Beitrag 28, „Robert Puntigam", Beitrag 32, „M", Beiträge 45, 49 und 50, sowie „healthup", Beitrag 51). Eine gewisse Bedeutung haben noch „überkommene Werte". „Groupthink" und Prokrastination auf gesellschaftlicher Ebene werden nicht als Auslöser für disruptive Ereignisse angeführt.

Dieses Muster bringt nicht die ansonsten viel besprochene Entscheidungsunfähigkeit der Politik zum Ausdruck. Auch wird nicht angedeutet, dass die Entscheidungsträger entscheidungsunfähig sind. Vielmehr wird vermutet, dass vor allem kurzfristiger Machterhalt und nicht langfristige, gesellschaftlich optimale Entscheidungen im Vordergrund stehen. Die Erreichung kurzfristiger Ziele hat hier Priorität (siehe Abbbildung 3).

Abbildung 3 verdeutlicht, dass beim Umgang mit kollektiven Entscheidungsprozessen vor allem mehr Transparenz gefordert ist (4,4) – hier sind sich die TeilnehmerInnen weitestgehend einig. Ebenfalls wichtig ist ein Überdenken der Entscheidungsstrukturen auf europäischer Ebene. Aus heutiger Sicht werden diese von vielen als wenig effektiv gesehen (3,8). Bürgerbeteiligung wird hingegen positiv bewertet (3,6). Wenig Zweifel gibt es an den grundsätzlich positiven Eigenschaften von Demokratien (2,0). Hier wird klar verneint, dass sie nur mehr den Mächtigen dienen.

Schlussfolgerungen

Die Frage nach potenziellen disruptiven Ereignissen ist deshalb relevant, weil sie direkt zu den anstehenden, großen Problemen führt, die unabhängig von der sonst gebräuchlichen Einteilung der Politikfelder oder Zuständigkeitsbereiche sind. Angesichts der beachtlichen Herausforderungen geht es weniger um Technologie- und Innovationspolitik, Umwelt- oder Bildungspolitik, etc. als vielmehr um Lösungskompetenz und die Fähigkeit, einen elementaren gesellschaftlichen Konsens zu den dringendsten Fragen zu finden.

Abbildung 3: Lösungsvorschläge für den Umgang mit kollektiven Entscheidungsprozessen

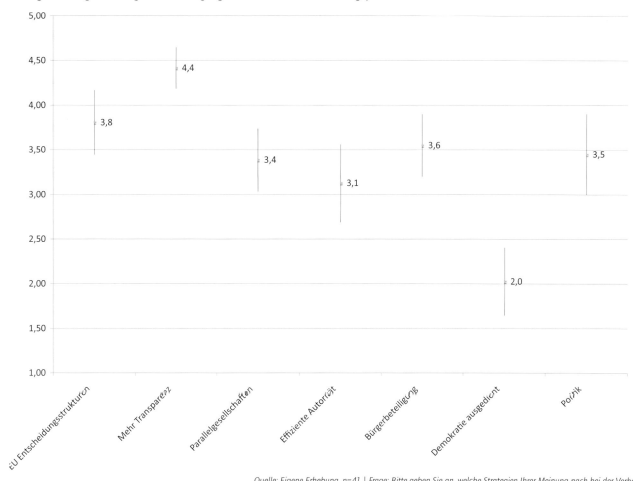

Quelle: Eigene Erhebung, n=41 | Frage: Bitte geben Sie an, welche Strategien Ihrer Meinung nach bei der Verbesserung gesellschaftlicher/kollektiver Entscheidungsprozesse helfen? (1= nicht hilfreich bis 5 = besonders hilfreich)

Der Großteil der im Rahmen des beschriebenen öffentlichen Diskussionsprozesses identifizierten und potenziell disruptiven Ereignisse sind menschlichen Ursprungs: Es sind nicht mehr Naturereignisse, sondern hochkomplexe Systeme, die zu unerwünschten Ereignissen führen können, oder Entscheidungsprozesse, die Partikularinteressen gerecht werden, aber die anstehenden Herausforderungen nicht lösen oder schlichtweg irrational sind. Aus der Struktur der hochgeladenen Ereignisse lassen sich drei Handlungsbereiche identifizieren, die jeweils spezifische Charakteristika und Notwendigkeiten aufweisen:

- Reaktionen auf „klassische" disruptive Ereignisse durch Krisen- und Notfallstrategien,

- Umgang mit Komplexität,

- Verbesserung von gesellschaftlichen Entscheidungsprozessen

Besonders die Ergebnisse der Umfrage haben eine weitere Dimension hervorgebracht, die als Querschnittsthema beim Umgang mit Komplexität und besseren kollektiven Entscheidungsprozessen berücksichtigt werden sollte: Die Welt als geschlossenes System mit begrenzten Ressourcen. Ein Umstand, der derzeit bei politischen Entscheidungen noch viel zu wenig berücksichtigt wird. Das betrifft sowohl die Tragfähigkeit des globalen Ökosystems (Stichworte: Klimawandel, Ressourcenknappheit), aber auch die ungleiche Verteilung beim Verbrauch dieser Ressourcen zwischen entwickelten und sich entwickelnden Ländern. Diese Aspekte müssen mitgedacht werden, wenn Entscheidungen getroffen werden sollen, die disruptive Entwicklungen verhindern.

Reaktionen auf „klassische" disruptive Ereignisse

Zu den Reaktionsmöglichkeiten auf klassische disruptive Ereignisse gehören Notfallpläne, der Umgang mit kritischen Infrastrukturen, Zivilschutzmaßnahmen etc., die hier nicht behandelt werden, weil es bereits etablierte Strukturen gibt, die nicht analysiert wurden. Nur soviel: Dies ist keine abgehobene theoretische Diskussion; es ist nur eine Frage der Zeit, bis ein Ereignis eintritt, bei dem diese Vorsichtsmaßnahmen dringend benötigt werden. Die Ausarbeitung von Kriseninterventionsplänen, Notfallplänen und Schulung der Bevölkerung – also klassische Zivilschutzmaßnahmen – sowie der Umgang mit kritischer Infrastruktur, sind keineswegs überholt.

Der Aufbau von gesellschaftlicher „Widerstandsfähigkeit" (siehe u. a. Gunderson – Hollings, 2002, Thompson, 2008) ist ein weiterer wichtiger Bereich. Dies kann den vorbeugenden Schutz von verletzbaren Populationen (wie z. B. Pensionisten oder Menschen, die an besonders gefährdeten Orten leben) oder die Stärkung der Zivilgesellschaft bedeuten. Ebenso wichtig ist auch die Stärkung von global agierenden Institutionen zur Bewältigung von disruptiven Ereignissen. Die Einrichtungen der Weltgesundheitsorgansiation (WHO), die im Krisenfalle eine Koordinierungsrolle übernehmen können, sind hierfür ein Beispiel. Auf nationaler Ebene können Institutionen gestärkt oder etabliert werden, die sich mit bestimmten, potenziell disruptiven Themenstellungen dauerhaft auseinandersetzen[6].

Umgang mit Komplexität

Zusammenfassend kann man die Umfrageergebnisse und die Kommentare der TeilnehmerInnen so interpretieren, dass auch mit großer Komplexität grundsätzlich sinnvoll umgegangen werden kann. Dazu bedarf es aber einer veränderten Sichtweise, deren Fokus stärker auf der Analyse von Interdependenzen und Querverbindungen liegt. Die gängige Praxis, einzelne Politikbereiche unabhängig von anderen zu betrachten, wird damit zunehmend in Frage gestellt.

In Anbetracht der heute allgegenwärtigen komplexen Systeme sollten politische Entscheidungsträger danach trachten, die positiven Auswirkungen der unterschiedlichen Netzwerke, die unsere Welt heute kennzeichnen, zu stärken. Gleichzeitig müssen Maßnahmen gegen die Verletzbarkeit dieser Systeme implementiert werden. Staatliche Autoritäten übernehmen dabei weiterhin die zentrale Rolle beim Management der Risiken. Doch auch die Zivilgesellschaft ist gefordert und nimmt eine wichtige Rolle ein.

Wie bei allen vom Menschen gemachten Phänomenen sind auch in komplexen Systemen Gegensteuerungen möglich. Generell können diese in zwei Richtungen gehen: Auf der einen Seite kann die Politik in die bessere Voraussage investieren, um frühe Signale eines möglichen disruptiven Ereignisses zu erkennen. Auf der anderen Seite können die existierenden Systeme gestärkt werden, um auftretenden Ereignissen effektvoll zu begegnen.

Ein erster politischer Ansatz könnte daher sein, nationale und internationale Anstrengungen zu forcieren, mögliche Risiken besser zu verstehen und vorauszusagen. Dazu sind Initiativen und Investitionen in die Komplexitätsforschung – auch auf österreichischer Seite – notwendig. Auf internationaler Ebene ist Bewegung in diese Richtung schon auszumachen. Dazu gehört unter anderem das Cambridge Project for Existential Risks oder die in Oxford angesiedelten Institute for New Economic Thinking und das Future of Humanity Institute – alle Institute wurden erst jüngst ins Leben gerufen. Daneben gibt es zahlreiche Think Tanks, die sich mit komplexen Systemen beschäftigen. In Österreich sind etwa die Abteilung für komplexe Systeme an der Medizinischen Universität Wien oder das International Institute for Applied Systems Analysis (IIASA) in Laxenburg zu nennen.

Ein zweiter Ansatz könnte darin bestehen, dass verstärkt auf die multidisziplinäre Gestaltung von Forschungsprojekten gesetzt wird. Diese sollte die Regel, nicht die Ausnahme sein und von Forschungsförderungsorganisationen entsprechend implementiert werden.

Verbesserung von gesellschaftlichen Entscheidungsprozessen

In Bezug auf gesellschaftliche Entscheidungsprozesse waren drei Problemstellungen dominant:

1. Extrahierende politische und ökonomische Institutionen – eine Situation bei der eine Elite die Überschüsse aus dem System absaugt und damit die Anreize für die Entfaltung von individuellen Talenten und die Einführung von Innovationen senkt.

2. Der Einfluss von Partikularinteressen auf Entscheidungen.

3. Die Dominanz kurzfristiger Entscheidungskalküle die zu langfristig irrationalen Entscheidungen führt. Nicht angezweifelt wird die grundsätzliche Entscheidungsfähigkeit der Politik.

Es gibt kein Standardrezept für diese Probleme, die natürlich auch in anderen Kontexten diskutiert werden. Dennoch wäre es sinnvoll, bei einigen Themen eine Diskussion ins Leben zu rufen, die hier einen gesamtgesellschaftlichen Konsens anstrebt. Diese sollten von Institutionen außerhalb der Tagespolitik organisiert werden. Damit kann erreicht werden, dass bestimmte Themen – potenzielle disruptive Entwicklungen – langfristig auf der Agenda bleiben und die Politik nicht allzu erratisch wird.

Ein gesellschaftlicher Konsens – der in Vergangenheit beispielsweise bei der Nutzung der Kernenergie möglich war – erlaubt es auch langfristige Prioritäten zu setzen und den Entscheidungshorizont auszuweiten – eine zentrale Aufgabe, die sich auch das Projekt „Österreich 2050" gestellt hat. Damit könnte die Priorität kurzfristiger Planungshorizonte zurückgedrängt werden.

Die Bekämpfung von extrahierenden politischen und ökonomischen Institutionen ist eine wirtschafts- und gesellschaftspolitische Notwendigkeit, wenn man eine langfristig prosperierende Entwicklung unterstützen will. Dagegen können nur jene Gruppen sein, die es geschafft haben, extrahierende Arrangements zu installieren und fürchten, diese zu verlieren bzw. solche, denen es jetzt schon gelingt, ihre Interessen im Politikprozess unterzubringen.

Gegen beide Entwicklungen helfen nur Entscheidungsprozesse, die transparenter, partizipativer und damit offener sind, sowie allen die Teilnahme ermöglichen. Obwohl dies naheliegend ist, ist die Praxis nicht unbedingt einfach. Hier braucht es soziale Innovationen, die Entscheidungsprozesse verändern und auf eine breitere Basis stellen. Der kritische Punkt ist dabei der Einfluss auf die letztlich getroffenen Entscheidungen. Schon jetzt kann man „alles diskutieren", damit viele beschäftigen, aber die Ergebnisse der Diskussion bei den tatsächlichen Entscheidungen trotzdem völlig negieren. Mit diesem Zugang macht man disruptive Entwicklungen wahrscheinlicher.

Mit einem ernsthaften Reformprogramm in Richtung langfristiger und partizipativer Entscheidungen könnte die Politik den Eindruck korrigieren, dass sie zwar nicht handlungsunfähig, aber doch unwillig ist, die richtigen Entscheidungen zu treffen, weil sie zu sehr auf einflussreiche Gruppen mit Partikularinteressen Rücksicht nimmt. ■

Danksagung: *Dank gebührt den UserInnen, die sich an dem Prozess beteiligt haben und dadurch den vorliegenden Artikel möglich und maßgeblich mitgestaltet haben: alfred_t, Alexander, AktienGesellschaft, Anton Spögler, Bert T., binder, Bruno Lindorfer, CB, cwoege, Dietmar Blesky, DI Pol, fechner, Finstergrün, Firehorse, FJ2050, Fuhrmann Elfriede, Giuliana Sabatini, grumpo, healthup, herodot, jalyrie, Jo, Johann, ziggy stardust, JK alchemia, Karl Grün, karlbiedermann, keal, kendi, kwolf, lorbek, M., Mantschilein, Michael Bobik, MOMUS, Nelson, Norbert, Phil, Peter, Peter Prenninger, Pfliegl, pynchon, rkrickl, Rupert Puntigam, Schab, serol1971, Siegfried Reich, Skalicky, Student_123, unbequeme Stimme, unguided missile, US, Vüsiker, Walter Schneider, Werner Engel, ZEN, und weitere 22 NutzerInnen die an der Befragung teilgenommen haben, aber nicht an den ersten zwei Prozessschritten. Alle verbleibenden Irrtümer bleiben im Verantwortungsbereich der Autoren.*

Anmerkungen

[1] Der Prozess zur Identifikation disruptiver Ereignisse knüpft an internationale Entwicklungen an. Projekte wie beispielsweise iKnow (http://community.iknowfutures.eu/), SESTI (http://sesti.info/) oder das UN Millenium Project (http://www.unmillenniumproject.org/) zeigen, dass es eine Vielzahl von Methoden und Herangehensweisen an die Thematik gibt. Siehe auch die Anmerkungen von User Pynchon zu diesem Thema bei Absatz 20.

[2] User Elfriede Fuhrmann hat darauf hingewiesen, dass es bei disruptiven Ereignissen nicht nur eine gesellschaftliche, sondern natürlich auch eine persönliche Ebene gibt. Auf dieser hinterlassen disruptive Ereignisse oft schon in der Kindheit tiefe Spuren.

[3] Die beiden anderen Postings sehen positive Entwicklungen aufgrund einer größtenteils ressourcenbedingten Verlagerung zu vegetarischer Ernährung und alternativer Finanzprodukte als Konsequenz auf die Wirtschaftskrise.

[4] „Machtgelüste sind die entsetzlichsten aller Leidenschaften" (Tacitus).

[5] Zumeist wurden diese Ereignisse beiden Kategorien – extrahierende Institutionen und Partikularinteressen – zugeordnet.

[6] Z. B. Kuratorium sicheres Österreich, das sich mit Cybersicherheit bzw. Cyberkriminalität beschäftigt.

Literaturhinweise

Acemoglu, D. / Robinson, J. (2012): Why Nations Fail – The Origins of Power, Prosperity and Poverty. Profile Books.

Buchanan, M. (2013): Fix Finance by Shedding Light on Its Complexities. In: http://www.bloomberg.com/news/2013-02-10/fix-finance-by-shedding-light-on-its-complexities.html

Casti, J.L. (2012a): X-Events: Wie man sich auf den großen Zusammenbruch vorbereitet. In: Der Standard vom 29. Mai 2012 (Übersetzung: Sabine Schmidt).

Casti, J.L. (2012b): X-Events: The Collapse of Everything. Harper Collins.

Diamond, J. (2005): Collapse, How societies choose to fail or succeed. Penguin Books.

Foerster, H. von (2002): Understanding Systems: Conversations on Epistemology and Ethics. IFSR International Series on Systems Science and Engeneering, Vol. 17.

Gunderson, L. H., Hollings, C. S., (), Panarchy: Understanding Transformations in Systems of Humans and Nature: Understanding Transformations in Human and Natural Systems, Island Press, 2002.

Janis, I. L. (1971): „Groupthink". Psychology Today 5 (6): 43–46, 74–76

Kuhn, T.S. (1976): Die Struktur wissenschaftlicher Revolutionen. Suhrkamp, Frankfurt am Main.

Kurzweil, R. (2006): Singularity is Near. G Duckworth, London.

Mayring ,P. (2007): Qualitative Inhaltsanalyse. Grundlagen und Techniken, Weinheim.

National Intelligence Council (2012): Global Trends 2030: Alternative Worlds.

OECD (2011): Future Global Shocks: Improving Risk Governance. Paris.

Olson, M. (1982): The Rise and Decline of Nations. Yale University Press.

Posner, R. A. (2004): Catastrophe, Risk and Response. Oxford University Press.

Rees, M. (2011): From Here to Infinity: Scientific Horizons. Profile Books.

Stavins, R. N. (2011): The Problem of the Commons: Still Unsettled after 100 Years. In: The American Economic Review, February 2011.

Stavins, R. N. (2011): Experience with Market-Based Environmental Policy Instruments, Prepared for: The Handbook of Environmental Economics. Elsevier Science.

Taleb, N. (2008): The Black Swan – The Impact of the Highly Improbable. Random House.

Thompson, M. (2008): Organising and Disorganising: A Dynamic and Non-Linear Theory of Institutional Emergence and its Implications. Triarchy Press.

Die Autoren

Hannes Leo *analysiert schon seit mehr als 20 Jahren Innovationsaktivitäten in Volkswirtschaften, Sektoren und Unternehmen. Seine Arbeitsschwerpunkte sind Innovations-, Industrie-, Forschungs- und Technologiepolitik, Informations- und Kommunikationstechnologien, Telekommunikation und –sregulierung, Creative Industries und internetbasierte partizipative Entscheidungsprozesse. Seit Juni 2010 ist er Geschäftsführer der gemeinsam mit Alfred Taudes gegründeten Community-based Innovation Systems GmbH (cbased – www.cbased.at), welche partizipative Entscheidungsprozesse gestaltet und durchführt. Gleichzeitig arbeitet er als wirtschaftspolitischer Berater für nationale und internationale Auftraggeber. Hannes Leo begann seine berufliche Karriere nach dem Studium der Handelswissenschaften am österreichischen Institut für Wirtschaftsforschung (Wifo, 1990 – 2007), wo er unter anderem für einige Großprojekte (z. B. Wettbewerbsbericht der GD Unternehmen, Sectoral Innovation Watch, tip) zuständig war, den Forschungsbereich Industrieökonomie, Innovation und internationaler Handel koordiniert hat, sowie zwischen 2005 und 2007 stellvertretender Leiter war. Von Jänner bis April 2008 war er Geschäftsführer am IZA (Institut zur Zukunft der Arbeit) in Bonn. Hannes Leo ist Delegierter bei der Konsultativen Kommission für Industriellen Wandel (CCMI) des Europäischen Wirtschafts- und Sozialausschusses und Mitglied des UNECE (United Nations Economic Committee for Europe) „Team of Specialists on Innovation and Competitiveness Policies" (TOS-ICP) und Lektor an der Technischen Universität Wien. Hannes Leo war Gastforscher am SPRU (Science Policy Research Unit, University of Sussex, Brighton, 1994), am Istituto di Studi sulla Ricerca e Documentazione Scientifica, (CNR, Rome, 1995), bei OFTEL (Office of Telecommunications, London, 1996) und an der University of California, Berkeley (Prof. Varian, 2001).*

Johannes Gadner *ist seit 2007 im Team der Geschäftsstelle des Rates für Forschung und Technologieentwicklung tätig. Er ist stellvertretender Geschäftsführer der Geschäftsstelle und leitet das Projekt zur jährlichen Erstellung des Berichts zur wissenschaftlichen und technologischen Leistungsfähigkeit Österreichs. Eine weitere Hauptaufgabe ist die Projektkoordination im Bereich der Entwicklung langfristig orientierter strategischer Prozesse. Nach dem Abschluss der Strategie 2020 des Rates im August 2009 hat er die Entwicklung der Strategie der Bundesregierung für Forschung, Technologie und Innovation (FTI) während eines Engagements im eigens dafür eingerichteten FTI-Sekretariat des Bundeskanzleramtes begleitet. Johannes Gadner wuchs in Berlin, Zürich und Wien auf, wo er 1989 maturierte. Nach seinem Studium an der Universität Wien, der Freien Universität Berlin und am University College London (UCL) promovierte er am Institut für Wissenschaftstheorie und Wissenschaftsforschung der Universität Wien. Ab 1997 arbeitete er zunächst als Forschungsassistent am UCL und war dann als Assistent am Institut für Philosophie der Universität Innsbruck am Aufbau der Abteilung für Wissensorganisation beteiligt. Gemeinsam mit einem interdisziplinären Team begründete er 2001 das Institut für Wissensorganisation (IWO) in Wien, wo ihn neben wissenschaftstheoretischen und methodologischen Fragestellungen vor allem die Evolution sozio-kultureller Wissenssysteme sowie die gesellschaftliche Akzeptanz von (technischen) Innovationen beschäftigten. Vor seinem Engagement im Rat für Forschung und Technologieentwicklung sammelte er als Referent für Wissenschaft und Forschung im Grünen Parlamentsklub einige Jahre Erfahrung über politische Entscheidungsprozesse im österreichischen Nationalrat.*

Andreas Gémes, *Jahrgang 1981, arbeitet seit 2010 als Consultant bei AUSTIN Pock + Partners GmbH und berät Unternehmen und öffentliche Einrichtungen in strategischen Fragestellungen. Davor war er im Qualitätsmanagement bei der Österreichischen Qualitätssicherungsagentur und als Forschungskoordinator an der Universität Graz tätig. Er hat Studien aus Geschichte und Europäische Studien im Jahr 2008 mit einer Promotion an der Universität Graz abgeschlossen. Aktuell absolviert er ein postgraduales MBA-Studium an der Wirtschaftsuniversität Wien und der Technischen Universität Wien.*

Wilhelm Geiger *absolvierte ursprünglich eine Kochausbildung und studierte später in Wien Soziologie und Sozioökonomie. Gegenwärtig absolviert er den Master in Nachhaltigkeits- und Ressourcenmanagement in Krems. Seine Karriere führte ihn bisher u. a. in die Marktforschung, die Beratung als auch in den Kreativbereich (Fooddesign). Von 2010 bis 2011 war er im Lebensministerium (BMLFUW) beschäftigt und ist seither besonders an der Zukunftsfähigkeit von Prozessen, Produkten und Dienstleistungen interessiert. Zuletzt war er für die Entwicklung und Etablierung einer nachhaltigen Cateringlinie sowie für diverse Zertifizierungsprojekte verantwortlich. Bei Communitybased Innovation Systems GmbH (cbased) war er seit den ersten Stunden dabei.*

MEDIENQUALITÄT 2050

Klaus Unterberger

Konrad Mitschka

Die Kluft zwischen Arm und Reich geht auf, die fossilen Ressourcen sind erschöpft und der Generationenkonflikt verschärft sich. Das sind nur drei Ergebnisse der Umfrage zu disruptiven Ereignissen aus dem Projekt „Österreich 2050" (vgl. Leo, Gadner, Geiger, Gemes, Beitrag „Disruptive Ereignisse und wie die Politik damit umgehen kann", Kapitel 7). Weitere Szenarien beschäftigen sich mit Meteoriteneinschlägen, Wasserknappheit und Innovationsarmut. Was auch immer davon eintritt oder sich verhindern lässt: Wie werden wir 2050 davon erfahren? Werden wir uns darauf verlassen können, dass die Nachrichten und Bilder auch authentisch und faktentreu sind? Wie werden wir zwischen Werbung und redaktionellem Inhalt unterscheiden können? Fest steht: Die Organisation öffentlicher Kommunikation ist auch in Zukunft eine der zentralen Herausforderungen für unsere Gesellschaft.

Wenn Menschen nicht schlafen oder arbeiten, ist ihre zeitintensivste Freizeitbeschäftigung ihre Mediennutzung. Tag für Tag sehen sie durchschnittlich über zweieinhalb Stunden fern, hören angelegentlich drei Stunden Radio und surfen rund eineinhalb Stunden im Internet. Dass Menschen Medien gerne nutzen, ist offensichtlich. Welche das zukünftig sein werden, darüber herrscht ExpertInnenstreit: SmartTV sei eine Wachstumschance für die Medienindustrie, Virtual Reality bald Freizeitvergnügen für alle, zum First kommt ein Second und demnächst vermutlich ein Third Screen, Social Media lösen Blogs in ihrer Bedeutung ebenso ab wie Apps große Softwarelösungen, es wird getwittert und gegoogelt, manche erhoffen sich neue Informationsqualität von Bürgerjournalismus, die meisten Partizipation via Internet.

Bei all den Differenzen im Detail scheint klar: 2050 wird es (technisch) neue, zusätzliche Distributionswege für Medieninhalte geben. Die zweite bereits heute eindeutig feststellbare Tatsache ist, dass allen Meldungen vom Zeitungssterben zum Trotz Medienkonzerne bemerkenswerte Gewinne erzielen – und neue Wettbewerber vor der Tür stehen. Beispiel Österreich: 300 Millionen Euro (Tendenz steigend) fließen über „Werbefenster" jedes Jahr an ausländische kommerzielle Medienkonzerne. Der vorgeblich kleine „österreichische Privatsender" Puls 4 steht letztlich im Eigentum internationaler Beteiligungsgesellschaften (etwa Permira mit Sitz auf der Steuerfluchtinsel Guernsey). ATV ist über eine gemeinsame Beteiligung der Konzernmutter Telemünchen an RTL II mit der RTL-Group geschäftlich verbunden. RTL Deutschland wiederum ist Teil von Bertelsmann – einem der größten Medienkonzerne der Welt – und erwirtschaftete 2012 einen Gewinn von 512 Millionen Euro. Wenn man den Blick auf global agierende Akteure in der Medienbranche lenkt (Disney, Google, Apple, Amazon, Samsung,...) wird deutlich: Man kann und wird mit Medien viel Geld verdienen.

Jenseits der Fragen aber, welche technischen Innovationen uns im Jahr 2050 umgeben werden und wer in 37 Jahren wie viel Geld an unserer Mediennutzung verdienen wird, bleiben wesentliche Fragen offen: Welche Medien nützen dem einzelnen/der einzelnen, der Gesellschaft? Sind Medien nur Geschäftsmodelle oder sind sie auch gesellschaftsverträglich? Und nicht zuletzt: Welche Medien brauchen wir 2050?

Naheliegend wäre, ihre Zuverlässigkeit einzufordern: „Vertrauen ist Fundament sozialer Ordnung und damit Basis für das Funktionieren moderner Gesellschaften", (Förster 2011). Die vielzitierte Datenflut wird auch in 37 Jahren nicht verebbt sein, absehbar ist vielmehr: Immer mehr Nachrichten stehen auf immer mehr Wegen zur Verfügung. Umso wichtiger wird, wer dabei mediale/r Gatekeeper/in sein wird – „In Zeiten der allumfassenden Lebenswelt des Internets sind Informationsleuchttürme von enormer Wichtigkeit für die Orientierung in den Wogen der virtuellen Kommunikation. Die Bürger/innen müssen sich auf den Wahrheitsgehalt der Informationen verlassen können, und das garantiert nur ein hoher und zeitgemäßer Standard von Qualitätsjournalismus." (Bönte 2012). Auch 2050 sollte ein Zusammenhang zwischen dem Gelingen unserer Gesellschaften und den Medien nachgefragt sein : „Moderne funktionierende Demokratien brauchen mehr als ein internationales Medienangebot, Blogger-, Twitter- und Facebook-Freunde, die zwar sehr schnell mit Neuigkeiten zur Hand sind, aber deren Empfänger damit allein lassen – ganz abgesehen davon, dass es vielfach schwierig ist zu überprüfen, was nun Fakten und was Behauptungen sind. Offene Gesellschaften mit mündigen Bürgern, die ihre Verantwortung im Staat wahrnehmen wollen, brauchen Journalistinnen und Journalisten und Medien, die über Ereignisse unabhängig berichten und sie kompetent einzuordnen und zu erklären vermögen. Deshalb braucht es auch in Zukunft – und sogar noch mehr als in der Vergangenheit – öffentlich-rechtliche Sender." (Deltenre, 2012)

Fraglos bieten auch kommerzielle oder private elektronische Medien Nachrichten. Die personelle Reduktion der Nachrichtenredaktionen bei gleichzeitigem Rekordgewinn (Pro7/Sat1-Gruppe) sowie die „italienischen Verhältnisse" der Berlusconi Medien zeigen aber, dass auf Information basierende Gesellschaften mehr brauchen als Renditeorientierung, wenn sie die Erfüllung des Informationsbedarfs sicherstellen wollen, wenn es gilt, zuverlässig über Hintergründe, Zusammenhänge, Abhängigkeiten und hinter ökonomischen oder politischen Botschaften liegende Interessen zu berichten. Medienqualität erfordert eben mehr als kaufmännische Suchalgorithmen. Auf die Gefahr, durch die „Google-Brille" nur noch die eigene Welt zu sehen, hat die Kommunikationswissenschaft bereits aufmerksam gemacht. 2050 wird gelten, was bereits 2013 wesentlich ist: Vertrauenswürdige Information kann nur durch Qualitätsjournalismus bereitgestellt werden. Und dessen wichtigste Rahmenbedingung ist Unabhängigkeit. Unabhängigkeit, die dadurch sichergestellt wird, dass journalistische Freiheit, Rechte und Pflichten in konkreten Statuten und Richtlinien garantiert sind. Unabhängigkeit, die vor rechtswidrigen und absichtsvollen Eingriffen von innen und außen, insbesondere des Staates, der Parteien, aber auch wirtschaftlicher Interessensgruppen und Lobbys geschützt ist. Unabhängigkeit, deren Schutz durch verbindliche Regulative, etwa durch einen Verhaltenskodex und unabhängigem Ethikrat zur Überwachung der Bestimmungen gestärkt ist: „Eine Voraussetzung zur Vertrauensbildung ist die prozessuale Etablierung einer Verantwortungskultur. Dies schließt Formen der transparenten Selbstverpflichtung sowie die kontinuierliche Kommunikation publizistischer Qualitätsziele ein. Darüber hinaus sollen Formen des Qualitätsmanagements organisationale Bedingungen dafür schaffen, dass der Journalismus seine Qualität sichern und unabhängig von politischen oder ökonomischen Imperativen entwickeln kann. Vertrauen ist auch Sache der transparenten Selbstorganisation" (Wyss, 2012).

Gemeinwohlorientierte Qualität der Medien wird demnach auch 2050 ein meritorisches Gut sein, sich also nicht automatisch durch Marktprinzipien ergeben. Daher werden konsensuale, öffentlich-rechtliche Aufträge, die überprüfbar gesellschaftliche Funktionen und Wirkungen sicherstellen können, auch in der digitalen Zukunft von Bedeutung sein. Wie immer die nächsten Jahre die öffentlich-rechtlichen Medien als Institutionen der Medienkultur der europäischen Staaten organisatorisch und strukturell verändern werden, die Tatsache, dass sie Transparenz gegenüber der Öffentlichkeit, Kontrollmöglichkeit und nicht zuletzt Partizipation für die Gesellschaft bieten, wird eine demokratiepolitische Qualität bleiben, die öffentlich-rechtliche von kommerziellen Medien unterscheiden wird. Fernsehen, Radio und Internet, die – im Auftrag der Gesellschaft – öffentliche Aufgaben wahrnehmen, werden sich daher absehbar auch in 37 Jahren gegenüber rein kommerziellen Geschäftsmodellen zu behaupten haben.

Medienqualität, die sich auf Unabhängigkeit und überprüfbaren Qualitätsstandards beruft, benötigt aber auch entsprechende Rahmenbedingungen und Ressourcen. Wer Medien nicht zur ausschließlichen Spielwiese Vermögender machen möchte, braucht ein Konzept gemeinsamer, gesellschaftlicher Finanzierung. Qualitätsmedien müssen nicht nur definiert und kontrolliert, sondern vor allem finanziert werden – oder kürzer: Wer Qualitätsmedien fordert, muss sie fördern.

Ein weiterer Anspruch für Medien besteht in der Herausforderung, die Vielfalt der Gesellschaft entsprechend wahrzunehmen und abzubilden: „Der Medienkonsument muss sich darauf verlassen können, dass er vielfältig, objektiv und ausgewogen über Relevantes informiert wird, damit er sich auch als Bürger an der Gesellschaft beteiligen kann." (Imhof, 2010). Unter Vielfalt wird dabei Themen-, Akteurs- und Genrevielfalt verstanden. Themenvielfalt hilft einzuordnen: Wer sich in der Welt 2050 orientieren will, wird Nachrichten aus allen Ecken der Erde genauso brauchen wie regionale Informationen, ein Verständnis (supra)nationaler Politik genauso wie lokaler Ereignisse benötigen. Akteursvielfalt wiederum erfüllt die „Artikulationsfunktion" von Medien, ermöglicht Bürgern und Bürgerinnen

Ausdruck ihrer Standpunkte und so demokratische Willensbildung. Sie stellt damit Meinungspluralität sicher, gibt auch jenen eine Stimme, die sich im Medienmainstream nicht durchsetzen können, gewährleistet, dass sich nicht nur öffentlich äußern kann, wer dafür zu bezahlen imstande ist, sondern dass nach Möglichkeit alle gesellschaftlichen Gruppen Aufmerksamkeit erhalten. 2050 v.Chr. mag es angegangen sein, nur den Pharao bzw. die Priesterkaste anzuhören und zu protokollieren, 2050 n.Chr. sollte Teilhabe an der Öffentlichkeit das Recht aller sein: „Eine an einer möglichst breit getragenen Verantwortungskultur interessierte Medienpolitik wird aber zugleich die Voraussetzungen schaffen, die es möglichst vielen zivilgesellschaftlichen Akteuren, auch und nicht zuletzt jenen, die für vetoschwache Interessen stehen, ermöglichen, sich an den Aushandlungsprozessen von Normen und Regeln zu beteiligen. Entscheidend ist, dass dafür institutionalisierte Formen (wechselseitiger) Beobachtung und auf Dauer gestellter Kommunikation über diese Beobachtungen geschaffen werden, die als Voraussetzung wechselseitiger Beeinflussung und gemeinsamen Verhandelns gelten können. Öffentlichkeit ist ein essentieller Bestandteil solcher Strukturen." (Seethaler, 2011)

Wir werden also Medien brauchen, die Themen von Mehrheiten und Minderheiten gleichermaßen in den gesellschaftlichen Diskurs einbringen, denn „Diversität macht eine Gesellschaft wertvoller – und diesen gesellschaftlichen Mehrwert müssen die Medien als Reflexionsebene der Gesellschaft widerspiegeln." (Herczeg, 2012). In Österreich sind davon zurzeit unter anderem die Volksgruppen betroffen, deren mediale Bedürfnisse von kommerziellen Anbietern nicht bedient werden, daneben aber auch benachteiligte soziale oder kulturelle Gruppen.

Die dritte Variante des Vielfaltsspektrums, die Genrevielfalt, stellt sicher, dass Medien ihr Angebot an der Vielfalt der Interessen ihrer NutzerInnen orientieren und diese im Rahmen ihres Angebotsspektrums angemessen berücksichtigen. Dass z.B. neben dem Bedürfnis nach Information und Orientierung auch das nach Entspannung, Unterhaltung und Zerstreuung erfüllt wird. Unterhaltungsangeboten wird dabei vermutlich eine Schlüsselrolle zukommen, denn sie stellen nicht nur Grundnahrungsmittel für „Couch potatoes", sondern auch für informierte Bürgerinnen und Bürger dar, indem sie die Lebenswelten der Menschen widerspiegeln und ihre Meinungen, ihre Einstellungen und nicht zuletzt ihre Erwartungen prägen. Dabei werden wir 2050 Medien brauchen, die gerade in den Unterhaltungsformaten die Grenzen der Persönlichkeitsrechte und des guten Geschmacks beachten, die z.B. Protagonisten Und Protagonistinnen von Shows nicht demütigen, sondern ihnen mit Respekt begegnen, die in ihren Angeboten nicht nur Monokulturen made in Hollywood anbieten, sondern neben US-Produktionen auch europäische, österreichische Wirklichkeit zeigen und zum Ausdruck bringen, dass Unterhaltung etwas mit Haltung zu tun hat.

2050 werden wir schließlich Medien brauchen, die ihrer sozialen und demokratiepolitischen Verantwortung für die Gesellschaft gerecht werden. Dabei beschränkt sich „Medienverantwortung nicht auf die Individuen und ihren Umgang mit den Massenmedien, sondern schließt die systemische Frage nach der ethischen Verantwortung von Medienunternehmen wie auch der Medienpolitik ein. Medienethik in diesem Sinne ist freilich nicht nur als Teilbereich der Wirtschaftsethik zu begreifen, sondern auch eine zivilgesellschaftliche Herausforderung ersten Ranges." (Körtner, 2012). Eine Herausforderung, die etwa durch Erfüllung der Integrationsfunktion angenommen werden kann: Wir werden uns 2050 genauso wie heute nur dann als Gemeinschaft begreifen, wenn wir über einen Sinn, ein Verständnis von Gesellschaft verfügen. Dafür werden auch gemeinsame „mediale Lagerfeuer", also authentische und zuverlässige Referenzquellen nützlich sein: „Neben den Institutionen des Staates wie Schulen und andere Bildungsanstalten hat der (öffentlich-rechtliche) Medienbereich eine wesentliche Funktion im Rahmen der Pflege der Identität Österreichs und auch der politischen Erziehung, die gewährleisten soll, dass diese Identität weiterhin von Geist der Menschenrechte und der Demokratie bestimmt wird." (Vocelka, 2010) Dazu gehört, dass Medien niemanden von ihrer Nutzung ausschließen, sei es etwa, weil er/sie dazu aus wirtschaftlichen oder anderen persönlichen Gründen nicht in der Lage ist. Wir werden Medien brauchen, die ihre hochwertigen Inhalte allen – Armen und Reichen, Alten und Jungen, Behinderten und Nichtbehinderten – auf allen relevanten Plattformen der digitalen Onlinewelt zugänglich machen. Wir werden schließlich Medien brauchen, die ihrer Sozialisationsfunktion im Sinn einer pluralistischen Gesellschaft gerecht werden: „Durch Erinnerungsarbeit und kommunikatives Handeln wird auf Basis von Schriften und Erzählungen Identität geschaffen – ein „Wir-Gefühl". Diese kollektive Identität entsteht im Diskurs – vor allem auch im politischen Diskurs – und bezieht sich auf eine Region und die dazugehörige politische Einheit. Dabei ist es von entscheidender Bedeutung, dass der Dialog immer wieder rekonstruiert wird", (Ogris, 2012). Der Anspruch von Inklusion ergibt sich in der Medienproduktion beobachtbar nicht aus Marktgesetzen, sondern wird auch in Zukunft gezielte Bemühungen erfordern. Vor allem wird die Erfüllung eines erklärten Kultur- und Bildungsauftrags 2050 ein Qualitätsmerkmal für Medien sein. Bildung und Wissenstransfer kann auf vielen Ebenen geschehen, durch Berichte über Wissenschaft und Zeitgeschichte genauso wie durch entsprechende Lernangebote für Kinder, im Journalistischen (Dokumentationen, Reportagen, Nachrichten) wie im Fiktionalen. Kultur wird – absehbar und hoffentlich – auch 2050 der Kitt der Gesellschaft sein, der die Vielfalt des Lebens, der Kunst und der kulturellen Identitäten zum Ausdruck bringt, und Menschen, so unterschiedlich sie auch sein mögen, miteinander verbinden kann. Ob es Medien auch gelingt, mit der Kreativszene zusammenzuarbeiten und sinnvolle, anregende, entwicklungsoffene Kooperationen mit Film- und Musikschaffenden herzustellen, aus-

reichend Stoff für Anregung, Provokation und Innovation zu vermitteln, wird darüber entscheiden, ob wir die Medien der Zukunft noch als Kulturgüter bezeichnen werden können. Dass der Geist auch 2050 weht, wo er will, wird nicht zuletzt von aufgeklärten Medien abhängen, die ein Selbstverständnis als kulturelle Institution ausbilden, die unabhängig von monetären Profiten zur Entwicklung der Gesellschaft(en) beitragen können.

Vertrauen, Vielfalt und Verantwortung: diese Begriffe werden demnach auch in Zukunft Standards und Qualitätskriterien für Medien darstellen. Wer sich von Nachrichten vertrauenswürdige, überprüfbare Fakten und Zusammenhänge erwartet und nicht nur „copy and paste news", wer an Unterhaltung den Anspruch stellt, dass sie nicht nur ein Angebot von „more of the same" darstellt, sondern auch unterschiedliche Lebenswelten thematisiert, wer unter „Kultur" nicht nur die Bildungseliten, sondern die vielfältigen Ausdrucksformen einer offenen Gesellschaft versteht, wer Medien nicht nur als Wirtschafts-, sondern vor allem als Kulturgut betrachtet, wird auch 2050 gut beraten sein, gesellschaftliche Kommunikation so zu organisieren, dass sie sich auf gemeinwohlorientierte öffentlich-rechtliche Medien stützt. Das gilt insbesondere für Gesellschaften, die auf dem Weg in ihre Zukunft soziale, ökologische, wirtschaftliche Krisen und kulturelle Spannungen aller Arten zu bewältigen haben werden und den unerwünschten Folgen disruptiver Ereignisse vorbauen wollen. ∎

Literaturhinweise

Bönte, Andreas (2012). Kompassfunktion in großer Vielfalt. In TEXTE I (S. 4). Wien.

Deltenre, Ingrid (2012). Der gesellschaftliche Wert öffentlich-rechtlicher Medien. In TEXTE I (S. 6f).Wien.

Förster, Kati (2012). Über den Wert von Vertrauen für Medien. In TEXTE 7 (S. 4). Wien.

Gonser, Nicole (2011): Integrativ und individuell – unterschiedliche Ansprüche verschiedener Publikumsgruppen. In TEXTE 6 (S. 20–23). Wien.

Gundlach, Hardy (2011). Public Value in der Medienökonomie. In Gundlach, Hardy (Hrsg.), Public Value in der Digital- und Internetökonomie (S. 11–24). Köln: Halem.

Herczeg, Petra (2012). Welche Diversität für welchen Public Value. In TEXTE 7 (S. 25). Wien.

Imhof, Kurt (2010), Zum Systemrisiko der Demokratie. In TEXTE 3 (S. 8). Wien.

Imhof, Kurt (2010). Die Qualität der Medien in der Demokratie. In Forschungsbereich Öffentlichkeit und Gesellschaft (fög) (Hrsg.), Jahrbuch 2010. Qualität der Medien. Schweiz (S. 18 f.). Basel.

Karmasin, Matthias (2011). Public Value als Wertschöpfungsbegriff. In TEXTE 6 (S. 18). Wien.

Körtner, Ulrich (2012). Wert über Gebühr? Medienethik, Medienverantwortung und Public Value in der pluralistischen Gesellschaft. In TEXTE 8 (S. 7). Wien.

Ogris, Günther (2012). Warum Qualität zählt. In Public Value Bericht 2012/13 (S. 109). Wien.

Ridder, Christa-Maria (2005). Ist der öffentlich-rechtliche Rundfunk es wert, dass ihn sich die Gesellschaft leistet? Eine Bilanz seiner Leistung und Kosten. In Langenbucher, Wolfgang; Ridder, Christa-Maria; Saxer, Ulrich & Steininger, Christian (Hrsg.), Bausteine einer Theorie des öffentlich-rechtlichen Rundfunks (S. 203–221). Wiesbaden: Verlag für Sozialwissenschaften.

Seethaler, Josef (2010). Qualität darf nicht nur öffentlich-rechtlich sein. In TEXTE 3 (S. 19). Wien.

Stolte, Dieter (2004). Wie das Fernsehen das Menschenbild veränderte. C.H.Beck, München.

TNS-Infratest; Studie im Auftrag des ORF (2008): http://mediaresearch.orf.at/index2.htm?studien/studien_Nutzungsmotive_TV_Internet.htm

Vocelka, Karl (2010). Identität und Medien. In TEXTE 3 (S. 15). Wien.

Wyss, Vinzenz (2012). Warum Qualität zählt. In Public Value Bericht 2012/13 (S. 17). Wien.

Der Autoren

Klaus Unterberger, *Jahrgang 1962, leitet nach journalistischer und wissenschaftlicher Karriere (u. a. ORF-Bürgeranwalt, Institut für Politikwissenschaft der Universität Wien) seit 2007 das ORF-Public Value-Kompetenzzentrum. Er verantwortet zahlreiche Maßnahmen der ORF-Qualitätssicherung sowie Belange der externen und internen Kommunikation zur öffentlich-rechtlichen Kernkompetenz.*

Konrad Mitschka, *Jahrgang 1969, Journalist, Lehrbeauftragter (Universität Wien, FH Wien), arbeitet im Public-Value-Kompetenzzentrum des ORF und verantwortet u. a. den Public Value-Bericht des ORF. Er hat zahlreiche Sachbücher und Buchbeiträge veröffentlicht, darunter „Wandelwörter" oder „Ein Jahrhundert Österreich".*

KAPITEL 8:
ZUSAMMENFASSUNG UND AUSBLICK

DIE ZUKUNFT ÖSTERREICHS IN DER WELT VON MORGEN

Johannes Gadner

Hannes Androsch

Das österreichische Paradoxon

Österreich ist ein Land der Paradoxa – so jedenfalls lautete das Urteil der „Neuen Zürcher Zeitung".[1] Die „Frankfurter Allgemeine Zeitung" wiederum nennt Österreich einen „robusten Zwerg mit Bürokratieballast", dessen wirtschaftliche Leistungsfähigkeit durch „mangelnden Elan" bei Strukturreformen seit Jahren „ausgebremst" wird.[2] Und tatsächlich lässt sich dies anhand der Entwicklung der letzten Jahre anschaulich verdeutlichen. Nachdem Österreich im ersten Millenniumsjahrzehnt in vielen Bereichen eine hohe Dynamik aufweisen konnte, stagniert seine ökonomische Wettbewerbsfähigkeit seit dem Krisenjahr 2009. Ein Vergleich aller einschlägigen Länderrankings zeigt, dass die österreichische Entwicklung in einzelnen, die Wettbewerbsfähigkeit treibenden Bereichen wie z. B. Bildung, öffentliche Finanzen, Regulierung etc. in den letzten vier Jahren an Dynamik verloren hat. Die Wirtschaftskammer Österreich hat in ihrem „Monitoring Report 2012" über 140 internationale Rankings zusammengestellt, die sowohl Stärken als auch Schwächen der österreichischen Volkswirtschaft analysieren. In mehr als einem Drittel dieser Rankings hat sich Österreichs Position in Relation zum Vorjahr verschlechtert, in einem weiteren Drittel gab es keine Veränderung.

Trotzdem schneidet Österreich im globalen Wettbewerb – gemessen an makroökonomischen Performancevariablen – verhältnismäßig gut ab. Österreichs Wirtschaftswachstum liegt seit 2004 kontinuierlich über dem Durchschnitt der Eurozone. Im Ländervergleich (IWF 2012a) weist Österreich eine hohe Beschäftigungsquote und steigenden Wohlstand auf; und gemessen am Pro-Kopf-Einkommen liegt Österreich in der EU an dritter Stelle und weltweit auf dem 11. Platz. Das renommierte US-amerikanische Magazin „Foreign Policy" spricht daher gar von einem „österreichischen Wunder".[3]

Wunder gibt es bekanntlich selten und das von Foreign Policy so bezeichnete „Geheimnis des österreichischen Erfolges" lässt sich lüften. Für die positive Entwicklung gibt es mehrere Gründe. Einer der wichtigsten ist die international konkurrenzfähige Industrie- und Tourismuswirtschaft mit ihren zahlreichen dynamischen Klein- und Mittelbetrieben, aber sicher auch eine leistungsfähige Landwirtschaft (insbesondere auch die Weinwirtschaft) und die Rückkehr Österreichs zur dynamischen Mitte Europas nach dem Fall des Eisernen Vorhangs. Nicht zu vernachlässigen ist jedoch auch die Tatsache, dass sich Österreichs wissenschaftliche und technologische Leistungsfähigkeit seit den 1980er Jahren kontinuierlich gesteigert hat. Eine Vielzahl an Analysen bescheinigt dem österreichischen Forschungs-, Technologie- und Innovations-System eine stetig verbesserte Performance (Aiginger et al. 2009; Österreichischer Forschungs- und Technologiebericht 2010, 2011, 2012, 2013).

Die wirtschaftlichen Erfolge dürfen allerdings nicht darüber hinwegtäuschen, dass sich Österreich nach dem Aufholprozess der letzten Dekaden nun in einer Stagnationsphase befindet: Die Dynamik, die diesen Aufholprozess kennzeichnete, ist seit 2009 verloren gegangen (vgl. Aiginger, Beitrag „Reformmüdigkeit als Gefahr für ein Erfolgsmodell", Kapitel 1). Bemerkbar macht sich dies etwa bei der Entwicklung der Lohnstückkosten: Diese verlief bis 2005 im Gleichklang mit Deutschland, entwickelt sich aber seither deutlich schlechter. In Österreich stiegen die Lohnstückkosten zwischen 2005 und 2012 um rund 14 Prozent, verglichen mit rund 6 Prozent in Deutschland, rund 8 Prozent in der Schweiz und 10 Prozent in Schweden.

Zwar scheint der österreichische Alltag von den Auswirkungen der Wirtschaftskrise und anderen globalen Entwicklungen und Trends schon wieder weit entfernt zu sein, da die Bevölkerung trotz anhaltender Krise im internationalen Umfeld im Durchschnitt einen vergleichsweise komfortablen wirtschaftlichen und sozialen Wohlstand genießt, der offenbar auch die Illusion nährt, es könne alles so bleiben, wie es ist (Kramer 2011). Tatsächlich ist die Situation aber weit weniger rosig, als sie auf den ersten Blick scheinen mag: Ein überbordendes Pensionssystem, dessen Idiosynkrasien wie die sogenannte „Hacklerregelung" oder das frühe Pensionsantrittsalter Milliarden kosten, führt dazu, dass dringend benötigte Mittel für die Zukunft fehlen werden. Zudem hat Österreich mit 5,4 Prozent des Bruttoinlandsprodukts (BIP) eine doppelt so hohe Subventionsquote wie der EU-Schnitt (vgl. dazu Marin, Beitrag „Österreich 2050: Pension der Zukunft", Kapitel 4). Ein ineffizientes Bildungssystem, das im OECD-Vergleich nur unterdurchschnittliche Ergebnisse produziert, zählt gleichzeitig zu den teuersten der Welt (Schilcher 2012; vgl. Schilcher, Beitrag „Bildung", Kapitel 2; Spiel, Beitrag „Bildung 2050 – Die Schule der Zukunft", Kapitel 2).

Die größte Gefahr für die zukünftige Entwicklung des Landes liegt aber in seinem starren, reformresistenten und überdimensionierten öffentlichen Sektor (vgl. Öhlinger, Beitrag „Die Zukunft des Föderalismus", Kapitel 5). Dies zeigt nicht zuletzt der kontinuierliche Rückfall Österreichs im „World Competitiveness Yearbook" des Schweizer Instituts IMD, das jährlich die Qualität von 59 Wirtschaftsstandorten vergleicht. Während Österreich im Jahr 2007 noch auf Platz 11 lag, ist es inzwischen von Rang 21 im Jahr 2012 auf Rang 23 zurückgefallen. Verantwortlich dafür ist laut IMD vor allem die geringe Effizienz von Verwaltung und Regierung. Hier hat es in nur fünf Jahren einen Absturz von Rang 20 auf Rang 37 gegeben (IMD, 2013). Es besteht also offensichtlich ein Governance-Gap und ein ungenügendes Public Management mit der Folge, dass Österreich eine mit 42 Prozent um 3,2 Prozentpunkte höhere Abgabenquote hat als der EU-Durchschnitt oder Deutschland und eine um 5 Prozent höhere als die Schweiz. Dennoch wird damit nicht das Auslangen gefunden. Im Übrigen haben wir dazu noch hohe Regulierungs- und Bürokratiekosten.

Ähnlich argumentieren auch die EU-Kommission (2012) und der Internationale Währungsfonds (IWF 2012b) oder die OECD (2011a).

Diese Institutionen fordern Österreich immer wieder auf, eine effektive Staats- und Verwaltungsreformen im öffentlichen Sektor in Angriff zu nehmen sowie die hohen Transferleistungen von 34 Prozent und die Subventionsquote von 5,4 Prozent auf ein vernünftiges Maß zu reduzieren, da deren Finanzierung eine überdurchschnittlich hohe Steuerquote bedingt, wodurch wichtigen Zukunftsbereichen Mittel entzogen werden (Lehner 2011).

Aufgrund seiner überdurchschnittlich hohen Ausgabenquote ist der öffentliche Sektor in großem Ausmaß für die hohe Staatsverschuldung verantwortlich. Der EU-Stabilitätspakt sieht eine Verschuldungsgrenze von höchstens 60 Prozent des Bruttoinlandsprodukts vor. Österreich liegt laut Statistik Austria mit offiziell 73,4 Prozent (Stand: 2012) jedoch deutlich darüber. Tatsächlich ist die Quote in Folge der Ausgliederungen von ÖBB, ASFINAG, BIG etc. sowie durch zusätzliche Kosten des Familienlastenausgleichs oder der Bankenrettung noch höher; gleichzeitig darf man auch die privaten Schulden nicht außer Acht lassen.

Die skizzierten Widersprüche formen sich zu einem paradoxen Gesamtbild. Das Fazit der eingangs zitierten Sonderbeilage der „Neuen Zürcher Zeitung" beschreibt diesen Umstand sehr treffend:

„Politische Stagnation kontrastiert mit wirtschaftlicher Dynamik und hoher Lebensqualität. Obwohl der Beitritt zur EU maßgeblich zum Wohlstandsgewinn beigetragen hat, ist die anfängliche Euphorie großer Skepsis gewichen. Gespalten ist auch das Verhältnis der Österreicher zum Förderalismus. Sie befürworten zwar eine Stärkung der Länder, sprechen sich aber gegen deren Steuerhoheit aus." [4]

Es stellt sich also die Frage, wie lange ein Land mit diesen Paradoxa leben kann – in einer Welt rasanter Veränderungen, die sich vor großen Herausforderungen und gleichzeitig in einer äußerst dynamischen Entwicklung befindet.

Die Herausforderungen der Welt von morgen

Vor etwas mehr als zwanzig Jahren, nach der Wiedervereinigung Deutschlands 1989, dem Zusammenbruch der Sowjetunion und damit dem Ende des Kommunismus in Europa, war die Rede vom „Ende der Geschichte" (Fukuyama 1989): Statt einer hegemonialen Dichotomie zwischen Ost und West sollten sich die Prinzipien des Liberalismus in Form von Demokratie und Marktwirtschaft endgültig global durchsetzen. Die Vorstellung einer geeinten Welt unter dem alleinigen Führungsanspruch der USA – sowohl in wirtschaftlicher wie militärischer Hinsicht – hatte Hochkonjunktur.

Zwanzig Jahre später ist von dieser Sicht nicht viel übriggeblieben. In den USA diskutieren Intellektuelle, Ökonomen und Politiker den vermeintlichen Abstieg der Vereinigten Staaten (DeLong/Cohen 2009; Khanna 2011, Nye 2011) oder sprechen gar von der „entbehrlichen Nation" (Nasr 2013), und ein vom National Intelligence Council (2008) entworfenes mögliches Szenario zeichnet folgendes Bild:

„Die Finanz- und Wirtschaftskrise markierte den Beginn einer globalen wirtschaftlichen Umgewichtung. Der US-Dollar wird in der Folge seine Rolle als Leitwährung verlieren. Die USA sind bereits heute der weltgrößte Schuldner. Hinsichtlich ihrer wirtschaftlichen Bedeutung werden die Vereinigten Staaten mittel- bis langfristig bestenfalls noch ein primus inter pares sein. Auch ihr politischer Einfluss wird sinken. Obwohl die USA wahrscheinlich der mächtigste Akteur bleiben werden, so wird ihre relative Stärke – auch auf militärischem Gebiet – abnehmen und ihr Einfluss schwächer werden.

China und Indien werden mit den USA an der Spitze einer multipolaren Welt stehen und entsprechend um Einfluss kämpfen. Die Nationalstaaten verlieren an politischer und wirtschaftlicher Macht. Die Verschiebung von einem auf Erdöl basierenden Energiesystem hin zu erneuerbaren Technologien wird weiter fortschreiten, gleichzeitig wird die globale Erwärmung bereits ,fühlbar' sein. Konflikte wegen knapper werdender Ressourcen – v. a. Wasser, Lebensmittel und Energie – werden zunehmen. Und auf den Gebieten des Handels, des Investments und der technologischen Neuerungen wird es strategische Rivalitäten geben."

Dies alles kann dazu führen – so resümiert der National Intelligence Council –, dass wir „ein Szenario des Wettrüstens, der territorialen Expansion und militärischer Rivalitäten wie im 19. Jahrhundert" erleben werden. Auch andere Autoren zeichnen ein düsteres Bild einer Welt ohne Führung, in der alle Karten neu gemischt werden. Am Ende steht eine neue Weltordnung, in der Staaten nur noch auf ihren eigenen Vorteil bedacht sind und keine Bereitschaft für globale Verantwortung existiert (vgl. Bremmer 2013; Stürmer 2006).

Wenngleich es unmöglich ist, die Zukunft jenseits des Entwurfs möglicher Szenarien tatsächlich zu prognostizieren – schon allein aufgrund der Unvorhersehbarkeit jener Ereignisse, die Nassim Taleb (2008) „schwarze Schwäne" [5] nennt –, gibt es doch erkennbare Trends und Entwicklungen, deren Konsequenzen uns zwar erst morgen beschäftigen werden, die uns aber schon heute Entscheidungen abverlangen. Wie auch immer die Zukunft also aussehen wird – Faktum ist, dass unsere derzeitigen Lebens- und Wirtschaftsräume geprägt sind von enormen ökologischen und demographischen Herausforderungen sowie einer rasch zunehmenden ökonomischen, sozialen und politischen Komplexität. Klimawandel, Ressourcenknappheit, ein rasanter Bevölkerungsanstieg in vielen Regionen der Welt, gleichzeitig eine alternde Bevölkerung in Europa, und schließlich die globale Wirtschaftskrise mit der möglichen Folge einer dritten industriellen, digitalen Revolution – das sind nur die prominentesten Schlagworte, die sich täglich in den Medien dieser Welt finden.

Das erste Jahrzehnt des neuen Jahrhunderts sah einen weltweiten Konjunktureinbruch, der laut World Economic Outlook des Internationalen Währungsfonds (2012a) eine globale Rezession verursachte. Auch das zweite Jahrzehnt hat um Nichts besser begonnen: Die Weltwirtschaft dümpelt weiter dahin. Trotz aller Anstrengungen, mit Konjunkturpaketen etc. gegenzusteuern, gelingt es nicht, den globalen Wirtschaftsmotor wieder anzukurbeln. Zumindest in den Industrienationen der westlichen Welt wird man sich wohl auf eine Periode schwachen Wirtschaftswachstums einstellen müssen (King 2013). Und langfristig wird man sich weltweit mit der Frage auseinandersetzen müssen, ob das Wachstumsparadigma weiterhin aufrecht erhalten werden kann. Denn rein physisch kann ein Subsystem (unsere Wirtschaft) eines endlichen Systems (unser Planet Erde) nicht unendlich wachsen. Wie „Wohlstand ohne Wachstum" (Jackson 2013) möglich sein kann, ist Gegenstand ökonomischer Forschung und politischer Debatten (Enquete-Kommission des Deutschen Bundestagss 2013; Jackson 2013; Bundeszentrale für politische Bildung 2012; Miegel 2010). Die bisher einzig dazu verfügbare Antwort ist der Versuch, das Wachstum von Materialverbrauch und Umweltfolgen – allen voran der Klimawandel – abzukoppeln. Doch wirklich gelungen ist dies bisher nicht, im Gegenteil.

Der Klimawandel wird inzwischen weltweit als eine der zentralen Herausforderungen für die Zukunft der Menschheit gesehen (vgl. Gropp, Beitrag „Das DESERTEC-Konzept – Von der Vision zur Realität", Kapitel 6). Dazu hat der Weltklimarat der UNO in seinem Sachstandsbericht im Jahr 2008 klare Worte gefunden: An der globalen Klimaerwärmung besteht kein Zweifel. Belege sind die weltweit steigenden Temperaturen, das weitverbreitete Abschmelzen von Gletschern, Eis und Schnee sowie das Ansteigen des Meeresspiegels und offensichtlich zunehmende Unwetter. Das erste Jahrzehnt des neuen Jahrtausends war mit Abstand das wärmste, das seit Beginn der Aufzeichnungen gemessen wurde – gefolgt von den 1990er Jahren, die wiederum wärmer waren als die 1980er Jahre.

Nach heutigem wissenschaftlichen Kenntnisstand ist dafür mit sehr hoher Wahrscheinlichkeit die Verstärkung des natürlichen Treibhauseffektes durch menschliches Einwirken verantwortlich. Diese vom Menschen verursachte Erwärmung entsteht durch Verbrennen fossiler Brennstoffe, durch weltumfassende, großflächige Entwaldung sowie die zunehmend extensive Land- und Viehwirtschaft.

Das zentrale Abschlussdokument der UN-Klimakonferenz in Kopenhagen 2009, der sogenannte „Copenhagen-Accord", definiert den Klimawandel als eine der größten Herausforderungen unserer Zeit. Die Staatengemeinschaft hat sich daher darauf verständigt, dass eine „gefährliche anthropogene Störung des Klimasystems" nur verhindert werden kann, wenn die Erderwärmung auf weniger als 2 Grad Celsius begrenzt wird. Allerdings konnten sich auf der letzten Klimakonferenz in Doha 2012 die teilnehmenden Länder lediglich auf eine Verlängerung des Kyoto-Protokolls (Kyoto II) bis 2020 einigen (vgl. Bach, Beitrag „Nachhaltige Energieversorgung für die Zukunft", Kapitel 6).

Eng verbunden mit der Herausforderung des Klimawandels ist die Frage der Energieversorgung. Kaum ein Zitat macht die Herausforderung, vor der die Menschheit hierbei steht, so deutlich wie jenes der Internationalen Energieagentur (IEA), die in ihrem jährlich erscheinenden World Energy Outlook bereits 2008 festhielt:

„Das Weltenergiesystem steht an einem Scheideweg. Die derzeitigen weltweiten Trends von Energieversorgung und -verbrauch sind eindeutig nicht zukunftsfähig, in ökologischer ebenso wie in wirtschaftlicher oder sozialer Hinsicht. Das kann jedoch – und muss auch – geändert werden. Noch ist Zeit für einen Kurswechsel. Es ist keine Übertreibung zu behaupten, dass das zukünftige Wohlergehen der Menschheit davon abhängt, wie gut es uns gelingt, die zwei zentralen Energieherausforderungen zu bewältigen, vor denen wir heute stehen: Sicherung einer verlässlichen und erschwinglichen Energieversorgung und rasche Umstellung auf ein CO_2-armes, leistungsfähiges und umweltschonendes Energiesystem. Dazu braucht es nichts Geringeres als eine Energierevolution."

Mit dem Fracking-Boom in den USA könnte die Energierevolution allerdings noch einige Zeit auf sich warten lassen, denn die neuen Technologien machen es möglich, Öl und Gas aus bisher unzugänglichen Lagerstätten zu gewinnen. Bereits heute hat der Boom zu sinkenden Strom- und Gaspreisen in den USA geführt. Laut World Energy Outlook 2013 der IEA werden die Vereinigten Staaten bis 2015 Russland bei der Gas-Förderung überholen, zwei Jahre später Saudi-Arabien als weltweit größten Öl-Produzenten ablösen und bis 2035 von Energie-Importen unabhängig sein. Damit steht mittelfristig nicht nur der Energiemarkt in den USA vor großen Umwälzungen.[6] Das ändert jedoch nichts an der Tatsache, dass die fossilen Rohstoffe langfristig zur Neige gehen werden.

Vor ähnlichen Herausforderungen – Stichwort: „Peak everything" (Heinberg 2007) – stehen wir auch im Bereich vieler anderer Rohstoffe (vgl. Berger 2012). Vor allem diverse Sondermetalle, die für die Herstellung von Batterien, Elektro- und Hybrid-Motoren, Mobiltelefonen sowie Windkraftanlagen benötigt werden, sind in letzter Zeit unter dem Schlagwort „Seltene Erden" stärker ins öffentliche Interesse gerückt. Zwei Studien des United Nations Environment Programmes (UNEP, 2011a; 2011b) kommen zu dem Schluss, dass sich der gesamte Rohstoffverbrauch bis 2050 verdreifachen und damit bereits mittelfristig zu einer massiven Rohstoffkrise führen wird.

Noch größer ist der Druck laut „Agricultural Outlook 2012–2021" von OECD und FAO allerdings bei Nahrungsmitteln: Ob Weizen,

Reis oder Mais – weltweit explodieren die Preise. Und die dadurch verursachten sozialen Konflikte spitzen sich bereits zu. Allein durch die Verteuerungen Anfang 2011 wurden laut Weltbank 44 Mio. Menschen zusätzlich in Armut gestürzt. Robert Zoellick, ehemaliger Präsident der Weltbank, hat daher die G-20 aufgerufen, die Entwicklung der Nahrungsmittelpreise ganz oben auf die Agenda zu setzen – auch wenn die Zahl der in Armut befindlichen Menschen weltweit um einiges geringer geworden ist.[7]

Der Bericht „The Future of Food and Farming" des britischen Government Office for Science (2011) zeigt das Problem in seiner ganzen Breite auf, wenn es darin heißt, dass die Nahrungsproduktion bis zum Jahr 2050 unter einen nie dagewesenen Druck geraten wird. Der Hunger in vielen Teilen der Welt lässt sich nicht mehr als lösbare Umverteilungsaufgabe beiseiteschieben, denn die Zahlen sprechen eine eindeutige Sprache: 925 Mio. Menschen leiden an Hunger, etwa eine weitere Milliarde leidet an Mangel an wichtigen Mineralien und Vitaminen. Ihnen gegenüber steht eine Milliarde Menschen, die zunehmend an ihrem Übergewicht und den damit verbundenen Folgen leidet – mit den entsprechenden Kosten für sie selbst und die Gesundheitssysteme.

Es ist dies ein Ausdruck extremer Ungleichheit, aber auch der engen Verflechtung verschiedener Faktoren. Die skizzierten Probleme der Rohstoff- und Energieversorgung, die rapide Steigerung der Nahrungsmittelpreise, nicht zuletzt aufgrund der Tatsache, dass Industriestaaten zunehmend Weizen, Raps, Mais oder Palmöl in Form von Biotreibstoff oder Biogas verfeuern,[8] der wachsende Fleischkonsum in zunehmend kaufkräftigen Ländern wie China und Indien – all diese Entwicklungen hängen mit einer der größten Herausforderung der Menschheit zusammen: dem rasanten Bevölkerungswachstum in weiten Teilen der Welt.

Die UNO geht in ihren „World Population Prospects 2010" (2013) davon aus, dass die gegenwärtige Weltbevölkerung von 7,2 Milliarden bis 2025 auf 8,1 Milliarden und bis 2050 auf 9,6, möglicherweise sogar auf 10,5 Milliarden Menschen ansteigen kann. Mit diesem globalen Bevölkerungsanstieg geht in vielen Ländern und Regionen der Welt ein Alterungsprozess einher. So ist die Lebenserwartung in allen OECD-Staaten seit dem Ende des 19. Jahrhunderts kontinuierlich und linear gestiegen (OECD 2010c). Im Durchschnitt der OECD-Länder liegt die Lebenserwartung für die Gesamtbevölkerung heute bei rund 80 Jahren, was seit 1960 einem Zugewinn von mehr als zehn Jahren entspricht. Seit dem ausgehenden 19. Jahrhundert hat sich die Lebenserwartung verdoppelt. Diese Entwicklung wird sich auch in den nächsten 50 Jahren linear fortsetzen: die Lebenserwartung wird jährlich um weitere 3 Monate steigen.

Obwohl in vielen Ländern und Regionen der Anteil junger Menschen noch sehr hoch ist – in Afrika oder im arabischen Raum beispielsweise beträgt der Anteil der Unter-35-Jährigen fast 70 Prozent und in Indien ist ein Drittel der Bevölkerung sogar jünger als 15 Jahre –, wird es auch dort schließlich zu einer Veränderung der Altersstruktur kommen. Laut UN-Berechnungen wird Europa um 2050 die „älteste Weltregion" darstellen. Das Durchschnittsalter wird dann 50 Jahre betragen. Die größte Bevölkerungsgruppe der europäischen Staaten wird älter als 65 Jahre alt sein. Die durchschnittliche Lebenserwartung eines 65jährigen Europäers wird 2050 noch weitere 20 Jahre betragen – mit dramatischen Folgen für die Gesundheits- und Pensionssysteme (vgl. Knell 2011).[9]

Denn während die Lebenserwartung über die letzten Jahrzehnte stetig zugenommen hat und weiter steigen wird, ist das offizielle Pensionsantrittsalter nur in wenigen Mitgliedsstaaten angehoben worden; gleichzeitig ist das tatsächliche Pensionsantrittsalter in vielen Ländern seit den 1970er Jahren bis vor kurzem sogar gesunken (vgl. Sahlgren 2013).[10] Dazu kommen weiterhin rückläufige Bevölkerungszahlen, was insgesamt einen deutlichen Rückgang der Anzahl der Erwerbspersonen und eine weitere Belastung der Pensionssysteme zur Folge hat (vgl. Sachverständigenrat 2011). Auch wenn diese Trends für alle OECD-Länder ähnlich sind, so haben sie für Europa die dramatischsten Konsequenzen (vgl. OECD 2011b).

Aus dieser Entwicklung ergeben sich – je nach Region unterschiedliche – gesellschaftliche und wirtschaftliche Herausforderungen. Diese reichen von knappen Humanressourcen auf dem Arbeitsmarkt, den Implikationen hinsichtlich der Sicherung der Pensionssysteme, vielfältigen gesundheitsbezogenen Auswirkungen, einem Anstieg der Pflegekosten bis hin zu neuen technologischen und sozialen Anforderungen aufgrund veränderter Lebensstile bei Wohnbedarf, Freizeit-, Konsum- und Sparverhalten im Lichte des demographischen Wandels.[11]

Und während es in vielen wirtschaftlich hochentwickelten Staaten darum geht, die mit der Alterung der Bevölkerung und dem medizinischen Fortschritt (Stichwort: kostenintensive High-Tech-Medizin) verbundene Kostenexplosion im Gesundheits- und Pflegewesen einzudämmen, stehen andere Länder vor der Herausforderung, überhaupt eine medizinische Versorgung für die Bevölkerung aufzubauen.

Eine weitere damit zusammenhängende Herausforderung liegt im Prozess der Urbanisierung. Lebten beispielsweise 1950 nur 28,8 Prozent der Weltbevölkerung in Städten, sind es gegenwärtig schon mehr als 50 Prozent. Und bis 2050 soll dieser Anteil nach Schätzungen der „UNO World Urbanization Prospects" (2011) auf knapp 70 Prozent ansteigen. Allein in China werden dann 1,04 Milliarden bzw. knapp drei Viertel (73,2 Prozent) der Bevölkerung in Städten leben; in Indien werden es 875 Millionen Menschen bzw. mehr als die Hälfte (54,2 Prozent) der Bevölkerung sein. Die damit einhergehende Herausbildung von Mega-Städten stellt enorme Anforderung an politische Strukturen, bei der Bereitstellung von Infrastruktur, und ähnliches mehr, dar. Und auch hier ist die Forschung von eminenter Bedeutung, denn komplexe Systeme wie Städte mit

Millionen Einwohnern verhalten sich anders und besitzen emergente Eigenschaften, die in kleineren Städten nicht zu finden sind.[12]

Außerdem begegnet uns in diesen Megacities und metropolitanen Agglomerationen zunehmend das Phänomen großer sozialer Ungleichheiten (vgl. OECD 2008). Der britische Soziologe Richard Wilkinson hat gemeinsam mit der Psychologin Kate Pickett empirische Evidenz dafür gesammelt, dass große soziale Ungleichheiten innerhalb eines Landes zu einem signifikanten Anstieg von gesundheitlichen und sozialen Problemen führen können (vgl. Wilkinson/Pickett 2009). Ungleiche Gesellschaften bewirken für alle ihre Mitglieder eine geringere Lebenserwartung, vermehrte psychische Erkrankungen, steigenden Drogenkonsum oder häufigere Fettleibigkeit. Aber auch Ungleichheiten in der Bildungsbeteiligung und bei schulischen Leistungen sind damit einhergehende Folgen. Und schließlich gibt es in ungleichen Gesellschaften auch eine signifikant höhere Rate an Verbrechen und Tötungsdelikten.

Diese Folgen sozialer und ökonomischer Ungleichheit haben wiederum Einfluss auf Migrationsentwicklungen, insbesondere durch Wirtschafts- und Armutsflüchtlinge, wobei sich auch hier die intensive Verflechtung der bereits dargestellten Problembereiche zeigt. Die Zahl internationaler MigrantInnen hat sich seit 1960 verdreifacht und ist damit „der zentrale menschliche Faktor transnationaler Globalisierung", der zudem aufgrund des steigenden Frauenanteils ein verstärkt „weibliches Gesicht" bekommt (Stiftung Entwicklung und Frieden 2010). Wie sich Migration und Flüchtlingsströme künftig entwickeln, wird stark von den globalen Trends – vor allem der Klimaerwärmung und deren Folgen –, aber auch von regionalen Entwicklungen vor allem in den Krisenherden im Nahen und Mittleren Osten, in Afrika oder im Kaukasus abhängen.

Schlüsselfaktoren Bildung, Forschung und Innovation

Was passieren kann, wenn es nicht gelingt, Herausforderungen wie die Globalisierung „intelligent" zu meistern oder die Klimaerwärmung einzudämmen und die daraus resultierenden oder eng verzahnten Folgen wie Ressourcenknappheit, Nahrungsmittelengpässe und Flüchtlingsströme zu verhindern, wurde in einer Reihe von Berichten in teilweise sehr dramatischen Szenarien skizziert[13] (vgl. Commenda, Beitrag „Globale geostrategische Entwicklung", Kapitel 7).

Naturkatastrophen wie Überschwemmungen und Dürreperioden verursachen Ernteausfälle und Hungersnöte. Dies wiederum provoziert nie dagewesene Massenemigrationen. Durch das Chaos begünstigte soziale Unruhen und Bürgerkriege münden in Terror und letztlich im Zerfall ganzer Staaten, was wiederum neue Migrationsbewegungen verursacht. Als dramatische Konsequenz daraus diagnostiziert der Schweizer Autor und Journalist Jürg Altwegg (2011) „das Ende der europäischen Welt".

Eine etwas positivere Deutung der Konsequenzen dieser Entwicklungen bietet der Zukunftsforscher Jeremy Rifkin (2011) an. Laut Rifkin zeigen die skizzierten krisenhaften Entwicklungen die Notwendigkeit eines globalen wirtschaftlichen und gesellschaftlichen Umbruchs auf. Dieser als dritte industrielle Revolution bezeichnete grundlegende Wandel basiert auf den Folgen der „Vernetzung der Welt" (Schmidt/Cohen 2013) durch die digitale Revolution und deren Zusammentreffen mit erneuerbaren Energiesystemen und intelligenten Produktionsweisen (vgl. Marsh 2012). Die Idee der dritten industriellen Revolution deutet zwar an, dass technologische Innovationen für die Zukunft der Menschheit eine zentrale Rolle spielen werden. Gleichzeitig impliziert sie aber auch soziale Innovationen sowie die notwendige Neugestaltung einer Vielzahl von zusammenhängenden politischen, wirtschaftlichen und gesellschaftlichen Prozessen (vgl. Anderson 2012; Rothkopf 2012).

Als Folge dieser Umwälzungen prognostiziert Rifkin ein neues ökonomisches und gesellschaftliches Paradigma, das weitreichende soziale Konsequenzen nach sich zieht. Neben der Veränderung der Gesellschaftsstrukturen, die demokratischer und weniger hierarchisch sein sollen, werden die geänderten Produktionsbedingungen durch zunehmend automatisiert ablaufende Prozesse massive Auswirkungen auf das Arbeitsleben haben (vgl. Anderson 2012; Marsh 2012).

Diese These wurde von den beiden Professoren des Massachusetts Institute of Technology (MIT), Eric Brynjolfsson und Andrew McAfee (2011), in ihrem Buch „Race Against the Machine" untersucht. Demnach führt der technologische Fortschritt letztlich dazu, dass wissensbasierte Ökonomien ihre Produktivität losgelöst von der menschlichen Arbeitsleistung steigern können. Dadurch stagniert – wie in den meisten OECD-Ländern seit einigen Jahren erkennbar ist – die Zahl der Arbeitsplätze, während die Produktivitätsrate weiter steigt. Global erfolgreiche Unternehmen zeigen bereits heute vor, wie mit wenigen hundert Mitarbeitern gewaltige Umsätze erwirtschaftet werden. Von den Auswirkungen sind daher nicht nur die vielzitierten KassiererInnen betroffen, die durch den Einsatz von Self-Service-Terminals sukzessive von den Kassen der Supermärkte verdrängt werden, sondern längerfristig auch spezialisierte Fachkräfte, die durch intelligente industrielle Roboter ersetzt werden.[14]

Folgt man dem britischen Wirtschaftshistoriker Robert Skidelsky (2013), ergibt sich daraus zwangsläufig eine soziale Revolution, die eine Neudefinition des Arbeitsbegriffs notwendig macht. Der deutsche Soziologe Wolfgang Engler hat in seinem Buch „Bürger, ohne Arbeit" (2005) darauf hingewiesen, dass es unumgänglich sein wird, sich mit der Tatsache des Verschwindens der Arbeit und den daraus resultierenden Implikationen auseinanderzusetzen. Dabei wird vor allem die Diskrepanz zwischen dem Verlust der Arbeit und einem gleichzeitigen Mangel an qualifizierten Arbeitskräften mit geänderten und sich immer rascher verändernden Anforderungsprofilen ein zentrales Thema sein. Denn während in etlichen OECD-

Ländern die Zahl der Arbeitsplätze stagniert oder bisweilen sogar dramatisch zurückgeht, fehlen in anderen zunehmend hochqualifizierte Fachkräfte, die den Anforderungsprofilen des Marktes entsprechen (OECD 2012a).

Das alles muss nicht, kann aber passieren – und zwar leichter und schneller als wir uns das eingestehen wollen. Sicher ist, dass die Welt sich verändern wird. Diese Veränderungen werden auch weitere, positive Aspekte beinhalten, die hier jedoch bewusst ausgeblendet bleiben, da im Vordergrund eines überwiegenden Teils der in dieser Publikation skizzierten Szenarien negativ konnotierte disruptive Ereignisse stehen (vgl. auch Leo, Gadner, Geiger, Gemes, Beitrag „Disruptive Ereignisse und wie die Politik damit umgehen kann", Kapitel 7). Fest steht in jedem Fall folgendes: Die Welt von morgen wird eine andere sein.

Was hat all das mit den eingangs skizzierten österreichischen Paradoxa zu tun? Die Antwort ist einfach: In einer sich stetig verändernden Welt reicht es nicht, wenn Österreich auf dem Status quo beharrt. Wer stehen bleibt, fällt zurück, wenn alle anderen sich weiterentwickeln. Das hat Adam Smith bereits 1776 erkannt und mit dem Begriff des „stationary state" bezeichnet; mittlerweile gehört diese Einsicht zum ökonomischen Standardrepertoire. Und auch wenn die beschriebenen Herausforderungen den Anschein erwecken, dass sie sich weit weg, in fernen Ländern oder Zeiten abspielen – letztlich sind sie bereits allgegenwärtig. Und sie betreffen jeden Einzelnen. Die fragile Erholung der Weltwirtschaft nach der Krise 2008 darf nicht als Freibrief dafür verstanden werden, so weiter zu machen, als wäre nichts geschehen. Das wirkliche Bedrohungsszenario sind die angesprochenen globalen Grand Challenges. Sie werden auch Österreich auf die eine oder andere Art und Weise berühren.

Während kein einzelner Politikansatz alle Antworten auf diese brennenden Fragen unserer Zeit haben kann, so herrscht doch Konsens, dass Bildung, Forschung und Innovation wesentliche Faktoren für die Bewältigung der anstehenden Herausforderungen sind (vgl. Osterwalder, Schneider, Beitrag „Wissenschaft und Forschung: Luxus oder Lebensnotwendigkeit?", Kapitel 3; Weissenberger-Eibl, Beitrag „Die Zukunft von Wissenschaft und Forschung und die Entstehungsbedingungen von Innovationen", Kapitel 3). Die OECD (2010a) fasst diesen Umstand in ihrer „Innovation Strategy" wie folgt zusammen:

> „Innovation drives growth and helps address global social challenges. Action on innovation must be a priority for emerging from the crisis."

David Landes, Wirtschaftshistoriker in den USA, zeigte in seinem Buch „The Wealth and Poverty of Nations" die eminente Bedeutung von Innovationen und der Weitergabe neuen Wissens für die Entwicklung nicht nur des Einzelnen, sondern ganzer Nationen auf.

Auch wenn sein Ansatz nicht unumstritten ist und aufgrund seiner eurozentristischen Position sehr kontroversiell diskutiert wurde, so ist seine Analyse der Rolle wissenschaftlicher und technologischer Innovationen eine schlüssige Erklärung für Wohlstand und Armut von Nationen. Die Bedeutung von Innovationen für die Wirtschaft hat bereits der österreichische Ökonom Joseph A. Schumpeter (1911) erkannt und beschrieben.

Die global innovativsten Länder, allen voran die USA, Deutschland, die skandinavischen Staaten, die Schweiz, Japan und Südkorea haben bereits seit längerem erkannt, dass der Weg zur Bewältigung der großen Herausforderungen der Menschheit nur über verstärkte Anstrengungen in den Bereichen Bildung, Forschung und Innovation verläuft. Daher haben diese Länder auch und gerade in der Zeit der Wirtschaftskrise ihre Investitionen in Forschung und Entwicklung (F&E) und Bildung massiv erhöht.

Diese Länder haben auch erkannt, dass nur ein auf Wirtschaftswachstum ausgelegtes Steuersystem Einnahmen generieren kann, die eine Volkswirtschaft für die Zukunft rüsten, um damit zusätzliches Wachstum zu generieren, das dann wiederum für wachstumsfördernde Ausgaben wie Bildung und Forschung zur Verfügung steht.

In den USA hat das „Committee on Prospering in the Global Economy of the 21st Century" bereits vor einigen Jahren mit einer „Agenda for American Science and Technology" auf die zentrale Rolle von Bildung, Forschung und Innovation zur Bewältigung der Grand Challenges hingewiesen. Und auch Präsident Obama hat der enormen Staatsverschuldung und dem daraus resultierenden Sparzwang zum Trotz in seinem Budgetvoranschlag für das Jahr 2013 die Bereiche Bildung, Forschung und Innovation von den allgemeinen Kürzungen ausgenommen. So sieht der Budgetvoranschlag eine Steigerung des F&E-Budgets um 1,5 Prozent im Vergleich zu 2012 vor. Rund die Hälfte der 140,8 Milliarden US$ des F&E-Budgets sind nicht-militärischen Zwecken gewidmet. Die Forschungsquote der USA mit knapp 3 Prozent des BIP ist eine der höchsten der Welt.

Auch die deutsche Bundesregierung hat entsprechende Schritte gesetzt: Bis 2015 werden trotz bereits jetzt erfolgreicher Budgetkonsolidierung zusätzliche 11 Milliarden Euro im Rahmen des Konjunkturpakets II in Bildung, Forschung und Innovation investiert. Damit nähert sich auch Deutschland der 3-prozentigen F&E-Quote an (Endres 2009).

Längerfristig ist jedoch davon auszugehen, dass es der demographische, wirtschaftliche und technologische Aufstieg Asiens sein wird, der zu einer massiven Verschiebung der globalen Wissensproduktion und -nutzung führen wird. Besonders Länder wie China, Indien und Südkorea sind schon jetzt dabei, ihre Forschungsanstrengungen massiv zu erhöhen und ihre Bildungssysteme an die Erfordernisse der Zukunft anzupassen.

Das schnelle Wirtschaftswachstum Chinas in den vergangenen Jahren – 2007 wuchs das BIP um 14 Prozent und selbst in der Krise betrug der Anstieg noch 9 Prozent; für 2013 prognostiziert der Internationale Währungsfonds ein Wachstum von annähernd 8 Prozent – hat dazu geführt, dass China in nur drei Jahrzehnten zu einem direkten Konkurrenten der USA und Europas wurde. Bereits heute hat es Deutschland den Rang des Exportweltmeisters abgelaufen und Japan als zweitgrößte Wirtschaftsmacht abgelöst.[15] Selbst wenn sich Chinas Wirtschaftswachstum in den nächsten Jahren reduzieren sollte, wird es laut Berechnungen des Economist die USA bis 2025 als größte Wirtschaftsmacht überholen.[16] Allerdings trifft dies allen Prognosen zufolge noch länger nicht auf das Pro-Kopf-Einkommen zu.

Parallel zu seinem Wirtschaftswachstum erhöht China auch seine F&E-Ausgaben kontinuierlich. Zwar lag die Forschungsquote im Jahr 2008 noch bei nur 1,5 Prozent des BIP. Der Trend geht aber steil nach oben, und die politischen Zielsetzungen sind ambitioniert: Ziel ist es, bis 2020 2,5 Prozent des BIP zu erreichen.

Ein ähnliches Bild zeigt sich auch bei Publikationen und Patenten: Im Bereich der Natur- und Ingenieurwissenschaften haben ForscherInnen aus dem Reich der Mitte ihren KollegInnen in den USA bei der Anzahl der Veröffentlichungen mittlerweile bereits den Rang abgelaufen. Wenn sich diese Trends weiter fortsetzen, wird China die USA bis 2015 auch bei der Gesamtzahl der Publikationen überholen.[17] Zudem meldete China im Jahr 2010 bereits 391.000 Patente an; das sind rund 30 Prozent mehr als 2009. Bleibt dieser Trend stabil, wird China die USA in wenigen Jahren überflügeln und weltweit die meisten Patente anmelden.[18]

Chinas erklärtes Ziel ist es, eine Wirtschaft aufzubauen, die zunehmend auf eigene Innovationen und weniger auf Imitationen gründet. Ein entsprechendes Strategiedokument („National Patent Development Strategy 2011–2020") sieht die unglaubliche Zahl von zwei Millionen Patentanmeldungen bis 2015 vor. Zwar wird dieses Ziel von KritikerInnen als unrealistisch eingestuft, es zeigt jedoch klar die Ambition der politischen Führung Chinas. Zum Vergleich: In den USA wurden 2010 knapp 480.000 Patente registriert.[19]

Allen Erfolgsmeldungen zum Trotz gibt es jedoch auch Anzeichen einer Wachstumsdelle in China, die die Dramatik dieser Entwicklungen relativieren könnten.[20] Außerdem erzeugt Chinas Modell des Wirtschaftswachstums zunehmend soziale Spannungen und stößt immer öfter auf Widerstand seitens größerer Teile der Bevölkerung.[21] Damit verbunden sind auch zunehmende Umweltprobleme, die den ökologischen Fußabdruck des Landes rasant steigen lassen, sowie eine rasche Alterung, die bereits heute gewaltige Probleme verursacht, weil die entsprechende Anpassung der Sozialsysteme fehlt. Auf den Punkt gebracht wird diese Entwicklung in der Ein-

schätzung: „China wird alt, bevor es reich werden kann". Skeptische Stimmen sprechen daher bereits davon, dass die eindrucksvolle Performance Chinas sowie anderer asiatischer Staaten oder Brasiliens bald der Vergangenheit angehören könnte (Giesen 2013; Bowring 2011; Rachman 2011a, 2011b).). Vor allem in Indien zeigten sich zuletzt immer häufiger gravierende Probleme, insbesondere wegen der ungelösten Gender-Beziehungen, der rigiden Arbeitsmarktregulierung oder der überzogenen Bürokratie, die einer stärkeren globalen Bedeutung des Landes im Wege stehen.[22]

Die Rolle Europas

Ungeachtet aller Unsicherheiten hinsichtlich der tatsächlichen Entwicklung weisen alle Anzeichen darauf hin, dass es im globalen Kräfteverhältnis zu einer massiven Bedeutungsverschiebung zugunsten Chinas, aber auch Indiens kommen wird – auch wenn, wie erwähnt, die Bäume selbst in diesen Ländern nicht in den Himmel wachsen. Der Politikwissenschaftler, CNN-Kommentator und Redakteur des TIME Magazine, Fareed Zakaria, beschreibt in seinem Buch „Der Aufstieg der anderen" (2009) nicht nur das Ende des von den USA dominierten Zeitalters, sondern eine epochale Machtverschiebung in Richtung Asien. „Die Rückkehr Asiens – Das Ende der westlichen Dominanz" (2008) prognostiziert auch der aus Singapur stammende Politikwissenschaftler und Diplomat Kishore Mahbubani. Und der Chefvolkswirt der britisch-asiatischen Großbank HSBC, Stephen D. King (2013), sieht die westlichen Industrienationen mit dem Ende ihrer langen Phase des Wirtschaftswachstums in eine Ära der Stagnation eintreten – mit weitreichenden innen- und außenpolitischen sowie sozialen Konsequenzen. Es verwundert daher nicht, dass der britische Historiker Niall Ferguson in diesem Zusammenhang bereits vom „Niedergang des Westens" (2013) spricht.

Durch diese Machtverschiebung wird auch klar, dass die dominierende Rolle Europas bzw. des Westens nicht unbedingt auf eine – wie manche meinen – „kulturelle Überlegenheit" der europäischen bzw. westlichen Zivilisation zurückzuführen ist (Ferguson 2011). Abgesehen davon, dass es für die Dominanz des Westens in den vergangenen rund 200 Jahren auch grundsätzlich andere Erklärungen gibt (vgl. Morris 2010; Diamond 1997), führt die beobachtbare Machtverschiebung in Richtung Asien deutlich vor Augen, dass die geschichtlichen Prozesse, die letztlich zum Aufstieg oder Untergang von Zivilisationen und damit auch zum Status quo der heutigen Welt geführt haben, weder unumgänglich waren noch für die Zukunft festgeschrieben sind (Morris 2010; Acemoglu/Robinson 2013).

Tatsächlich begann die weltweite Dominanz Europas bzw. des Westens – so der britische Historiker John Darwin in seinem Buch „Der Imperiale Traum" (2010) – nämlich erst mit den 1880er Jahren. Bis 1850 stellten China und Indien fast 60 Prozent der weltweiten Wirtschaftsproduktion. Etwa 60 Prozent der globalen Fertigwarenexporte wurden im 18. Jahrhundert in Indien hergestellt. Und China erlebte in der Zeit zwischen 1750 und 1820 ein „blühendes Zeitalter" mit politischer Stabilität, weitgehendem Wohlstand und Frieden (vgl. auch Kang 2010).

In Europa kam es – so skizziert es etwa auch der Historiker Kenneth Pomeranz in seinem Werk „The Great Divergence" (2000) – seit der Renaissance zu einer kulturellen Entwicklung, die schließlich – basierend auf einer neuen, „aufgeklärten" und rationalen Weltsicht, der daraus resultierenden industriellen Revolution und einer auf den Vorteilen der industrialisierten Produktion aufbauenden Ausweitung des Handelsvolumens – zu einer globalen Verschiebung der Machtverhältnisse führte. Europa und etwas später die USA erlebten einen ungeheuerlichen Wirtschaftsaufschwung, sodass der Anteil an der weltwirtschaftlichen Produktion bei den übrigen Ländern stark zurückging. Davon waren vor allem China und Indien stark betroffen: So ging der Anteil Chinas an der weltweiten wirtschaftlichen Produktion zwischen 1750 und 1900 von 33 auf knapp 6 Prozent zurück. Indien, das lange Zeit als Textilwerkstatt der Welt fungierte, stürzte im selben Zeitraum von 25 auf unter 2 Prozent ab.

Europas Anteil hingegen wuchs zwischen 1750 und 1900 von weniger als einem Viertel auf 62 Prozent. Diese Steigerung ging zu einem Gutteil von Großbritannien aus, dessen Anteil an der weltweiten Produktion sich von knapp 2 Prozent im Jahr 1750 auf über 18 Prozent im Jahr 1900 fast verzehnfachte. Noch mehr legten die USA zu, deren Anteil in diesem Zeitraum von 0,1 Prozent auf 23 Prozent stieg. Damit wurde die Weltwirtschaft zum Ende des 19. Jahrhundert fast vollständig vom Westen dominiert.

Nach der vom damaligen englischen Außenminister Edward Grey so bezeichneten Urkatastrophe des Ersten Weltkrieges und seiner apokalyptischen Fortsetzung im Zweiten Weltkrieg hat Europa seine dominierende Bedeutung in der Welt eingebüßt. Der gleichzeitige Aufstieg der USA und deren anschließender „Sieg" über den kommunistischen Widerpart führten nach 1989 dazu, dass die Vereinigten Staaten zur alleinigen Weltmacht wurden.

Aber auch diese Dominanz sollte nicht von langer Dauer sein, denn heute geht der Trend klar in eine andere Richtung. Die Weltwirtschaft – so formuliert es „Die Zeit" unverblümt – wird chinesischer.[23] In der Tabelle der größten Volkswirtschaften rauscht China kontinuierlich an führenden Industrieländern vorbei, so dass nur noch ein Land bleibt, das es zu verfolgen gilt: die Vereinigten Staaten.

Kleine Länder wie Österreich drohen zunehmend zum Spielball der Großen zu werden und ganz Europa droht ein Bedeutungsverlust. Daher geht es in Zukunft nicht nur darum, Österreich zu modernisieren und den Erfordernissen der Zeit anzupassen, sondern vor allem auch darum, in einem geeinten Europa dem globalen Bedeutungsverlust der einzelnen europäischen Nationalstaaten entgegenzutreten.

Um diese Notwendigkeit zu erkennen, bedarf es nur eines Blicks auf die Bevölkerungsentwicklung. Diese ist in Europa in Relation zur Weltbevölkerung seit über 100 Jahren rückläufig: Lebten im Jahr 1900 noch 19 Prozent der Weltbevölkerung in Europa, sind es derzeit nur mehr 7 Prozent. Bis 2050 werden es gerade noch 4 Prozent sein. Im Jahr 1950 lebten laut „UN-World Population Prospects" (2013) 549 Millionen Menschen in Europa. Heute sind es 740 Millionen, 2050 werden es rund 700 Millionen sein. Europa ist damit der einzige Kontinent, dessen Bevölkerung abnimmt.

Im Vergleich dazu lebten in China 1950 sogar etwas weniger Menschen als in Europa. Heute hat das Land bereits 1,3 Milliarden Einwohner, und 2050 werden es 1,4 Milliarden sein. In Indien betrug die Bevölkerungszahl in der Mitte des vergangenen Jahrhunderts sogar nur 370 Millionen. Den „UN-World Population Prospects" zufolge wird Indien jedoch nach 2025 China als bevölkerungsreichstes Land ablösen. Im Jahr 2050 werden rund 1,61 Milliarden Menschen in Indien leben.

Das alles hat natürlich Konsequenzen: für Europa, aber auch für Österreich. In den Grenzen des heutigen Österreich lebten im Jahr 1900 rund 6 Millionen Einwohner, 1950 waren es knapp 7 und heute sind es 8,5 Millionen. Laut Prognose der Statistik Austria wächst die Bevölkerungszahl bis zum Jahr 2050 durch Zuwanderung auf rund 9,5 Millionen. Damit wird deutlich, dass Österreich allein aufgrund seiner Größe auf die Zusammenarbeit in einem geeinten Europa angewiesen ist.

Doch auch Europa kann nur als Einheit in der Weltwirtschaft bestehen. Dies gilt nicht nur in Bezug auf seine Wirtschafts-, sondern auch auf seine Bevölkerungsgröße. Bei den Bevölkerungszahlen liegen die EU-27 gemeinsam mit fast 500 Millionen Einwohnern nach China und Indien an dritter Stelle – gefolgt von den USA mit etwas über 300 Millionen. Betrachtet man die Europäische Union als Ganzes, dann ist sie heute mit Abstand die größte Wirtschaftsmacht. Die EU-27 bringen laut Internationalem Währungsfonds mit Stand April 2013 ein gemeinsames nominales BIP von 16,5 Milliarden US$ auf. Die USA folgen mit einem BIP von 15,6 Milliarden US$. Kein Mitgliedsland der EU allein kommt auch nur annähernd auf diese Größenordnung. Im Verbund generiert die EU eine Wirtschaftsleistung, die 25 Prozent des Weltsozialprodukts entspricht. Damit ist sie rund doppelt so groß wie die Chinas oder Japans und nach wie vor größer als die der USA mit 23 Prozent. Und die EU-Bürger nehmen rund 50 Prozent des globalen Sozialbudgets in Anspruch.

Allein diese Kennzahlen zeugen eindrucksvoll von der globalen Bedeutung der Europäischen Union als Gesamtheit, wenn sie denn die erforderliche Einheit zustande brächte. Daher plädiert etwa auch der österreichische Essayist Robert Menasse in seinem Buch „Der Europäische Landbote" (2012) für ein Mehr an Europa. Denn nur so – im Verbund der europäischen Staaten – hat Europa eine Chance, als Global Player mitzuspielen. Doch dazu ist es notwendig, die europäische Integration weiter voranzutreiben, um die globalen Herausforderungen gemeinsam bewältigen zu können (vgl. Pelinka, Beitrag „Österreich in Europa", Kapitel 7). Ansonsten ist nämlich zu befürchten, dass sich auch künftig nichts an Egon Bahrs zutreffender Charakterisierung Europas ändern wird, als er meinte, dass Europa ökonomisch ein Riese, aber politisch ein Zwerg und militärisch ein Wurm sei. Der US-Politologe und Experte für internationale Beziehungen, Parag Khanna (2011), sieht Europa als ökonomisches und soziales Zukunftsmodell. Die Tatsache, dass es mit der EU weitgehend gelungen ist, einen integrierten, überregionalen Binnenmarkt ohne Grenzen und mit gemeinsamen Infrastrukturen zu schaffen, sei als zentrales Erfolgsrezept mit Modellcharakter zu sehen. Gleichzeitig liegt hier die größte Herausforderung für die Zukunft der EU: Denn die Weiterentwicklung des gemeinsamen Marktes hängt wesentlich von der Stabilität der gemeinsamen Währung ab. Und dafür bedarf es – das hat die Eurokrise deutlich gezeigt – ein Mindestmaß an gemeinsamer Wirtschafts- und Finanzpolitik. Es führt also – wie Robert Menasse ausführt – kein Weg vorbei an einer politischen Vertiefung der Europäischen Integration. Und es führt kein Weg vorbei an einer forschungs- und innovationsorientierten, gesamteuropäischen Wirtschaftspolitik, deren oberste wachstumspolitische Priorität sein muss, die Innovationskraft der EU vor allem auch in den Ländern der Peripherie zu stärken (Paqué 2011).

Die vom Europäischen Rat nach den Misserfolgen der Lissabonner Ziele – denen zufolge Europa im Jahr 2010 die wissensintensivste Wirtschaft der Welt sein sollte – eingesetzte Reflexionsgruppe zur Zukunft Europas hielt in ihrem Bericht an den Rat im Mai 2010 fest, dass ohne eine Stärkung der (wirtschafts-)politischen Steuerung die Herausforderungen der kommenden Zeit kaum zu bewältigen sein werden:

„Wenn die EU ihre Ziele erreichen soll, dann müssen der Europäische Rat und die Euro-Gruppe ihre Führungsrolle in Abstimmung mit der Kommission und dem Europäischen Parlament weiter ausbauen.

Bei diesen Reformen müssen wir das neue Instrumentarium, das uns der Lissabon-Vertrag bietet, in vollem Umfang nutzen, um eine größere Bürgerbeteiligung in der Union zu erreichen, eine wirksame Politik der inneren und äußeren Sicherheit zu entwickeln, festere Beziehungen zu unseren Nachbarländern aufzubauen und in der Lage zu sein, unsere Interessen in der Welt zu vertreten."

Als entscheidende strategische Instrumente für den zukünftigen Erfolg der EU sieht die Reflexionsgruppe die Bereiche Bildung, Forschung, Technologieentwicklung und Innovation. Es bedarf koordinierter Anstrengungen aller Mitgliedstaaten, um die notwendigen Ressourcen – auch mit Hilfe des Privatsektors – zur Verfügung zu

stellen und die überfälligen Strukturreformen vor allem im Bildungswesen umzusetzen. Ein mehr an Europa ist also ebenso eine unabdingbare Notwendigkeit für die Sicherung der globalen Wettbewerbsfähigkeit wie ein Mehr an Bildung, Forschung und Innovation (vgl. Weissenberger-Eibl, Beitrag „Die Zukunft von Wissenschaft und Forschung und die Entstehungsbedingungen von Innovationen", Kapitel 3; Keuschnigg, Beitrag „Wachstum und Wohlfahrt durch Wandel", Kapitel 7; vgl. auch Münz, Beitrag „Migrationspolitik für die alternde Gesellschaft von morgen", Kapitel, Kapitel 4).

Innovative Vorreiter

Bevölkerungswachstum, Klimawandel, Ressourcenknappheit oder der Aufstieg Chinas und Indiens – all diese globalen Entwicklungen und Bedeutungsverschiebungen bleiben natürlich in den europäischen Nationalstaaten nicht unbeobachtet. Viele der innovativsten Länder sind sich der Tatsache bewusst, dass sie sich strukturell weiterentwickeln müssen, um im globalen Wettbewerb nicht zurückzufallen. Und wie in so vielen Fällen stechen hier die skandinavischen Länder und – für Österreich von besonderem Interesse – die Schweiz als innovative Vorreiter besonders hervor.

Vor allem Finnland und Schweden haben bereits vor zwei Dekaden mit umfassenden Reformprozessen begonnen und ihre Volkswirtschaften modernisiert.[24] Neben Strukturreformen in den Gesundheits- und Pensionssystemen wurden überbordende Subventionen wie etwa im Agrarbereich radikal gekürzt. Außerdem hat der Staat defizitäre und überkommene Industrien nicht mit öffentlichen Geldern aufgefangen.

Wesentlich ist jedoch, dass es in diesen Ländern einen gesellschaftlichen Konsens über die Bedeutung von Bildung, Forschung und Innovation gab und gibt – ein Bekenntnis, dem immer auch tatsächliche Investitionen in Bildung und F&E gefolgt sind, selbst in Krisenzeiten (vgl. Välijärvi, Beitrag „Finnish School System", Kapitel 2).

Möglich wurde diese allgemeine Akzeptanz der Förderung von Bildung und Forschung durch ein überparteiliches Konsensmodell, das einen langfristigen Politikansatz verfolgt und die Notwendigkeit der Systemveränderung als Grundlage jeder Weiterentwicklung definiert. Dies hat letztlich dazu geführt, dass sowohl Schweden als auch Finnland in diversen internationalen Rankings, die die Performance von Ländern in den Bereichen Bildung, Forschung, Innovation oder Wettbewerbsfähigkeit abbilden, Spitzenpositionen einnehmen. Aber auch Dänemark hat sich in der letzten Zeit im internationalen Wettbewerb sehr gut positioniert. Umfassende Strukturreformen haben dort dazu geführt, dass die wirtschaftliche Performance heute vorbildlich ist.

Doch man muss nicht immer unbedingt nach Skandinavien blicken, um interessante Benchmarks zu finden. Einige der forschungsintensivsten und innovationsfreundlichsten Regionen wie die Schweiz,

Bayern, Baden-Würtenberg oder Teile Nord-Italiens – vor allem Südtirol – liegen in unmittelbarer geographischer Nähe zu Österreich.

Schauen wir zum Beispiel nach Bayern und betrachten wir die dortige Universitätslandschaft: In Bayern, dem zweitgrößten Land der Bundesrepublik Deutschland mit 12 Millionen Einwohnern, werden 18 öffentliche Universitäten und Kunsthochschulen betrieben. Die Zahl der Studierenden beträgt insgesamt 185.000. Die öffentlichen Ausgaben für die Universitäten belaufen sich auf etwa 4 Milliarden Euro.

Zum Vergleich: Österreich leistet sich insgesamt 21 Universitäten und rund 292.000 Immatrikulierte mit einem Hochschulbudget von gerade einmal 2,8 Mrd. Euro.[25] Das heißt: hierzulande werden mehr Studierende ausgebildet und müssen mehr Institutionen erhalten und verwaltet werden – und dennoch stehen dafür nicht einmal drei Viertel des bayerischen Budgets zur Verfügung. Die Folgen dieses Missverhältnisses kommen in den regelmäßig publizierten internationalen Hochschulrankings zum Ausdruck.[26]

Ein weiteres Beispiel kann dies noch verdeutlichen: Hatte die Technische Universität München mit 24.000 Studierenden im Haushaltsjahr 2010 rund 550 Millionen Euro zur Verfügung, belief sich das Budget der Technischen Universität (TU) Wien bei annähernd gleich vielen Studierenden auf nur 267 Millionen Euro. Und während auf einen Professor/eine Professorin in München rund 55 Studierende kamen, waren es in Wien 150.

Noch besser steht im deutschen Sprachraum die Eidgenössisch Technische Hochschule (ETH) Zürich da: 2010 hatte sie ein Budget von etwa 860 Millionen Euro. Die Betreuungsrelation bei den rund 15.000 Studierenden lag bei 1:34, d. h. auf einen Professor/eine Professorin kamen durchschnittlich 34 Studierende. Kein Wunder also, dass die ETH zu den besten Hochschulen der Welt zählt. Im Universitätsranking des „Times Higher Education Supplement" belegt sie aktuell Rang 12. Im Übrigen hat die Schweiz bei annähernd gleich vielen Einwohnern wie Österreich gerade einmal zehn Universitäten und zwei Technische Hochschulen.

Die Schweiz hat es in den letzten Jahren durch gemeinsame Anstrengungen aller Verantwortlichen geschafft, sich zu einem Innovationsland der Spitzenklasse zu entwickeln. Hierzu hat die schweizerische Wirtschaft, die sich von der weltweiten Konjunkturabkühlung nach 2008 überraschend schnell und kräftig erholen konnte, ebenso ihren Teil beigetragen (Rütti 2012) wie die Politik mit ihren Weichenstellungen in den Bereichen Gesundheit, Pensionen, Bildung und Forschung (vgl. Flückiger/Schwab 2011; Meyer 2013). So verwundert es nicht, dass die Schweiz auch in diversen Rankings zu Lebensstandard, sozialer Situation oder Einkommensverteilung sehr gut abschneidet, was die Neue Zürcher Zeitung dazu veranlasst hat, die Schweiz als „Insel der Glückseligen" zu bezeichnen.[27]

Im „Innovation Union Scoreboard 2013" – einem jährlichen Ranking der EU, das diverse Indikatoren für die Innovationsperformance kompiliert – ist die Schweiz folgerichtig zum wiederholten Mal als innovativstes Land ausgewiesen. Lediglich in vier der 24 Indikatoren liegt die Schweiz nicht über dem Durchschnitt der EU-27. Vor allem in ihrem Wachstum, ihrer Innovationsdynamik und in ihrem wissenschaftlichen Output übertrifft sie jedoch die Mitgliedstaaten der EU bei weitem (vgl. Kratky, Beitrag „Wird Österreich im Jahre 2040 in der Grundlagenforschung zur Weltspitze zählen?", Kapitel 3). Österreich hingegen ist im Innovation Union Scoreboard zum dritten Mal in Folge zurückgefallen und liegt 2013 auf dem neunten Platz im Ranking der EU27 und auf dem elften Platz im Ranking aller Länder Europas.

Reformstau in Österreich

So weit zur Situation in unserer unmittelbaren Nachbarschaft. Im Vergleich dazu herrscht in Österreich Reformstau. In den letzten beiden Jahrzehnten haben sich die gesellschaftlichen und wirtschaftlichen Rahmenbedingungen offensichtlich schneller weiterentwickelt als die politischen Diskussions- und Entscheidungsprozesse. Mittlerweile klafft eine veritable Lücke zwischen den Ergebnissen Österreichs und vergleichbarer europäischer Staaten in aktuellen Rankings und Statistiken. Die OECD (2009a) hat in ihrem letzten Länderbericht über Österreich darauf hingewiesen, dass die Politik dringend Maßnahmen setzen muss, um den gegenüber leistungsfähigeren Volkswirtschaften über die letzte Dekade verlorenen Boden wiederzugewinnen. Die eingangs skizzierten österreichischen Paradoxa drohen zum Menetekel für die Zukunft des Landes zu werden.

Trotz der politischen Stagnation ist die wirtschaftliche Dynamik ungebrochen. Der ungeschützte Sektor steht im internationalen Wettbewerb sehr gut da. Österreichische Unternehmen haben sich im globalen Markt erfolgreich etabliert. Sie konnten etwa die EU-Erweiterung und die Ostöffnung des Arbeitsmarktes strategisch nutzen und haben heute ein starkes Standing in Osteuropa. In etlichen Bereichen und Nischen sind österreichische Unternehmen unter den internationalen Top-Playern.

Gleichzeitig leistet sich Österreich einen „hypertrophen", geschützten und teuren öffentlichen Sektor, der sich allen Reformanstrengungen verschließt (vgl. Öhlinger, Beitrag „Die Zukunft des Föderalismus", Kapitel 5). Am Beispiel des Bildungssystems lässt sich das gut darstellen: Trotz der Abschaffung der Bezirksschulräte mit der Schulverwaltungsreform 2013 sind neben den einzelnen Schulleitungen, die Schulabteilungen der Ämter der Landesregierung und die neun Landesschulräte sowie zu guter Letzt der Bund bzw. das Ministerium für das Bildungswesen mitverantwortlich. Dass das nicht unbedingt förderlich ist, liegt auf der Hand.

Die OECD hat auf Basis ihrer Bildungsstudien (2010b, 2012b) schon mehrmals darauf hingewiesen, dass das Bildungssystem hierzulande vor allem durch ineffiziente Strukturen und eine hohe soziale Selektion geprägt ist. So wird zwar viel Geld in das Bildungswesen investiert, doch aufgrund bürokratischer Reibungsverluste bleibt in den Schulen nur wenig davon übrig. Anders ausgedrückt: Von jedem Euro, der in die Bildung fließt, kommt nur die Hälfte tatsächlich im Unterricht an (vgl. Schilcher 2012). Zudem finden diese Investitionen keinen entsprechenden Niederschlag in den Leistungen der SchülerInnen – ein Umstand, der vor allem damit zusammenhängt, dass sogenannte bildungsferne Schichten in Österreich nur unzulänglich an Bildung teilhaben. Oder drastisch formuliert: Bildung wird in Österreich vererbt. Ein Kind aus einem Akademikerhaushalt wird mit überdurchschnittlich höherer Wahrscheinlichkeit ein Studium absolvieren, als ein Kind aus einer Arbeiterfamilie. Dies führt nicht zuletzt dazu, dass Österreich im OECD-Vergleich eine niedrige Hochschulzugangsquote aufweist und weniger AkademikerInnen als vergleichbare Länder produziert (vgl. Schilcher, Beitrag „Bildung", Kapitel 2; Spiel, Beitrag „Bildung 2050 – Die Schule der Zukunft", Kapitel 2).

Das Problem dabei ist, dass in einer globalen Wissensgesellschaft ohne hochwertiges Bildungssystem langfristig die Wettbewerbsfähigkeit nicht gewährleistet werden kann. Außerdem gibt es ohne Chancengleichheit und Durchlässigkeit im Bildungswesen keine Verteilungsgerechtigkeit. Die soziale Selektivität des Bildungssystems hat aber noch eine weitere Dimension: MigrantInnen weisen auch in der zweiten und dritten Generation meist signifikant schlechtere Bildungsniveaus als Nicht-MigrantInnen auf, nicht zuletzt aufgrund von Sprachbarrieren. Das hat zur Folge, dass verfügbare Potenziale und Qualifikationen von Zugewanderten in zu geringem Ausmaß entwickelt und im Arbeitsmarkt zu wenig genutzt werden (vgl. Münz, Beitrag „Migrationspolitik für die alternde Gesellschaft für morgen", Kapitel 4). Die Bevölkerungswissenschaftler Elke Loichinger und Wolfgang Lutz kommen deshalb im Rahmen ihres Beitrags zur vorliegenden Publikation (Beitrag „Österreichs Bevölkerung 2050", Kapitel 4) zum Schluss, dass eine Stärkung der Wettbewerbsfähigkeit der österreichischen Arbeitskräfte nur durch eine Kombination aus qualifizierter Zuwanderung und einer Bildungsoffensive für die bereits in Österreich wohnhafte Bevölkerung erreicht werden kann. Und dass es dabei nicht nur um reines Faktenwissen geht, sondern letztlich um die Schaffung einer neuen Bildungskultur, einer Haltung zur Bildung, die die Lust am Lernen kultiviert, wird von mehreren Seiten betont (vgl. Spiel, Beitrag „Bildung 2050 – Die Schule der Zukunft", Kapitel 2; Välijärvi, Beitrag „Finnish School System", Kapitel 2; Dueck 2010).

Zusätzlich dazu, dass verfügbare Qualifikationen von MigrantInnen in zu geringem Ausmaß entwickelt und genutzt werden, verzichtet Österreich nach wie vor auf die Potenziale eines weiteren Teils seiner Bevölkerung: Die Erwerbsquote von knapp 75 Prozent ist im Vergleich mit anderen Ländern immer noch niedrig. So weisen etwa Schweden mit über 80 Prozent und die Schweiz mit mehr als 83 Prozent deutlich höhere Erwerbsquoten auf. Dies ist nicht zuletzt auf die mit rund 70 Prozent sehr niedrige Frauenerwerbsquote in Österreich zurückzuführen. Diese liegt in der Schweiz bei 77,2 und in Schweden bei 77,9 Prozent.

Ein weiteres in Österreich gravierendes Problem ist der Föderalismus. Das Schlagwort von der Staats- und Verwaltungsreform kursiert in der politischen und öffentlichen Diskussion seit Jahren. Zahllose Experten haben mit Vorschlägen aufhorchen lassen und der Rechnungshof (2006, 2009, 2011) hat mehrere Berichte dazu vorgelegt. Allein, es bewegt sich nichts (vgl. Bauer 2011). Und dies, obwohl der Föderalismus in seiner derzeitigen Form kostspielige und ineffiziente Parallelstrukturen verursacht. Diese äußern sich beispielsweise in unterschiedlichen Bundes- und Landesgesetzgebungen für Raum- oder Bauordnung, einer Vielzahl von unterschiedlich effizienten Sozialversicherungsträgern, Doppelgleisigkeiten bei Förderungen, einem unsystematischen Zugang bei Infrastrukturprojekten oder der bereits skizzierten kostenaufwändigen Organisation der Schulverwaltung (vgl. Öhlinger, Beitrag „Die Zukunft des Föderalismus", Kapitel 5).

Obwohl ExpertInnen seit Jahren auf die großen Potenziale zur Steigerung der Effizienz des öffentlichen Sektors hinweisen, wird eine substanzielle Verwaltungsreform von den VertreterInnen der Länder hartnäckig blockiert. Das hat WIFO-Chef Karl Aiginger bereits 2010 kritisiert, der seine Erfahrungen aus der Verwaltungsreformarbeitsgruppe zusammenfasste und die entgangenen Reformpotenziale mit bis zu vier Milliarden Euro bezifferte.[28] Als Beispiele für die dringlichsten Handlungsbereiche nannte er ein neues Haushaltsrecht für die Länder, den Verzicht auf zweifelhafte Infrastrukturprojekte, und die Nutzung bestehender Sparpotenziale im Spitalsbereich.

Apropos Spitalsbereich: Österreichs Spitäler liegen laut Rechnungshof (2011) bei den Kosten im EU-Spitzenfeld. Sie verursachen rund 40 Prozent der nationalen Gesundheitsausgaben in Höhe von rund 11 Prozent der Wirtschaftsleistung, was vor allem auf die Überkapazitäten bei Spitalsbetten zurückzuführen ist. Der Rechnungshof hat hier bereits mehrfach angemerkt, dass durch eine Verringerung der stationären Kapazitäten auf den europäischen Durchschnitt bei gleichzeitiger Optimierung der Standortstruktur ein Volumen von rund 2,9 Milliarden Euro umgeschichtet werden könnte. Im Kontext des Gesundheitswesens stellt sich zudem die Frage, wieso jedes Bundesland eine eigene Gebietskrankenkasse benötigt und darüber hinaus noch weitere für einzelne Berufsgruppen wie öffentlich Bedienstete, Bauern, Selbstständige und Freiberufler oder Eisenbahner (vgl. Öhlinger, Beitrag „Die Zukunft des Föderalismus", Kapitel 5).

Oder nehmen wir das österreichische Pensionssystem: Die OECD (2009b, 2011b) verweist in ihrer Publikation „Pensions at a Glance" seit Jahren darauf, dass das österreichische System im OECD-Vergleich zu teuer ist. Das faktische Pensionsantrittsalter von Männern liegt in Österreich unter 60 Jahren. Das sind gute fünf Jahre vor dem gesetzlich fixierten Pensionsantrittsalter von 65. Da insgesamt 91 Prozent der Beschäftigten in den vorzeitigen, subventionierten Ruhestand gehen, explodieren die Zuschüsse zu den öffentlichen Pensionsaufwendungen. Schon heute kommen rund 10 Prozent der gesamten Pensionsaufwendungen aus dem Bundesbudget, obwohl Österreich grundsätzlich ein Umlagensystem hat. Im Jahr 2012 lagen die Bundeszuschüsse mit rund zehn Milliarden Euro bei etwa drei Prozent des Bruttoinlandsproduktes. Bei Fortgang dieser Entwicklung ist es nur noch eine Frage der Zeit, wann der Staat zahlungsunfähig wird. Der Sozialwissenschaftler Bernd Marin führt in seinem Beitrag (vgl. Marin, Beitrag „Österreich 2050: Pension der Zukunft", Kapitel 4) eine Reihe von Problembereichen des österreichischen Pensionssystems an. Angesichts der Bedeutung des Themas verwundert es nicht, dass er die dringend notwendige Pensionsreform einmal als „Existenzfrage der Nation" bezeichnet hat.[29] Dies gilt umso mehr, als auch die Kosten für Pflege und Gesundheit in den kommenden 30 Jahren explodieren werden.

Ein schwerwiegendes Problem ist, dass viele Unternehmen ihre älteren ArbeitnehmerInnen in die Frühpension schicken, um Arbeitskosten zu sparen, weil entgegen dem Grundsatz „gleicher Lohn für gleiche Arbeit" ältere Arbeitskräfte häufig deutlich höhere Einkommen erhalten.[30] Ein extremes Beispiel dafür findet man etwa bei LehrerInnen. Und während beispielsweise in Finnland die Beschäftigung von 63- bis 68-Jährigen belohnt wird, unterstützt das österreichische System das frühzeitige Ausscheiden aus dem Arbeitsmarkt. Hier braucht es neue Ansätze im Kontext einer umfassenden Pensionsreform. Diese muss aber – so sieht es Marin – wie in der Schweiz von allen Parteien mitgetragen werden.

Die aktuelle Pensionspolitik geht jedenfalls zulasten sowohl unserer Jugend als auch unserer Wettbewerbsfähigkeit. Die Pensionskosten für einen einzigen Tag sind bereits gleich hoch wie die Aufwendungen für die außeruniversitäre Forschung für ein ganzes Jahr. Das kann und darf sich eine Gesellschaft mit dem Anspruch, eine Wissensgesellschaft zu sein, auf Dauer nicht leisten.

Ein letztes Beispiel, das nicht unerwähnt bleiben soll, ist das österreichische Steuersystem, mit dem sich der Chef des Instituts für Höhere Studien (IHS), Christian Keuschnigg, und der Volkswirt Gerhard Reitschuler in ihrem Beitrag (vgl. Keuschnigg & Reitschuler, Beitrag „Mit einer Steuerreform in die Zukunft", Kapitel 5) befassen. Dieses ist laut OECD (2012c) aus mehreren Gründen dringend reformbedürftig: Österreich hat mit rund 42 Prozent eine der höchsten Abgabenquoten im Ländervergleich – der EU-Durchschnitt beträgt 38,8 Prozent, die Schweiz liegt bei 37, 6 Prozent – bei gleichzeitig wachstumsfeindlicher Akzentsetzung, d. h. Belastung von Einkommen und Entlastung von Vermögen. Die Belastung

von Arbeitseinkommen ist insgesamt sehr hoch; progressiv ausgestaltete Abgaben auf Einkommen und Vermögen haben – wie auch vom WIFO (2009) kritisiert wurde – ein zu geringes Gewicht, regressiv ausgestaltete Sozialabgaben und indirekte Steuern hingegen ein zu hohes. Außerdem fehlen sinnvolle ökologische Aspekte wie die Besteuerung des Verbrauchs fossiler Brennstoffe bei gleichzeitiger Entlastung der Einkommen – so wie das in Dänemark oder Schweden erfolgreich umgesetzt wurde. Und so liegt laut WIFO (2010) Österreich nur auf Platz 23 der EU-27, was den Anteil der Umweltsteuern am Gesamtsteueraufkommen betrifft. Auch die Besteuerung von Treibstoffen ist im internationalen Vergleich sehr niedrig: der Benzinpreis liegt aufgrund der niedrigen Mineralölsteuer (0,442 Cent pro Liter) deutlich unter dem Niveau der Nachbarstaaten. In Deutschland liegt die Mineralölsteuer beispielsweise bei 0,655, in Italien bei 0,564 Cent pro Liter. Gleichzeitig existieren in Österreich Fehlanreize wie etwa die hohe Pendlerpauschale, die erst kürzlich um 120 Millionen Euro aufgestockt wurde.

All dies zusammengenommen verwundert es wenig, dass auch die Demokratiezufriedenheit der ÖsterreicherInnen europaweit unter dem Durchschnitt liegt, während die skandinavischen Länder und die Schweiz die höchsten Zufriedenheitswerte aufweisen (vgl. European Social Survey 2010). Damit korreliert hierzulande auch ein unterdurchschnittliches Vertrauen in die Regierung und deren Lösungskompetenz – ganz im Gegenteil zur Schweiz oder zu Schweden (vgl. International Social Survey Programme 2010).

Wandel zum Erfolg

Österreich steht also heute vor der Frage, wie es seine Paradoxa sinnvoll auflösen kann. In der veränderten Welt von morgen kann der seit Jahren unveränderte österreichische Status quo zu einem schwerwiegenden Problem werden. In Abwandlung eines Gedichtes von Erich Fried kann man sagen: „Wer will, dass Österreich so bleibt wie es ist, der will nicht, dass es bleibt." Wer sich nicht verändert, der wird verändert werden – und das sicher nicht zu seinem Vorteil. Weitermachen wie bisher ist also keine Option. Vielmehr geht es jetzt darum, festzulegen, auf welche Weise wir unsere Zukunftsfähigkeit sichern und den Wohlstand auch für nachkommende Generationen weiter ausbauen können. Die Erfolgsgeschichte der 2. Republik gibt durchaus Grund zu Selbstvertrauen, aber keinen Anlass zu Selbstzufriedenheit oder gar euphemistischer Selbstgefälligkeit. Resignation, Fatalismus oder Lethargie sind aber ebenso wenig eine Lösung.

Denn eines steht fest: Um bestehende und künftige Herausforderungen erfolgreich bewältigen zu können, ist eine effektive, leistungsfähige und umfassende Wissenschafts- und Forschungslandschaft notwendig. Diese erfordert ein modernes und effizientes Bildungssystem sowie eine motivierende Leistungsarchitektur, die alle jungen Menschen dazu befähigt, ihre Potenziale zu entfalten. Es gibt keine Verteilungsgerechtigkeit ohne Leistungsgerechtigkeit. Und beides erfordert ein bestmögliches Bildungssystem.

Für eine kleine, offene Volkswirtschaft wie jene Österreichs wird es daher künftig nicht ausreichen, im globalen Wettlauf wissensbasierter Ökonomien „nur dabei" zu sein. Bildung, Forschung, Technologie und Innovation sind für ein rohstoffarmes Land wie Österreich die entscheidenden Voraussetzungen, um auch in Zukunft wettbewerbsfähig zu bleiben und wirtschaftliche, technische, soziale, ökologische oder kulturelle Fortschritte zu erzielen. Die wesentliche Aufgabe der nationalen Politik im zunehmend europäischen Rahmen und bei fortschreitender Globalisierung besteht deshalb darin, das eigene Land für die Herausforderungen der kommenden Zeit vorzubereiten. Dazu müssen Zukunftsbereiche zulasten der weniger produktiven bzw. nur konsumierenden Bereiche gestärkt werden. Die entsprechenden Voraussetzungen müssen heute geschaffen werden.

Einen ersten Schritt hat die österreichische Bundesregierung 2011 gesetzt: Mit der Verabschiedung ihrer Strategie für Forschung, Innovation und Technologie hat die Bundesregierung einen Meilenstein vorgelegt, um die strategischen Grundlagen zu schaffen, zu den führenden Innovationsnationen wie der Schweiz, Deutschland, Schweden oder Finnland vorzustoßen. Die in der FTI-Strategie formulierten Zielsetzungen sind durchwegs ambitioniert und weisen in die richtige Richtung. Nun gilt es, die entsprechenden Maßnahmen mit Nachdruck umzusetzen, um die anvisierten Ziele zu erreichen. Denn angesichts der rasanten Veränderungen in der Welt braucht es heute bereits aktive Weichenstellungen mit langfristiger Orientierung statt Verzögerungen, Ratlosigkeit oder kurzfristigen Aktionismus. Wer in der Welt von morgen Erfolg haben will, muss bereit sein, sich jetzt zu verändern. Davon sind wir jedoch noch ein Stück weit entfernt. Zwar hat Österreich in den letzten 60 Jahren und besonders seit seinem Beitritt zur Europäischen Union Bemerkenswertes erreicht. Trotz der Erfolge gilt es aber, sich weiterzuentwickeln, denn Stillstand in einer globalisierten Welt bedeutet Rückschritt. Offenkundige Mängel müssen überwunden und neue Chancen ergriffen werden, um Österreich zukunftsfit zu machen. Die zentralen Herausforderungen, die auf dem Weg in eine international gut vernetzte und innovative Wissensgesellschaft liegen, sind längst identifiziert und eingehend analysiert. Expertgutachten, politische Strategien und Maßnahmenkataloge gibt es in Hülle und Fülle. Dies zeigen nicht zuletzt auch die Beiträge in diesem Buch. Nun gilt es, die Vorschläge endlich auch aufzugreifen. Nur dann besteht die Chance, dass die im Rahmen dieser Publikation skizzierten positiven Zukunftsszenarien bis 2050 zumindest teilweise umgesetzt und die Bedrohungen abgewendet werden können.

Der MIT-Ökonom Daron Acemoglu und der Harvard-Politologe James Robinson bringen die in diesem Beitrag entwickelten Ge-

danken im Vorwort zur deutschen Ausgabe ihres Bestsellers „Why Nations Fail" so treffend auf den Punkt, dass sie hier zusammenfassend zitiert seien: „[Es] sind [...] die von den Staaten gewählten Regeln – oder Institutionen –, die darüber bestimmen, ob sie wirtschaftlich erfolgreich sind oder nicht. Das Wirtschaftswachstum wird von Innovationen sowie vom technologischen und organisatorischen Wandel angetrieben, die den Ideen, den Begabungen, der Kreativität und der Energie von Individuen zu verdanken sind. Aber dazu bedarf es entsprechender Anreize. Zudem sind Fähigkeiten und Ideen breit über die Gesellschaft verstreut, weshalb ein Staat, der große Teile der Bevölkerung benachteiligt, kaum das vorhandene Innovationspotenzial nutzen und vom wirtschaftlichen Wandel profitieren dürfte. All das legt eine einfache Schlussfolgerung nahe: Den Schlüssel zu nachhaltigem wirtschaftlichem Erfolg findet man im Aufbau einer Reihe von Wirtschaftsinstitutionen – inklusiver Wirtschaftsinstitutionen –, welche die Talente und Ideen der Bürger eines Staates nutzbar machen können, indem sie geeignete Anreize und Gelegenheiten bieten, dazu gesicherte Eigentums- und Vertragsrechte, eine funktionierende Justiz sowie einen freien Wettbewerb, so dass sich die Bevölkerungsmehrheit produktiv am Wirtschaftsleben beteiligen kann" (Acemoglu/Robinson 2013, S. 14).

Noch können wir die bestehenden Fehlentwicklungen korrigieren – vorausgesetzt, dass wir uns den Herausforderungen der Zukunft stellen und die dazu notwendigen Aufgaben erfüllen. Doch das Zeitfenster dafür wird kleiner, wenn wir nicht endlich zupacken und handeln statt „auf halben Wegen zu halber Tat mit halben Mitteln zauderhaft zu streben", wie Grillparzer im „Bruderzwist im Hause Habsburg" Matthias klagen lässt. Was wir brauchen, ist eine umfassende dynamische Vorwärtsstrategie mit einer Perspektive 2050 sowie eine umsetzungsorientierte Agenda 2025, die den Menschen Mut für eigenverantwortliche Leistungen, Orientierung und Halt gibt. Dann könnte der vom Nationalökonomen Philipp Wilhelm von Hörnigk 1684 geprägte Ausspruch irgendwann vielleicht doch zur Realität werden: „Österreich über alles, wann es nur will." Allein, das Wollen wird uns niemand abnehmen. ∎

Danksagung: *Die Autoren danken Bettina Ruttensteiner-Poller und Gerhard Reitschuler für ihre Unterstützung bei der Formulierung des Artikels, inhaltliche Recherchen und kritische Kommentare.*

Anmerkungen

[1] Neue Zürcher Zeitung vom 27. Jänner 2011, Sonderbeilage „Österreich".

[2] Frankfurter Allgemeine Zeitung vom 17. Juni 2013: „Länderbericht Österreich: Robuster Zwerg mit Bürokratieballast"

[3] Foreign Policy vom 5. November 2012: „The Austrian Miracle: What's the secret of Austria's singular success, while the rest of Europe's economies founder?"

[4] Neue Zürcher Zeitung vom 27. Jänner 2011: Sonderbeilage „Österreich"

[5] Als „schwarze Schwäne" definiert Taleb Ereignisse, die aufgrund der Veränderung nur einer einzigen Variablen zu einer dramatischen und unvorhersehbaren Änderung im Gesamtsystem führen. Beispiele dafür sind etwa die Wirtschaftskrise, die politischen Umbrüche im nahen Osten und dem Maghreb oder der durch den Tsunami in Japan ausgelöste Reaktorunfall von Fukushima mit seinem dramatischen Folgen.

[6] The Economist vom 25. Mai 2012: „Some fracking good news".

[7] Time Magazin vom 28. Februar 2011: „Food Fights: Rising gloibal grocery bills are hitting the poor and causing political unrest" .

[8] Die Zeit vom 3. Februar 2011: „Im Wettlauf um Ressourcen".

[9] The Economist vom 9. April 2011: „Special Report: Pensions".

[10] The Economist vom 17. März 2011: „Running faster but falling behind".

[11] Vgl. die Beiträge zum Symposium „Ageing Societies – Mature People: Gesundes Altern als Chance?" der Österreichischen Akademie der Wissenschaften vom 10. Mai 2011; vgl. auch Die Presse vom 15. Mai 2011: „Pumperlgsund ins hohe Alter".

[12] Dieses sog. „Skalierungsproblem", d. h. der Umstand, dass eine Übertragung von einer Größenordnung in die andere nicht automatisch möglich ist, wurde bisher oft zu wenig beachtet. Skalierungsprobleme entstehen dadurch, dass komplexe soziale Systeme in ihrer Gesamtheit oftmals Eigenschaften oder Verhaltensweisen zeigen, die die einzelnen Bestandteile nicht in dieser Form haben (emergente Eigenschaften) (vgl. Bertalanffy 1998).

[13] Vgl. etwa Gwynne Dyer (2010): Schlachtfeld Erde. Klimakriege im 21. Jahrhundert. Stuttgart: Klett-Cotta; Center for Strategic and International Studies & Center for a New American Security (2007): The Age of Consequences: The Foreign Policy and National Security Implications of Global Climate Change."; CNA Corporation (2007): „National security and the threat of climate change."; The National Academy of Sciences, The National Academy of Engineering, and The Institute of Medicine of The National Academies (2005): „Rising Above The Gathering Storm: Energizing and Employing America for a Brighter Economic Future".

[14] The Economist vom 21. April 2011: „Special Report: Manufactoring and innovation – A third industrial revolution" .

[15] Frankfurter Allgemeine Zeitung vom 9. Februar 2010: „China exportiert mehr als Deutschland" ; Der Standard vom 14. Februar 2011: „China wird Wirtschaftsmacht Nummer zwei".

[16] The Economist vom 16. December 2010: „Save the Date: We invite you to predict when China will overtake America".

[17] Der Standard vom 19./20. Februar 2011: „USA werden von China überholt"; Der Standard vom 28. März 2011: „Weltrangliste der Wissenschaft: USA bleiben Nummer 1 – großräumige Veränderungen zeichnen sich ab".

[18] The Economist vom 14. Oktober 2010: „Innovation in China: Patents, yes; ideas maybe."; China Daily vom 29. März 2011: „China's domestic applications for invention patens up 28 % in 2010".

[19] The New York Times vom 1. Jänner 2011: „When innovation, too, is made in China".

[20] The Economist vom 20. April 2013: „China: Climbing, stretching and stumbling".

[21] The Economist vom 21. April 2012: „China's Achilles heel. A comparison with America reveals a deep flaw in China's model of groth".

[22] The Economist vom 30. April 2013: „Can India become a great power?".

[23] Die Zeit vom 17. Februar 2011: „China begegnen: Glückwunsch, Peking! Aber noch geben wir uns nicht geschlagen".

[24] The Economist vom 2. Februar 2013: „The next supermodel: why the world schould look at the Nordic countries".

[25] Am Rande erwähnt sei in diesem Zusammenhang, dass für Umschulungsmaßnahmen durch das Arbeitsmarktservice rund 2 Mrd. Euro für 80.000 Personen aufgewendet werden.

[26] Times Higher Education (2012): World University Rankings 2012-2013; Academic Ranking of World Universities 2012 (www.arwu.org)

[27] Neue Zürcher Zeitung vom 30. Mai 2013: „Insel der Glückseligkeit – Die Schweiz hat seit Jahren eine stabile Einkommensverteilung".

[28] Wiener Zeitung vom 4. Juli 2010: „Sparen an den richtigen Stellen: Wifo-Chef Aiginger schlägt Nationalen Zukunftspakt vor – Verwaltungsreform stockt".

[29] Salzburger Nachrichten, 11. Februar 2011: „Existenzfrage einer Nation".

[30] Verantwortlich dafür sind teilweise auch kollektivvertragliche Bestandteile des Gehaltssystems wie etwa automatische Lohnvorrückungen oder sogenannte Biennalsprünge. Diese tragen dazu bei, dass ältere ArbeitnehmerInnen überproportional teuer werden.

Literaturhinweise

Acemoglu, D. / Robinson, J.A. (2013): Warum Nationen scheitern. Die Ursprünge von Macht, Wohlstand und Armut. Frankfurt/Main, S. Fischer Verlag.

Aiginger, K. / Falk, R. / Reinstaller, A. (2009): Evaluation of Government Funding in RTDI from a Systems Perspective in Austria. Synthesis Report.

Altwegg, J. (2011): Das Ende der europäischen Welt. In: Frankfurter Allgemeine Zeitung, 25. Februar 2011.

Anderson, C. (2012): Makers: The New Industrial Revolution. Random House, New York.

Bauer, W. (2011): „Kampf um privilegienfreies und effizient organisiertes Österreich". In: Die Presse vom 7. Februar 2011.

Berger, R. (2012): Trend Compendium 2030.

Bertalanffy, L. (1998): General System Theory: foundations, developments, applications. New York, Braziller.

Bowring, P. (2011): „What Asian Century?" In: International Herald Tribune, 18. Mai 2011.

Bremmer, I. (2013): Macht-Vakuum: Gewinner und Verlierer in einer Welt ohne Führung, Hanser Verlag, München.

Brynjolfsson, E. / McAfee, A. (2011): Race Against the Machine: How the Digital Revolution Is Accelerating Innovation, Driving Productivity, and Irreversibly Transforming Employment and the Economy. Digital Frontier Press, Lexington Massachusetts.

Bundeszentrale für politische Bildung (2012, Hg.): Wohlstand ohne Wachstum? In: Aus Politik und Zeitgeschichte (APuZ) 27–28/2012, Bonn.

Center for Strategic and International Studies & Center for a New American Security (2007): The Age of Consequences: The Foreign Policy and National Security Implications of Global Climate Change.

China Daily (29. März 2011): China's domestic applications for invention patens up 28 % in 2010.

CNA Corporation (2007): National security and the threat of climate change.

Darwin, J. (2010): Der imperiale Traum: Die Globalgeschichte großer Reiche 1400-2000. Frankfurt-New York: Campus.

DeLong, B. / Cohen, S. (2009): The End of Influence: What Happens When Other Countries Have the Money. New York: Basic Books.

Diamond, J. (1997): Guns, Germs, and Steel: The Fates of Human Societies. New York: W.W. Norton & Company.

Dueck, G. (2010): Aufbrechen! Warum wir eine Exzellenzgesellschaft werden müssen. Frankfurt/Main: Eichburn Verlag.

Dyer, G. (2010): Schlachtfeld Erde. Klimakriege im 21. Jahrhundert. Stuttgart: Klett-Cotta.

The Economist (30. April 2013): Can India become a great power?

The Economist (20. April 2013): China: Climbing, stretching and stumbling.

The Economist (2. Februar 2013): The next supermodel: why the world schould look at the Nordic countries.

The Economist (25. Mai 2012): Some fracking good news.

The Economist (21. April 2012): China's Achilles heel. A comparison with America reveals a deep flaw in China's model of groth.

The Economist (21. April 2011): Special Report: Manufactoring and innovation – A third industrial revolution.

The Economist (9. April 2011): Special Report: Pensions.

The Economist (17. März 2011): Running faster but falling behind.

The Economist (16. December 2010): Save the Date: We invite you to predict when China will overtake America

The Economist (14. Oktober 2010): Innovation in China: Patents, yes; ideas maybe.

Eichengreen, B. (2011): „Billige Lösungen gibt es nicht." In: Der Spiegel Nr. 9/2011.

Endres, A. (2009): Konjunkturpaket II: Masse allein macht' s nicht. In: Die Zeit vom 20. Januar 2009.

Engler, W. (2005): Bürger, ohne Arbeit: Für eine radikale Neugestaltung der Gesellschaft. Aufbau-Verlag, Berlin.

Enquete-Kommission des Deutschen Bundestags (2013): Wachstum, Wohlstand, Lebensqualität – Wege zu nachhaltigem Wirtschaften und gesellschaftlichem Fortschritt in der Sozialen Marktwirtschaft. Bundestagsdrucksache 17/3853.

EU-Kommission (2012): Europe 2020 in Austria – Country-specific Recommendations.

Ferguson, N. (2011): Civilization: The West and the Rest. London: Allen Lane.

Ferguson, N. (2013): Der Niedergang des Westens: Wie Institutionen verfallen und Ökonomien sterben. Propyläen Verlag, Berlin.

Flückiger, S. / Schwab, M. (2011): „Globalisierung: die zweite Welle: Was die Schweiz erwartet." Zürich: NZZ Libro.

Foreign Policy (5. November 2012): The Austrian Miracle: What's the secret of Austria's singular success, while the rest of Europe's economies founder?

Frankfurter Allgemeine Zeitung (17. Juni 2013): Länderbericht Österreich: Robuster Zwerg mit Bürokratieballast.

Frankfurter Allgemeine Zeitung 9. Februar 2010): China exportiert mehr als Deutschland.

Fukuyama, Francis (1989): The end of history? In: The National Interest. Sommer 1989.

Giesen, C. (2013): Chinsesischer Knoten: Umeltzerstörung, Lebensmittelskandale, Korruption – die Volksrepublik steckt in der Krise. In: Süddeutsche Zeitung vom 27./28. April 2013.

The Government Office for Science (2011): Foresight: The Future of Food and Farming. Final Project Report. London.

Heinberg, R. (2007): Peak Everything: Waking Up to the Century of Declines. New Society Publishers, Gabriola.

Hörnigk (1997): Oesterreich über alles, wann es nur will. Faksimile der 1684 (o. O.) erschienenen Erstausgabe. Verlag Wirtschaft und Finanzen, Wien.

IEA (2008): World Energy Outlook.

IEA (2013): World Energy Outlook.

IMD (2013): World Competitiveness Yearbook.

IWF (2012a): World Economic Outlook.

IWF (2012b): Austria. Country Report No. 12/251.

Jackson, T. (2013): Wohlstand ohne Wachstum. Leben und wirtschaften in einer endlichen Welt. Oekom verlag, München.

Kang, D. C. (2010): East Asia before the West: Five Centuries of Trade and Tribute. New York: Columbia University Press.

Khanna, P. (2011): How to Run The World: Charting a Course to the Next Renaissance. New York: Random House.

Knell, M. (2011): Pay-As-You-Go – A Relict from the Past or a Promise for the Future? Winning Contribution to the Hannes Androsch Prize 2011 on „The Design of a Social Seurity System Which Can Withstand the Dual Threat of Demographic Developments and Financial Market Risk".

King, S. D. (2013): When the Money Runs Out - The End of Western Affluence. Yale University Press.

Kramer, H. (2011): Entwicklungsszenarien: Österreich 2030.

Landes, D. (1998): The Wealth and Poverty of Nations: Why Some Are So Rich and Some So Poor. W. W. Norton, New York.

Lehner, G. (2011): Gefährdet die Staatsausdehnung Österreichs Wettbewerbsfähigkeit? – Staatsquotenentwicklung im internationalen Vergleich. Schlussfolgerungen für die österreichische Finanzpolitik. Wien.

Mahbubani, K. (2008): Die Rückkehr Asiens – Das Ende der westlichen Dominanz. Propyläen Verlag, Berlin.

Marsh, P. (2012): The New Industrial Revolution: Consumers, Globalization and the end of Mass Production. Yale University Press.

Menasse, R. (2012): Der Europäische Landbote: Die Wut der Bürger und der Friede Europas oder Warum die geschenkte Demokratie einer erkämpften weichen muss. Zsolnay, Wien.

Meyer, M. (2013, Hg.): Brennpunkte im Weltgeschehen. NZZ Libro, Zürich.

Miegel, M. (2010): Exit – Wohlstand ohne Wachstum. Propyläen Verlag, Berlin.

Morris, I. (2010): Why the West Rules—For Now: The Patterns of History and What They Reveal About the Future. New York: Farrar, Straus and Giroux.

Nasr, V. (2013): The dispensable Nation: American Foreign Policy in Retreat. New York, Doubleday.

The National Academy of Sciences, The National Academy of Engineering, and The Institute of Medicine of The National Academies (2005): Rising Above The Gathering Storm: Energizing and Employing America for a Brighter Economic Future.

National Intelligence Council (2008): Global Trends 2025.

Neue Zürcher Zeitung (30. Mai 2013): Insel der Glückseligkeit – Die Schweiz hat seit Jahren eine stabile Einkommensverteilung.

Neue Zürcher Zeitung (27. Jänner 2011): Sonderbeilage „Österreich".

The New York Times (1. Jänner 2011): When innovation, too, is made in China.

Nye, J. (2011): The Future of Power. New York: Public Affairs.

OECD (2008): Growing Unequal? Income Distribution and Poverty in OECD Countries.

OECD (2009a): Economic Surveys – Austria.

OECD (2009b): Pensions at a Glance: Retirement-Income Systems in OECD Countries.

OECD (2010a): Innovation Strategy – Getting a Head Start on Tomorrow.

OECD (2010b): PISA – Programme for International Student Assessment. PISA-Studie 2009.

OECD (2010c): Factbook 2010: Economic, Environmental and Social Statistics.

OECD (2011a): Economic Surveys: Austria.

OECD (2011b): Pensions at a Glance: Retirement-Income Systems in OECD and G20 Countries.

OECD (2012a): OECD Skills Strategy – Better Skills, Better Jobs, Better Lives: A Strategic Approach to Skills Policies.

OECD (2012b): Education at a Glance / Bildung auf einen Blick.

OECD (2012c): Taxing Wages.

OECD / FAO (2012): Agricultural Outlook 2012–2021.

Österreichischer Forschungs- und Technologiebericht 2010, 2011, 2012, 2013.

Paqué, K.H. (2011): „Das Ende einer Illusion." In: Frankfurter Allgemeine Zeitung vom 1. April 2011.

Pomeranz, K. (2000): The Great Divergence: China, Europe, and the Making of the Modern World Economy. Princeton University Press.

Rachman, G. (2011a): „Think Again: American Decline." In: Foreign Policy, February 2011.

Rachman, G. (2011b): „When China becomes No. 1." In: Financial Times, 7. Juni 2011.

Rechnungshof (2006): Verwaltungsreform – Vorschläge des Rechnungshofes zur Verwaltungsreform und zum Bürokratieabbau.

Rechnungshof (2009): Verwaltungsreform II – Vorschläge des Rechnungshofes zur Verwaltungsreform und zum Bürokratieabbau.

Rechnungshof (2011): Vorschläge des Rechnungshofes zur Verwaltungsreform, 3. Auflage.

Reflexionsgruppe (2010): Projekt Europa 2030: Bericht der Reflexionsgruppe an den Europäischen Rat über die Zukunft der EU 2030. Mai 2010.

Rifkin, J. (2011): The Third Industrial Revolution. How Lateral Power is Transforming Energy, The Economy, And The World. Palgrave MacMillan, Houndmills-Basingstoke Hampshire.

Rothkopf, D. (2012): The Third Industrial Revolution. In: Foreign Policy, November 2012, Nr. 196, 87-88.

Rütti, N. (2012): Konjunkturausblick Schweiz: Die Schweizer Wirtschaft wird sich auch 2013 behaupten. In: Neue Züricher Zeitung vom 28. Dezember 2012.

Sachverständigenrat zur Begutachtung der gesamtwirtschaftlichen Entwicklung (2011): Herausforderungen des demografischen Wandels. Expertise im Auftrag der Bundesregierung, Mai 2011.

Sahlgren, G.H. (2013): Work longer, live healthier – The relationship between economic activity, health and government policy. In: IEA Discussion Paper Nr. 46, May 2013.

Salzburger Nachrichten (11. Februar 2011): Existenzfrage einer Nation.

Schilcher, B. (2012): Bildung nervt! Warum unsere Kinder den Politikern egal sind. Ueberreuter, Wien.

Schmidt, E./ Cohen, J. (2013): Die Vernetzung der Welt. Ein Blick in unsere Zukunft. Rowohlt, Reinbeck.

Schumpeter, J. (1911): Theorie der wirtschaftlichen Entwicklung. Berlin.

Skidelsky, R. (2013): The Rise of the Robots. In Project Syndicate, 19. Februar 2013: http://www.project-syndicate.org/commentary/the-future-of-work-in-a-world-of-automation-by-robert-skidelsky.

Smith, A. (1776): An Inquiry into the Nature and Causes of the Wealth of Nations.

Der Standard (14. Februar 2011): China wird Wirtschaftsmacht Nummer zwei.

Der Standard (19./20. Februar 2011): USA werden von China überholt.

Der Standard (28. März 2011): Weltrangliste der Wissenschaft: USA bleiben Nummer 1 – großräumige Veränderungen zeichnen sich ab.

Stürmer, M. (2006): Welt ohne Weltordnung: Wer wird die Erde erben? Murmann Verlag, Hamburg.

Stiftung Entwicklung und Frieden / Institut für Entwicklung und Frieden (2010): Globale Trends 2010. Frankfurt/Main: Fischer Taschenbuch Verlag.

Taleb, N. N. (2008): The Black Swan: The Impact of the Highly Improbable. London: Penguin.

Time Magazin (28. Februar 2011): Food Fights: Rising gloibal grocery bills are hitting the poor and causing political unrest.

Times Higher Education (2012): World University Rankings 2012–2013.

UNEP (2011a): Recycling Rates of Metals: A Status Report.

UNEP (2011b): Decoupling natural resource use and environmental impacts from economic growth.

UNO (2011): World Urbanization Prospects: The 2011 Revision.

UNO (2013): World Population Prospects: The 2010 Revision.

Wilkinson, R. / Pickett, K. (2009): The Spirit Level: Why More Equal Societies Almost Always Do Better. London: Penguin Books.

Wiener Zeitung (4. Juli 2010): Sparen an den richtigen Stellen: Wifo-Chef Aiginger schlägt Nationalen Zukunftspakt vor – Verwaltungsreform stockt. WIFO (2009): Umverteilung durch den Staat in Österreich.

WIFO (2010): Ansatzpunkte für eine ökologische Steuerreform.

WKO (2012): Monitoring Report 2012: Austria in International Rankings.

Zakaria, F. (2009): Der Aufstieg der anderen: Das postamerikanische Zeitalter. München: Siedler.

Die Zeit (17. Februar 2011): China begegnen: Glückwunsch, Peking! Aber noch geben wir uns nicht geschlagen.

Die Zeit (3. Februar 2011): Im Wettlauf um Ressourcen.

Zwischenstaatlicher Ausschuss für Klimaänderungen (2008): Synthesebericht. Berlin, September 2008.

Die Autoren

Hannes Androsch *wurde 1938 in Wien geboren. Er war von 1970 bis 1981 Bundesminister für Finanzen und von 1976 bis 1981 Vizekanzler der Republik Österreich. Nach seinem Ausscheiden aus der Politik bekleidete er bis 1989 die Funktion des Generaldirektors der CA Creditanstalt Bankverein. Heute ist er Industrieller und engagiert sich als Citoyen für wirtschafts-, sozial-, bildungs- und forschungspolitische Angelegenheiten. Seit 2010 ist Androsch Vorsitzender des Rates für Forschung und Technologieentwicklung (RFTE).*
Androsch hat für seine Verdienste zahlreiche Auszeichnungen und mehrere Ehrendoktorate erhalten. Er ist Autor und Herausgeber einer Vielzahl von Publikationen. Mit der Einrichtung der „Hannes Androsch Stiftung bei der Österreichischen Akademie der Wissenschaften" hat er in seinem Heimatland die bedeutendste von privater Hand getragene gemeinnützige Stiftung seit 1945 ins Leben gerufen. Androsch gilt als gut vernetzter „Elder Statesman", dessen Meinung zu aktuellen Entwicklungen über Österreich hinaus gefragt ist. (www.androsch.com)

Johannes Gadner *ist seit 2007 im Team der Geschäftsstelle des Rates für Forschung und Technologieentwicklung tätig. Er ist stellvertretender Geschäftsführer der Geschäftsstelle und leitet das Projekt zur jährlichen Erstellung des Berichts zur wissenschaftlichen und technologischen Leistungsfähigkeit Österreichs. Eine weitere Hauptaufgabe ist die Projektkoordination im Bereich der Entwicklung langfristig orientierter strategischer Prozesse. Nach dem Abschluss der Strategie 2020 des Rates im August 2009 hat er die Entwicklung der Strategie der Bundesregierung für Forschung, Technologie und Innovation (FTI) während eines Engagements im eigens dafür eingerichteten FTI-Sekretariat des Bundeskanzleramtes begleitet. Johannes Gadner wuchs in Berlin, Zürich und Wien auf, wo er 1989 maturierte. Nach seinem Studium an der Universität Wien, der Freien Universität Berlin und am University College London (UCL) promovierte er am Institut für Wissenschaftstheorie und Wissenschaftsforschung der Universität Wien. Ab 1997 arbeitete er zunächst als Forschungsassistent am UCL und war dann als Assistent am Institut für Philosophie der Universität Innsbruck am Aufbau der Abteilung für Wissensorganisation beteiligt. Gemeinsam mit einem interdisziplinären Team begründete er 2001 das Institut für Wissensorganisation (IWO) in Wien, wo ihn neben wissenschaftstheoretischen und methodologischen Fragestellungen vor allem die Evolution sozio-kultureller Wissenssysteme sowie die gesellschaftliche Akzeptanz von (technischen) Innovationen beschäftigten. Vor seinem Engagement im Rat für Forschung und Technologieentwicklung sammelte er als Referent für Wissenschaft und Forschung im Grünen Parlamentsklub einige Jahre Erfahrung über politische Entscheidungsprozesse im österreichischen Nationalrat.*

—